北京大學中國語言學研究中心

早期北京話珍稀文獻集成
主編 劉雲

清代滿漢合璧文獻萃編
漢文主編 劉雲 陳曉
滿文主編 王碩 [日]竹越孝

卷一

清文指要

[日]竹越孝 陳曉 校注

国家出版基金项目
NATIONAL PUBLICATION FOUNDATION

北京大學出版社
PEKING UNIVERSITY PRESS

圖書在版編目 (CIP) 數據

清文指要：全二册 /（日）竹越孝，陳曉校注．—北京：北京大學出版社，2018.9

（早期北京話珍本典籍校釋與研究）

ISBN 978-7-301-29820-6

Ⅰ.①清… Ⅱ.①竹…②陳… Ⅲ.①北京話—史料 Ⅳ.①H172.1

中國版本圖書館 CIP 數據核字（2018）第 193766 號

書　　名　清文指要（全二册）
　　　　　QINGWEN ZHIYAO
著作責任者　[日] 竹越孝　陳　曉　校注
責 任 編 輯　王禾雨　宋立文
標 準 書 號　ISBN 978-7-301-29820-6
出 版 發 行　北京大學出版社
地　　址　北京市海淀區成府路 205 號　100871
網　　址　http://www.pup.cn　　新浪微博：@ 北京大學出版社
電 子 信 箱　zpup@pup.cn
電　　話　郵購部 010-62752015　發行部 010-62750672　編輯部 010-62753374
印 刷 者　北京虎彩文化傳播有限公司
經 銷 者　新華書店
　　　　　720 毫米 ×1020 毫米　16 開本　33.25 印張　414 千字
　　　　　2018 年 9 月第 1 版　2018 年 9 月第 1 次印刷
定　　價　136.00 元（全二册）

清文指要

嘉慶十四年夏重刻

三槐堂藏版

《清文指要》書影（來源：北京大學圖書館）

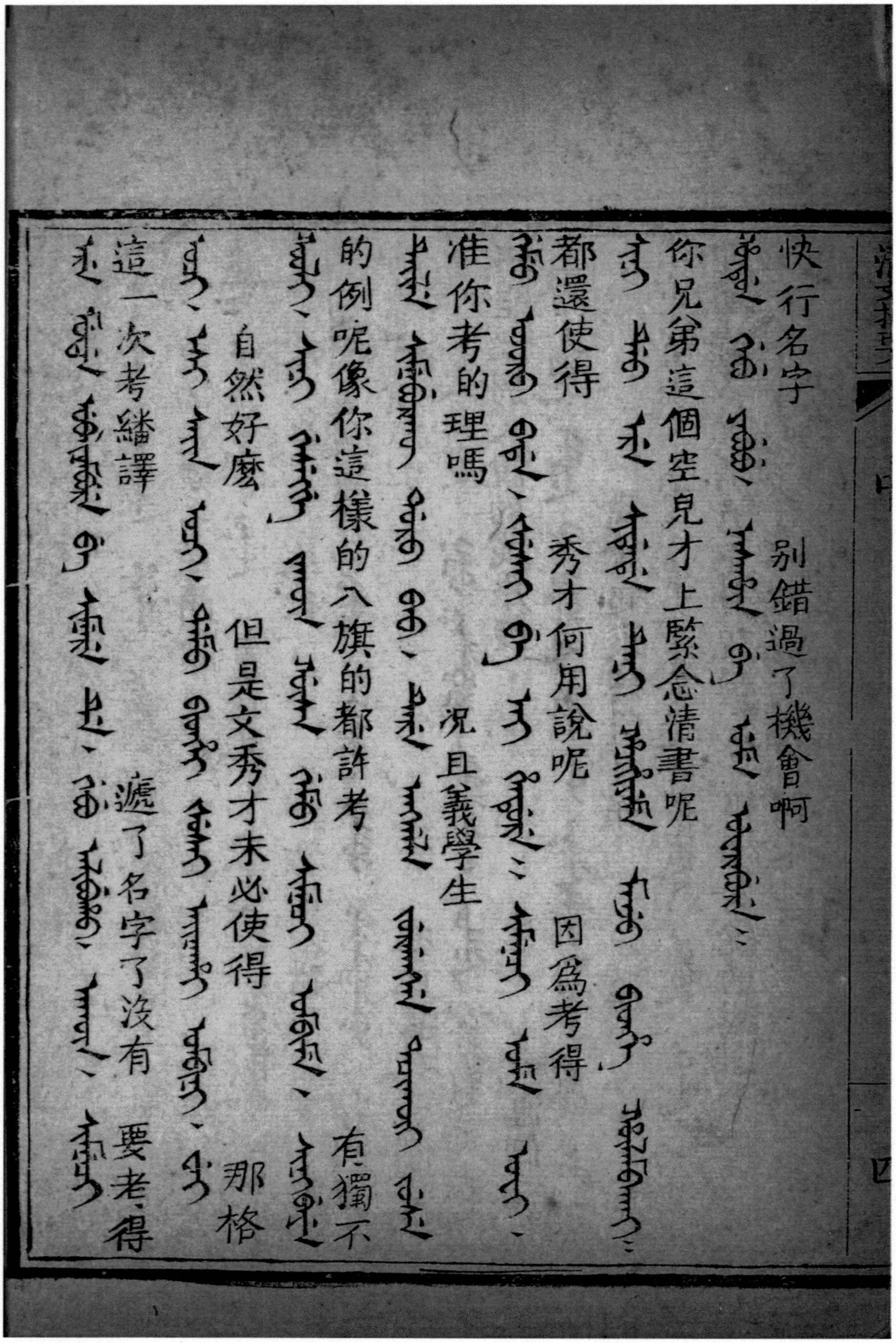
清文指要　四

快行名字　別錯過了機會啊

你兄弟這個空兒才上緊念清書呢

都還使得　秀才何用說呢　因爲考得

准你考的理嗎　況且義學生

的例呢像你這樣的八旗的都許考　有獨不

自然好麼　但是文秀才未必使得　那格

這一次考繙譯　遮了名字了沒有　要老得

《清文指要》書影（來源：北京大學圖書館）

總 序

語言是文化的重要組成部分，也是文化的載體。語言中有歷史。

多元一體的中華文化，體現在我國豐富的民族文化和地域文化及其語言和方言之中。

北京是遼金元明清五代國都（遼時爲陪都），千餘年來，逐漸成爲中華民族所公認的政治中心。北方多個少數民族文化與漢文化在這裏碰撞、融合，產生出以漢文化爲主體的、帶有民族文化風味的特色文化。

現今的北京話是我國漢語方言和地域文化中極具特色的一支，它與遼金元明四代的北京話是否有直接繼承關係還不是十分清楚。但可以肯定的是，它與清代以來旗人語言文化與漢人語言文化的彼此交融有直接關係。再往前追溯，旗人與漢人語言文化的接觸與交融在入關前已經十分深刻。本叢書收集整理的這些語料直接反映了清代以來北京話、京味文化的發展變化。

早期北京話有獨特的歷史傳承和文化底蘊，於中華文化、歷史有特別的意義。

一者，這一時期的北京歷經滿漢雙語共存、雙語互協而新生出的漢語方言——北京話，它最終成爲我國民族共同語（普通話）的基礎方言。這一過程是中華多元一體文化自然形成的諸過程之一，對於了解形成中華文化多元一體關係的具體進程有重要的價值。

二者，清代以來，北京曾歷經數次重要的社會變動：清王朝的逐漸孱弱、八國聯軍的入侵、帝制覆滅和民國建立及其伴隨的滿漢關係變化、各路軍閥的來來往往、日本侵略者的占領，等等。在這些不同的社會環境下，北京人的構成有無重要變化？北京話和京味文化是否有變化？進一步地，地域方言和文化與自身的傳承性或發展性有着什麼樣的關係？與社會變遷有着什麼樣的關係？清代以至民國時期早期北京話的語料爲研究語言文化自身傳承性與社會的關係提供了很好的素材。

了解歷史纔能更好地把握未來。新中國成立後，北京不僅是全國的政治中心，而且是全國的文化和科研中心，新的北京話和京味文化或正在形成。什麼是老北京京味文化的精華？如何傳承這些精華？爲把握新的地域文化形成的規律，爲傳承地域文化的精華，必須對過去的地域文化的特色及其形成過程進行細致的研究和理性的分析。而近幾十年來，各種新的傳媒形式不斷涌現，外來西方文化和國内其他地域文化的衝擊越來越强烈，北京地區人口流動日趨頻繁，老北京人逐漸分散，老北京話已幾近消失。清代以來各個重要歷史時期早期北京話語料的保護整理和研究迫在眉睫。

“早期北京話珍本典籍校釋與研究（暨早期北京話文獻數位化工程）”是北京大學中國語言學研究中心研究成果，由“早期北京話珍稀文獻集成”“早期北京話數據庫”和“早期北京話研究書系”三部分組成。“集成”收録從清中葉到民國末年反映早期北京話面貌的珍稀文獻并對内容加以整理，“數據庫”爲研究者分析語料提供便利，“研究書系”是在上述文獻和數據庫基礎上對早期北京話的集中研究，反映了當前相關研究的最新進展。

本叢書可以爲語言學、歷史學、社會學、民俗學、文化學等多方面的研究提供素材。

願本叢書的出版爲中華優秀文化的傳承做出貢獻！

王洪君　郭鋭　劉雲

二〇一六年十月

“早期北京話珍稀文獻集成”序

清民两代是北京話走向成熟的關鍵階段。從漢語史的角度看，這是一個承前啓後的重要時期，而成熟後的北京話又開始爲當代漢民族共同語——普通話源源不斷地提供着養分。蔣紹愚先生對此有着深刻的認識：“特别是清初到19世紀末這一段的漢語，雖然按分期來説是屬於現代漢語而不屬於近代漢語，但這一段的語言（語法，尤其是詞彙）和‘五四’以後的語言（通常所説的‘現代漢語’就是指‘五四’以後的語言）還有若干不同，研究這一段語言對於研究近代漢語是如何發展到‘五四’以後的語言是很有價值的。”（《近代漢語研究概要》，北京大學出版社，2005年）然而國内的早期北京話研究并不盡如人意，在重視程度和材料發掘力度上都要落後於日本同行。自1876年至1945年間，日本漢語教學的目的語轉向當時的北京話，因此留下了大批的北京話教材，這爲其早期北京話研究提供了材料支撑。作爲日本北京話研究的奠基者，太田辰夫先生非常重視新語料的發掘，很早就利用了《小額》《北京》等京味兒小説材料。這種治學理念得到了很好的傳承，之後，日本陸續影印出版了《中國語學資料叢刊》《中國語教本類集成》《清民語料》等資料匯編，給研究帶來了便利。

新材料的發掘是學術研究的源頭活水。陳寅恪《〈敦煌劫餘録〉序》有云：“一時代之學術，必有其新材料與新問題。取用此材料，以研求問題，則爲此時代學術之新潮流。”我們的研究要想取得突破，必須打破材料桎梏。在具體思路上，一方面要拓展視野，關注“異族之故書”，深度利用好朝鮮、日本、泰西諸國作者所主導編纂的早期北京話教本；另一方面，更要利用本土優勢，在“吾國之舊籍”中深入挖掘，官話正音教本、滿漢合璧教本、京味兒小説、曲藝劇本等新類型語料大有文章可做。在明確了思路之後，我們從2004年開始了前期的準備工作，在北京大學中國語言學研究中心的大力支持下，早期北京話的挖掘整理工作於2007年正式啓動。本次推出的“早期北京話珍稀文獻集成”是階段性成果之一，總體設計上“取異族之故書與吾國之舊籍互相補正”，共分“日本北京話教科書匯編”“朝鮮日據時期漢語會話書匯編”“西人北京話教科書匯編”“清代滿漢合璧文獻萃編”“清代官話正音文獻”“十全福”“清末民初京味兒小説書系”“清末民初京味兒時評書系”八個系列，臚列如下：

“日本北京話教科書匯編”於日本早期北京話會話書、綜合教科書、改編讀物和風俗紀聞讀物中精選出《燕京婦語》《四聲聯珠》《華語跬步》《官話指南》《改訂官話指南》《亞細亞言語集》《京華事略》《北京紀聞》《北京風土編》《北京風俗問答》《北京事情》《伊蘇普喻言》《搜奇新編》《今古奇觀》等二十餘部作品。這些教材是日本早期北京話教學活動的縮影，也是研究早期北京方言、民俗、史地問題的寶貴資料。本系列的編纂得到了日本學界的大力幫助。冰野善寬、内田慶市、太田齋、鱒澤彰夫諸先生在書影拍攝方面給予了諸多幫助。書中日語例言、日語小引的翻譯得到了竹越孝先生的悉心指導，在此深表謝忱。

“朝鮮日據時期漢語會話書匯編”由韓國著名漢學家朴在淵教授和金雅瑛博士校注，收入《改正增補漢語獨學》《修正獨習漢語指南》《高等官話華語精選》《官話華語教范》《速修漢語自通》《速修漢語大成》《無先生速修中國語自通》《官話標準：短期速修中國語自通》《中語大全》《“内鮮滿”最速成中國語自通》等十餘部日據時期（1910年至1945年）朝鮮教材。這批教材既是對《老乞大》《朴通事》的傳承，又深受日本早期北京話教學活動的影響。在中韓語言史、文化史研究中，日據時期是近現代過渡的重要時期，這些資料具有多方面的研究價值。

“西人北京話教科書匯編”收録了《語言自邇集》《官話類編》等十餘部西人編纂教材。這些西方作者多受過語言學訓練，他們用印歐語的眼光考量漢語，解釋漢語語法現象，設計記音符號系統，對早期北京話語音、詞彙、語法面貌的描寫要比本土文獻更爲精準。感謝郭鋭老師提供了《官話類編》《北京話語音讀本》和《漢語口語初級讀本》的底本，《尋津録》、《語言自邇集》（第一版、第二版）、《漢英北京官話詞彙》、《華語入門》等底本由北京大學圖書館特藏部提供，謹致謝忱。《華英文義津逮》《言語聲片》爲筆者從海外購回，其中最爲珍貴的是老舍先生在倫敦東方學院執教期間，與英國學者共同編寫的教材——《言語聲片》。教材共分兩卷：第一卷爲英文卷，用英語講授漢語，用音標標注課文的讀音；第二卷爲漢字卷。《言語聲片》采用先用英語導入，再學習漢字的教學方法講授漢語口語，是世界上第一部有聲漢語教材。書中漢字均由老舍先生親筆書寫，全書由老舍先生録音，共十六張唱片，京韵十足，殊爲珍貴。

上述三類“異族之故書”經江藍生、張衛東、汪維輝、張美蘭、李無未、王順洪、張西平、魯健驥、王澧華諸先生介紹，已經進入學界視野，對北京話研究和對外漢語教學史研究産生了很大的推動作用。我們希望將更多的域外經典北京話教本引入進來，考慮到日本卷和朝鮮卷中很多抄本字迹潦草，難以辨認，而刻本、印本中也存在着大量的異體字和俗字，重排點校注釋的出版形式更利於研究者利用，這也是前文“深度利用”的含義所在。

對“吾國之舊籍”挖掘整理的成果，則體現在下面五個系列中：

“清代滿漢合璧文獻萃編”收入《清文啓蒙》《清話問答四十條》《清文指要》《續編兼漢清文指要》《庸言知旨》《滿漢成語對待》《清文接字》《重刻清文虚字指南編》等十餘部經典滿漢合璧文獻。入關以後，在漢語這一强勢語言的影響下，熟習滿語的滿人越來越少，故雍正以降，出現了一批用當時的北京話注釋翻譯的滿語會話書和語法書。這批教科書的目的本是教授旗人學習滿語，却無意中成爲了早期北京話的珍貴記録。“清代滿漢合璧文獻萃編”首次對這批文獻進行了大規模整理，不僅對北京話溯源和滿漢語言接觸研究具有重要意義，也將爲滿語研究和滿語教學創造極大便利。由於底本多爲善本古籍，研究者不易見到，在北京大學圖書館古籍部和日本神户市外國語大學竹越孝教授的大力協助下，“萃編”將以重排點校加影印的形式出版。

“清代官話正音文獻”收入《正音撮要》（高静亭著）和《正音咀華》（莎彝尊著）兩種代表著作。雍正六年（1728），雍正諭令福建、廣東兩省推行官話，福建爲此還專門設立了正音書館。這一“正音”運動的直接影響就是以《正音撮要》和《正音咀華》爲代表的一批官話正音教材的問世。這些書的作者或爲旗人，或寓居京城多年，書中保留着大量北京話詞彙和口語材料，具有極高的研究價值。沈國威先生和侯興泉先生對底本搜集助力良多，特此致謝。

《十全福》是北京大學圖書館藏《程硯秋玉霜簃戲曲珍本》之一種，爲同治元年陳金雀抄本。陳曉博士發現該傳奇雖爲崑腔戲，念白却多爲京話，較爲罕見。

以上三個系列均爲古籍，且不乏善本，研究者不容易接觸到，因此我們提供了影印全文。

總體來説，由於言文不一，清代的本土北京話語料數量較少。而到了清末民初，風氣漸開，情況有了很大變化。彭翼仲、文實權、蔡友梅等一批北京愛國知識分子通過開辦白話報來“開啓民智”“改良社會”。著名愛國報人彭翼仲在《京話日報》的發刊詞中這樣寫道：“本報爲輸進文明、改良風俗，以開通社會多數人之智識爲宗旨。故通幅概用京話，以淺顯之筆，達樸實之理，紀緊要之事，務令雅俗共賞，婦稚咸宜。”在當時北京白話報刊的諸多欄目中，最受市民歡迎的當屬京味兒小説連載和《益世餘譚》之類的評論欄目，語言極爲地道。

“清末民初京味兒小説書系”首次對以蔡友梅、冷佛、徐劍膽、儒丐、勳鋭爲代表的晚清民國京味兒作家群及作品進行系統挖掘和整理，從千餘部京味兒小説中萃取代表作家的代表作品，并加以點校注釋。該作家群活躍於清末民初，以報紙爲陣地，以小説爲工具，開展了一場轟轟烈烈的底層啓蒙運動，爲新文化運動的興起打下了一定的群衆基礎，他們的作品對老舍等京味兒小説大家的創作産生了積極影響。本系列的問世亦將爲文學史和思想史研究提供議題。于潤琦、方梅、陳清茹、雷曉彤諸先生爲本系列提供了部分底本或館藏綫索，首都圖書館歷史文獻閲覽室、天津圖書館、國家圖書館提供了極大便利，謹致謝意！

“清末民初京味兒時評書系”則收入《益世餘譚》和《益世餘墨》，均係著名京味兒小説家蔡友梅在民初報章上發表的專欄時評，由日本岐阜聖德學園大學劉一之教授、矢野賀子教授校注。

這一時期存世的報載北京話語料口語化程度高，且總量龐大，但發掘和整理却殊爲不易，稱得上“珍稀”二字。一方面，由於報載小説等欄目的流行，外地作者也加入了京味兒小説創作行列，五花八門的筆名背後還需考證作者是否爲京籍，以蔡友梅爲例，其真名爲蔡松齡，查明的筆名還有損、損公、退化、亦我、梅蒐、老梅、今睿等。另一方面，這些作者的作品多爲急就章，文字錯訛很多，并且鮮有單行本存世，老報紙殘損老化的情況日益嚴重，整理的難度可想而知。

上述八個系列在某種程度上填補了相關領域的空白。由於各個系列在内容、體例、出版年代和出版形式上都存在較大的差異，我們在整理時借鑒《朝鮮時代漢語教科書叢刊續編》《〈清文指要〉匯校與語言研究》等語言類古籍的整理體例，結合各個系列自身特點和讀者需求，靈活制定體例。“清末民初京味兒小説書系”和“清末民初京味兒時評書系”年代較近，讀者群體更爲廣泛，經過多方調研和反復討論，我們決定在整理時使用簡體横排的形式，儘可能同時滿足專業研究者和普通讀者的需求。“清代滿漢合璧文獻萃編”“清代官話正音文獻”等系列整理時則采用繁體。“早期北京話珍稀文獻集成”總計六十餘册，總字數近千萬字，稱得上是工程浩大，由於我們能力有限，體例和校注中難免會有疏漏，加之受客觀條件所限，一些擬定的重要書目本次無法收入，還望讀者多多諒解。

“早期北京話珍稀文獻集成”可以説是中日韓三國學者通力合作的結晶，得到了方方面面的幫助，我們還要感謝陸儉明、馬真、蔣紹愚、江藍生、崔希亮、方梅、張美蘭、陳前瑞、趙日新、陳躍紅、徐大軍、張世方、李明、鄧如冰、王强、陳保新諸先生的大力支持，感謝北京大學圖書館的協助以及蕭群書記的熱心協調。“集成”的編纂隊伍以青年學者爲主，經驗不足，兩位叢書總主編傾注了大量心血。王洪君老師不僅在經費和資料上提供保障，還積極扶掖新進，“我們搭臺，你們年輕人唱戲”的話語令人倍感温暖和鼓舞。郭鋭老師在經費和人員上也予以了大力支持，不僅對體例制定、底本選定等具體工作進行了細緻指導，還無私地將自己發現的新材料和新課題與大家分享，令人欽佩。“集成”能够順利出版還要特别感謝國家出版基金規劃管理辦公室的支持以及北京大學出版社王明舟社長、張鳳珠副總編的精心策劃，感謝漢語編輯部杜若明、鄧曉霞、張弘泓、宋立文等老師所付出的辛勞。需要感謝的師友還有很多，在此一并致以誠摯的謝意。

“上窮碧落下黄泉，動手動脚找東西。”我們不奢望引領“時代學術之新潮流”，惟願能給研究者帶來一些便利，免去一些奔波之苦，這也是我們向所有關心幫助過“早期北京話珍稀文獻集成”的人士致以的最誠摯的謝意。

劉　雲

二〇一五年六月二十三日

於對外經貿大學求索樓

二〇一六年四月十九日

改定於潤澤公館

整理説明

一　體例説明[1]

“清代滿漢合璧文獻萃編”（以下簡稱“萃編”）一共收入《清文啓蒙》《清話問答四十條》《一百條》《清語易言》《清文指要》《續編兼漢清文指要》《庸言知旨》《滿漢成語對待》《清文接字》《字法舉一歌》《重刻清文虚字指南編》等十一種清代滿漢合璧教本，大致分爲三類：（一）綜合性教本：如《清文啓蒙》和《清語易言》，既有會話内容，也涉及語音、詞彙、語法；（二）會話類教本：包括《清話問答四十條》《一百條》《清文指要》《續編兼漢清文指要》《庸言知旨》和《滿漢成語對待》六種；（三）虚詞和語法類教本：包括《清文接字》《字法舉一歌》和《重刻清文虚字指南編》三種。“萃編”首次對清代滿漢合璧教本進行系統整理，爲研究清代北京話、滿語以及滿漢語言接觸提供了材料上的便利。

“萃編”各書均由六部分組成：（一）書影；（二）導讀；（三）重排本；（四）轉寫本；（五）漢文詞彙索引；（六）影印本。各部分體例介紹如下：

（一）書影

各書文前均附彩色書影若干張。

（二）導讀

導讀部分對本書的作者、内容特點、版本和研究價值加以介紹。

（三）重排本

重排本爲豎排，版式大致仿照底本，滿文部分字體采用太清文鑒體，居左列，對應的漢文采用宋體繁體，居右列。滿文和漢文均經過校對整理。

1　本部分由劉雲執筆。

（四）轉寫本

轉寫本爲横排，這部分是校勘整理工作的重點，以會話類教本《清話問答四十條》中的第一句爲例：

1-1^A age simbe tuwa-qi,

阿哥 你.**賓** 看-**條**

阿哥看你，（1a2）

底本中這一句以滿左漢右的形式呈現，占兩列，在轉寫本增加爲三行。第一行采用太清轉寫方案對底本中的滿文進行轉寫（詳見第二部分“太清轉寫方案説明”），更利於母語爲漢語的學習者和研究者使用。第三行對底本中的漢文部分進行整理，繁體字、簡化字照録，異體字、俗字等疑難字改爲相应的繁體正字，個别難以辨識的疑難字則照録原文。根據不同版本對滿文和漢文部分所做的校勘工作在脚注中予以説明。爲了方便不熟悉滿語的研究者使用，我們增列了第二行，對第一行滿文轉寫進行逐詞對譯，其中黑體字（如上例中的“**賓**”和“**條**”）是我們針對一些虚詞或語法標記專門設計的一套漢語術語（第三部分“語法標注方案”中有詳細介紹）。

此外爲了方便讀者檢索詞彙和查找底本，我們給會話類教本中的每一句都加注了索引號（如1-1^A）和底本號（1a2），“1-1^A”中第一個“1”代表第一節，第二個“1”代表第一句，上標的A和B代表對話人A和B，所以“1-1^A”的完整意義就是“第一節的第一句，是A説的”。索引部分“阿哥、看、你”所對應的索引號衹有“1-1”，讀者很容易找到這些詞在轉寫本中的位置。

而在句尾底本號“1a2”中，“1”代表底本葉心所記葉數爲“一”的書葉（古籍一個書葉大致對應於現代出版物中一頁紙張的正反兩面），“a”代表該葉的上半葉，“b”代表該葉的下半葉，“2”代表該半葉“第二大列”（多數情況下一個大列由一列滿文和一列對應的漢文構成。個别情況下滿漢文會混爲一大列，但此時大列之間的界限也會比較分明）。“1a2”的完整意義指在“底本第一葉上半葉的第二大列”能够找到這句話對應的滿漢原文。由於底本中的一些語句較長（尤其是滿文部分，通常比漢文長），經常會出現跨大列甚至跨葉的情况，例如：

1-3 sure banji-ha-bi,
聰明 生長-**完**-**現**
生的伶俐，（1a2-3）

1-7 bengsen taqi-re be hono ai se-re,
本事 學習-**未** **賓** 尚且 什麽 説-**未**
學本事還算不得什麽，（1a5-b1）

“1a2-3”表示在“底本第一葉上半葉的第二大列和第三大列”能找到該句對應的滿漢原文，“1a5-b1”則表示該句的滿漢原文位於“底本第一葉上半葉的第五大列和底本第一葉下半葉的第一大列”。通過上述底本號，讀者可以迅速定位相應的底本原文。

而《清文接字》等虚詞和語法類教本中的講解部分則無須逐詞對照和逐句索引，涉及的知識點、語法點酌情劃分爲若干小節，節號用“[1]……”表示。

（五）漢文詞彙索引

“萃編”索引爲選詞索引，重點選擇當時的口語詞以及一些特殊的虚詞、語法標記作爲詞目，并列齊詞目所在的原文語句的索引號。需要注意的是，虚詞和語法類教本中因較少出現口語詞彙，未出索引。綜合性教本中的語法講解部分也作同樣處理。爲了方便讀者查閲，漢文詞彙索引作爲附録，附於轉寫本後。

（六）影印本

滿漢合璧教本存世數量有限，館藏分散，且相當一部分已被列入善本，研究者鮮有機會一窺全貌。承蒙北京大學圖書館古籍部和日本大阪大學圖書館大力支持，“萃編”得以集齊相關底本，可爲研究者提供第一手材料。其中《一百條》《清語易言》的底本由日本大阪大學圖書館提供，竹越孝先生和陳曉博士其間出力甚夥；其餘九種底本皆爲北京大學圖書館藏本，感謝古籍部李雲、丁世良、常雯嵐等老師的大力協助。各書整理者在校勘整理過程中，還親赴國家圖書館、中央民族大學圖書館、日本國會圖書館、早稻田大學圖書館、天理圖書館、大阪大學圖書館、哈佛大學圖書館等處，查閲并參校了數量可觀的不同版本。另外，承北京外國語大學王繼紅教授惠示相關版本，特此致謝。

二 太清轉寫方案説明[1]

滿文自1599年創製以來，已有四百餘年歷史。清初，來華傳教士出於學習、研究和印刷的方便，創製了最早針對滿文的拉丁字母轉寫方案——俄國有基里爾字母轉寫方案，日、韓亦有用本民族字母轉寫滿文的方案，本文不做討論——目前，無論是國際還是國内，針對滿文都有多套拉丁字母轉寫方案，尚未達成統一。

本次整理包括《重刻清文虚字指南編》《清文啓蒙》等在内的十一種古籍，爲方便更多的科研工作者利用本“萃編”的語料，特增加滿文拉丁轉寫并附全文語法標注。據不完全統計，目前常見的滿文拉丁轉寫方案有八種。因此，在本“萃編”編寫中就涉及使用何種拉丁轉寫方案的問題。

本次整理工作，經過慎重考慮，采用由馬旭東先生設計的太清轉寫系統。做出這種決定的理由如下：

（一）本“萃編”讀者中絶大部分是以漢語爲母語或極其熟悉漢語文的人士，他們對漢語拼音相對敏感和熟悉，而太清轉寫系統與漢語拼音的高度一致性爲他們使用本“萃編”提供了便利。其他轉寫系統都或多或少地受到印歐語文的影響，出現了用如“dz”“ts”等與中文拼音存在明顯差異的雙字母轉寫單輔音的情況，讓漢語母語者感到困惑。

（二）太清轉寫方案除“ng”外，没有使用雙字母表示音位，且没有使用26個字母之外的拉丁擴展字母，是一種經濟的方案。太清轉寫方案放弃了“š”“ū”“ž”“ü”“ö”“ô”“ů”等對絶大多數讀者來説陌生的擴展拉丁字母，加入了爲大部分轉寫方案放弃的“q”“v”等基本拉丁字母。

（三）太清轉寫方案相較其他方案，對編寫書籍整理中使用的工具軟件更友好。其他的轉寫系統因爲不同程度地引入中國人不熟悉的“š”“ū”“ž”“ü”“ö”“ô”“ů”等擴展拉丁字母，使得不同的人在輸入這些字母時可能會用到看起來相同、但實際上編碼不同的字母，導致後期的詞彙索引、字母頻度等統計工作難以使用各種統計小工具。而太清轉寫系統嚴格使用26個字母和撇號來轉寫滿文，避免了這些問題，節省了大量的

---

1 本部分由馬旭東、王碩執筆。

人力和不必要的失誤。

（四）目前太清轉寫方案被十餘萬滿語文使用者當作“亞文字”“拉丁化滿文”“新新滿文”在各種場合中使用。在非學術領域，太清轉寫系統是絶對的强勢方案。基於抽樣調查的保守估計，目前在中國有超過十萬人使用該方案以服務語言生活。在學術領域，太清轉寫系統正被越來越多的機構和學者接受，比如：荷蘭萊頓大學漢學院正在進行的有史以來規模最大的歐盟滿學古籍數字化工程就采用了該系統，韓國慶熙大學，我國清華大學、中國人民大學、中央民族大學等高校的青年學者們也逐漸轉向於此。

基於以上四點理由，我們審慎地選擇了太清轉寫系統。

下面我們將用表格方式對比太清轉寫系統和其他系統，以方便廣大的讀者使用本“萃編”。以下表格轉引自馬旭東《滿文拉丁字母轉寫研究》（未刊稿），本文僅做適當調整。

1. 元音字母：

滿文	ᠠ	ᡝ	ᡳ	ᡟ	ᠣ	ᡠ	ᡡ
國際音標	/ɑ/	/ə/	/i/	/ɿ/	/ɔ/	/u/	/ʊ/
太清	a	e	i, (y')*	y'	o	u	v
穆麟德	a	e	i, y	y, 無	o	u	ū
BablePad	a	e	i	y	o	u	uu
新滿漢	a	e	i, y	y	o	u	uu
五體	a	e	i, y	y	o	u	ů
語彙集	a	e	i, y	y	o	u	û
Harlez	a	e	i		o	u	ô
Adam	a	e	i		o	u	ȯ
其他		ä, ö		ï	ô	ou	oe, ō

*祇有在輔音ᡮ、ᡯ後的ᡳ纔轉寫爲y’。

2. 輔音字母：

滿文	ᠪ	ᡦ	ᠮ	ᡶ ᡶ	ᡩ ᡩ (ᡩ)*	ᡨ ᡨ	ᠨ	ᠯ
國際音標	/p/	/pʰ/	/m/	/f/	/t/	/tʰ/	/n/	/l/
太清	b	p	m	f	d	t	n/n'**	l
穆麟德	b	p	m	f	d	t	n	l
BablePad	b	p	m	f	d	t	n	l
新滿漢	b	p	m	f	d	t	n	l
五體	b	p	m	f	d	t	n	l
語彙集	b	p	m	f	d	t	n	l
Harlez	b	p	m	f	d	t	n	l
Adam	b	p	m	f	d	t	n	l
其他	p	p'			t	t'		

*輔音字母d在母音字母v前没有點兒，故而ᡩᡡ轉寫爲dv，而非tv。

**在單詞尾的輔音字母ᠨ轉寫爲n'。

滿文	ᡤ ᡤ	ᡴ ᡴ	ᡥ ᡥ	ᠩ	ᡬ	ᡫ	ᡭ
國際音標	/k, q/	/kʰ, qʰ/	/x, χ/	/ɴ, ŋ/	/k/	/kʰ/	/x/
太清	g	k	h	ng	g'	k'	h'
穆麟德	g	k	h	ng	gʿ	kʿ	hʿ
BablePad	g	k	h	ng	gh	kh	hh
新滿漢	g	k	h	ng	gg	kk	hh
五體	g	k	h	ng	ǵ	kʿ	h́
語彙集	g	k	h	ng	g'	k'	h'
Harlez	g	k	h	ng	g'	k'	h'
Adam	g	k	h	ng	g'	k'	h'
其他	k,γ	k', q	x, gh	ń, ñ, ṅ	ġ	ḱ	h̊, xx, x'

滿文	ᠵ	ᠴ	ᡧ	ᡰ	ᡯ	ᡮ	ᠰ	ᡵ	ᠶ	ᠸ
國際音標	/tʃ/	/tʃʰ/	/ʃ/	/ɻ/	/ts/	/tsʰ/	/s/	/r/	/j/	/w/
太清	j	q	x	r’	z	c	s	r	y	w
穆麟德	j	c	š	ž	dz	tsʻ	s	r	y	w
BablePad	j	c	x	z	dz	ts	s	r	y	w
新滿漢	zh	ch	sh	rr	z	c	s	r	y	w
五體	j	c	š	ž	dz	tsʻ	s	r	y	w
語彙集	j	c	s̀	z̀	z	zh	s	r	y	w
Harlez	j	c	s’	z’	dz	ts	s	r	y	w
Adam	j	c	x	ż	z	z’	s	r	y	w
其他	ǰ, ch	č, chʻ	j, ǰ	zh	tz	c̀,		rr, r’	j	v

3. 知、蚩、詩、日、資、雌、思音節：

滿文	ᠵᡟ	ᠴᡟ	ᡧᡳ	ᡰᡳ	ᡯᡳ	ᡮᡟ	ᠰᡟ
國際音標	/tʂʅ/	/tʂʰʅ/	/ʂʅ/	/ɻʅ/	/tsɿ/	/tsʰɿ/	/sɿ/
太清	jy’	qy’	xi	r’i	zi	cy’	sy’
穆麟德	jy	cʻy	ši	ži	dzi	ts	sy
BablePad	zhi	chi	xi	zi	dzi	tsy	sy
新滿漢	zhy	chy	shi	rri	zy	cy	sy
五體	ǰi	c’i	ši	ži	dzy	tsʻy	sy
語彙集	ǰi	či	s̀i	z̀i	zy	c̀y	sy
Harlez	j’h	c’h	s’i	z’i	dz	ts	ss
Adam	j’i	c’i	xi	żi	-	-	ș
其他	d’i, ʒi, ǰi, jhi	ҫi, či		zhi	ze, tzi	tsï, zhy	sï

三　語法標注方案

1. 複——複數

在滿語中，指人的名詞可以通過接綴附加成分-sa、-se、-si、-so、-ta、-te、-ri構成其複數形式。如：

sakda-sa
老人-**複**
老人們

axa-ta
嫂子-**複**
嫂子們

在職務名詞後分寫的sa、在人名後分寫的se可以表達“……等人”之意。如：

oboi baturu sa
鰲拜 巴圖魯 **複**
鰲拜巴圖魯等

batu se
巴圖 **複**
巴圖等人

2. 屬——屬格格助詞

滿語的屬格格助詞爲-i或ni，用於標記人或事物的領屬關係等。如：

bou-i kouli
家-**屬** 規矩
家規

daiming ni qouha
大明 **屬** 士兵
大明的士兵

3. 工——工具格格助詞

滿語的工具格格助詞爲-i或ni，用於標記完成動作、行爲所借助的工具或手段。如：

tondo -i ejen be uile-mbi
忠 **工** 君主 **賓** 侍奉-**現**
以忠事君

qiyanliyang ni uda-mbi
錢糧 **工** 買-**現**
用錢糧買

另外，形容詞可以和工具格格助詞一起構成副詞來修飾動詞。如：

nuhan -i gama-mbi
從容 **工** 安排-**現**
從容地安排

4. 賓——賓格格助詞

滿語的賓格格助詞爲be，用於標記賓語，即動作、行爲所指向的受事。如：

bithe hvla-ra be sa-qi, ai gisure-re ba-bi,
書 讀-**未** **賓** 知道-**條** 什麼 説話-**未** 處-**有**
知道該念書，有什麼説處呢?

賓格格助詞be也可用於標記所經之處。如：

musei qouha nimanggi alin be gemu dule-ke.
咱們.**屬** 軍隊 雪 山 **賓** 都 經過-**完**
我兵皆已越過雪山。

5. 位——位格格助詞

滿語的位格格助詞爲de，用於標記動作發生的地點、時間、原因，以及人或事物所處的地點、時間和狀態等。如：

mujilen de eje-mbi
心 **位** 記住-**現**
心裏頭記

位格格助詞de也可用於標記動作、行爲進行的手段、方式。如：

emu gisun de waqihiya-me mute-ra-kv.

一 話語 **位** 完結-**并** 能够-**未**-**否**

不是一言能盡的。

某些由de構成的詞或詞組具有連詞、副詞等功能，如aikabade“若”，ede“因此”，emde“一同”，jakade“……之故；……之時”，ohode“若”等，可以不對其進行拆分標注，僅標注詞義。如：

bi gene-ra-kv ohode, tere mimbe jabqa-ra-kv-n?

我 去-**未**-**否** 倘若 他 我.**賓** 埋怨-**未**-**否**-**疑**

我若不去的時候，他不埋怨我麼？

6. 與——與格格助詞

滿語的與格格助詞爲de，用於標記動作、行爲的方向、目的和對象等。如：

niyalma de tusa ara-mbi

人 **與** 利益 做-**現**

與人方便

sy' pai leu se-re ba-de gene-mbi.

四 牌 樓 叫-**未** 地方-**與** 去-**現**

往四牌樓去。

7. 從——從格格助詞

滿語的從格格助詞爲qi，用於標記動作、行爲的起點、來源、原因等。另外，在事物之間進行比較時，從格格助詞qi用於標記比較的起點。如：

abka qi wasi-mbi

天 **從** 降下-**現**

自天而降

i sinqi antaka. minqi fulu.

他 你.**從** 怎麼樣 我.**從** 强

他比你如何？比我强。

8. 經——經格格助詞

滿語的經格格助詞爲deri，用於標記動作、行爲經過、通過之處。如：

edun sangga deri dosi-mbi
風 孔 **經** 進入-**現**
風由孔入

gisun angga deri tuqi-mbi
話 嘴巴 **經** 出來-**現**
話從口出

9. 完——完整體

滿語中動詞的完整體附加成分爲-HA（-ha/-he/-ho, -ka/-ke/-ko），表示做完了某動作或行爲。如：

erdemu ili-bu-ha manggi gebu mutebu-mbi.
德才 立-**使**-**完** 之後 名字 能成-**現**
德建而後名立。

aga hafu-ka
雨 濕透-**完**
雨下透了

在句中，動詞的完整體形式具有形容詞或名詞詞性。如：

ama eme -i taqibu-ha gisun be, gelhun akv jurqe-ra-kv.
父親 母親 **屬** 教導-**完** 話語 **賓** 怕 **否** 悖逆-**未**-**否**
父母教的話，不敢違背。

此句中taqibuha爲動詞taqibumbi“教導”的完整體形式，做形容詞修飾gisun，taqibuha gisun即“教導的話”。

sini gosi-ha be ali-ha.
你.**屬** 憐愛-**完** **賓** 接受-**完**
領了你的情。

此句中gosiha爲動詞gosimbi“憐愛”的完整體形式，在句中具有名詞詞性，做謂語動詞aliha的賓語，aliha是動詞alimbi“接受”的完整體形式。

10. 未——未完整體

滿語中動詞的未完整體附加成分一般爲-rA（-ra/-re/-ro），表示動作發生，没結束，或者將要發生。也可用於表達常識、公理等。如：

bi amala qouha fide-fi da-me gene-re.
我 然後 軍隊 調兵-順 救援-并 去-未
吾隨後便調兵接應也。

niyalma o-qi emu beye -i duin gargan be uherile-re.
人 成爲-條 一 身體 屬 四 肢 賓 統共-未
人以一身統四肢。

與完整體相似的是，動詞的未完整體形式在句中也具有形容詞或名詞詞性。如：

taqi-re urse
學習-未 者
學習者

taqire爲動詞taqimbi“學習”的未完整體形式，在此句中作形容詞修飾名詞urse“者”。

faihaqa-ra be baibu-ra-kv.
急躁-未 賓 需要-未-否
不必着急。

faihaqara爲動詞faihaqambi“急躁”的未完整體形式，在此句中faihaqara是謂語動詞baiburakv“不必”的賓語。

11. 現——現在將來時

滿語中動詞的現在將來時附加成分爲-mbi，源自動詞bi“存在；有”，表示動作、行爲發生在説話的當前時刻或未來。也可用來泛指客觀事實、普遍真理等等。如：

age si bou-de aina-mbi? bithe hvla-mbi.
阿哥 你 家-位 做什麽-現 書 讀-現
阿哥你在家做什麽？讀書。

mini guqu qimari ji-mbi.

我.屬 朋友 明天 來-現

我的朋友明天來。

xun dergi qi mukde-mbi.

太陽 東方 從 升起-現

太陽從東方升起。

12. 過——過去時

滿語中動詞的過去時附加成分一般爲bihe或-mbihe，表示動作、行爲發生在説話的時刻之前。如：

dade gvwa ba-de te-mbihe.

原先 別的 處-位 居住-過

原先在别處住。

niyaman guqu de yandu-fi bai-ha bihe.

親戚 朋友 與 委托-順 找尋-完 過

曾經煩親友們尋訪。

13. 否——否定式

滿語中動詞的否定附加成分爲-kv，表示不做某動作，或某動作没發生。如：

taqi-ra-kv oqi beye-be waliya-bu-mbi-kai.

學習-未-否 若是 自己-賓 丟弃-使-現-啊

不學則自弃也。

tuqi-bu-me gisure-he-kv

出去-使-并 説話-完-否

没説出來

形容詞、副詞等詞彙的否定式需要在後面接akv。akv在某些情况下也能表達實義，意思是“没有”。如：

uba-qi goro akv.

這裏-從 遠 否

離此處不遠。

taqin fonjin -i doro gvwa-de akv.

學 問 屬 道理 其他-位 否

學問之道無他。

14. 疑——疑問語氣

滿語中表達疑問的附加成分爲-u和-n。如：

tere niyalma be taka-mbi-u?

那 人 賓 認識-現-疑

認得那個人麽?

baitala-qi ojo-ra-kv-n?

使用-條 可以-未-否-疑

不可用麽?

除此之外，還有表達疑問或反問的語氣詞，如na、ne、no、nu、ya等。

15. 祈——祈使式

滿語的祈使式分爲命令語氣和請願語氣。

1）動詞的詞幹可以表達命令語氣，即説話人直接命令聽話人做某事。如：

bithe be ure-me hvla.

書 賓 熟-并 讀.祈

將書熟熟的念。

2）附加成分-kini表達説話人對他人的欲使、指令、祝願等語氣。-kini後面連用sembi時，sembi引導説話人欲使、指令的内容，sembi在句中會有相應的形態變化。如：

bithe hvla-ra niyalma gvnin werexe-kini!

書 讀-未 人 心 留心-祈

讀書之人留心!

ejen -i jalafun enteheme akdun o-kini.

君主 屬 壽命 永遠 堅固 成爲-祈

願汗壽域永固。

si imbe ureshvn -i hvla-kini se.

你 他.賓 熟練 工 讀-祈 説.助.祈

你叫他念得熟熟地。

上句使用了兩次祈使式，-kini表達説話人欲使他人“熟讀”，se爲sembi祈使式，表達説話人對聽話人的命令語氣。

3）附加成分-ki表達説話人對聽話人的祈請語氣，請聽話人做某事。還可以表達説話人自己想要做某事。-ki後面連用sembi時，sembi引導祈請的内容，sembi在句中會有相應的形態變化。

説話人請聽話人做某事，如：

nahan -i dele te-ki.

炕 屬 上 坐-祈

在炕上坐。

説話人自己想要做某事。如：

gurun -i mohon akv kesi be hukxe-me karula-me faxxa-ki.

國家 屬 盡頭 否 恩 賓 感激-并 報答-并 奮勉-祈

感戴國家無窮的恩澤，願奮力報效。

bithe be tuwa-ki se-qi hafu buleku be tuwa.

書 賓 看-祈 説.助-條 通 鑒 賓 看.祈

要看書看《通鑒》。

此句中seqi引導了經由説話人之口説出、聽話人想要做的事情bithe be tuwaki“想要看書”，seqi爲助動詞sembi的條件副動詞形式。tuwa爲動詞tuwambi“看”的動詞詞幹形式，表達了説話人的命令語氣。

4）附加成分-rAu（-rau/-reu/-rou）表達説話人對聽話人的請求。-rAu可拆分爲未完整體附加成分-rA和疑問式附加成分-u，這種不確定性的疑問語氣使得-rAu所表達的祈請比-ki更显尊敬，用於對長輩、上級等提出請求。如：

kesi isibu-me xolo xangna-rau.

恩 施予-并 空閑 賞賜-祈

懇恩賞假。

此句爲說話人請求上級領導恩賜假期。

5）附加成分-qina表達說話人對聽話人的建議、祈請，態度比較隨意，不可對尊長、不熟悉的人使用，可對下級、平輩、熟人、好友使用。如：

yo-ki se-qi, uthai yo-qina!

走-**祈** 說.**助-條** 就 走-**祈**

要走，就走罷！

此句中yoki“要走”爲說話人認爲聽話人想要做的事情，由seqi引導，yoqina“走吧”表達祈使語氣，態度隨意，不够客氣。

16. 虛——虛擬語氣

附加成分-rahv和ayou用於表達“恐怕”“擔心”的意思，後面可連用助動詞sembi，根據語法需要，sembi在句中會有相應的形態變化。如：

inde ala-rahv se-me teni uttu taqi-bu-me hendu-he.

他.**與** 告訴-**虛** **助-并** 纔 這樣 學-**使-并** 說-**完**

恐怕告訴他纔這樣囑咐。

gungge gebu mutebu-ra-kv ayou se-mbi.

功 名 使成-**未-否** **虛** **助-現**

恐怕功名不成。

bi hono sitabu-ha ayou se-mbihe.

我 還 耽誤-**完** **虛** **助-過**

我還恐怕耽誤了。

17. 使——使動態

滿語中，動詞的使動態附加成分一般爲-bu，用於表達致使者讓某人做某事，通常受使者後面用賓格格助詞be標記。如：

ekxe-me niyalma be takvra-fi tuwa-na-bu-mbi.

急忙-**并** 人 **賓** 差遣-**順** 看-去-**使-現**

忙使人去看。

此句中，niyalma“人”是takvra-“差遣”這一動作的受使者，又是tuwana-“去看”這一動作的致使者，作爲間接賓語，用賓格格助詞be

標記。

coucou lu giyang ni ba-i taixeu hafan ju guwang be wan qeng
曹操 廬江 **屬** 處-**屬** 太守 官員 朱光 **賓** 宛 城

be tuwakiya-bu-mbi.
賓 看守-**使**-**現**

曹操命廬江太守朱光鎮守宛城。

此句中，太守朱光在曹操的促使下鎮守宛城，朱光既是曹操命令的受使者，也是tuwakiya-“看守”這一行爲的施事，用賓格格助詞be標記。此外，宛城是“看守”這一動作的受事，作爲直接賓語，也用be標記。

18. 被——被動態

滿語中，動詞的被動態附加成分爲-bu。如：

weri de basu-bu-mbi.
他人 **與** 耻笑-**被**-**現**

被人耻笑。

此句中，動詞basu-“耻笑”的施事爲weri“他人”，由與格格助詞de標記，受事主语（即耻笑對象）没有出現。

19. 并——并列副動詞

動詞的并列副動詞構形成分爲-me。

1）并列副動詞和後面的動詞構成并列結構，充當謂語，表示動作、行爲并列或同時發生。如：

giyan be songkolo-me fafun be tuwakiya-mbi.
理 **賓** 遵循-**并** 法令 **賓** 防守-**現**

循禮奉公。

根據動詞的詞義，副動詞形式有時可以看作相應的副詞，充當狀語修飾後面的謂語動詞。如：

ginggule-me eje-fi kiqe-ki.
恭謹-**并** 記住-**順** 勤奮-**祈**

謹記着奮勉。

此句中，副動詞gingguleme“恭謹地”修飾eje-“記住”，即“謹記”。

2）某些由-me構成的詞或詞組具有連詞、副詞等功能，如bime“和；而且”，bimbime“而且”，seme“因爲；雖然；無論”，aname“依次”，等等，可以不再拆分語法成分，僅標注整體的詞義。如：

gosin jurgan bime tondo nomhon.

仁 義 而且 忠 厚

仁義而且忠厚。

3）-me可以構成動詞的進行體，表達動作正在進行中，如現在時進行體V-me bi，過去時進行體V-me bihe。語法標注仍然寫作并列副動詞。如：

jing hergen ara-me bi.

正 字 寫-**并** **現**

正寫着字。

4）動詞的并列副動詞與助動詞mutembi和bahanambi構成固定搭配。V-me mutembi即“能够做某事”，V-me bahanambi即“學會做某事”。如：

emu gisun de waqihiya-me mute-ra-kv.

一 話語 **位** 完盡-**并** 能够-**未**-**否**

不是一言能盡的。

age si manjura-me bahana-mbi-u.

阿哥 你 説滿語-**并** 學會-**現**-**疑**

阿哥你會説滿洲話嗎？

20. 順——順序副動詞

動詞的順序副動詞構形成分爲-fi。

1）順序副動詞與其後動詞共同作謂語，表示動作行爲按時間順序、邏輯順序等依次發生，做完某事再做某事。如：

dosi-fi fonji-na.

進-**順** 問-去.**祈**

進去問去。

2）順序副動詞可用於引導原因。如：

yabun tuwakiyan sain ofi, niyalma teni kundule-me tuwa-mbi.

行爲 品行 好 因爲 人 纔 尊敬-并 對待-現

因爲品行好，人纔敬重。

此句中，ofi爲ombi“成爲”的順序副動詞形式，在句中引導原因從句。

ere udu inenggi baita bifi.

這 幾 日子 事情 因有

這幾日因爲有事。

此句中，bifi爲bimbi“存在”的順序副動詞形式。

3）-fi可以構成動詞的完成體，如現在時完成體V-fi bi，表達動作、行爲已經發生，狀態延續到現在。如：

tuwa-qi, duka yaksi-fi bi.

看-條 大門 關閉-順 現

duka nei-qi se-me hvla-qi, umai jabu-re niyalma akv.

大門 開-條 助-并 呼喚-條 全然 回答-未 人 否

一瞧，關着門呢。叫開門呢，没有答應的人。

此句中，yaksifi bi説明門關上這個動作已經發生，這個狀態延續到叙述者叫開門的當下。

21. 條——條件副動詞

動詞的條件副動詞構形成分爲-qi。

1）條件副動詞所表達的動作行爲是其後動作行爲發生的條件或前提假設，可表達“如果”“則”之意。如：

kiqe-me taqi-qi xangga-qi o-mbi.

勤奮-并 學-條 做成-條 可以-現

勤學則可成。

2）某些由-qi構成的詞或詞組具有連詞、副詞等功能，如oqi“若是”，biqi“若有”，seqi“若説”，akvqi“不然，否則”，eiqi“或者”，等等，僅標注詞義。如：

taqi-ra-kv oqi beye-be waliya-bu-mbi-kai.

學習-**未**-**否** 若是 自己-**賓** 拋弃-**使**-**現**-啊

不學則自弃也。

3）動詞的條件副動詞與助動詞ombi和aqambi構成固定搭配。V-qi ombi即“可以做某事”，V-qi aqambi即“應該做某事”。如：

tere bou te-qi ojo-ra-kv.

那 房子 居住-**條** 可以-**未**-**否**

那房子住不得。

taqi-re urse beye haqihiya-qi aqa-mbi.

學習-**未** 人們 自己 勸勉-**條** 應該-**現**

學者須自勉焉。

22. 持——持續副動詞

動詞的持續副動詞構形成分爲-hAi（-hai/-hei/-hoi）。

1）動詞的持續副動詞形式表示這個動作、行爲持續不停，一直進行或重複。如：

yabu-hai teye-ra-kv.

行-**持** 休息-**未**-**否**

只管走不歇着。

inenggi-dari tanta-hai fasi-me buqe-re de isibu-ha.

日子-每 打-**持** 上吊-**并** 死-**未** **與** 以致於-**完**

每日裏打過來打過去以致吊死了。

2）-hAi可以構成動詞的持續體，如現在時持續體V-hAi bi，表示動作、行爲持續不停，一直進行或重複。如

gemu mimbe tuwa-hai bi-kai.

全都 我.**賓** 看-**持** 現-啊

全都看着我。

sini ji-he nashvn sain bi-qibe, minde o-qi asuru baha-fi

你.**屬** 來-**完** 時機 好 存在-**讓** 我.**位** 成爲-**條** 十分 得以-**順**

gvnin akvmbu-ha-kv, soroqo-hoi bi.

心意 盡心-**完**-**否** 羞愧-**持** **現**

你來的機會固然好，在我却没有得十分盡心，尚在抱愧。

23. 至——直至副動詞

動詞的直至副動詞的構形成分爲-tAlA（-tala/-tele/-tolo），表示動作行爲進行到某時、某程度爲止。如：

goro goida-tala tuta-bu-ha.

遠 久-**至** 留下-**使**-**完**

久遠貽留。

fuzi hendu-me, inenggi-dari ebi-tele je-me, mujilen be

孔夫子 説道-**并** 日子-每 吃飽-**至** 吃-**并** 心思 **賓**

baitala-ra ba akv oqi, mangga kai se-he-bi.

使用-**未** 處 **否** 若是 困難 啊 説.**助**-**完**-**現**

子曰：飽食終日，無所用心，難矣哉！

24. 極——極盡副動詞

動詞的極盡副動詞的構形成分爲-tAi（-tai/-tei/-toi）。極盡副動詞往往用於修飾其後的動作、行爲，表示動作、行爲以某種極致的程度或方式進行。如：

nure omi-re de wa-tai amuran.

黄酒 喝-**未** **與** 殺-**極** 愛好

極好飲酒。

此句中，watai amuran意爲“愛得要死”，watai表示程度極深。

ahvta -i giyangga gisun be singge-tei eje-mbi.

兄長.**複** **屬** 理義的 話語 **賓** 浸透-**極** 記住-**現**

兄長們的理學言論發狠的記着。

singgetei ejembi意爲“牢牢地、深入地記住”，singgetei在此句中形容被理學言論完全浸透的狀態。

25. 延——延伸副動詞

動詞的延伸副動詞的構形成分爲-mpi或-pi，表示動作、行爲逐漸完成，達到極限程度。如：

monggon sa-mpi hargaxa-mbi, mujilen je-mpi yabu-mbi.
脖子 伸-**延** 仰望-**現** 心思 忍耐-**延** 行-**現**
引領而望，忍心而行。

tumen gurun uhe-i hvwaliya-pi, eiten gungge gemu badara-ka.
萬 國 統一-**工** 和好-**延** 所有 功勞 都 滋蔓-**完**
萬邦協和，庶績咸熙。

26. 前——未完成副動詞

動詞的未完成副動詞的構形成分爲-nggAlA（-nggala/-nggele/-nggolo），表示動作行爲發生、進行之前。如：

gisun waji-nggala, uthai gene-he.
話 完-**前** 就 去-**完**
話未完，便去了。

baita tuqi-nji-nggele, nene-me jaila-ha.
事情 出-來-**前** 先-**并** 躲避-**完**
事未發，先躲了。

27. 伴——伴隨副動詞

動詞的伴隨副動詞構形成分爲-rAlame（-ralame/-relame/-rolame），表示動作、行爲進行的同時伴隨別的動作。如：

hvla-ralame ara-mbi.
讀-**伴** 寫-**現**
隨念隨寫。

gisure-relame inje-mbi.
説-**伴** 笑-**現**。
且説且笑。

28. 弱——弱程度副動詞

動詞的弱程度副動詞構形成分爲-shvn/-shun/-meliyan，表示動作程度的減弱，即“略微”。如：

sarta-shvn
遲誤-**弱**
稍遲誤些

enggele-shun
探身-**弱**
稍前探些

29. 讓——讓步副動詞

動詞的讓步副動詞構形成分爲-qibe，表示雖然、即使或無論等。如：

umesi urgunje-qibe, damu sandalabu-ha-ngge ele goro o-ho-bi.
很 喜悦-**讓** 衹是 相隔-**完**-**名** 更加 遥遠 成爲-**完**-**現**
雖然狠喜歡，但只是相隔的，越發遠了。

30. 名——名物化

滿語的動詞、形容詞等可以通過ningge或-ngge轉變爲相應的名詞或名詞短語。通過名物化生成的名詞或名詞短語往往在句中充當話題。如：

ehe gisun tuqi-bu-ra-kv-ngge, uthai sain niyalma inu.
壞 話語 出-**使**-**未**-**否**-**名** 就 好 人 是
不説不好語，便是好人。

i sinde fonji-ha-ngge ai baita
他 你.**與** 問-**完**-**名** 什麽 事
他問你的是什麽事。

tumen jaka qi umesi wesihun ningge be niyalma se-mbi.
萬 事物 **從** 最 貴 **名** **賓** 人 叫做-**現**
比萬物最貴的是人。

31. 助——助動詞

滿語中的助動詞可分爲實義助動詞和表達語法功能的助動詞。

1）實義助動詞有mutembi、bahanambi、ombi、aqambi、tuwambi等，可以和其他動詞構成如下結構：V-me mutembi“能够做某事”，V-me bahanambi“學會做某事”，V-qi ombi“可以做某事”，V-qi aqambi“應該做某事”，V-me tuwambi“試試看做某事”。

對這一類助動詞不做語法標注，衹標注其實義。如：

age si gvni-me tuwa.
阿哥 你 想**-并** 看**.祈**
阿哥你想。

其中gvnime tuwa意爲“想想看”或“試想”。

2）bimbi、ombi、sembi三個動詞不僅具有實義，還可以當作助動詞使用。

如前所述，bimbi、ombi、sembi與其他語法功能附加成分可以構成連詞、副詞，如bime“并且”，biqi“若有”，oqi“若是”，ofi“因爲”，seqi“若説”，seme“雖然；無論”等。

bimbi、ombi、sembi在句中往往既有實義又兼具助動功能。又如oqi、seqi、sehengge、seme、sere、sehengge在句中也可用於標記話題。標注時可將助動詞詞幹和其後構形附加成分拆開，分别標注其語義和語法功能。如：

niyalma se-me jalan de banji-fi, uju-i uju de taqi-re-ngge oyonggo.
人 説**.助-并** 世界 **位** 生存**-順** 第一**-屬** 第一 **位** 學習**-未-名** 重要
人啊，生在世上，最最要緊的就是學習了。

此句中seme爲sembi的并列副動詞形式，提示了話題，又使niyalma seme具備副詞詞性修飾後面的謂語動詞banji-。

i emgeri sa-fi goida-ha, si kemuni ala-ra-kv o-fi aina-mbi.
他 已經 知道**-順** 久**-完** 你 仍 告訴**-未-否** 成爲**.助-順** 幹什麼**-現**
他知道已久，你還不告訴他幹什麼？

此句中ofi爲ombi的順序副動詞形式，由於alarakv無法直接附加-fi，所以需要助動詞ombi幫助其變爲合適的副動詞形式，然後纔能與後面的動詞

ainambi構成合乎語法的句子。

3）sembi作爲助動詞主要用於以下三種情況。

首先，sembi用於引導摹擬詞。如：

ser se-re ba-be olhoxo-ra-kv-qi ojo-ra-kv.
細微貌 助-未 處-賓 謹慎-未-否-條 可以-未-否

不可不慎其微。

seule-me gvni-re nergin-de lok se-me merki-me baha.
尋思-并 思考-未 頃刻-位 忽然貌 助-并 回憶-并 獲得.完

尋思之下，驀然想起。

其次，sembi用於引導説話的内容。如：

fuzi -i hendu-he, yadahvn bime sebjengge se-re gisun de
孔夫子 屬 説道-完 貧窮 而 快樂 説.助-未 話語 位

mute-ra-kv dere.
能够-未-否 吧

孔夫子説的，“貧而樂”的話，固是不能。

再次，sembi用於祈使句和虛擬語氣句，用法見祈使式和虛擬語氣。

32. 序——序數詞

基數詞變序數詞需要在基數詞之後附加-qi。如：

emu-qi
一-序

第一

33. 分——分配數詞

在基數詞之後附加-te構成分配數詞，表示“每幾；各幾”。如：

niyalma tome emu-te mahala.
人 每 一-分 帽子

每人各一個帽子。

補充説明：

1. 爲了避免語法功能成分的語法標注和實詞成分的語義標注相混淆，語法功能術語均縮寫爲一個字，使用黑體。如：

age simbe soli-na-ha de ainu jide-ra-kv.

阿哥 你.**賓** 邀請-去-**完** **位** 爲何 來-**未**-**否**

阿哥請你去，怎麼不來?

此句中，solinaha中soli-爲實義動詞詞幹，標注“邀請”，-na爲實詞性構詞成分，標注“去”，-ha爲完整體構形成分，標注“**完**”。

2. 同一個成分既有實詞詞義又有語法功能，或者一個成分有多個語法功能時，對同一個成分的多個標注之間用“.”隔開。如：

si imbe ureshvn -i hvla-kini se.

你 他.**賓** 熟練 **工** 讀-**祈** 説.**助**.**祈**

你叫他念得熟熟地。

人稱代詞的格附加成分統一不拆分，如上句中imbe標注爲“他.**賓**”。

3. 排除式第一人稱複數be標注爲“我們”，説明其所指對象不包括交談中的聽話人。包括式第一人稱複數muse標注爲“咱們”，説明其所指對象包括聽話人在内。

4. 本方案引用的例句部分取自本“萃編”，其餘例句通過日本東北大學栗林均先生建立的蒙古語諸語與滿語資料檢索系統（http://hkuri.cneas.tohoku.ac.jp/）檢索獲得。

以上説明，意在爲本“萃編”的滿文點校整理提供一套統一的標注指導方案。諸位點校者對滿語語法的分析思路各有側重點，在遵循標注方案的大原則下，對部分語法成分和某些單詞的標注、切分不免存在靈活處理的現象。例如seqi，從語義角度分析，可以將其當作一個固定成分，標注爲“若説”；從語法角度，可以拆分爲se-qi，當作動詞sembi的條件副動詞形式。又如jembi的未完整體形式存在特殊變化jetere，有兩種拆分方式：可以從現時層面分析，認爲jetere的詞幹是je-，而-tere是不規則變化的未完整體附加成分；也可以從語言演變的歷時變化角度分析，認爲詞幹是jete-，是jembi這個動詞的早期形式被保留在未完整體形式中。標注的方式原則上統一、細節上參差多態，不僅有利於表現某一語言成分在實際語句中的特徵，也便於讀者從多方面理解滿語這一黏着語的語法特色。

語法標注簡表*

簡稱	編號	名稱	示例	簡稱	編號	名稱	示例
伴	27	伴隨副動詞	-rAlame	弱	28	弱程度副動詞	-shvn, -shun, -meliyen
被	18	被動態	-bu	使	17	使動態	-bu
賓	4	賓格格助詞	be	屬	2	屬格格助詞	-i, ni
并	19	并列副動詞	-me	順	20	順序副動詞	-fi
持	22	持續副動詞	-hAi	條	21	條件副動詞	-qi
從	7	從格格助詞	qi	完	9	完整體	-HA
分	33	分配數詞	-te	未	10	未完整體	-rA
否	13	否定式	-kv, akv	位	5	位格格助詞	de
複	1	複數	-sa, -ta 等	現	11	現在將來時	-mbi
工	3	工具格格助詞	-i, ni	虚	16	虚擬語氣	ayou, -rahv
過	12	過去時	bihe, -mbihe	序	32	序數詞	-qi
極	24	極盡副動詞	-tAi	延	25	延伸副動詞	-mpi, -pi
經	8	經格格助詞	deri	疑	14	疑問語氣	-u, -n 等
名	30	名物化	-ngge, ningge	與	6	與格格助詞	de
祈	15	祈使式	-ki, -kini, -qina, -rAu 等	至	23	直至副動詞	-tAlA
前	26	未完成副動詞	-nggAlA	助	31	助動詞	sembi, ombi, bimbi 等
讓	29	讓步副動詞	-qibe				

*爲了方便讀者查閱，語法標注簡稱按音序排列，編號與正文中序號保持一致。

“萃編”滿文部分的整理是摸着石頭過河，上述語法標注系統是中日兩國參與滿文校注的作者們集體討論的結晶，由陸晨執筆匯總。方案雖充分吸收了前人時賢的研究成果，畢竟屬於開創之舉，難免存在不盡如人意之處，我們衷心希望得到廣大讀者的幫助和指正，以切磋共進。

本“萃編”的編校工作由北京大學出版社宋思佳老師精心統籌，杜若明、張弘泓、歐慧英三位老師在體例制定和底本搜集上給予了很多幫助，崔蕊、路冬月、唐娟華、王禾雨、王鐵軍等責編老師也付出了大量心血，在此深表謝忱。

編者

二〇一八年六月

目 録

導讀

[日]竹越孝　陳曉

《清文指要》滿文名Manju gisun-i oyonggo jorin-i bithe，作者不詳，共三卷。全書根據乾隆年間的滿語教材《一百條》（1750）編纂而成，《一百條》的内容均爲滿文，衹有個別詞彙標有漢語旁譯，而《清文指要》將這《一百條》的滿語翻譯成漢語，从而形成滿漢合璧形式的滿語教材。

《清文指要》的三卷内容分别爲上卷“字音指要”，中卷“清文指要”，下卷“清文指要”。其中“字音指要”是對滿語語音系統的概述；中、下卷則各有25條内容，共50條，體裁爲對話體或獨白體。這50條内容也對應《一百條》的其中50條，另有《續編清文指要》對應其他50條内容，二者合起來正好100條。關於《一百條》和《清文指要》内容編排方面的對應關係，可參見太田辰夫（1951）[1]，浦廉一、伊东隆夫（1957）[2]以及竹越孝（2017）[3]。

《清文指要》的現存版本主要有：

1. 乾隆五十四年（1789）雙峰閣刻本，包含《續編清文指要》；
2. 嘉慶十四年（1809）三槐堂重刻本，包含《續編清文指要》；
3. 嘉慶十四年（1809）大酉堂重刻本，包含《續編清文指要》。

此三種版本之间，僅有細微的差異。另外，值得注意的是，法國國家圖書館（Bibliothèque nationale de France）的《清文指要》是筆者之一的竹越孝新近發現的版本，其刊行年代不詳，但有可能是最早的版本之一。理由有

1　太田辰夫（1951）清代北京語語法研究の資料について，《神户外大論叢》第2卷1號，13—30頁。

2　浦廉一、伊東隆夫（1957）Tanggū Meyen（清話百條）の研究，《広島大學文學部紀要》第12號，75—277頁。

3　竹越孝（2017）從《百條》到《清文指要》——以話條排列與内容的對照爲中心，“近代官話研究的新視野國際研討會”（2017年9月2日至3日）宣讀論文，天津：南開大學。

二：首先，全書字跡清晰，且滿文幾乎没有錯誤；第二，全書衹有《清文指要》50條，而没有《續編清文指要》，因此很可能是衹有50條的版本先行刊刻發行，後又編纂了《續編清文指要》，從而與前者合爲全本。

《清文指要》的刊行目的是爲了鼓勵滿人更好地學習滿語，并强調了滿語的重要性，其序言中提到：

> 清語者，乃滿洲人之根本，任憑是誰不會使不得，怎麽説呢，我等幸而生在盛世，因是滿洲，若不會説清語，每遇人問及，就張口翻眼，比這個可羞的有麽？比這個可氣的又有麽？……又有可笑者，滿洲話還没有影兒，就先學翻譯的，這等人，何異北轅赴粵，煮沙要飯者乎？任憑漢文怎麽精奥，下筆時，奈何清語短少，不合卯榫，不成套數，雖學至老，難免庸愚名色。（序1a1-2a6）

全書中滿語對譯的漢語部分多使用北京話，且爲日常口語，例如下面兩段對話。其畫綫部分爲北京話詞彙，判斷標準參見太田辰夫（1964[1]，1969[2]）、陳曉（2015）[3]：

> 往那裏去來着？
> 我往這裏一個親戚家去來着。……
> 要是這樣，咱們住的能有多遠，要知道早不看你來了嗎，……
> 阿哥别，我還要往别處去呢。（中5b2-6a6）

> 我心裏不安，因此不敢常來。
> 你怎麽外道？
> 咱們從幾時分彼此來着。（中17b7-18a2）

這幾句對話口語性很强，且其中的句末助詞“來着”，第一人稱複數包括式

---

1 太田辰夫（1964）北京語の文法特点，《久重福三郎先生・坂本一郎先生還暦記念中國研究》，37—55頁；《中国語文論集》（語学篇・元雜劇篇），1995，東京：汲古書院，243—265頁。

2 太田辰夫（1969）近代漢語，《中国語学新辞典》，東京：光生館，186—187頁；《中国語史通考》，1988，東京：白帝社，285—288頁。

3 陳曉（2015）從滿（蒙）漢合璧等文獻管窺清代北京話的語法特徵，《民族語文》第5期，21—34頁。

“咱們”，句末語氣詞“呢”，句末疑問語氣詞“嗎”，禁止副詞“别”、“外道”（表“見外”）都是當時北京話或北方官話的特徵。尤其是“來着”出現頻率很高，且提醒對方注意的“呢”是清代北京話的典型特點，也用例甚多。其他的北京話詞彙及語法現象例如：“多昝”（表“什麼時候”），“狠”（表程度的副詞），“起根兒”（表“原本”），“老家兒”（表“父母尊亲”），“没影兒”（表“無根據”），“眼脊角”（表“眼角”），“一溜兒”（表“一排”），“吧噠”（表“努力”），“尋”（介於“借”和“要”之間的一種狀態），“眼皮子淺”（表“没見過世面”），“這們”（表“這邊”或“這麽”）等。

《清文指要》系列教科書影響深遠，它從基本單一爲滿語的《一百條》（1750）發展而來，加上漢語以後形成滿漢合璧本。後又發展爲蒙漢合璧本《初學指南》（1794），滿蒙漢合璧本《三合語録》（1830），後又演變爲漢語教科書《問答篇》和《語言自邇集・談論篇百章》（1867）。《清文指要》經歷了一個從滿語教材到蒙語教材，再到漢語教材的過程，其編排形式從幾乎單一的滿文到滿漢合璧，再到蒙漢合璧，又到滿蒙漢合璧，最後變爲衹有漢語的單一形式（竹越孝 2015）[1]。

因此研究對比《清文指要》系列教科書之間的關係，對滿語史、漢語史以及早期北京話的研究，都有很大的積極作用。并且，在時間的跨度與資料的豐富性上，《清文指要》及其他一系列清代滿漢合璧教材是在清代漢語研究上最具價值的資料之一。

本次點校本依據的底本爲北京大學圖書館藏嘉慶十四年（1809）的三槐堂重刻本《清文指要》。對於不同版本之間的區别均在注釋中説明，對照的版本爲上文所提到的“雙峰閣本”及“大西堂本”。

1 竹越孝（2015）從滿語教材到漢語教材——清代滿漢合璧會話教材的語言及其演變，《民族語文》第6期，66—75頁。

重排本

ᠮᠠᠨᠵᡠ ᡤᡳᠰᡠᠨ ᡳ ᠣᠶᠣᠩᡤᠣ ᠵᠣᡵᡳᠨ ᡳ ᠪᡳᡨᡥᡝ ᠮᠠᠨᠵᡠ ᡤᡳᠰᡠᠨ ᡳ ᠣᠶᠣᠩᡤᠣ ᠵᠣᡵᡳᠨ ᡳ ᠪᡳᡨᡥᡝ ᡧᡠᡨᡠᠴᡳᠨ᠈

清文指要 序

ᠮᠠᠨᠵᡠ ᡤᡳᠰᡠᠨ ᠰᡝᡵᡝᠩᡤᡝ᠈ ᠮᠠᠨᠵᡠ ᠨᡳᠶᠠᠯᠮᠠᡳ ᡶᡠᠯᡝᡥᡝ ᡩᠠ᠈ ᠸᡝ ᠪᠠᡥᠠᠨᠠᡵᠠᡴᡡ ᠣᠴᡳ ᠣᠵᠣᡵᠠᡴᡡ᠉ ᠠᡩᠠᡵᠠᠮᡝ ᠰᡝᠴᡳ᠈ ᠮᡠᠰᡝ

清語者 乃滿洲人之根本 任憑是誰不會使不得 怎麼説呢 我等

ᠵᠠᠪᡧᠠᠨ ᡩᡝ ᡨᠠᡳᡶᡳᠨ ᠵᠠᠯᠠᠨ ᡩᡝ ᠪᠠᠨᠵᡳᡶᡳ᠈ ᠮᠠᠨᠵᡠ ᠣᡶᡳ᠈ ᠮᠠᠨᠵᡠ ᡤᡳᠰᡠᠨ ᠪᡝ ᠪᠠᡥᠠᠨᠠᡵᠠᡴᡡ ᠣᠴᡳ᠈ ᠨᡳᠶᠠᠯᠮᠠ ᡶᠣᠨᠵᡳᡵᡝ ᡩᠠᡵᡳ᠈ ᠠᠩᡤᠠ

幸而生在盛世因是滿洲 若不會説清語 每遇人問及 就張

ᡤᠠᡥᡡᡧᠠᠮᡝ ᠶᠠᠰᠠ ᡤᡝᠯᡝᡵᠵᡝᠮᡝ ᠵᠠᠪᡠᡵᡝ ᠪᠠ ᠠᡴᡡ᠉ ᡝᡵᡝᠴᡳ ᡤᡳᡵᡠᠴᡠᡴᠠ ᠨᡳᠩᡤᡝ ᠪᡳᠣ᠉ ᡝᡵᡝᠴᡳ ᡴᠣᡵᠰᠣᠴᡠᡴᠠ ᠨᡳᠩᡤᡝ ᡤᡝᠯᡳ ᠪᡳᠣ᠉ ᡝᡵᡝ

口翻眼 比這個可羞的有麼 比這個可氣的又有麼 這上頭別説人家譏笑打趣

ᠠᠩᡤᠠᠯᠠ ᠨᡳᠶᠠᠯᠮᠠᡳ ᠪᠠᠰᡠᡵᡝ ᠶᠣᠪᠣᡩᠣᡵᠣ ᠪᡝ ᡥᠣᠨᠣ ᠠᡳ ᡤᡳᠰᡠᡵᡝᡵᡝ᠈ ᠪᡝᠶᡝᡳ ᡨᡝᡳᠰᡠ ᠪᡝ ᡳᠨᡠ ᡠᡶᠠᡵᠠᡥᠠ ᡴᠠᡳ᠉ ᡥᠠᡳᡵᠠᡴᠠᠨ ᠠᡴᡡ ᠰᡝᠮᡝᠣ᠉ ᡴᡝᠮᡠᠨᡳ ᡝᠮᡠ ᡥᠠᠴᡳᠨ ᡳ ᠨᡳᠶᠠᠯᠮᠠ ᠪᡝ ᠰᠠᠪᡠᠴᡳ᠈ ᠮᠠᠨᠵᡠ ᡤᡳᠰᡠᠨ ᡤᡳᠰᡠᡵᡝᠮᡝ ᡩᡝᡵᡳᠪᡠᡥᡝ ᠮᠠᠩᡤᡳ᠈ ᡤᡝᡨᡠᡴᡝᠨ ᡳ ᠪᠠᡥᠠᠨᠠᠮᠪᡳᠮᡝ

連自己的身分也丟了 豈不可惜麼 嘗見有一等人説起滿洲話來 分明是會

ᡤᡳᠰᡠᠨ ᠪᡝ ᠪᠠᡥᠠᡵᠠᡴᡡ ᡨᠠᡶᡳ᠈ ᡤᠠᡳᡨᠠᡳ ᡳᠯᡳᠨᠵᠠᡶᡳ᠈ ᠠᠮᠠᠯᠠ ᡤᡡᠨᡳᠮᡝ ᠪᠠᡥᠠᡶᡳ᠈ ᡩᡝᡵᡝ ᡶᡠᠯᠠᡵᠵᠠᡥᠠᠩᡤᡝ ᠯᠠᠪᡩᡠ᠉ ᡝᡵᡝ ᡤᡡᠸᠠ

的話恰乎不得 猛然止住及至想起來 早已臉上臊紅了的狠多 這沒有

ᡨᡠᡵᡤᡠᠨ ᠠᡴᡡ᠈ ᡤᡝᠮᡠ ᠠᠨ ᡳ ᡠᠴᡠᡵᡳ ᡨᠠᠴᡳᡥᠠᡴᡡ᠈ ᡠᡵᡝᠪᡠᠮᡝ ᡤᡳᠰᡠᡵᡝᡥᡝᡴᡡ ᠴᡳ ᠪᠠᠨᠵᡳᠨᠠᡥᠠᠩᡤᡝ᠉ ᡤᡝᠯᡳ ᡳᠨᠵᡝᠴᡠᡴᡝ ᠨᡳᠩᡤᡝ᠈ ᠮᠠᠨᠵᡠ ᡤᡳᠰᡠᠨ ᠪᡝ

別的緣故 皆是平時未學 未習練着説之故也 又有可笑者 滿洲話還沒有

ᠪᠠᡥᠠᠨᠠᡵᠠ ᡠᠨᡩᡝ᠈ ᡠᡨᡥᠠᡳ ᡠᠪᠠᠯᡳᠶᠠᠮᠪᡠᡵᡝ ᠪᡝ ᡨᠠᠴᡳᡵᡝᠩᡤᡝ᠈ ᡝᡵᡝ ᡤᡝᠰᡝ ᠨᡳᠶᠠᠯᠮᠠ᠈ ᠠᠮᠠᡵᡤᡳ ᡩᡝ ᡤᡝᠨᡝᡵᡝ ᠰᡝᠵᡝᠨ ᠪᡝ ᠵᡠᠯᡝᠰᡳ ᠪᠠᡩᠠᡵᠠᠮᠪᡠᡵᡝ᠈

影兒 就先學翻譯的 這等人 何異北轅赴粵

以書名曰清文指要　此内　貫串落脚　各樣

并我學記的　一句一句的集湊着　共集百條　教我族中子弟

初學之人全行誦讀　幾時是了　因此　我在裏頭走的空兒　將老輩傳説

未學翻譯以前　當知先學清語爲要　但清語甚繁

獨把匠人們叫來　拏什麼做呢　惟有束手觀望而已　無有成房之理呀　即此看來

粗比　即如蓋房　若無柁柱磚瓦　等項

何清語短少　不合卯榫　不成套數　雖學至老　難免庸愚名色

煮沙要飯者乎　任憑漢文怎麼精奧　下筆時　奈

在初學未必無小補云

凡我等好清語的朋友公於同好　雖無益於通家

此書字句甚多　又恐讀者抄寫費力　故此付匠役刊刻

任憑怎樣說去無有不成話的　又何愁不會呢　但

學者　果能專心　致志　反覆熟習　久之　自能　隨意運用

說清語的方法　雖不周旋　大概眼前應用最緊要者俱備

第五頭字下 ᠰᡠᠨᠵᠠᠴᡳ ᡠᠵᡠ ᡥᡝᡵᡤᡝᠨ ᡳ ᡶᡝᠵᡝᡵᡤᡳ᠈ ᡳ ᠰᡝᡵᡝ ᠪᠠᡩᡝ ᡤᡝᠮᡠ ᠨᡳ ᠰᡝᠮᡝ ᠠᡵᠠᠮᠪᡳ᠈ ᠨᡳ ᠰᡝᠮᡝ ᡥᡡᠯᠠᠮᠪᡳ᠈ ᠨᡳ ᠰᡝᠮᡝ ᡤᡳᠰᡠᡵᡝᠮᠪᡳ᠈

當寫伊者 皆寫伊尼 亦讀伊尼說伊尼

ᠠᠮᠪᠠᠰᠠ ᠪᡝ᠈ ᡥᡡ ᡳ ᠰᡝᠮᡝ ᠠᡵᠠᠮᡝ᠈ ᠨᡳ ᠰᡝᠮᡝ ᡥᡡᠯᠠᠮᡝ᠈ ᡤᡳᠰᡠᡵᡝᠮᠪᡳᠮᠪᡳ ᡨᡝ ᡤᡝᠮᡠ᠉

皆寫伊 讀伊尼說伊尼 悉本此

國家的福 ᡤᡠᡵᡠᠨ ᡳ ᡥᡡᡨᡠᡵᡳ᠈ ᡝᡵᡝᠴᡳ ᠪᠠᡩᠠᡵᠠᠮᠪᡠᠮᡝ ᡤᡳᠰᡠᡵᡝᠴᡳ᠉ ᠶᠠᠶᠠ ᡩᡠᡳᠴᡳ ᡠᠵᡠ ᡥᡝᡵᡤᡝᠨ ᡳ ᡶᡝᠵᡝᡵᡤᡳ᠈ ᡳ ᠰᡝᡵᡝ ᠪᠠᡩᡝ

推而廣之 第四頭字下 凡當寫伊者

皇上的恩 ᡝᠵᡝᠨ ᡳ ᡴᡝᠰᡳ᠈

伊說伲 ᡥᡡᠯᠠᠮᠪᡳ᠈ ᡤᡳᠰᡠᡵᡝᠮᠪᡳ᠈ ᡨᡠᠸᠠᠮᠪᡳ᠈

譬如或讀或說

十二字頭內 ᠵᡠᠸᠠᠨ ᠵᡠᠸᡝ ᡥᡝᡵᡤᡝᠨ ᡳ ᡩᠣᡵᡤᡳ᠈ ᡩᡠᡳᠴᡳ ᡠᠵᡠ ᡥᡝᡵᡤᡝᠨ ᡳ ᡶᡝᠵᡝᡵᡤᡳ᠈ ᡳ ᠰᡝᡵᡝ ᠪᠠᡩᡝ ᡤᡝᠮᡠ ᡳ ᠰᡝᠮᡝ ᠠᡵᠠᠮᡝ᠈ ᠨᡳ ᠰᡝᠮᡝ

惟第四頭字下 當寫伊者 雖皆寫伊 却讀伊尼

讀說清語分別伊伊尼 ᡤᡳᠰᡠᡵᡝᠨ ᡳ ᡳ ᠨᡳ ᡳᠯᡤᠠᠪᡠᡵᡝ ᠪᡝ᠈ ᠮᠠᠨᠵᡠ ᡤᡳᠰᡠᠨ ᡩᡝ ᠣᠶᡠᠩᡤᠠ ᠣᡴᡳ ᠰᠠᠴᡳ ᠠᠴᠠᠮᠪᡳ᠉

最爲緊要 應知之

今叙明初學清文少年 ᡝᠨᡝᠩᡤᡳ ᡳᠨᡝᠩᡤᡳ ᠮᠠᠨᠵᡠ ᠪᡳᡨᡥᡝ ᡨᠠᠴᡳᡵᡝ ᠠᠰᡥᠠᠨ ᡳ ᡠᡵᠰᡝ ᠪᡝ ᠰᠠᠴᡳ ᠠᠴᠠᠮᠪᡳ ᠰᡝᠮᡝ ᡨᡝ ᡳ ᠪᡳᡨᡥᡝᠮᠪᡳ᠈

應知數語 以便講習

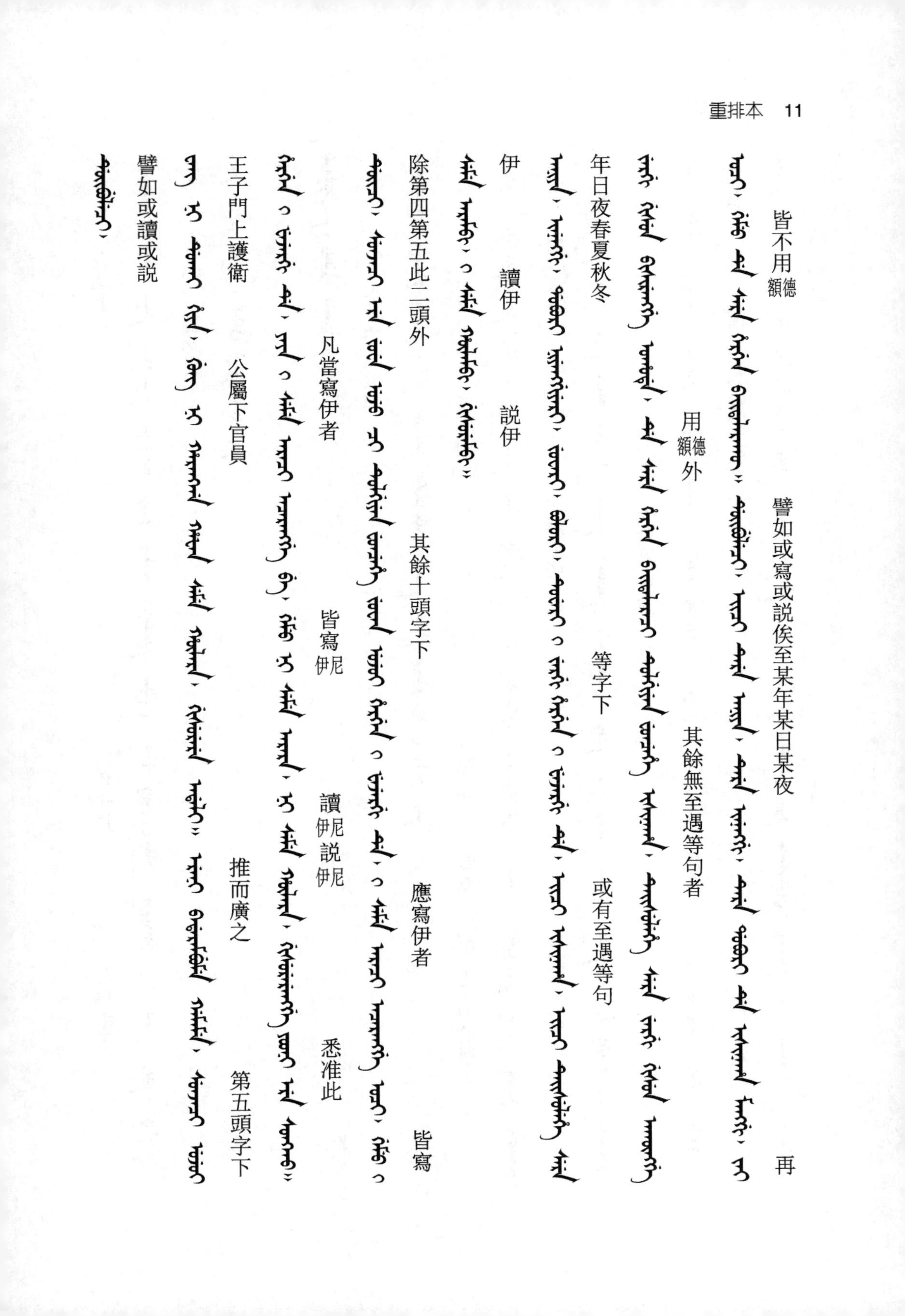

皆不用額德 譬如或寫或說俟至某年某日某夜 再

用額德外 其餘無至遇等句者

年日夜春夏秋冬 等字下 或有至遇等句

伊 讀伊 說伊

除第四第五此二頭外 其餘十頭字下 應寫伊者 皆寫

凡當寫伊者 皆寫伊尼 讀伊尼說伊尼 悉准此

王子門上護衛 公屬下官員 推而廣之 第五頭字下

譬如或讀或說

ᠸᡝᠰᡳᠮᠪᡠᡵᡝ᠈ ᡝᡵᡝᡳ ᠵᠠᠯᡳᠨ ᡤᡳᠩᡤᡠᠯᡝᠮᡝ ᠸᡝᠰᡳᠮᠪᡠᡥᡝ ᠰᡝᡵᡝ ᠵᡝᡵᡤᡳ ᡤᡳᠰᡠᠨ ᡩᡝ᠈ ᡝᡵᡝ ᡤᡝᠮᡠ ᠠᠨᡳᠶᠠ᠈ ᡳᠨᡝᠩᡤᡳ᠈ ᠵᠠᡳ ᡝᡵᡝᡳ ᠵᠠᠯᡳᠨ᠈ ᠰᡝᡵᡝ ᡤᡳᠰᡠᠨ᠉

奏　爲此上呈　此皆年日　及爲字下

ᡥᡝᠰᡝ ᠰᠠᡥᠠ ᠰᡝᡥᡝ᠉ ᡝᡵᡝᡳ ᠵᠠᠯᡳᠨ ᡤᡳᠩᡤᡠᠯᡝᠮᡝ

旨知道了欽此　爲此謹

ᠸᡝᠰᡳᠮᠪᡠᡥᡝ᠈ ᡝᠨᡝᠩᡤᡳ ᡥᡝᠰᡝ

奏本日奉

ᠨᡳᠣᡥᠣᠨ᠈ ᡥᠣᠨᡳᠨ ᠠᠨᡳᠶᠠ ᡩᠣᠰᡳᡴᠠ ᡩᠣᠰᡳᡴᠠᠰᡳ᠈ ᡨᡝᡵᡝ ᠠᠨᡳᠶᠠ ᡨᡝᡵᡝ ᠪᡳᠶᠠ ᡳᠴᡝ ᡳᠴᡝ

乙未年中的進士　某年某月初一日

ᠰᡝ᠈ ᡤᡝᠮᡠ ᡩᡝ ᠪᡝ᠈ ᡩᡝ ᡩᡝ ᠪᡝ ᠪᠠᡳᡨᠠᠯᠠᡵᠠᡴᡡ᠉ ᡩᡠᡳᠪᡠᠯᡝᠴᡳ᠈ ᠠᡵᠠᠴᡳ᠈ ᡤᡳᠰᡠᡵᡝᠴᡳ ᠨᡳᠣᠸᠠᠩᡤᡳᠶᠠᠨ ᠮᠣᡵᡳᠨ ᠠᠨᡳᠶᠠ

皆不用額德　譬如　或寫或說甲午年中的舉人

ᡨᡠᡴᡳᠶᡝᠰᡳ᠈ ᡩᡝ ᡩᡝ ᠪᡝ ᠪᠠᡳᡨᠠᠯᠠᡵᠠᠩᡤᡝ᠉ ᠠᡳᡴᠠ ᠠᠴᠠᠴᡳ᠈ ᡳᠰᡳᠨᠠᠴᡳ ᡩᡝ ᠰᡝᡵᡝ ᠵᡝᡵᡤᡳ᠈ ᡠᡨᡥᠠᡳ ᡤᡳᠰᡠᠨ ᡩᡝ ᠪᡝ ᠠᡵᠠᡵᠠ

用額德者　如無至遇等句　直接下文寫說者

ᡝᡵᡝ ᡠᡨᡥᠠᡳ ᡤᡳᠰᡠᡵᡝᡵᡝ᠈ ᡩᡝ ᠠᠨᡳᠶᠠ᠈ ᡳᠨᡝᠩᡤᡳ᠈ ᡩᠣᠪᠣᡵᡳ᠈ ᠨᡳᠶᡝᠩᠨᡳᠶᡝᡵᡳ᠈ ᠵᡠᠸᠠᡵᡳ᠈ ᠪᠣᠯᠣᡵᡳ᠈ ᡨᡠᠸᡝᡵᡳ ᡩᡝ ᠰᡝᡵᡝ ᡤᡳᠰᡠᠨ᠉

此即年日夜春夏秋冬字下

ᡳᠰᡳᠨᠠᡵᠠ ᡤᡳᠰᡠᡵᡝᠴᡳ᠈ ᡨᡝᡵᡝ ᠨᡳᠶᡝᠩᠨᡳᠶᡝᡵᡳ᠈ ᡨᡝᡵᡝ ᠵᡠᠸᠠᡵᡳ᠈ ᡨᡝᡵᡝ ᠪᠣᠯᠣᡵᡳ᠈ ᡨᡝᡵᡝ ᡨᡠᠸᡝᡵᡳ᠈ ᡨᡝᡵᡝ ᠮᡝᠩᡤᡠᠩᡤᡝ ᡤᡳᠰᡠᡵᡝᠮᡝ᠈ ᡩᠠᡥᡳᠮᡝ ᡨᠣᡴᡨᠣᠪᡠᠮᠪᡳ ᡤᡳᠰᡠᠨ

行酌辨　俟遇某春某夏某秋某冬　再行定議

ᡴᡳᠴᡝᡵᠠᡴᡡ ᠰᡝ ᡩᡝ ᠠᡩᠠᠯᡳ ᡤᡝᠰᡝ᠉【ᡳ ᡤᡳᠰᡠᠨ ᡠᠰᡳᠨ ᠨᡳᠮᠠᠯᠠᠨ ᠪᡝ ᡠᠵᡝᠯᡝᡶᡳ᠈ ᡝᡨᡠᡴᡠ ᠵᡝᡴᡠ ᠪᡝ ᡝᠯᡤᡳᠶᡝᠨ ᠣᠪᡠ ᡩᡝ ᠪᡳ᠉】

與不勤等　語在重農桑以足衣食

聖諭廣訓有曰

ᠮᡝᠩᡤᡠᠨ ᠪᡝ ᡤᡳᠩᡤᡠᠯᡝᠮᡝ᠈ ᠪᠣᠰᠣ ᠰᡠᠵᡝ ᠪᡝ ᡝᠯᡤᡳᠶᡝᠨ᠈ ᡝᠴᡳ ᠪᠠᡳᡨᠠᠯᠠᡵᠠ ᡩᡝ ᠮᠠᠮᡤᡳᠶᠠᡵᠠ᠈ ᠮᠠᠯᡥᡡᡧᠠᡵᠠᡴᡡ ᠵᡝᠮᡩᡝᠨ᠈

布帛充贍　或侈於費用　不儉之弊

ᠵᠣᠪᠣᡧᠣᡵᠣᠩᡤᡝ ᠠᠨᡳᠶᠠ ᠪᡝ ᡝᠯᡤᡳᠶᡝᠨ ᠪᠠᡵᡤᡳᠶᠠᡥᠠ ᠪᡳᡥᡝ᠈ ᡤᡡᠨᡳᠨ ᠪᠠᡵᡤᡳᠶᠠᡴᡡ᠈ ᡝᠴᡳ ᡳᠰᠠᠪᡠᡵᡝ ᡤᡡᠨᡳᠨ ᠪᡝ ᠠᠯᡳᠪᡠᡥᠠᡴᡡ᠈ ᡝᠴᡳ ᠪᠠᡳᡨᠠᠯᠠᡵᠠ

所慮　年穀豐登　或忽於儲蓄

ᠪᡝᠶᡝ ᡳ ᡳᡵᡤᡝᠨ ᡳ ᠪᡳᡨᡥᡝ ᡩᡝ ᠪᡳ᠉】

御製翻譯詩經有曰

ᡥᠠᠨ ᡳ ᠠᡵᠠᡥᠠ ᡠᠪᠠᠯᡳᠶᠠᠮᠪᡠᡥᠠ ᡳᡵᡤᡝᠪᡠᠨ ᡳ ᠨᠣᠮᡠᠨ ᡩᡝ ᡥᡝᠨᡩᡠᡥᡝᠩᡤᡝ᠈ ᡳᠨᡝᠩᡤᡳ ᠰᡳ ᡝᠯᠪᡝᡥᡝ᠈ ᡩᠣᠪᠣᡵᡳ ᠰᡳ ᡶᡠᡨᠠ ᡨᠣᡵᡤᡳᠮᡝ᠈【ᡳ ᡤᡳᠰᡠᠨ ᠪᡳᠨ

晝爾于茅　宵爾索綯　語在豳風

ᡶᡠᠩ ᠨᡳᠶᠠᠯᠮᠠ ᡨᡠᡵᡤᡝᠨ᠉【ᡳ ᡤᡳᠰᡠᠨ ᡧᡠᠨ ᡥᠠᠨ ᡳ ᡴᠣᠣᠯᡳ ᡳ ᠪᡳᡨᡥᡝ ᡩᡝ ᠪᡳ᠉】

語在舜典

御製翻譯書經有曰

ᡥᠠᠨ ᡳ ᠠᡵᠠᡥᠠ ᡠᠪᠠᠯᡳᠶᠠᠮᠪᡠᡥᠠ ᡥᡝᠰᡝ ᡳ ᠪᡳᡨᡥᡝ ᡩᡝ ᡥᡝᠨᡩᡠᡥᡝᠩᡤᡝ᠈ ᠠᠨᡳᠶᠠ ᠪᡳᠶᠠᡳ ᠰᠠᡳᠨ ᡳᠨᡝᠩᡤᡳ᠈ ᠸᡝᠨ ᡯᡠ ᡳ ᠮᡳᠶᠣᠣ ᡩᡝ ᠠᠯᡳᡥᠠ ᠪᡝ

正月上日　受終于文祖廟

ᠮᡠᠰᡝᠩᡤᡝ᠈ ᡩᡝ ᡩᡝ ᡥᡝᡵᡤᡝᠨ ᠪᠠᡳᡨᠠᠯᠠᡵᠠᡴᡡ᠈ ᡨᡝ ᠶᠠᠪᡠᡵᡝ ᡩᡠᡵᡠᠨ ᠪᠠᠨᠵᡳᡥᠠ᠉

不用額德字　現行式樣

既以現行格式爲法 而又引經據訓 往復

ᠮᠠᠨᠵᡠ ᡤᡳᠰᡠᠨ ᡩᡝ᠈ ᠪᡝ᠈ ᠮᡝ᠈ ᠯᡳ᠈ ᡶᡳ ᠰᡝᡵᡝ ᠵᡝᡵᡤᡳ ᡠᠨᡨᡠᡥᡠᠨ ᡥᡝᡵᡤᡝᠨ ᡠᠮᡝᠰᡳ ᠯᠠᠪᡩᡠ᠈ ᠪᡳᠰᡳᡵᡝ ᠪᠠ ᠪᡝ ᡤᡳᠰᡠᡵᡝᡵᠠᡴᡡ᠈ ᡩᠠᠮᡠ ᡳ᠈ ᠨᡳ᠈ ᡩᡝ ᡩᡝ

清語內 伯額 墨額 縷伊 飛伊 等虛字甚多 在所不論 惟舉伊 伊尼 額德 數字

ᠨᡳᠶᡝᠩᠨᡳᠶᡝᡵᡳ᠈ ᠵᡠᠸᠠᡵᡳ᠈ ᠪᠣᠯᠣᡵᡳ᠈ ᡨᡠᠸᡝᡵᡳ᠈ ᠵᠠᡳ ᠰᡝᠮᡝ ᠰᡝᡵᡝ ᡥᡝᡵᡤᡝᠨ ᡳ ᡶᡝᠵᡝᡵᡤᡳ᠈ ᡩᡝ ᡩᡝ ᡥᡝᡵᡤᡝᠨ ᠪᠠᡳᡨᠠᠯᠠᡵᠠᡴᡡ᠈ ᠶᠠᡵᡤᡳᠶᠠᠨ ᡨᡝᠮᡤᡝᡨᡠ᠉

春夏秋冬 及爲字下 不用額德字 確據

以上數段皆年日夜

秋獮 冬狩 皆於農隙以講事也 語在魯臧僖伯諫觀魚

御製古文淵鑒有曰 春蒐 夏苗

錢糧以省催科

又曰 爾兵民清夜自思 其咸體朕意 語在完

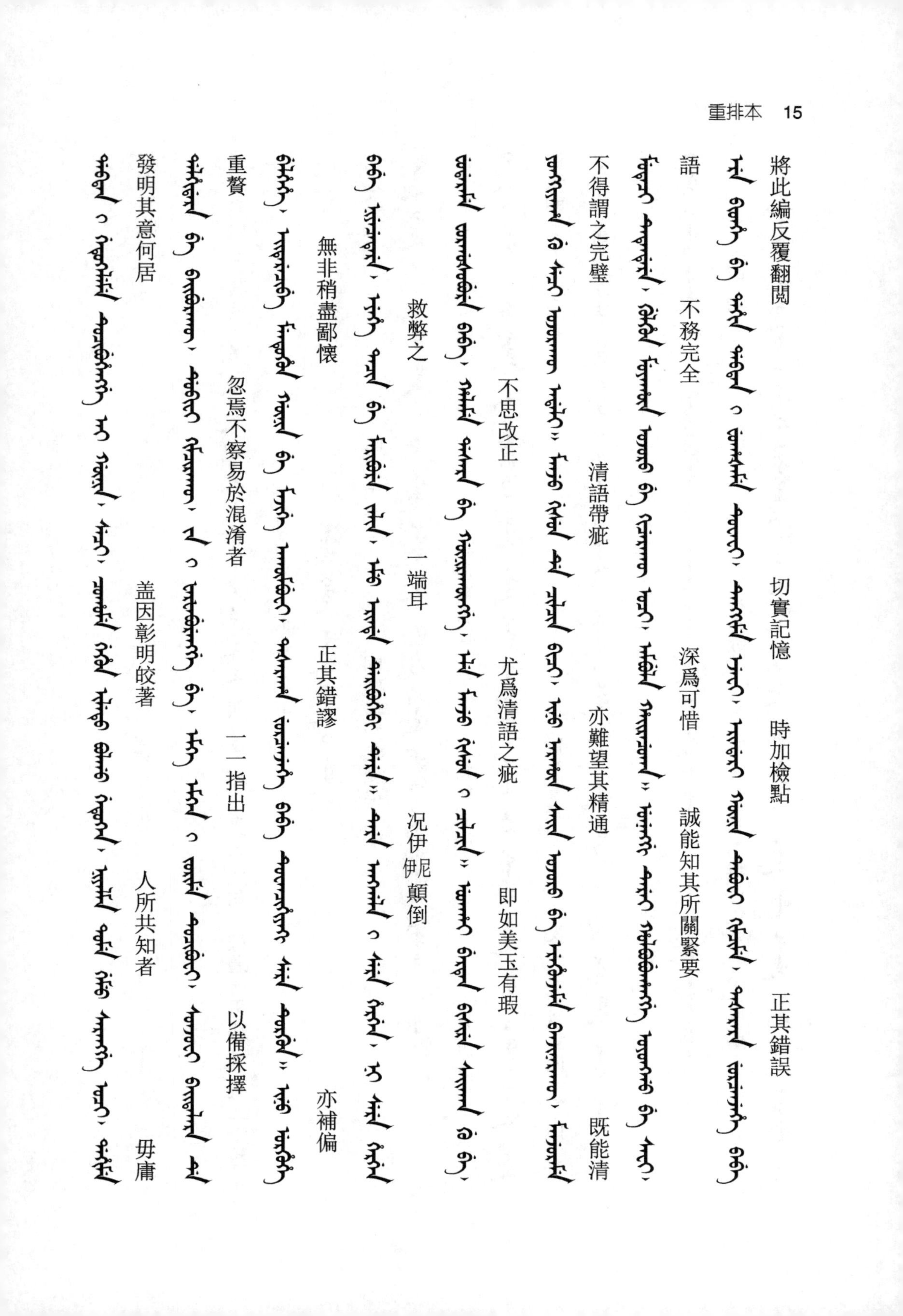

將此編反覆翻閱 切實記憶 時加檢點 正其錯誤

語 不務完全 深爲可惜 誠能知其所關緊要

不得謂之完璧 清語帶疵 亦難望其精通 既能清

不思改正 尤爲清語之疵 即如美玉有瑕

救弊之 一端耳 況伊尼伊顛倒

無非稍盡鄙懷 正其錯謬 亦補偏

重贅 忽焉不察易於混淆者 一一指出 以備採擇

發明其意何居 蓋因彰明皎著 人所共知者 毋庸

毋庸雙點尾皆弓

ᠨ字爲始ᠣ其終、ᡴᠠ ᡤᠠ ᡥᠠ ᡴᡝ ᡤᡝ ᡥᡝ同、ᠪᠣ ᠪᠣ ᡨᠠ ᡨᠠ與ᠵᠣ類、ᠴᠣ ᠣ二句一樣通、再加ᡨᠠ來二十整、

七言六句歌

ᠨᠠᡩᠠᠨ ᡥᡝᡵᡤᡝᠨ ᠨᡳᠩᡤᡠᠨ ᡤᡳᠰᡠᠨ ᡳ ᡠᠴᡠᠯᡝᠨ᠉

ᠨᡳᠩᡤᡠᠨ ᡤᡳᠰᡠᠨ ᡳ ᡠᠴᡠᠯᡝᠨ ᠪᡝ ᡝᠵᡝᠮᡝ ᡠᡵᡝᠪᡠᠴᡳ᠈ ᡳᠯᡤᠠᠮᡝ ᡶᠠᡴᠰᠠᠯᠠᠮᡝ ᠮᡠᡨᡝᠮᡝ᠈ ᡨᠠᡧᠠᡵᠠᡵᠠ ᠠᡴᡡ ᠣᠮᠪᡳ᠉

句之歌　將此記熟　則能辨別無差矣

ᡤᡳᠰᡠᠨ ᡳ ᡥᠣᠯᠪᠣᡥᠣᠩᡤᡝ᠈ ᡝᡵᡳᠯᡝᠮᡝ ᡤᡳᠰᡠᠨ ᡩᡝ ᠠᡵᠠᡵᠠᠩᡤᡝ᠈ ᠣᡵᡳᠨ ᡥᡝᡵᡤᡝᠨ ᠪᡝ᠈ ᡝᠵᡝᡵᡝ ᡩᡝ ᠮᠠᠩᡤᠠ᠈ ᡨᡠᡨᡨᡠ ᠣᡶᡳ᠈ ᠨᠠᡩᠠᠨ ᡤᡳᠰᡠᠨ

關係清語　不時書寫者二十字　殊難記憶　是以編作七言六

ᠨᡳᠩᡤᡠᠨ ᡤᡳᠰᡠᠨ ᡳ ᡠᠴᡠᠯᡝᠨ ᡳ ᠪᡠᠰᡝ ᠰᠣᠨᠵᠣᠮᡝ ᡨᠣᠮᡳᠯᠠᡵᠠ ᡤᡳᠰᡠᠨ ᡳ ᡝᠯᡝᠮᡝ ᠰᡝᠮᠪᡳ᠈ ᡩᡠᡳᠨ ᡨᠠᠩᡤᡡ ᠰᡝᠮᡳᡵ ᡝᠯᡝᠮᡝ

第六頭七十二字尾左　皆有雙點　又有無此雙點四十字內

ᠪᡝᠶᡝᠨ ᡠᡵᡝᠪᡠᠮᡝ ᠮᡠᡨᡝᠪᡠᠮᡝ ᠣᠮᠪᡳ᠈ ᡝᠴᡳᡴᡝᠨ ᡳᠯᡤᠠᡵᠠᡴᡡ᠈ ᠪᡝᡳᠯᡝ᠈ ᠠᡴᡡ ᠰᠠᡳᠨ ᡝᡵᡝᠮᠪᡠᡥᡝ ᠪᠣᡵᡝ ᠠᡴᡡ ᡝᠵᡝᠮᡝ ᠠᡴᡡ ᠰᡝᠮᠪᡳ᠉

並可成熟練　無疵之美　豈不休哉

ᡨᠠᠴᡳᠪᡠᡥᠠᠩᡤᡝ᠈ ᡤᡠᠯᡝᡵᡝ ᡴᡳᠴᡝᡵᡝ ᠨᡳᠩᡤᡠᡳ ᠪᡠᡥᡳᠮᡝ ᠮᡠᠰᡝᡳ᠈ ᡠᠯᡥᡳᠮᡝ ᡳ ᡨᡠᡨᡨᡠ ᡨᡠᠴᡳᠨ᠈ ᡤᡠᠯᡝ ᠪᡝ ᠮᡠᡨᡝᠮᡝ ᠠᡴᡡ ᡨᡝ ᠪᡠᡥᡝ ᠰᡝ

用功日久　漸進自然　不特可免殘缺不精之譏

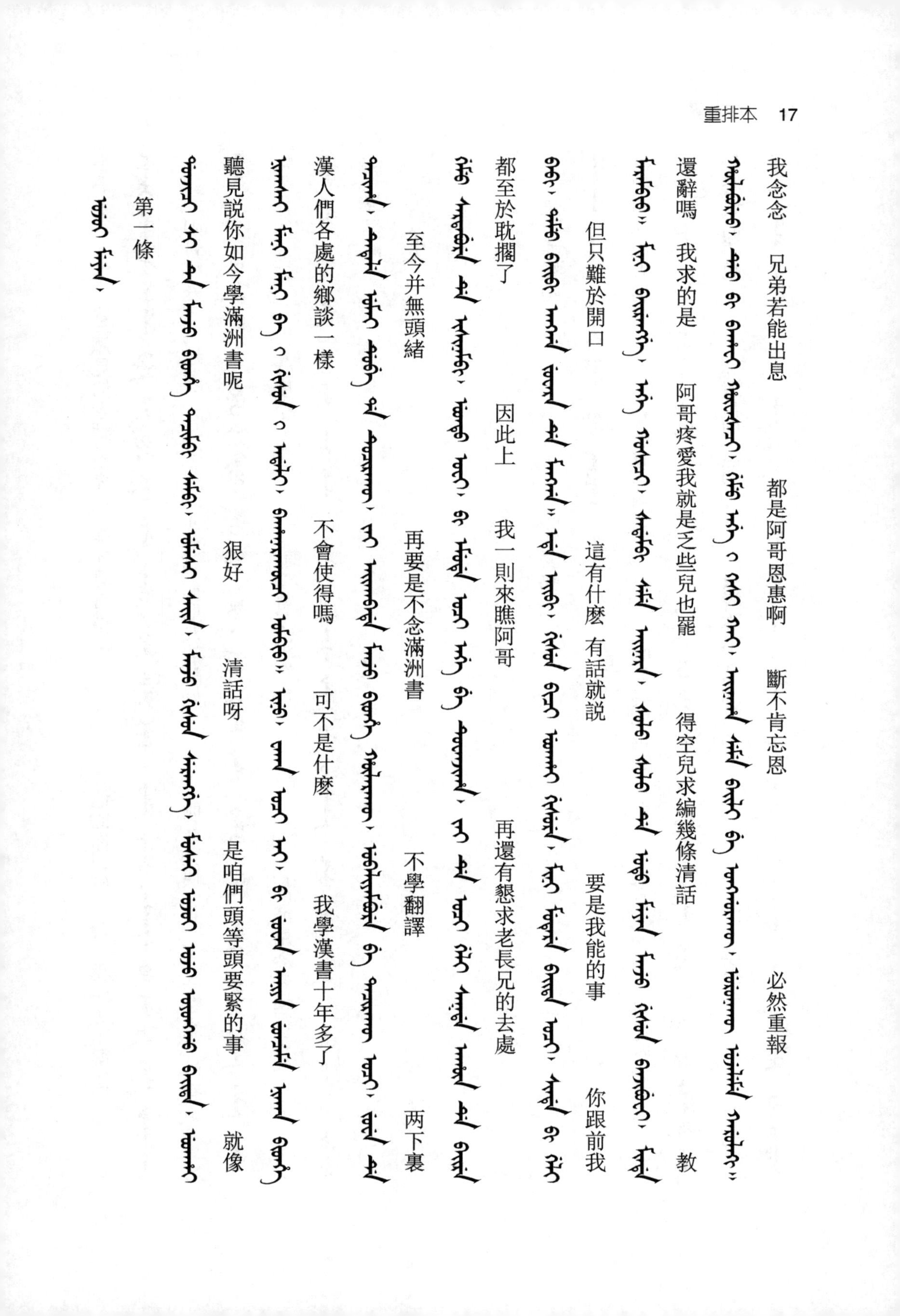

我念念　兄弟若能出息　都是阿哥恩惠啊　斷不肯忘恩　必然重報

還辭嗎　我求的是　阿哥疼愛我就是乏些兒也罷　得空兒求編幾條清話　教

但只難於開口　這有什麼　有話就說　要是我能的事　你跟前我

都至於耽擱了　因此上　我一則來瞧阿哥　再還有懇求老長兄的去處

至今并無頭緒　再要是不念滿洲書　不學翻譯　兩下裏

漢人們各處的鄉談一樣　不會使得嗎　可不是什麼　我學漢書十年多了

聽見說你如今學滿洲書呢　狠好　清話呀　是咱們頭等頭要緊的事　就像

第一條

ᠠᡳᠨᡠ ᡠᡨᡨᡠ ᡤᡳᠰᡠᡵᡝᠮᠪᡳ᠈ ᠰᡳ ᡤᡡᠸᠠ ᠨᡳᠶᠠᠯᠮᠠ ᠨᠠ᠉ ᡩᠠᠮᡠ ᠰᡳᠨᡳ ᡨᠠᠴᡳᡵᠠᡴᡡ ᠪᡝ ᡥᡝᠨᡩᡠᠮᠪᡳ ᡩᡝᡵᡝ᠈ ᡨᠠᠴᡳᡴᡳ ᠰᡝᠴᡳ᠈ ᠪᡳ ᠪᠠᡥᠠᠴᡳ

什麼這們說呢 你還是別人嗎 只說你不學罷咧 既然要學 我巴不

ᠰᡳᠮᠪᡝ ᠨᡳᠶᠠᠯᠮᠠ ᠣᠪᡠᡵᡝ᠈ ᡴᠠᡵᡠᠯᠠᡵᠠ ᠰᡝᡵᡝᠩᡤᡝ ᠠᡳ ᡤᡳᠰᡠᠨ᠈ ᠮᡝᠨᡳ ᡩᠣᠯᠣ ᡳᠨᡠ ᡤᡳᠰᡠᡵᡝᠴᡳ ᠣᠮᠪᡳᠣ᠉ ᡠᡩᡠ ᡨᡠᡨᡨᡠ ᠪᡳᠴᡳᠪᡝ᠈ ᠪᡳ ᡥᡠᡴᡧᡝᠮᡝ ᠸᠠᠵᡳᡵᠠᡴᡡ ᡩᠠᠮᡠ

得的叫你成人啊 報答是什麼話 咱們裏頭也說得嗎 雖是那們說 我可感念不盡

ᠪᠠᠨᡳᡥᠠ ᠪᡠᡵᡝ ᡩᠠᠪᠠᠯᠠ᠈ ᡤᡝᠯᡳ ᠠᡳ ᠰᡝᠮᠪᡳ᠉

就只是拜謝罷咧 說什麼呢

ᠵᠠᡳ ᠮᡝᠶᡝᠨ

第二條

ᠠᡤᡝ ᠰᡳᠨᡳ ᠮᠠᠨᠵᡠᡵᠠᡵᠠᠩᡤᡝ᠈ ᠠᡳ ᡧᠣᠯᠣ ᡩᡝ ᡨᠠᠴᡳᡥᠠ᠈ ᠮᡠᡩᠠᠨ ᠰᠠᡳᠨ ᠪᡳᠮᡝ ᡤᡝᡨᡠᡴᡝᠨ᠉ ᠮᡳᠨᡳ ᠮᠠᠨᠵᡠ ᡤᡳᠰᡠᠨ ᠪᡝ ᠠᡳ ᡩᠠᠪᡠᡶᡳ ᡤᡳᠰᡠᡵᡝᡵᡝ ᠪᠠ ᠪᡳ᠈

阿哥你的清話 什麼空兒學了 話音好又清楚 我的清話那裏提得起來

ᠠᡤᡝ ᡤᠣᠰᡳᠮᡝ ᡠᡨᡨᡠ ᠮᠠᡴᡨᠠᠮᠪᡳ᠉ ᠮᡳᠨᡳ ᡝᠮᡠ ᡤᡠᠴᡠ ᠮᠠᠨᠵᡠ ᡤᡳᠰᡠᠨ ᠰᠠᡳᠨ᠈ ᡤᡝᡨᡠᡴᡝᠨ ᠪᡳᠮᡝ ᡩᠠᠴᡠᠨ᠈ ᠮᠠᠵᡳᡤᡝ ᠨᡳᡴᠠᠨ ᠮᡠᡩᠠᠨ ᠠᡴᡡ᠈

阿哥疼愛這們過獎 我的一個朋友清話好 明白又快 一點蠻音没有

ᡠᠮᡝᠰᡳ ᡠᡵᡝᡥᡝᠪᡳ᠈ ᡨᡝᡵᡝ ᠠᠩᡤᠠᠯᠠ ᡩᠣᠨᠵᡳᡥᠠ ᡶᡝ ᡤᡳᠰᡠᠨ ᡤᡝᠯᡳ ᠯᠠᠪᡩᡠ᠈ ᡨᡝᠨᡳ ᠮᠠᠩᡤᠠ ᠰᡝᠴᡳ ᠣᠮᠪᡳ᠉ ᡳᠨᡳ ᠰᡳᠨᠴᡳ ᠠᠨᡨᠠᡴᠠ᠉ ᠪᡳ ᠠᡩᠠᡵᠠᠮᡝ ᡳᠨᡩᡝ ᡩᡠᡳᠪᡠᠯᡝᠮᠪᡳ

狠熟了 而且聽見的老話又多 那才算得精 他比你如何 我如何比得他

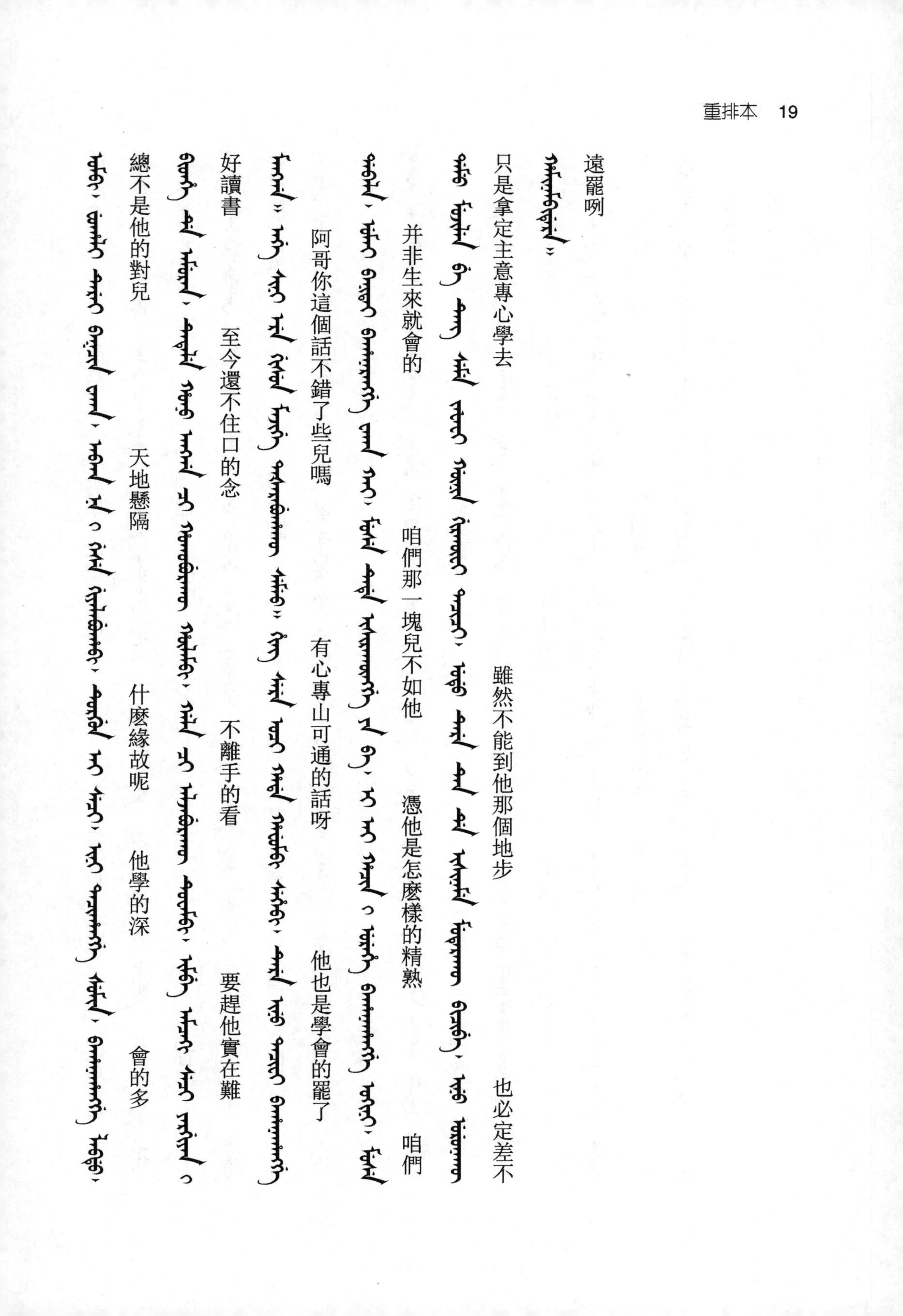

遠罷咧

只是拿定主意專心學去　雖然不能到他那個地步　也必定差不

并非生來就會的　咱們那一塊兒不如他　憑他是怎麼樣的精熟　咱們

阿哥你這個話不錯了些兒嗎　有心專山可通的話呀　他也是學會的罷了

好讀書　至今還不住口的念　不離手的看　要趕他實在難

總不是他的對兒　天地懸隔　什麼緣故呢　他學的深　會的多

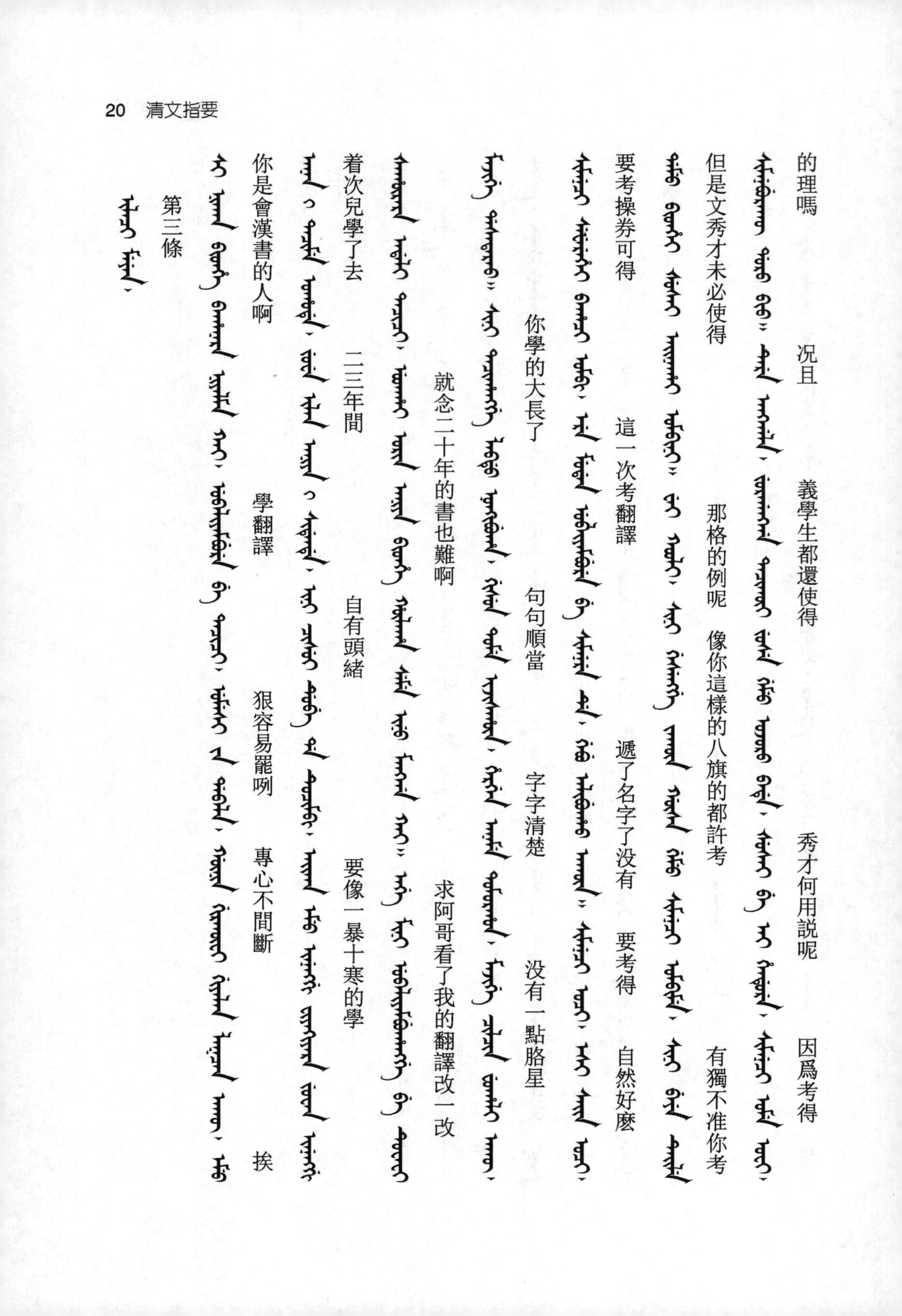

的理嗎　况且　義學生都還使得　秀才何用說呢　因爲考得

但是文秀才未必使得　那格的例呢　像你這樣的八旗的都許考　有獨不准你考

要考操券可得　這一次考翻譯　遞了名字了沒有　要考得　自然好麽

你學的大長了　句句順當　字字清楚　沒有一點駱星

就念二十年的書也難啊　求阿哥看了我的翻譯改一改

着次兒學了去　二三年間　自有頭緒　要像一暴十寒的學

你是會漢書的人啊　學翻譯　狠容易罷咧　專心不間斷　挨

第三條

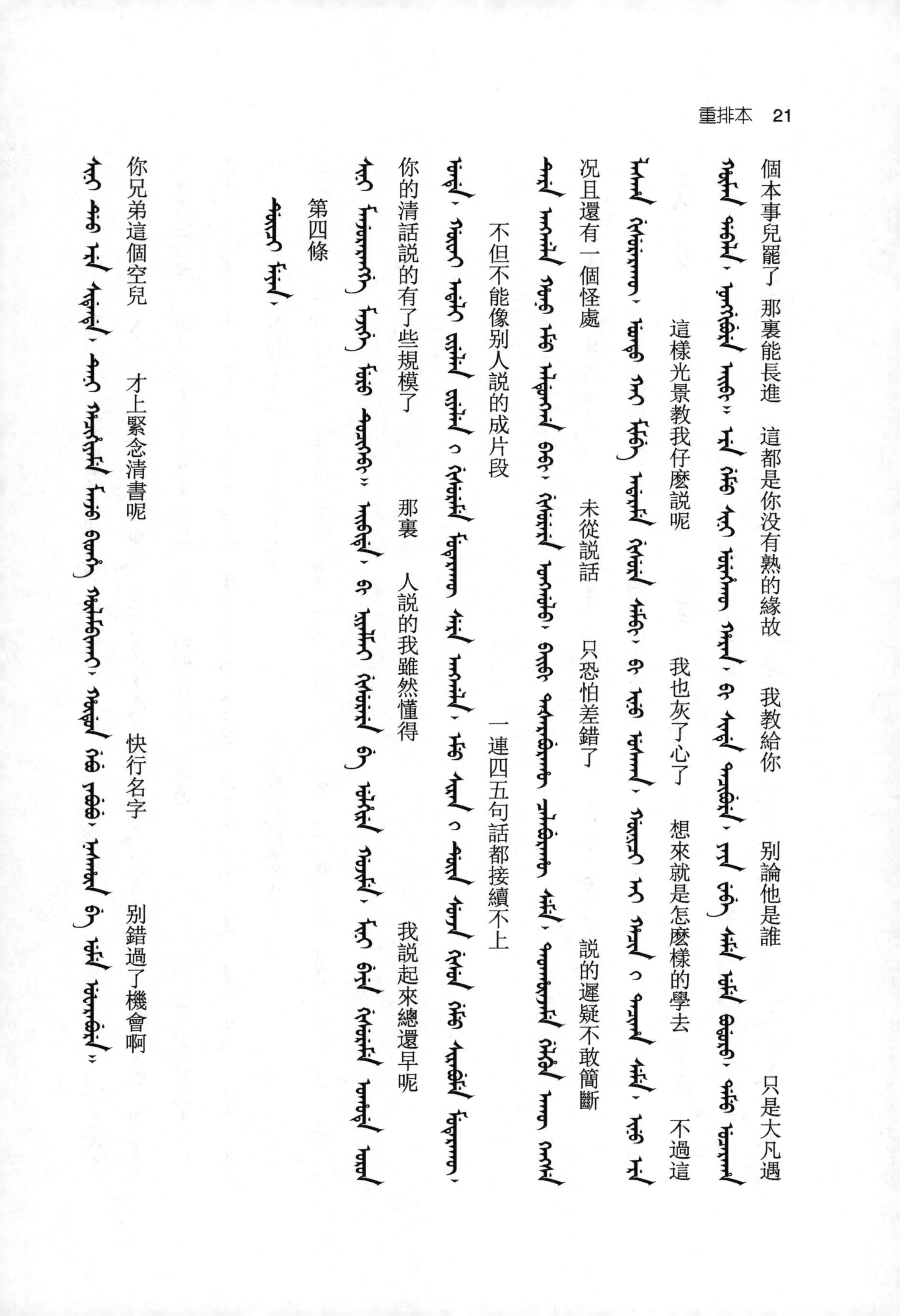

個本事兒罷了　那裏能長進　這都是你没有熟的緣故　我教給你　別論他是誰　只是大凡遇

這樣光景教我仔麼說呢　我也灰了心了　想來就是怎麼樣的學去　不過這

況且還有一個怪處　未從說話　只恐怕差錯了　說的遲疑不敢簡斷

不但不能像別人說的成片段　一連四五句話都接續不上

你的清話說的有了些規模了　那裏　人說的我雖然懂得　我說起來總還早呢

第四條

你兄弟這個空兒　才上緊念清書呢　快行名字　別錯過了機會啊

阿哥走 豈有此理 是我家裏 阿哥上去坐 這裏舒服 你那們坐下 我怎麼

在這裏住着麼 是 新近搬了來了 要是這樣 咱們住的能有多遠 要知道早不看你來了嗎

往那裏去來着 我往這裏一個親戚家去來着 順便到我家裏坐坐 阿哥你

第五條

自然任意順口不打蹬兒的說上來了 又何愁不能呢

每日家念話就記得了 時刻的說舌頭就熟了 要這樣學了去 至狠一二年間

見的就趕着他說話 再我書理通達的師傅念書 就了清話精熟的朋友去說話

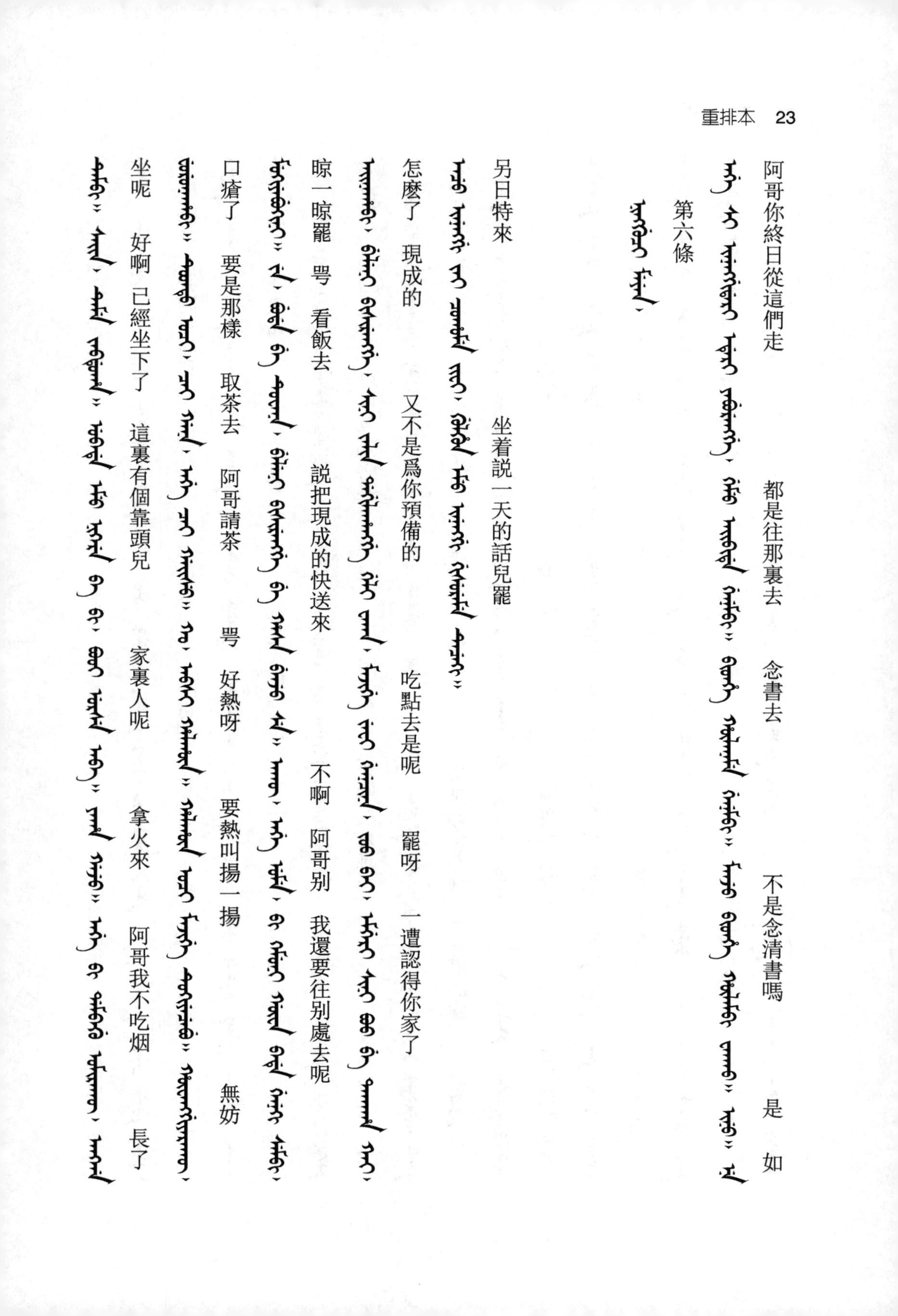

阿哥你終日從這們走　都是往那裏去　念書去　不是念清書嗎　是　如

第六條

另日特來　坐着說一天的話兒罷

怎麼了　現成的　又不是爲你預備的　吃點去是呢　罷呀　一遭認得你家了

晾一晾罷　咢　看飯去　說把現成的快送來　不啊　阿哥別　我還要往別處去呢

口瘡了　要是那樣　取茶去　阿哥請茶　咢　好熱呀　要熱叫揚一揚　無妨

坐呢　好啊　已經坐下了　這裏有個靠頭兒　家裏人呢　拿火來　阿哥我不吃烟　長了

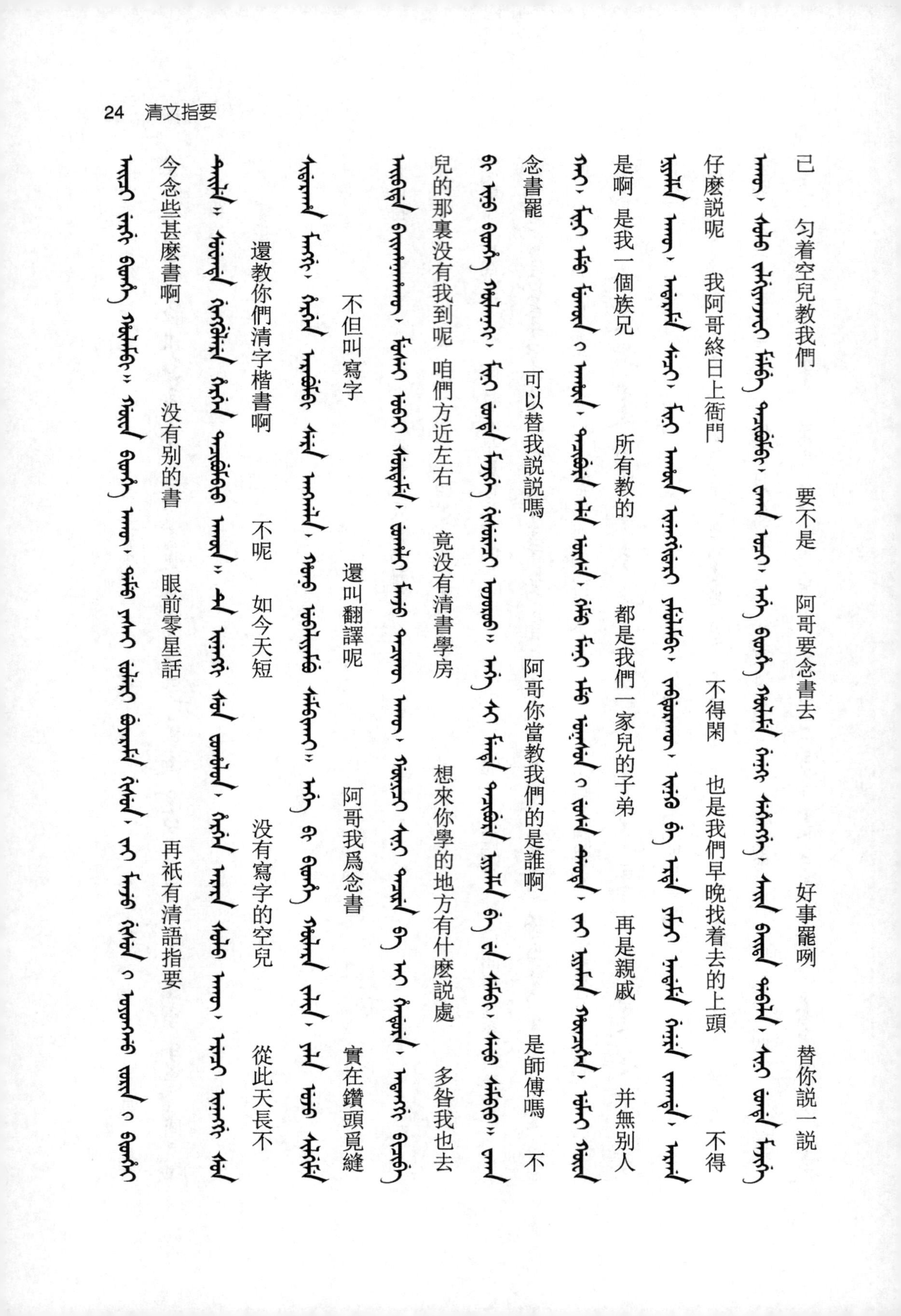

已　匀着空兒教我們　要不是　阿哥要念書去　好事罷咧　替你說一說

仔麼說呢　我阿哥終日上衙門　不得閑　也是我們早晚找着去的上頭　不得

是啊　是我一個族兒　所有教的　都是我們一家兒的子弟　再是親戚　并無別人

念書罷　可以替我說說嗎　阿哥你當教我們的是誰啊　是師傅嗎　不

兒的那裏沒有我到呢　咱們方近左右　竟沒有清書學房　想來你學的地方有什麼說處　多咎我也去

不但叫寫字　還叫翻譯呢　阿哥我爲念書　實在鑽頭覓縫

還教你們清字楷書啊　不呢　如今天短　沒有寫字的空兒　從此天長不

今念些甚麼書啊　沒有別的書　眼前零星話　再祇有清語指要

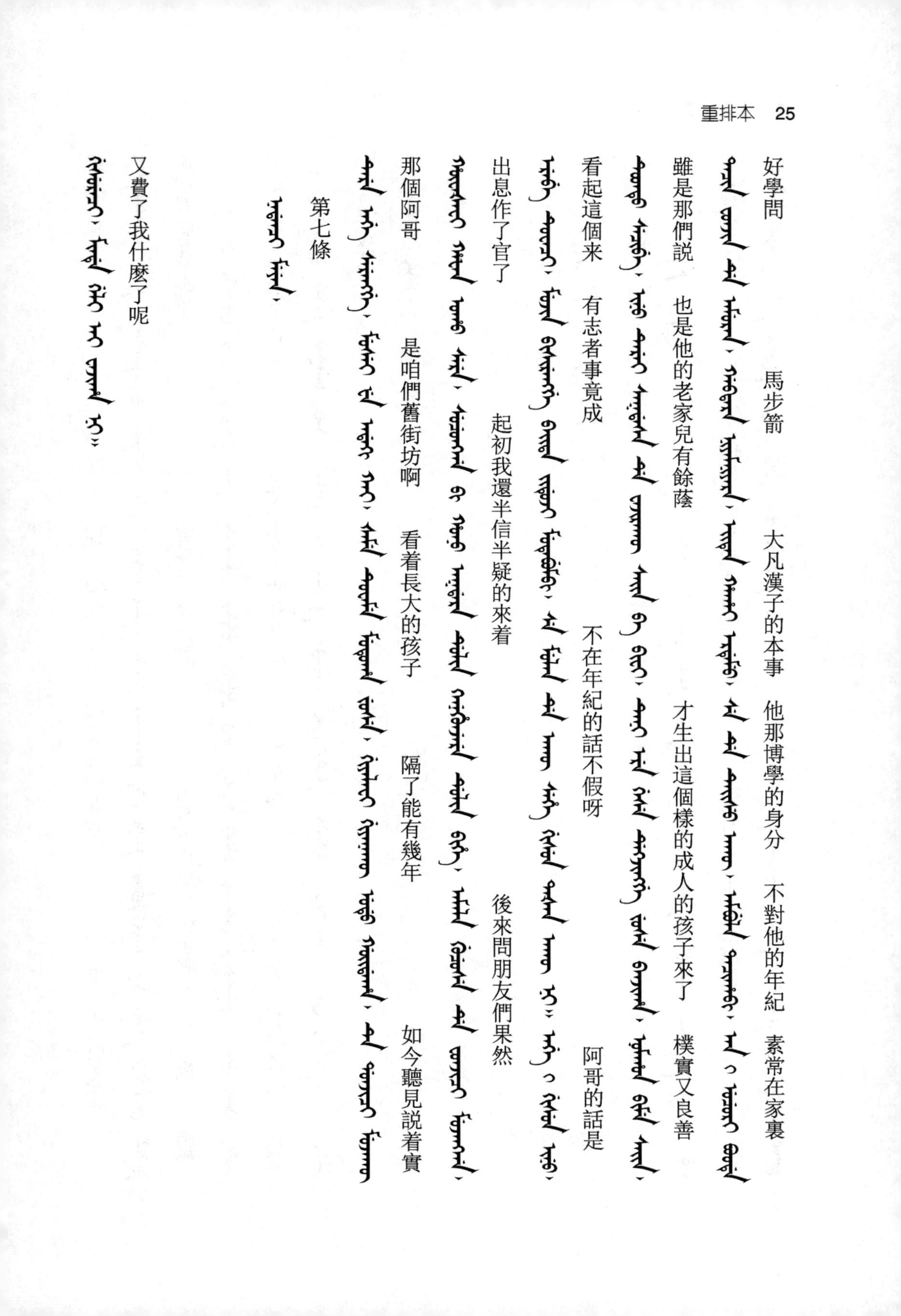

好學問　馬步箭　大凡漢子的本事　他那博學的身分　不對他的年紀　素常在家裏

雖是那們説　也是他的老家兒有餘蔭　才生出這個樣的成人的孩子來了　樸實又良善

看起這個来　有志者事竟成　不在年紀的話不假呀　阿哥的話是

出息作了官了　起初我還半信半疑的來着　後來問朋友們果然

那個阿哥　是咱們舊街坊啊　看着長大的孩子　隔了能有幾年　如今聽見説着實

又費了我什麽了呢

第七條

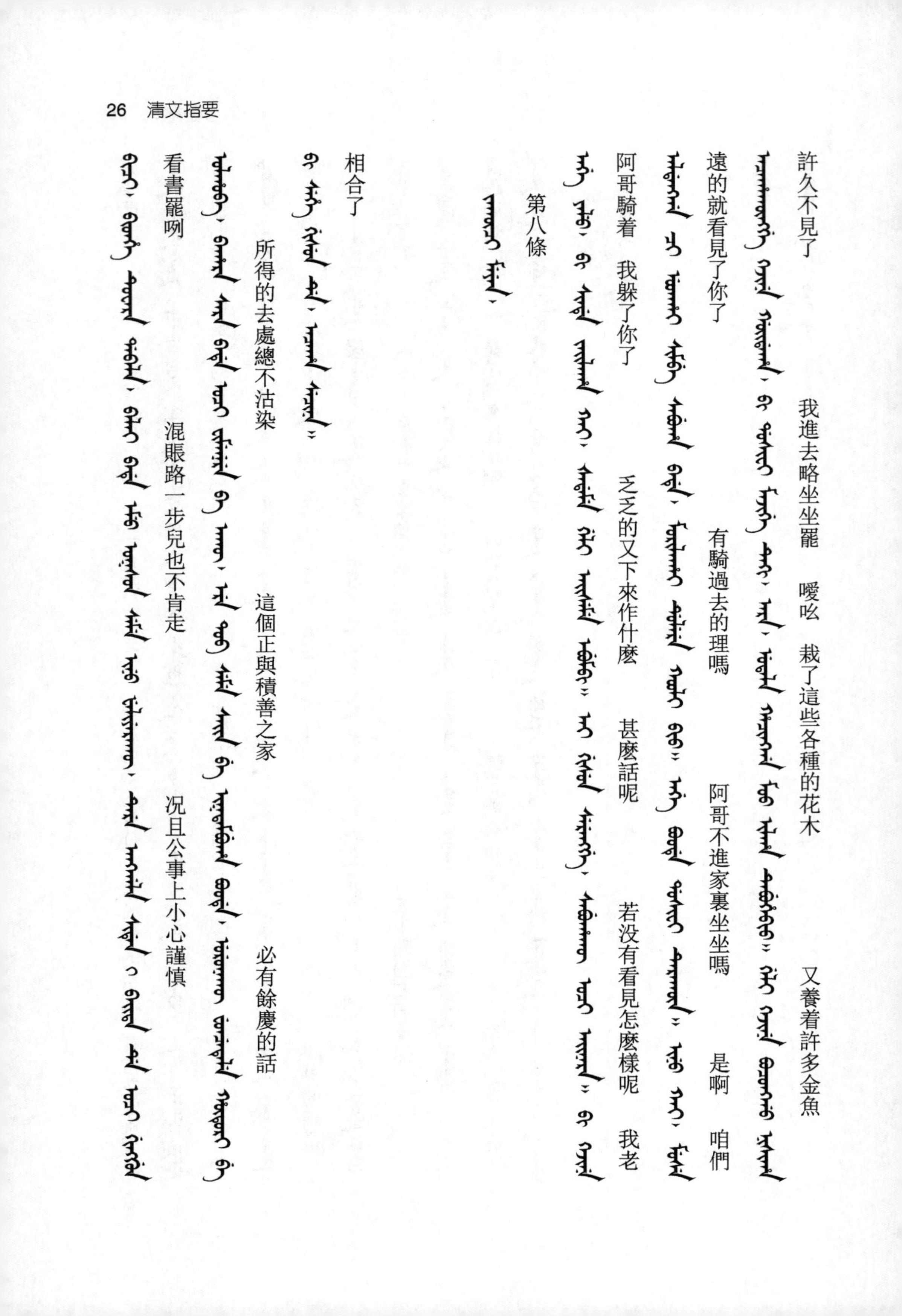

許久不見了　我進去略坐坐罷　噯吆　栽了這些各種的花木　又養着許多金魚

遠的就看見了你了　有騎過去的理嗎　阿哥不進家裏坐坐嗎　是啊　咱們

阿哥騎着　我躲了你了　乏乏的又下來作什麼　甚麼話呢　若没有看見怎麼樣呢　我老

第八條

相合了　所得的去處總不沾染　這個正與積善之家　必有餘慶的話

看書罷咧　混賬路一步兒也不肯走　況且公事上小心謹慎

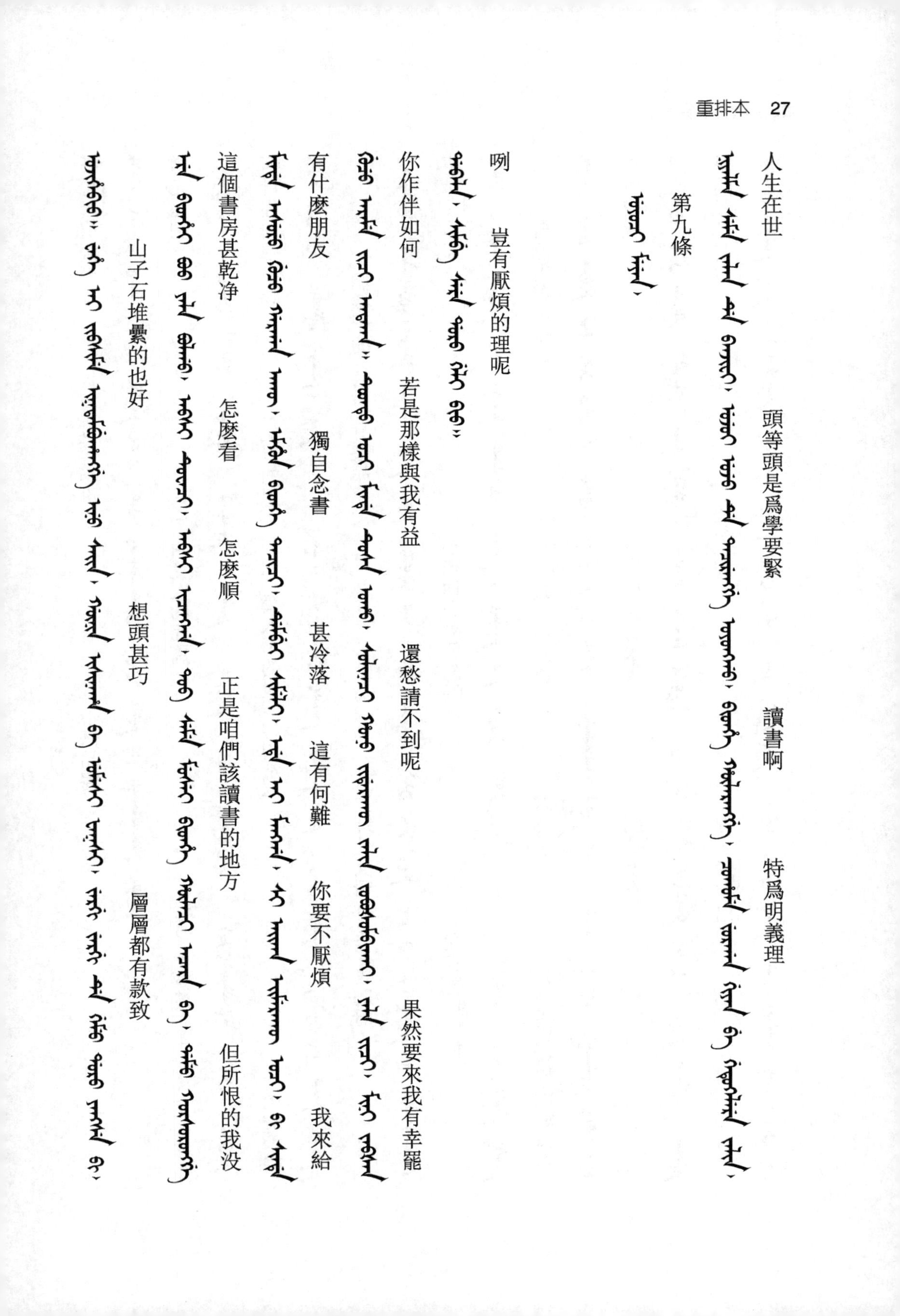

人生在世 頭等頭是爲學要緊 讀書啊 特爲明義理

第九條

咧 豈有厭煩的理呢

你作伴如何 若是那樣與我有益 還愁請不到呢 果然要來我有幸罷

有什麼朋友 獨自念書 甚冷落 這有何難 你要不厭煩 我來給

這個書房甚乾净 怎麼看 怎麼順 正是咱們該讀書的地方 但所恨的我没

山子石堆纍的也好 想頭甚巧 層層都有款致

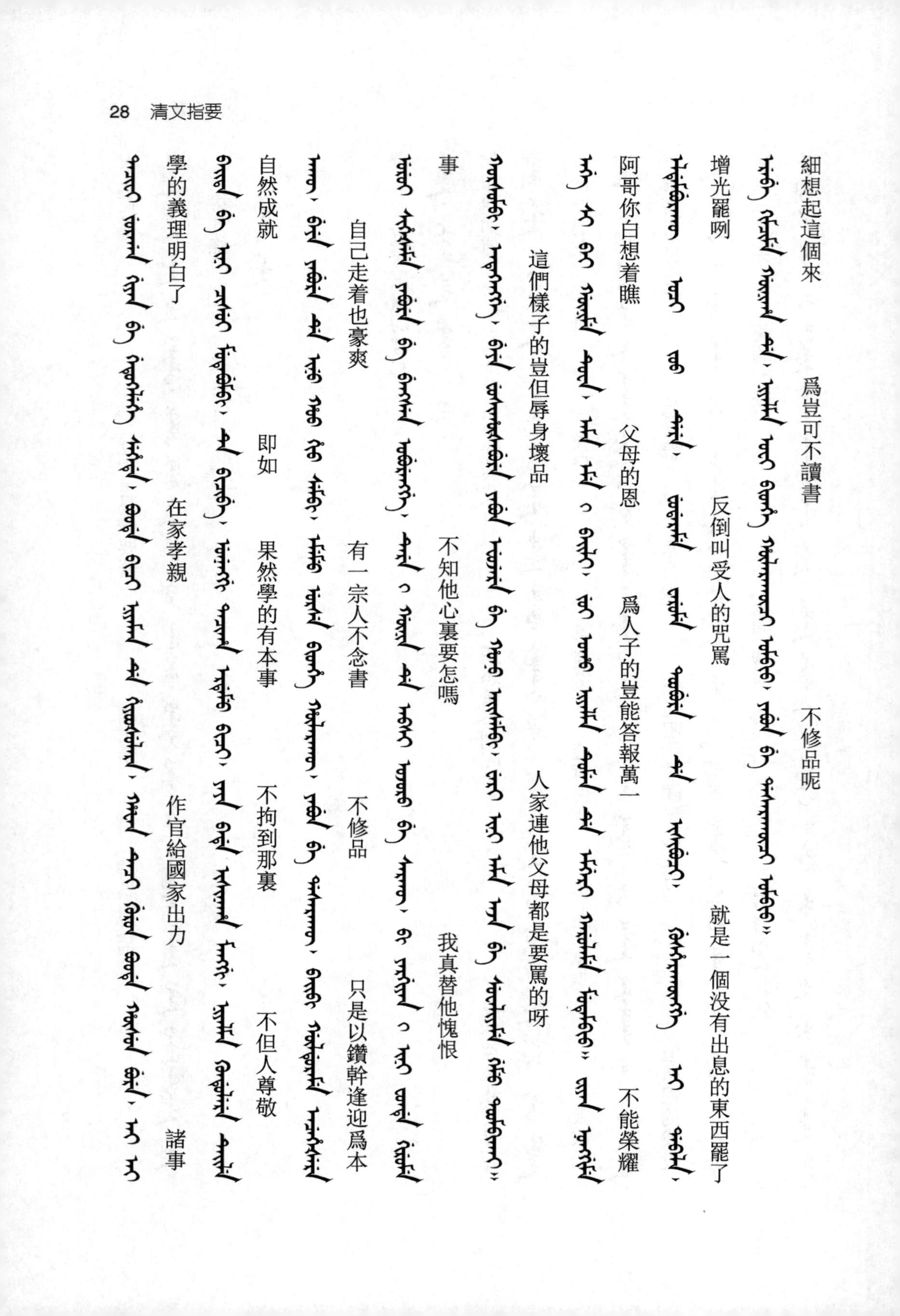

細想起這個來 爲豈可不讀書 不修品呢

增光罷咧 反倒叫受人的咒罵 就是一個沒有出息的東西罷了

阿哥你白想着瞧 父母的恩 爲人子的豈能答報萬一 不能榮耀

這們樣子的豈但辱身壞品 人家連他父母都是要罵的呀

事 不知他心裏要怎嗎 我真替他愧恨

自己走着也豪爽 有一宗人不念書 不修品 只是以鑽幹逢迎爲本

自然成就 即如 果然學的有本事 不拘到那裏 不但人尊敬

學的義理明白了 在家孝親 作官給國家出力 諸事

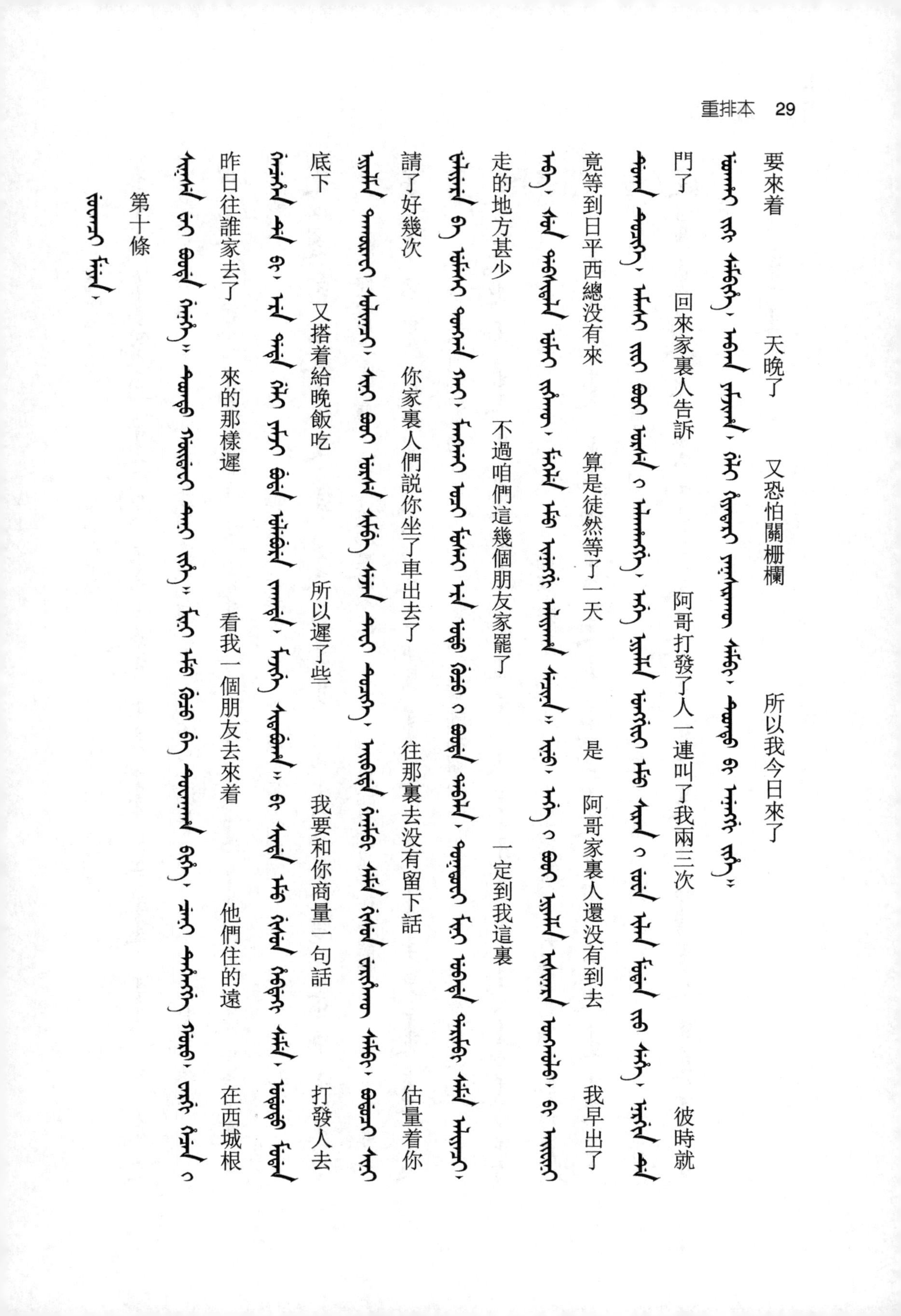

要來着　天晚了　又恐怕關柵欄　所以我今日來了

門了　回來家裏人告訴　阿哥打發了人一連叫了我兩三次　彼時就

竟等到日平西總没有來　算是徒然等了一天　是　阿哥家裏人還没有到去　我早出了

走的地方甚少　不過咱們這幾個朋友家罷了　一定到我這裏

請了好幾次　你家裏人們説你坐了車出去了　往那裏去没有留下話　估量着你

底下　又搭着給晚飯吃　所以遲了些　我要和你商量一句話　打發人去

昨日往誰家去了　來的那樣遲　看我一個朋友去來着　他們住的遠　在西城根

第十條

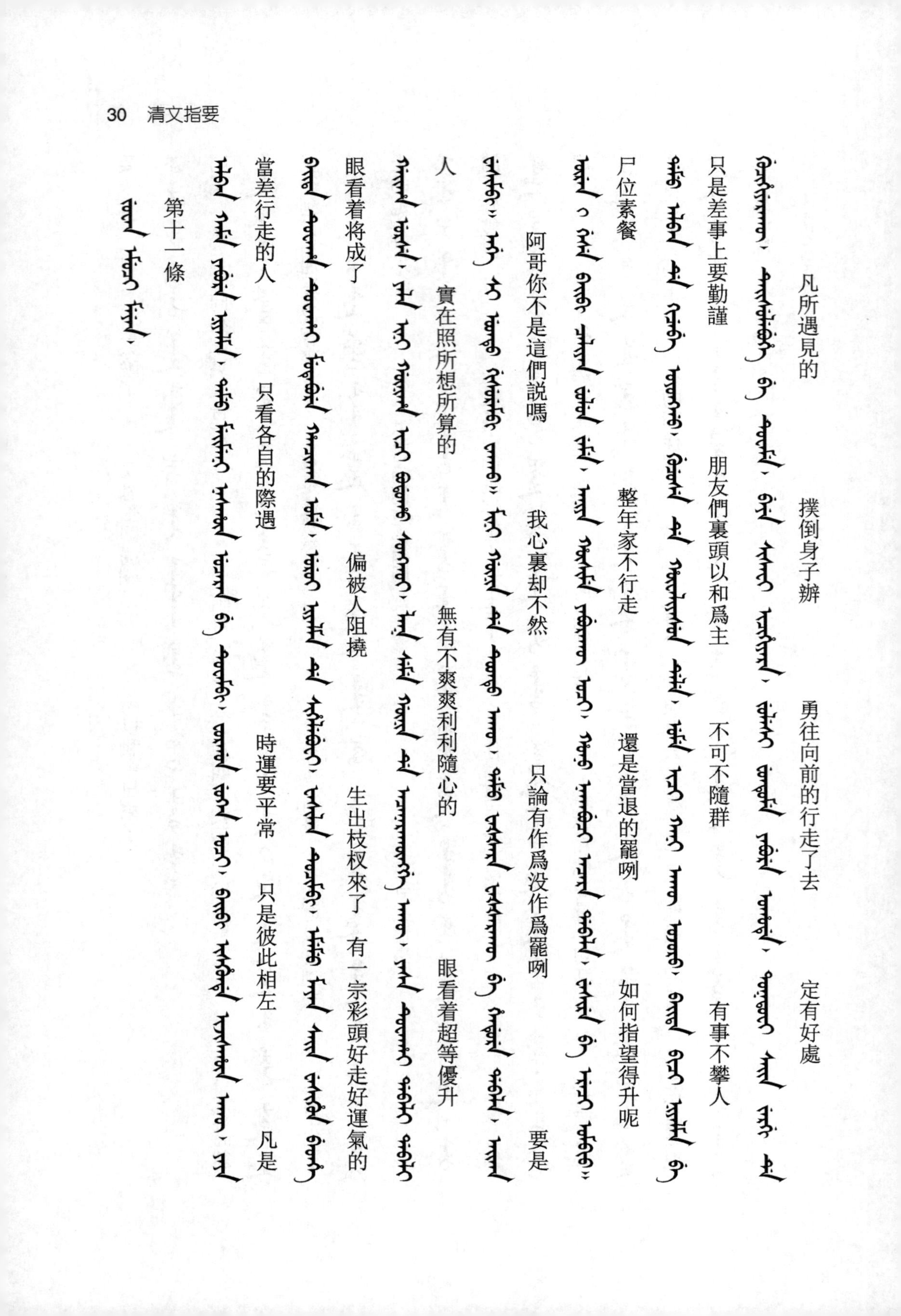

凡所遇見的　撲倒身子辦　勇往向前的行走了去　定有好處

只是差事上要勤謹　朋友們裏頭以和爲主　不可不隨群　有事不攀人

尸位素餐　整年家不行走　還是當退的罷咧　如何指望得升呢

阿哥你不是這們說嗎　我心裏却不然　只論有作爲没作爲罷咧　要是

人　實在照所想所算的　無有不爽爽利利隨心的　眼看着超等優升

眼看着將成了　偏被人阻撓　生出枝杈來了　有一宗彩頭好走好運氣的

當差行走的人　只看各自的際遇　時運要平常　只是彼此相左　凡是

第十一條

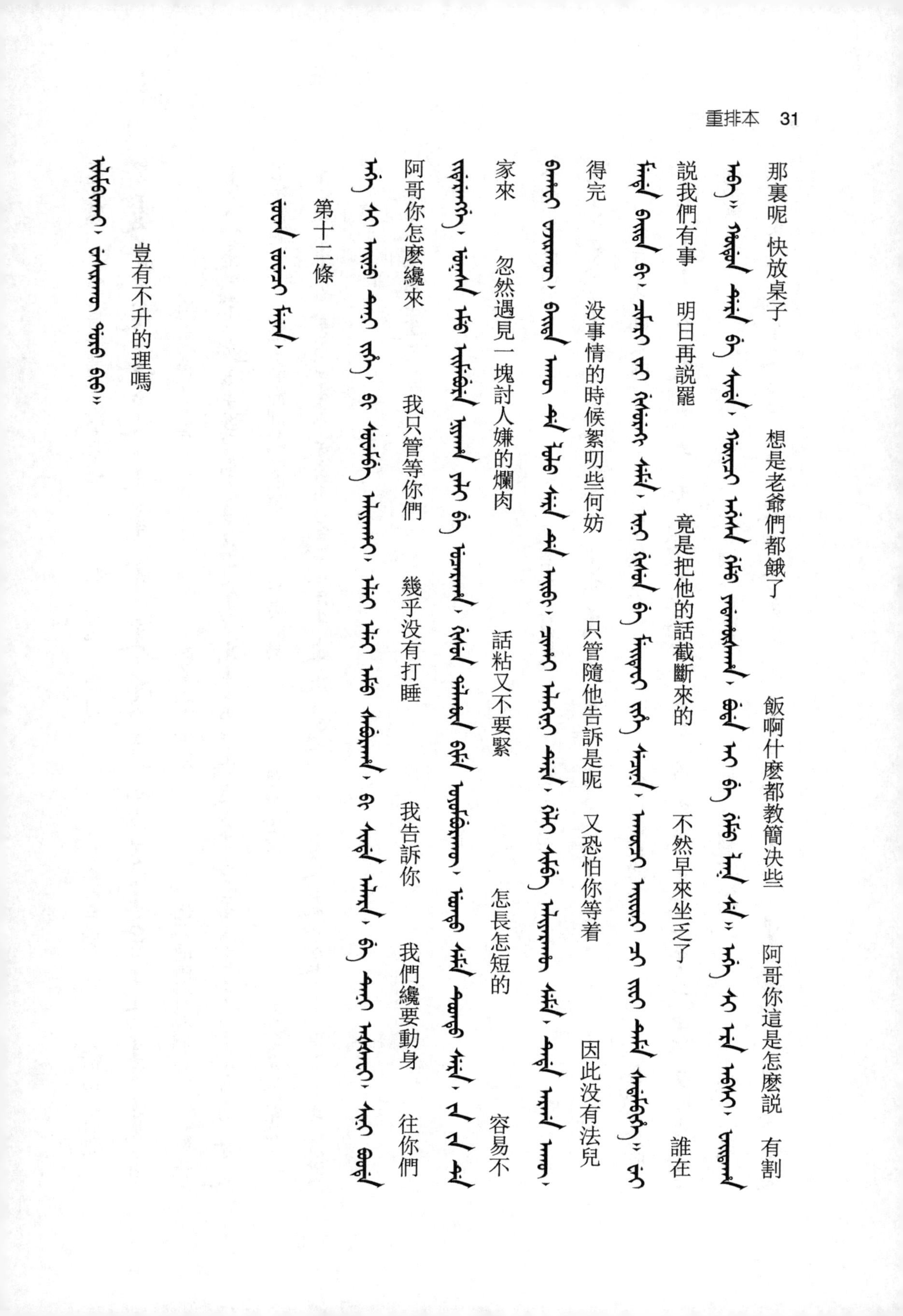

那裏呢 快放桌子 想是老爺們都餓了 飯啊什麽都教簡决些 阿哥你這是怎麽説 有割

説我們有事 明日再説罷 竟是把他的話截斷來的 不然早來坐乏了 誰在

得完 没事情的時候絮叨些何妨 只管隨他告訴是呢 又恐怕你等着 因此没有法兒

家來 忽然遇見一塊討人嫌的爛肉 話粘又不要緊 怎長怎短的 容易不

阿哥你怎麽纔來 我只管等你們 幾乎没有打睡 我告訴你 我們纔要動身 往你們

第十二條

豈有不升的理嗎

在那裏 身子要正 没有毛病 膀子要平 狠自然 又搭着弓硬 箭出的有勁

ᠪᡳ ᡨᡠᠪᠠᡩᡝ ᠪᡝᠶᡝ ᡨᠣᠪ᠈ ᡠᠮᠠᡳ ᡳᠴᠠᡴᡡ ᠪᠠ ᠠᡴᡡ᠈ ᠮᡝᡳᡵᡝᠨ ᠨᡝᠴᡳᠨ᠈ ᡠᠮᡝᠰᡳ ᡳᠯᡩᡠᠮᠪᡳ᠈ ᡤᡝᠯᡳ ᠪᡝᡵᡳ ᠮᠠᠩᡤᠠ᠈ ᠰᡳᡵᡩᠠᠨ ᡥᡡᠰᡠᠩᡤᡝ᠈

抱着睡覺的都有 到了超群的好 出名的能有幾個 難處

ᠠᡴᡡ ᡨᡝᠪᡝᠯᡳᠶᡝᠮᡝ᠉ ᡤᡝᠮᡠ ᠪᡳ ᡨᡠᠴᡳᠨᠵᡳᡥᡝᠩᡤᡝ ᡳᠰᡳᠨᠵᡳᡵᡝᠩᡤᡝ ᠣᠴᡳ ᠪᠠᡥᠠᠨᠠᡵᠠᠩᡤᡝ ᠵᡠᠸᡝ ᡳᠯᠠᠨ ᠨᡳᠶᠠᠯᠮᠠ ᠪᡳᡩᡝᡵᡝᠩᡤᡝ ᠮᠠᠩᡤᠠ᠈

射步箭啊 是咱們滿洲要緊的事 看着容易 難得主宰 即如晝夜的常拉

ᡤᠠᠪᡨᠠᡵᠠ ᠨᡳᠶᠠᠮᠨᡳᠶᠠᡵᠠᠩᡤᡝ᠈ ᠮᡠᠰᡝᡳ ᠮᠠᠨᠵᡠᠰᠠᡳ ᠣᠶᠣᠩᡤᠣ ᠪᠠᡳᡨᠠ᠈ ᡨᡠᠸᠠᡵᠠ ᡩᡝ ᠵᠠ ᡤᠣᠵᡳᠮᡝ᠈ ᡝᠵᡝᠨ ᠪᠠᡳᡨᠠ ᡩᡝ ᠮᠠᠩᡤᠠ᠈ ᡩᡝ ᡩᠣᠪᠣᡵᡳ ᡳᠨᡝᠩᡤᡳ ᠠᡴᡡ ᡨᠠᡨᠠᠮᡝ

第十三條

ᠵᡠᠸᠠᠨ ᡳᠯᠠᠴᡳ ᠮᡝᠶᡝᠨ᠉

不飽也不放快子 要那樣有什麼説的 疼了兄弟了

ᡝᠪᡳᡵᠠᡴᡡ ᠣᠴᡳ᠈ ᠰᠠᠪᡴᠠ ᠰᡳᠨᡩᠠᡵᠠᡴᡡ ᠪᡝ ᠠᡴᡡ᠉ ᡨᡠᡨᡨᡠ ᠣᠴᡳ ᠠᡳ ᡥᡝᠨᡩᡠᡵᡝ᠈ ᡩᡝᠣ ᠪᡝ ᡤᠣᠰᡳᡥᠠ ᡴᠠᡳ᠉

能有什麼好東西 阿哥們就着吃些 你這樣盛設了麼 我們自然吃

ᠮᡠᡨᡝᡵᡝ ᠪᠠᡥᠠᡵᠠᡴᡡ ᠠᡳ ᠰᠠᡳᠨ ᠵᠠᡴᠠ ᠪᡳ᠈ ᠠᡤᡝ ᠰᠠ ᡠᡨᡥᡠ ᠵᡝᡴᡝ᠉ ᠠᡳ ᡠᡨᡨᡠ ᡩᠠᡤᡳᠯᠠᡥᠠ ᠨᡳᠣ᠈ ᠪᡝ ᠠᡳ ᠵᡝᡴᡝ᠈

的肉就完了 又要這些看饌作什麼 把我們當客待嗎 不過是一點心

ᠠᡳ ᠪᡳᡥᡝ ᠶᠠᠯᡳ ᡠᡨᡥᡠ ᠸᠠᠵᡳᡥᠠ᠈ ᡤᡝᠯᡳ ᡝᡵᡝ ᠪᠣᠯᠠᡴᡡ ᠵᠠᡴᠠ ᠪᡝ ᠠᠨᡨᠠᡥᠠ ᠣᠪᡠᡥᠠᠩᡤᡝ᠈ ᡩᡝᠪᡝ ᠠᠨᠠᡴᠠ ᠮᡠᠵᡳᠯᡝᠨ ᠮᡝᠨᡩᡝᡵᡝ ᠪᡳ ᡳᠮᡝ ᡩᠣᡵᠣᠨ

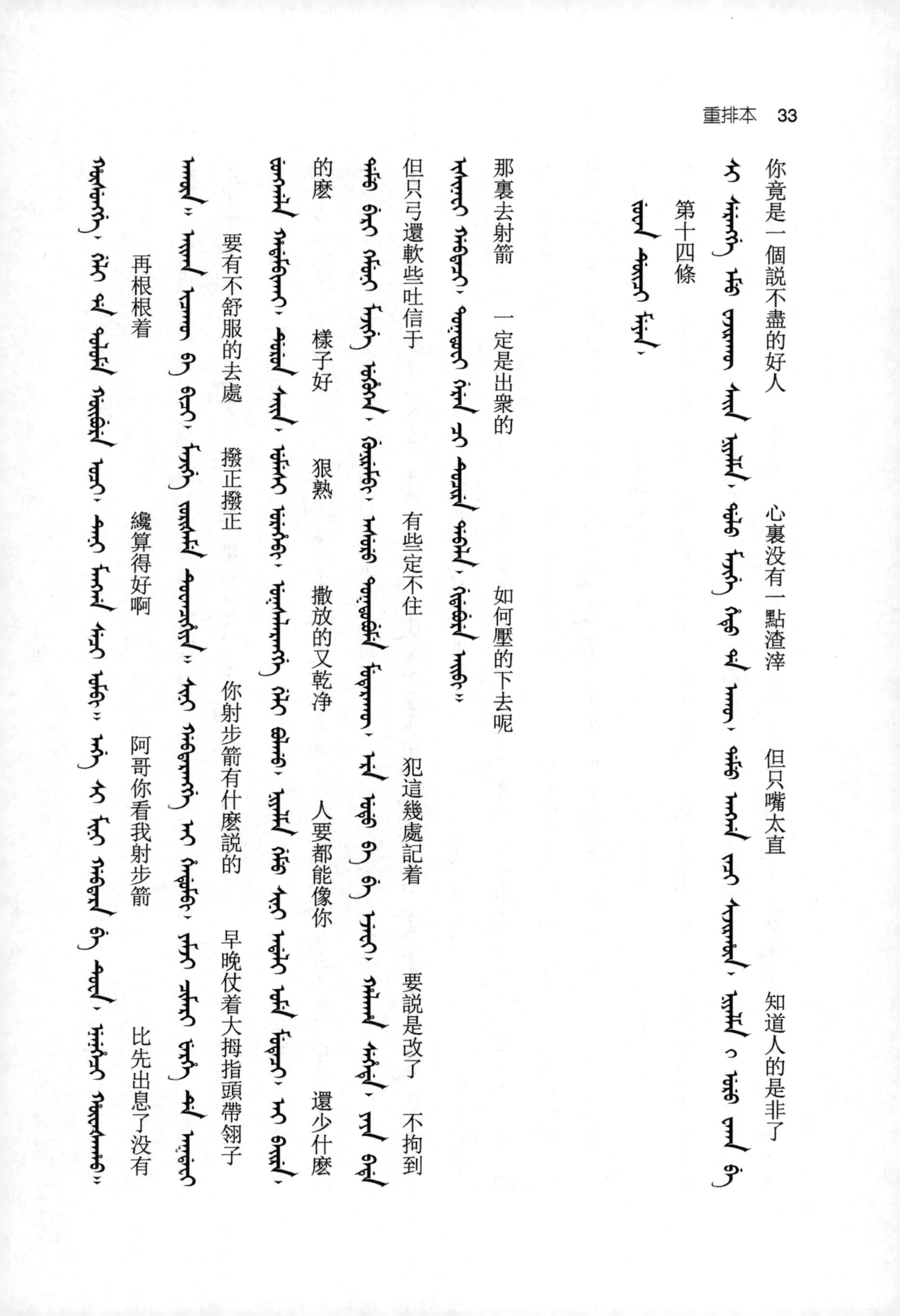

你竟是一個說不盡的好人 心裏沒有一點渣滓 但只嘴太直 知道人的是非了

第十四條

那裏去射箭 一定是出衆的 如何壓的下去呢

但只弓還軟些吐信于 有些定不住 犯這幾處記着 要說是改了 不拘到

的麼 樣子好 狠熟 撒放的又乾净 人要都能像你 還少什麼

要有不舒服的去處 撥正撥正 你射步箭有什麼說的 早晚仗着大拇指頭帶翎子

再根根着 纔算得好啊 阿哥你看我射步箭 比先出息了沒有

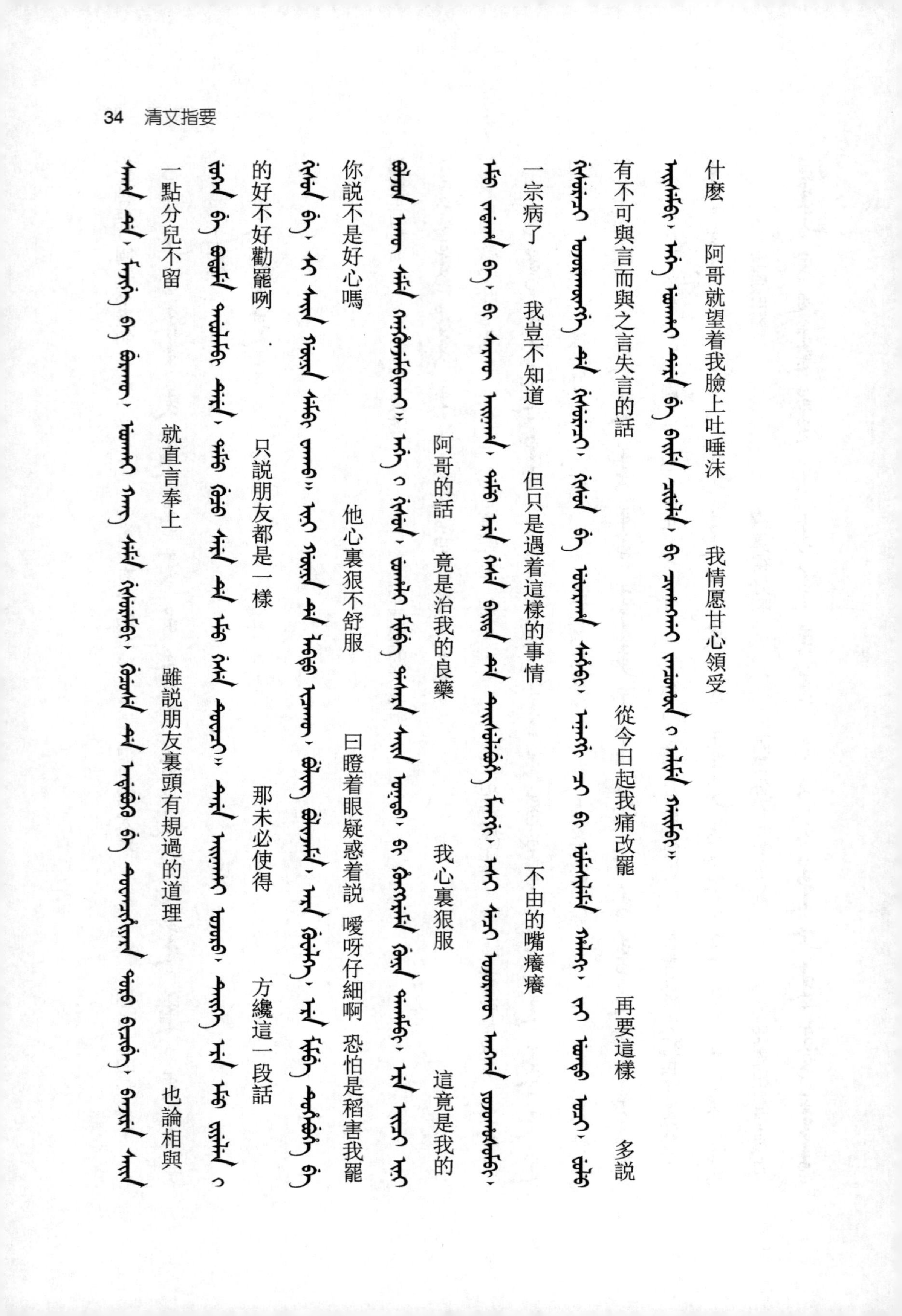

什麼　阿哥就望着我臉上吐唾沫　我情愿甘心領受

有不可與言而與之言失言的話　從今日起我痛改罷　再要這樣　多說

一宗病了　我豈不知道　但只是遇着這樣的事情　不由的嘴癢癢

阿哥的話　竟是治我的良藥　我心裏狠服　這竟是我的

你說不是好心嗎　他心裏狠不舒服　曰瞪着眼疑惑着說　嗳呀仔細啊　恐怕是稻害我罷

的好不好勸罷咧．　只說朋友都是一樣　那未必使得　方纔這一段話

一點分兒不留　就直言奉上　雖說朋友裏頭有規過的道理　也論相與

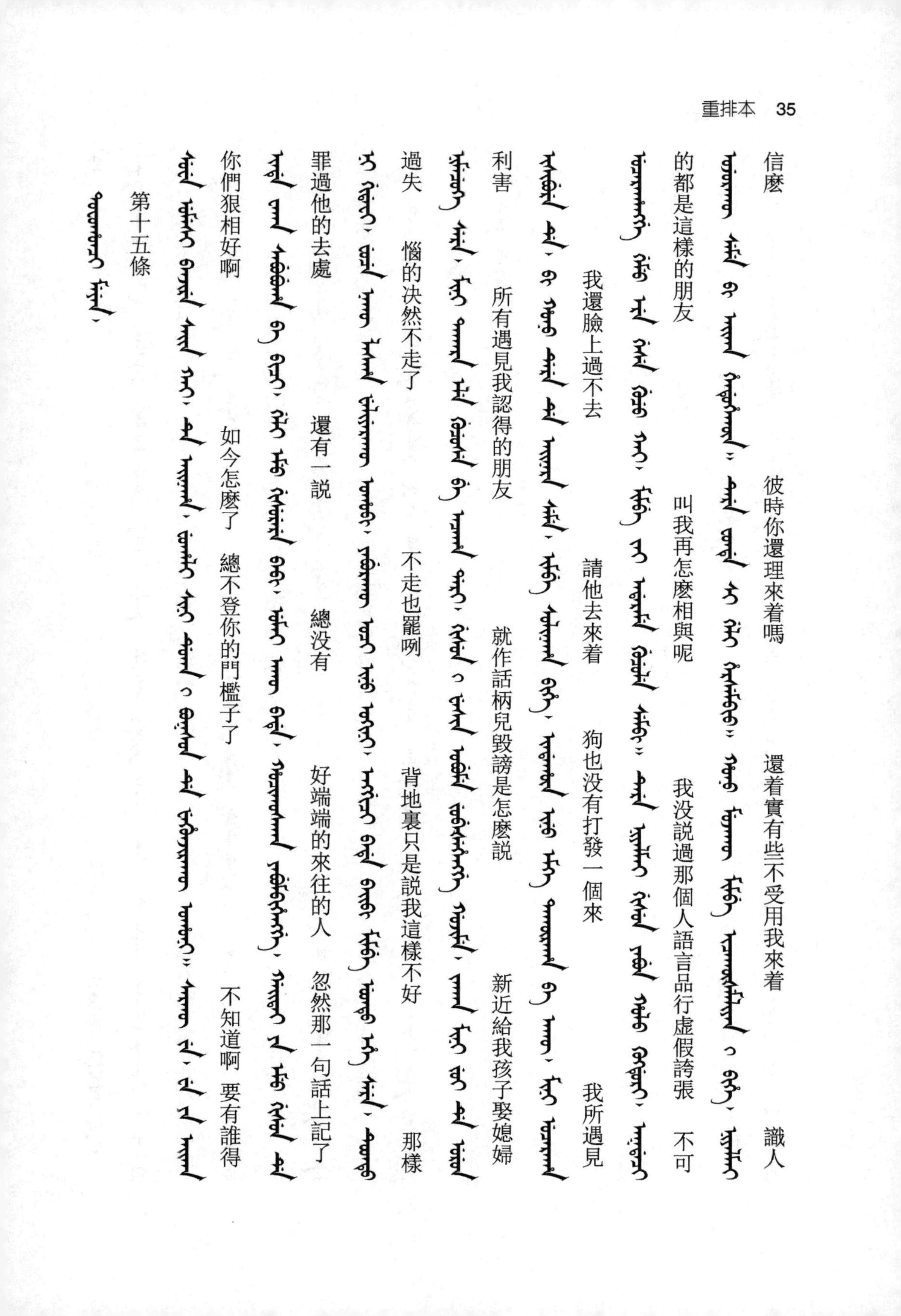

信麼　彼時你還理來着嗎　還着實有些不受用我來着　識人

的都是這樣的朋友　叫我再怎麼相與呢　我没説過那個人語言品行虛假誇張　不可

我還臉上過不去　請他去來着　狗也没有打發一個來　我所遇見

利害　所有遇見我認得的朋友　就作話柄兒毀謗是怎麼説　新近給我孩子娶媳婦

過失　惱的決然不走了　不走也罷咧　背地裏只是説我這樣不好　那樣

罪過他的去處　還有一説　總没有　好端端的來往的人　忽然那一句話上記了

你們狠相好啊　如今怎麼了　總不登你的門檻子了　不知道啊　要有誰得

第十五條

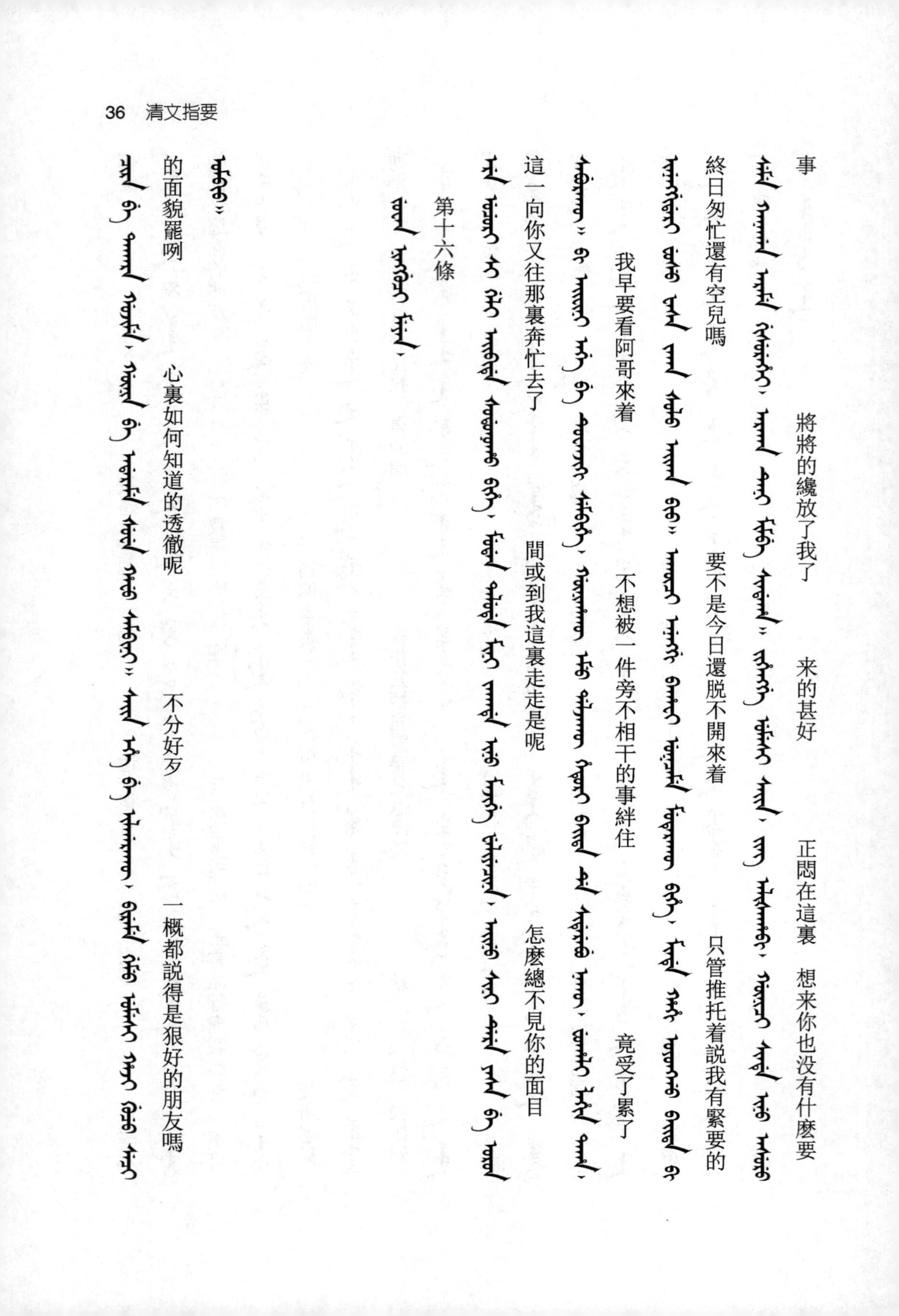

的面貌罷咧　心裏如何知道的透徹呢　不分好歹　一概都說得是狠好的朋友嗎

第十六條

這一向你又往那裏奔忙去了　間或到我這裏走走是呢　怎麼總不見你的面目

我早要看阿哥來着　不想被一件旁不相干的事絆住　竟受了累了

終日匆忙還有空兒嗎　要不是今日還脫不開來着　只管推托着說我有緊要的

事　將將的纔放了我了　來的甚好　正悶在這裏　想來你也沒有什麼要

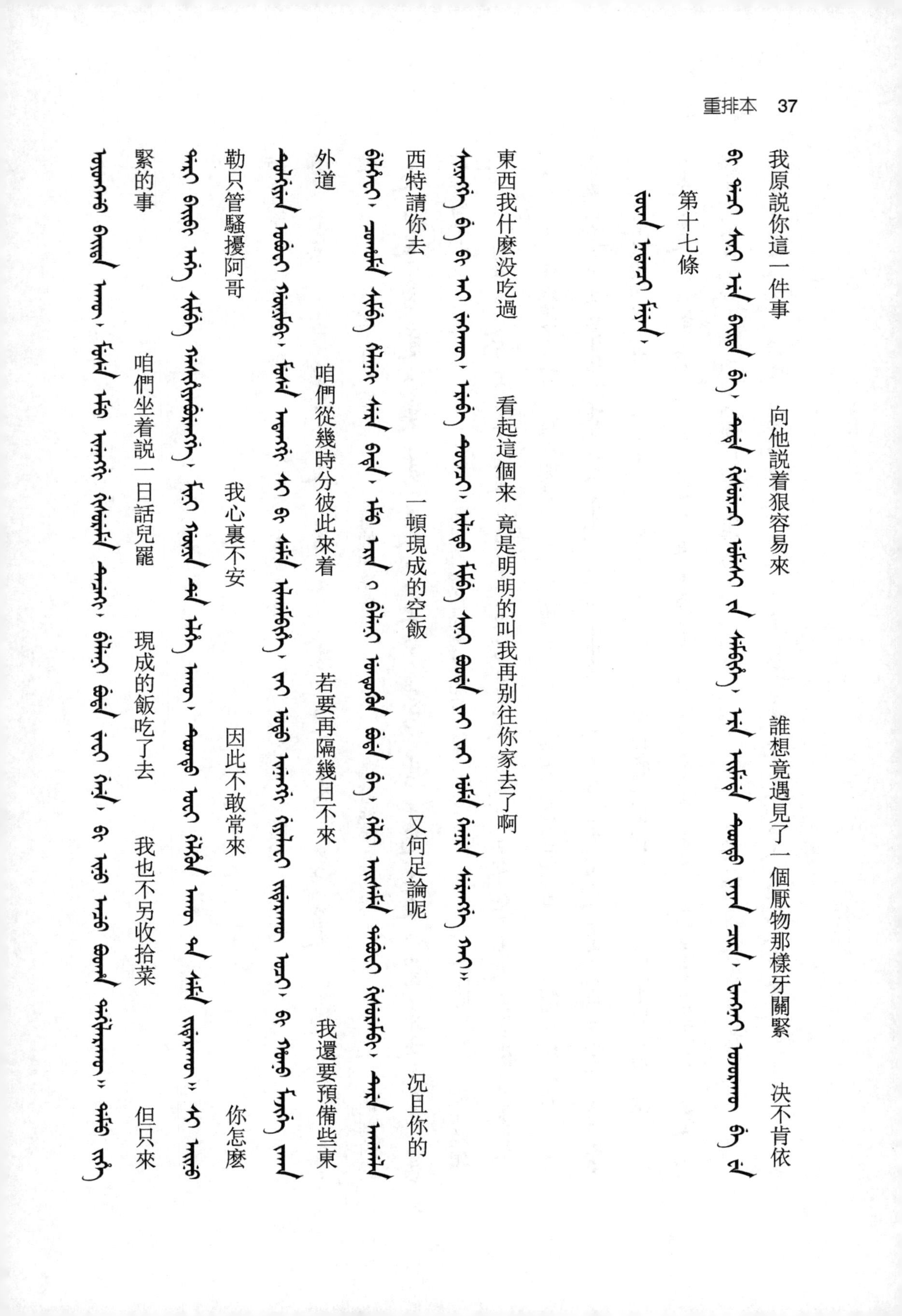

我原說你這一件事　向他說着狠容易來　誰想竟遇見了一個厭物那樣牙關緊　決不肯依

第十七條

東西我什麽没吃過　看起這個來　竟是明明的叫我再別往你家去了啊

西特請你去　一頓現成的空飯　又何足論呢　況且你的

外道　咱們從幾時分彼此來着　若要再隔幾日不來　我還要預備些東

勒只管騷擾阿哥　我心裏不安　因此不敢常來　你怎麽

緊的事　咱們坐着說一日話兒罷　現成的飯吃了去　我也不另收拾菜　但只來

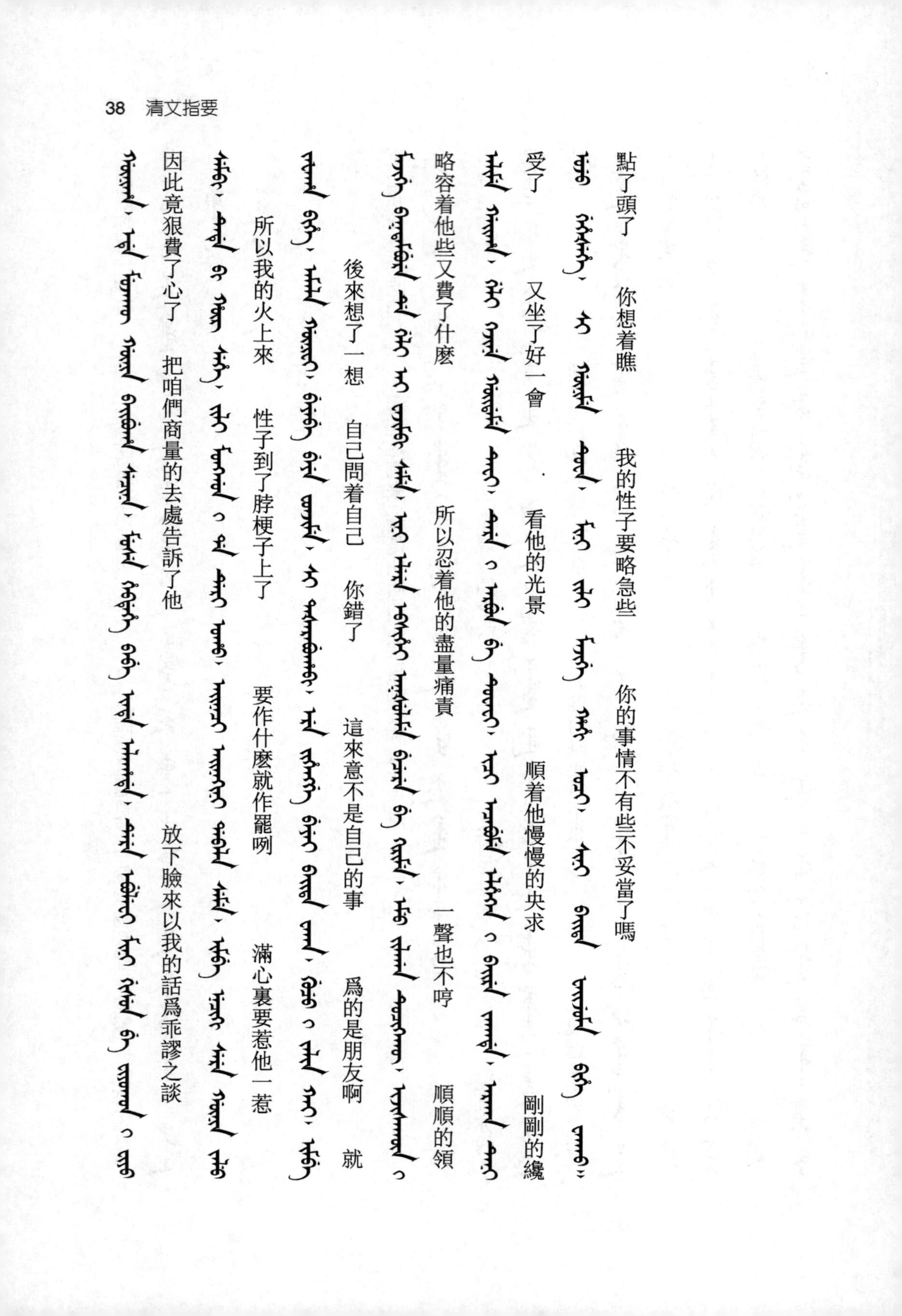

點了頭了　你想着瞧　我的性子要略急些　你的事情不有些不妥當了嗎

受了　又坐了好一會　看他的光景　順着他慢慢的央求　剛剛的纔

略容着他些又費了什麼　所以忍着他的盡量痛責　一聲也不哼　順順的領

後來想了一想　自己問着自己　你錯了　這來意不是自己的事　爲的是朋友啊　就

所以我的火上來　性子到了脖梗子上了　要作什麼就作罷咧　滿心裏要惹他一惹

因此竟狠費了心了　把咱們商量的去處告訴了他　放下臉來以我的話爲乖謬之談

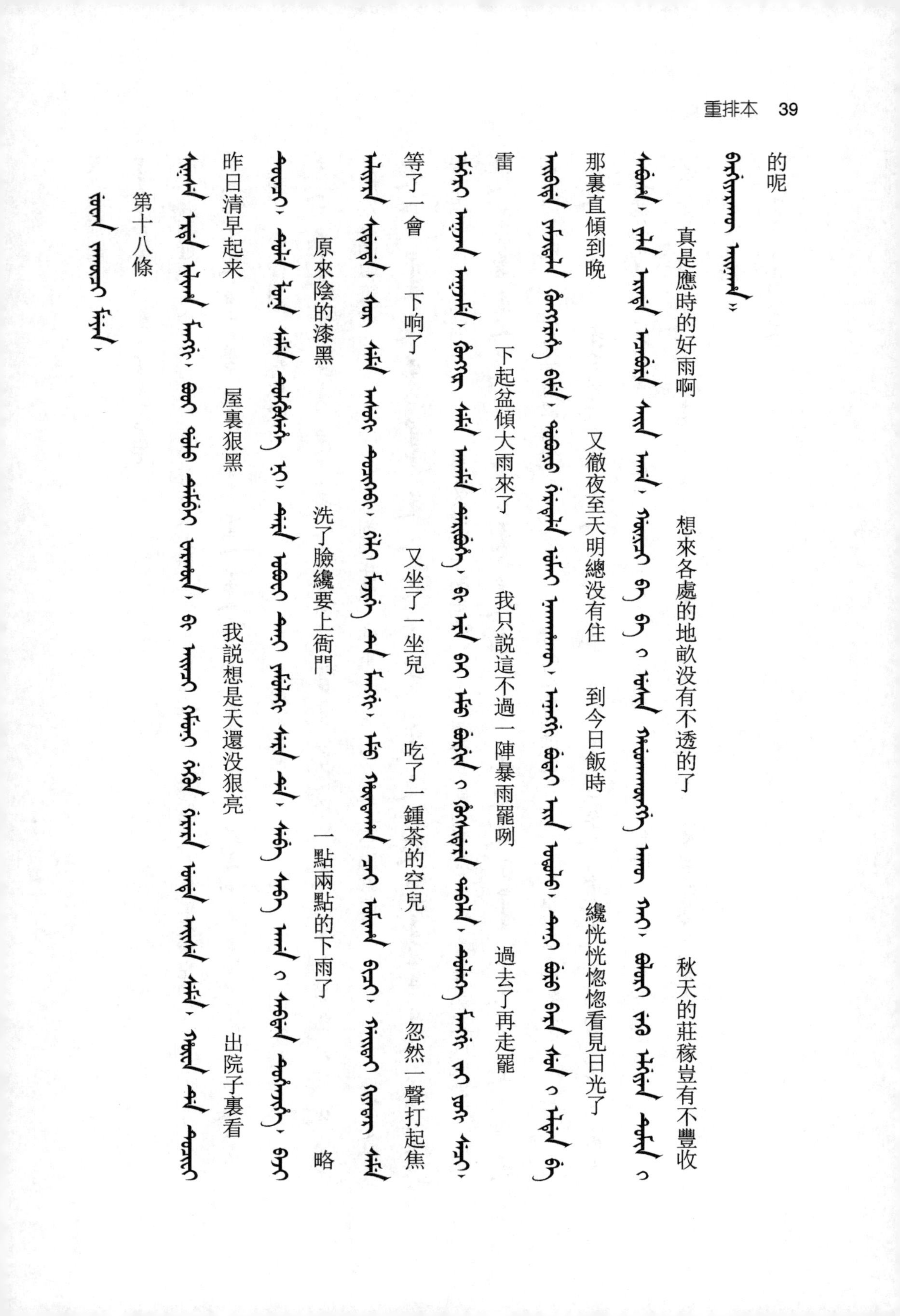

第十八條

昨日清早起來　屋裏狠黑　我說想是天還没狠亮　出院子裏看

原來陰的漆黑　洗了臉纔要上衙門　一點兩點的下雨了　略

等了一會　下响了　又坐了一坐兒　吃了一鍾茶的空兒　忽然一聲打起焦

雷　下起盆傾大雨來了　我只說這不過一陣暴雨罷咧　過去了再走罷

那裏直傾到晚　又徹夜至天明總没有住　到今日飯時　纔恍恍惚惚看見日光了

真是應時的好雨啊　想來各處的地畝没有不透的了　秋天的莊稼豈有不豐收

的呢

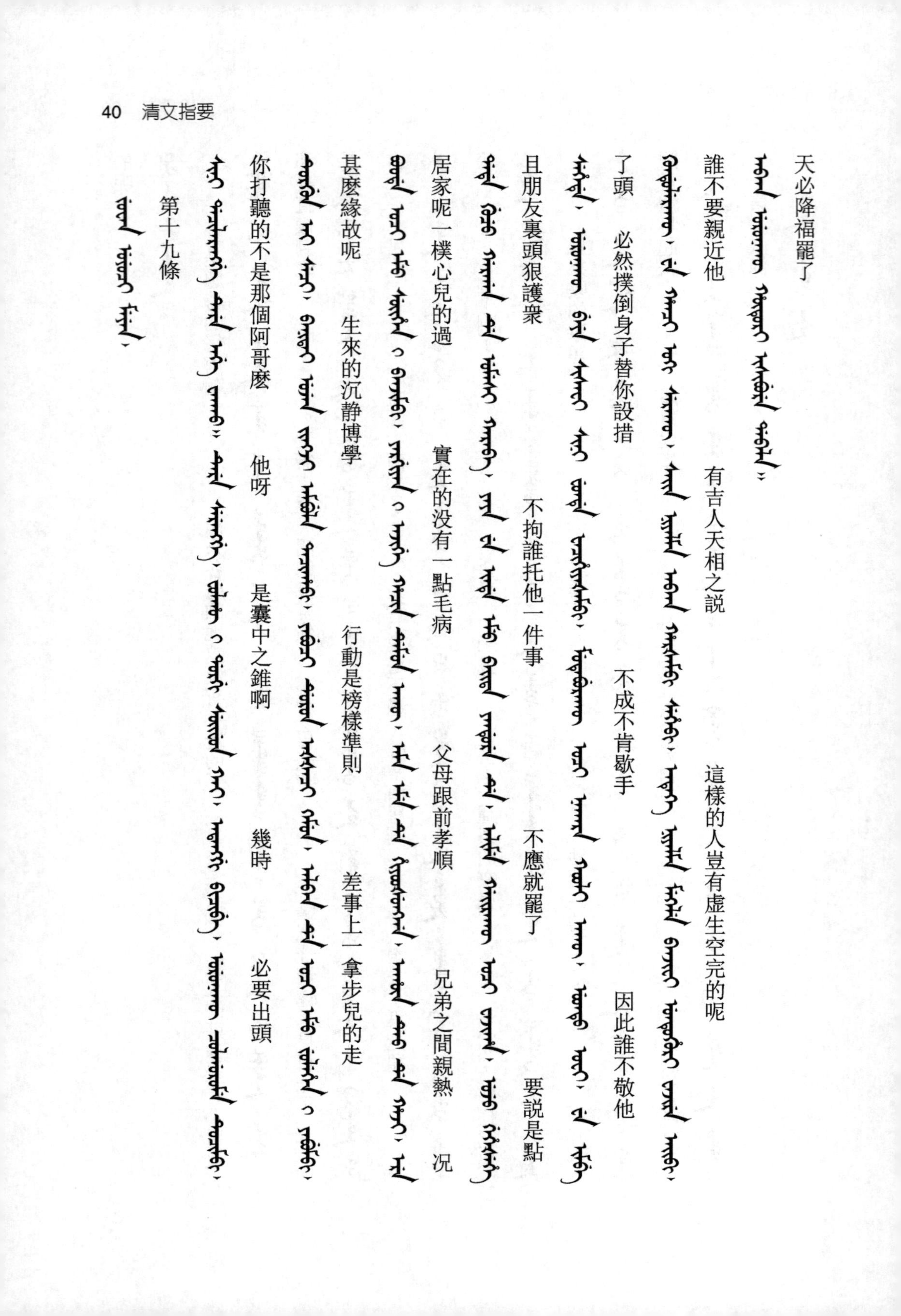

第十九條

你打聽的不是那個阿哥麼　他呀　是囊中之錐啊　幾時　必要出頭

甚麼緣故呢　生來的沉靜博學　行動是榜樣準則　差事上一拿步兒的走

居家呢一樸心兒的過　實在的没有一點毛病　父母跟前孝順　兄弟之間親熱　況

且朋友裏頭狠護衆　不拘誰托他一件事　不應就罷了　要説是點

了頭　必然撲倒身子替你設措　不成不肯歇手　因此誰不敬他

誰不要親近他　有吉人天相之説　這樣的人豈有虛生空完的呢

天必降福罷了

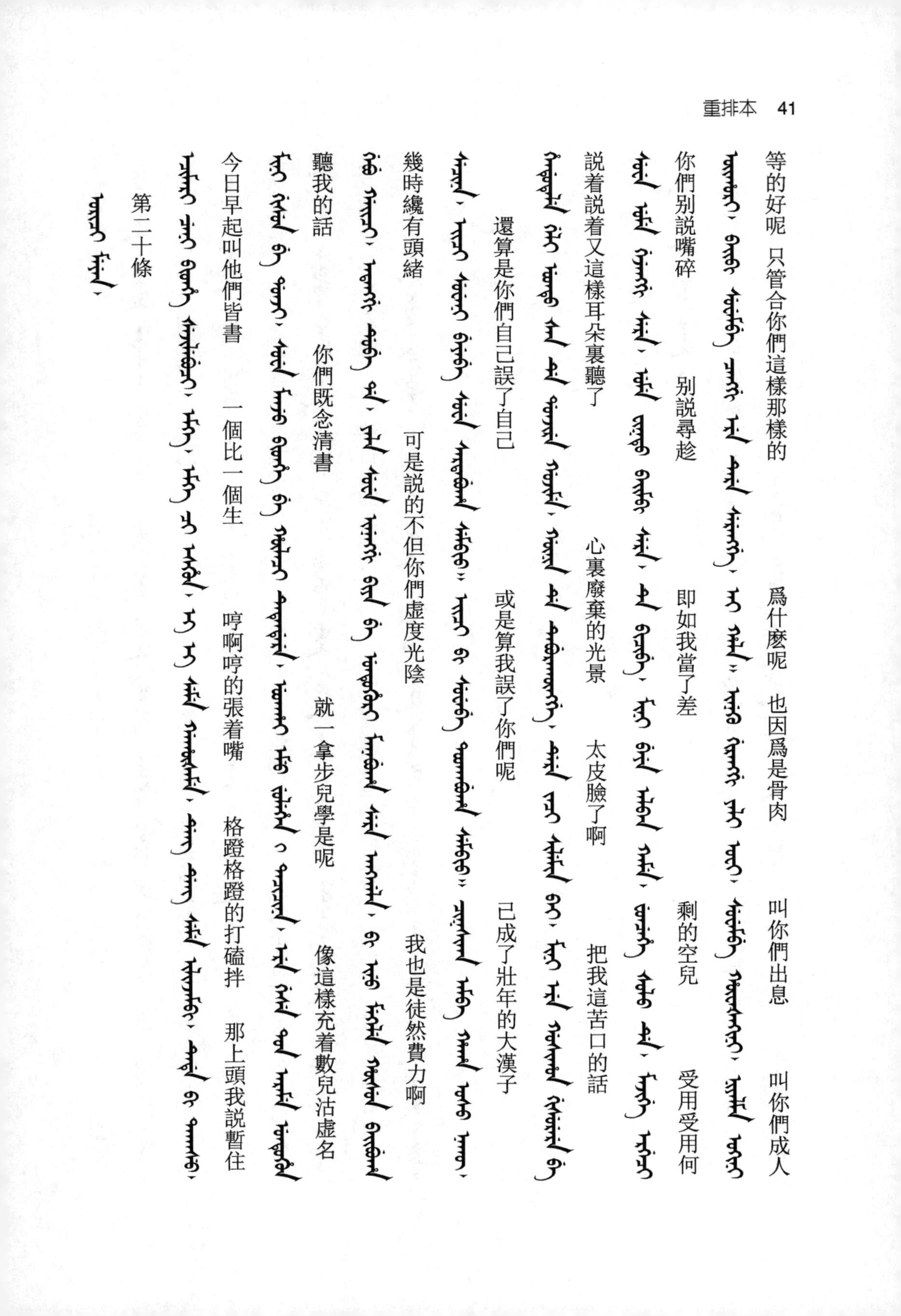

等的好呢　只管合你們這樣那樣的　爲什麼呢　也因爲是骨肉　叫你們出息　叫你們成人

你們別說嘴碎　別說尋趁　即如我當了差　剩的空兒　受用受用何

說着說着又這樣耳朵裏聽了　心裏廢棄的光景　太皮臉了啊　把我這苦口的話

還算是你們自己誤了自己　或是算我誤了你們呢　已成了壯年的大漢子

幾時纔有頭緒　可是說的不但你們虛度光陰　我也是徒然費力啊

聽我的話　你們既念清書　就一拿步兒學是呢　像這樣充着數兒沽虛名

今日早起叫他們皆書　一個比一個生　哼啊哼的張着嘴　格蹬格蹬的打磕拌　那上頭我說暫住

第二十條

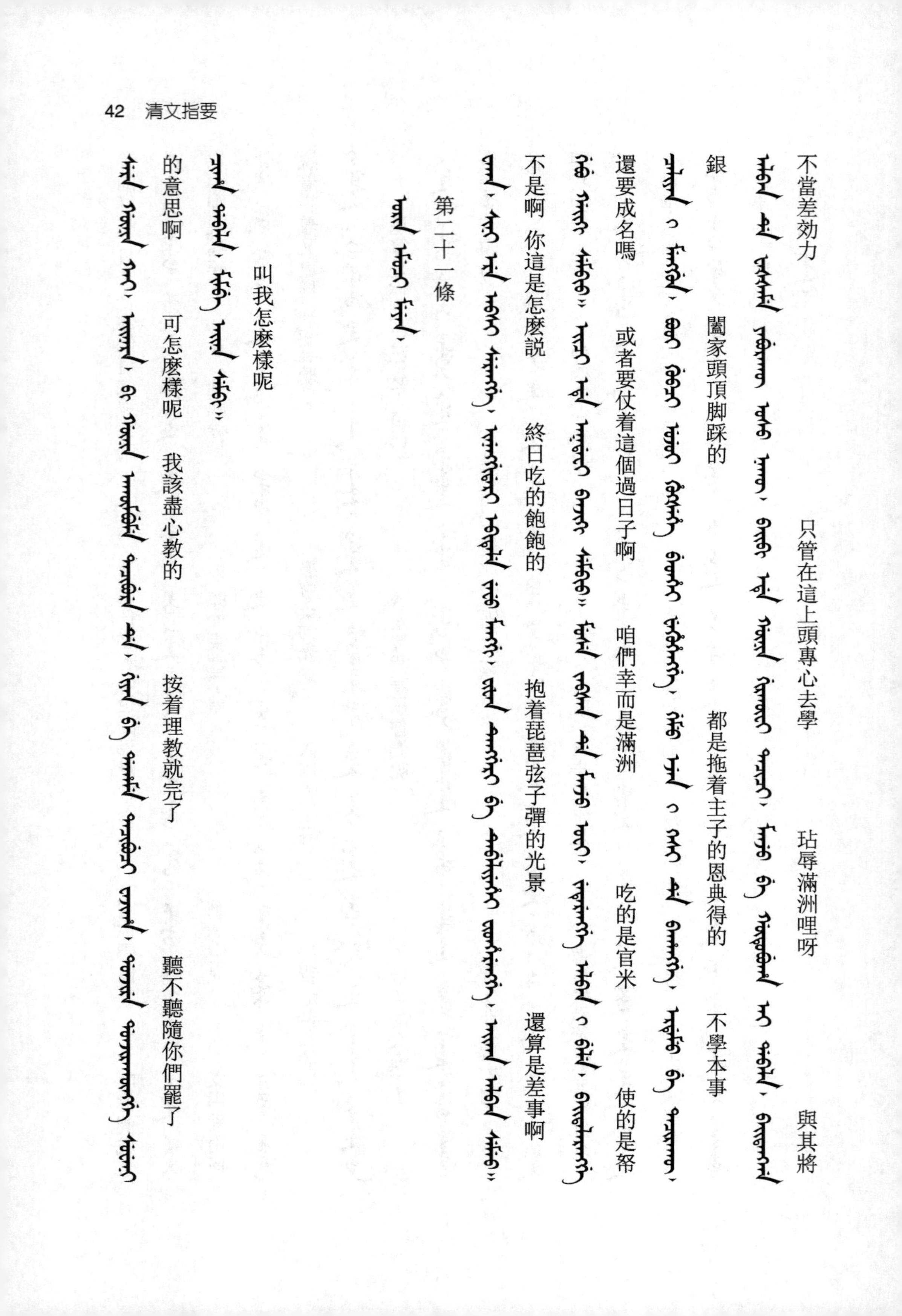

不當差効力　只管在這上頭專心去學　玷辱滿洲哩呀　與其將

銀　闔家頭頂腳踩的　都是拖着主子的恩典得的　不學本事

還要成名嗎　或者要仗着這個過日子啊　咱們幸而是滿洲　吃的是官米　使的是帑

不是啊　你這是怎麼說　終日吃的飽飽的　抱着琵琶弦子彈的光景　還算是差事啊

第二十一條

叫我怎麼樣呢

的意思啊　可怎麼樣呢　我該盡心教的　按着理教就完了　聽不聽隨你們罷了

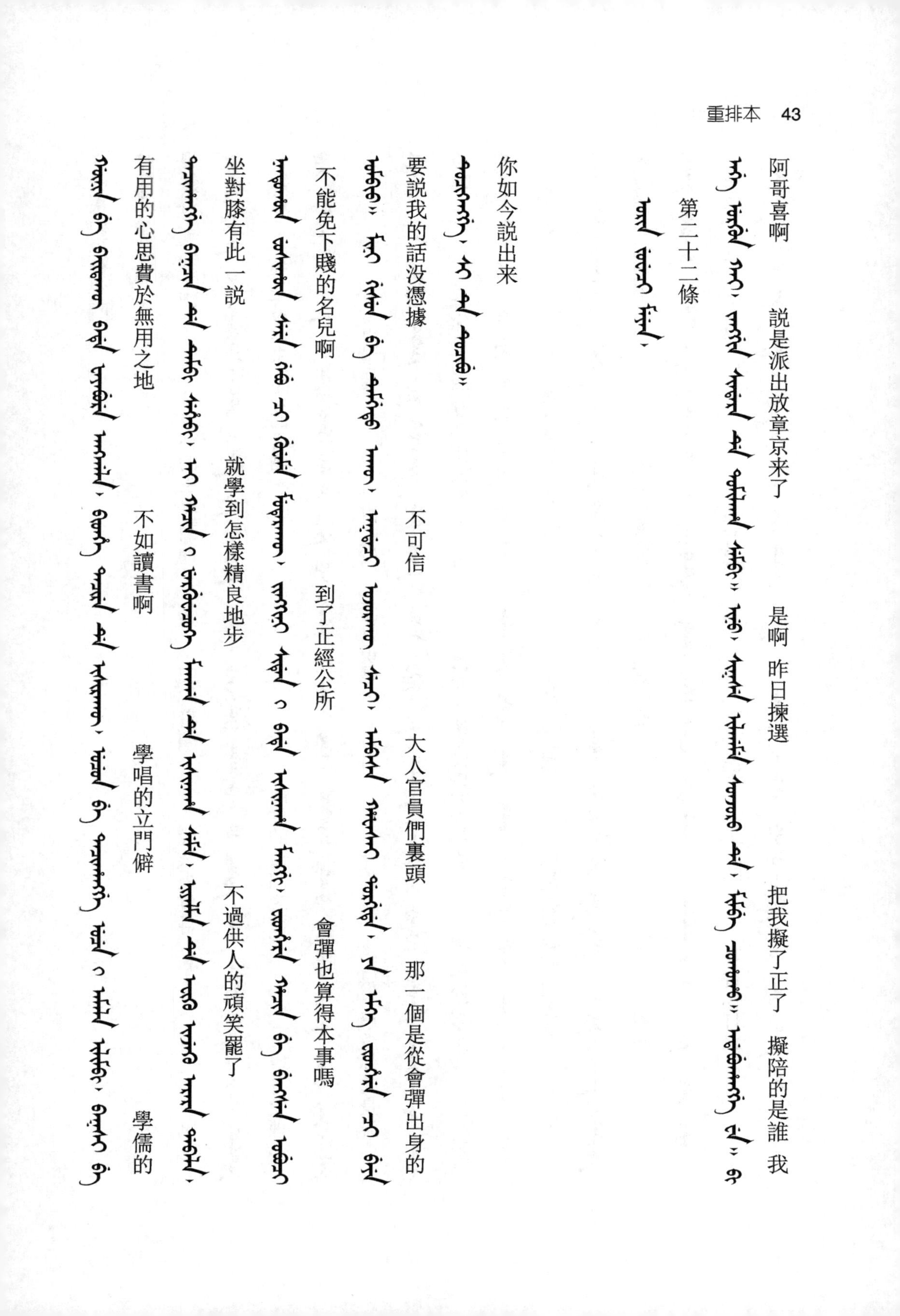

阿哥喜啊　說是派出放章京來了　是啊　昨日揀選　把我擬了正了　擬陪的是誰　我

第二十二條

你如今說出來

要說我的話没憑據　不可信　大人官員們裏頭　那一個是從會彈出身的

不能免下賤的名兒啊　到了正經公所　會彈也算得本事嗎

坐對膝有此一說　就學到怎樣精良地步　不過供人的頑笑罷了

有用的心思費於無用之地　不如讀書啊　學唱的立門僻　學儒的

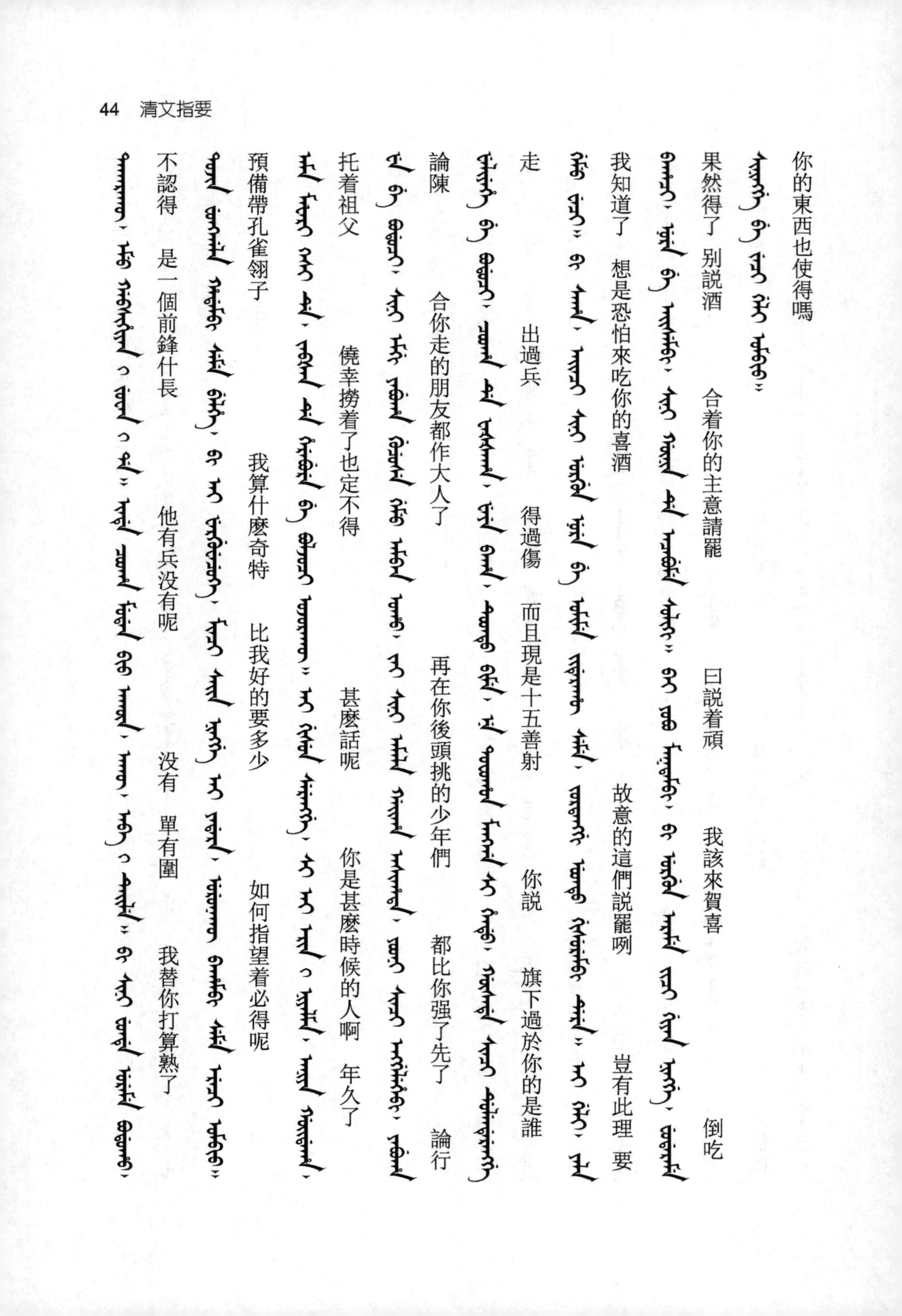

你的東西也使得嗎

果然得了 別説酒 合着你的主意請罷 曰説着頑 我該來賀喜 倒吃

我知道了 想是恐怕來吃你的喜酒 故意的這們説罷咧 豈有此理 要

走 出過兵 得過傷 而且現是十五善射 你説 旗下過於你的是誰

論陣 合你走的朋友都作大人了 再在你後頭挑的少年們 都比你强了先了 論行

托着祖父 僥幸撈着了也定不得 甚麼話呢 你是甚麼時候的人啊 年久了

預備帶孔雀翎子 我算什麼奇特 比我好的要多少 如何指望着必得呢

不認得 是一個前鋒什長 他有兵没有呢 没有 單有圍 我替你打算熟了

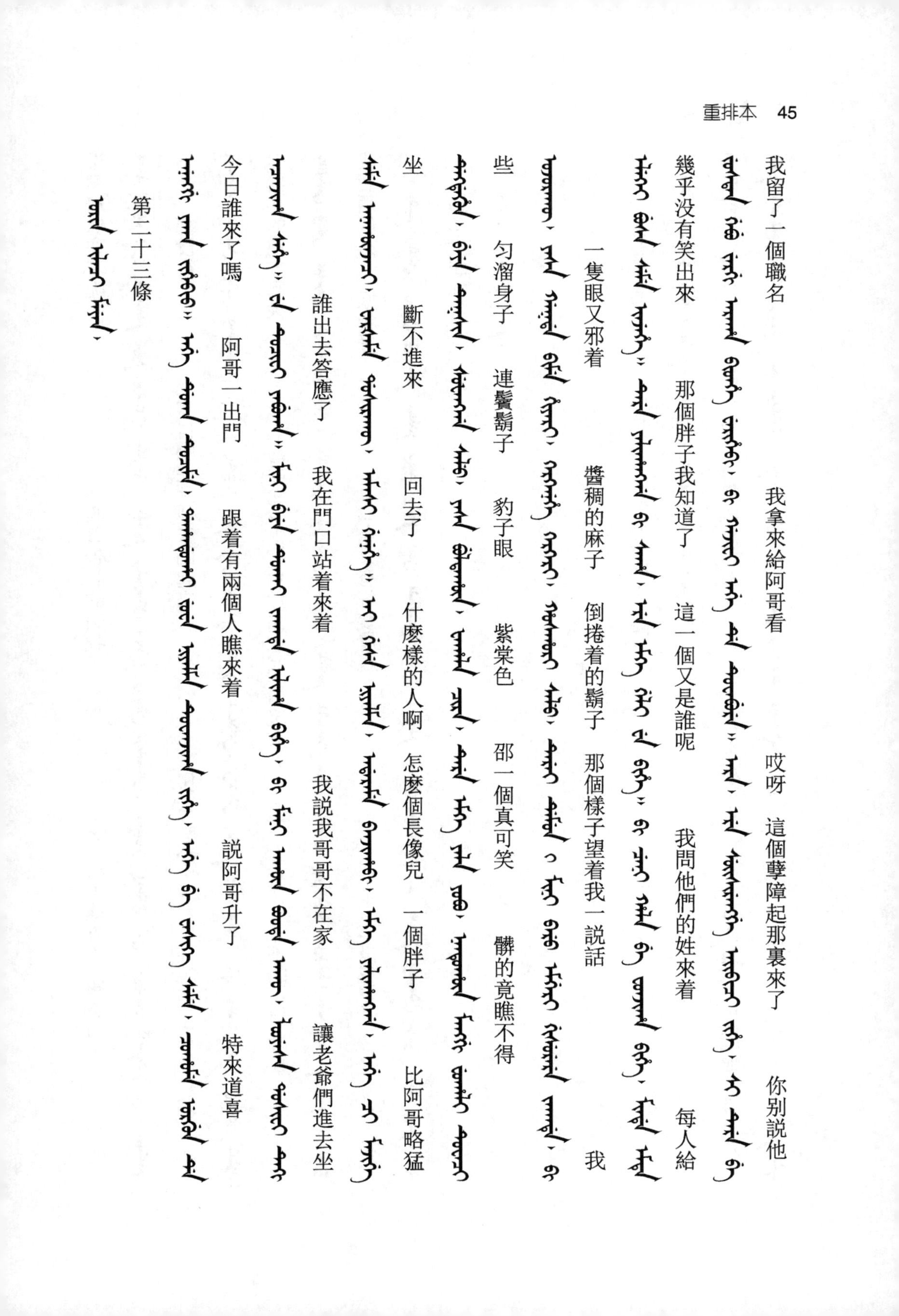

我留了一個職名　我拿來給阿哥看　哎呀　這個孽障起那裏來了　你別說他

幾乎没有笑出來　那個胖子我知道了　這一個又是誰呢　我問他們的姓來着　每人給

一隻眼又邪着　醬稠的麻子　倒捲着的鬍子　那個様子望着我一説話　我

些　勻溜身子　連鬢鬍子　豹子眼　紫棠色　邵一個真可笑　髒的竟瞧不得

坐　斷不進來　回去了　什麽様的人啊　怎麽個長像兒　一個胖子　比阿哥略猛

誰出去答應了　我在門口站着來着　我説我哥哥不在家　讓老爺們進去坐

今日誰來了嗎　阿哥一出門　跟着有兩個人瞧來着　説阿哥升了　特來道喜

第二十三條

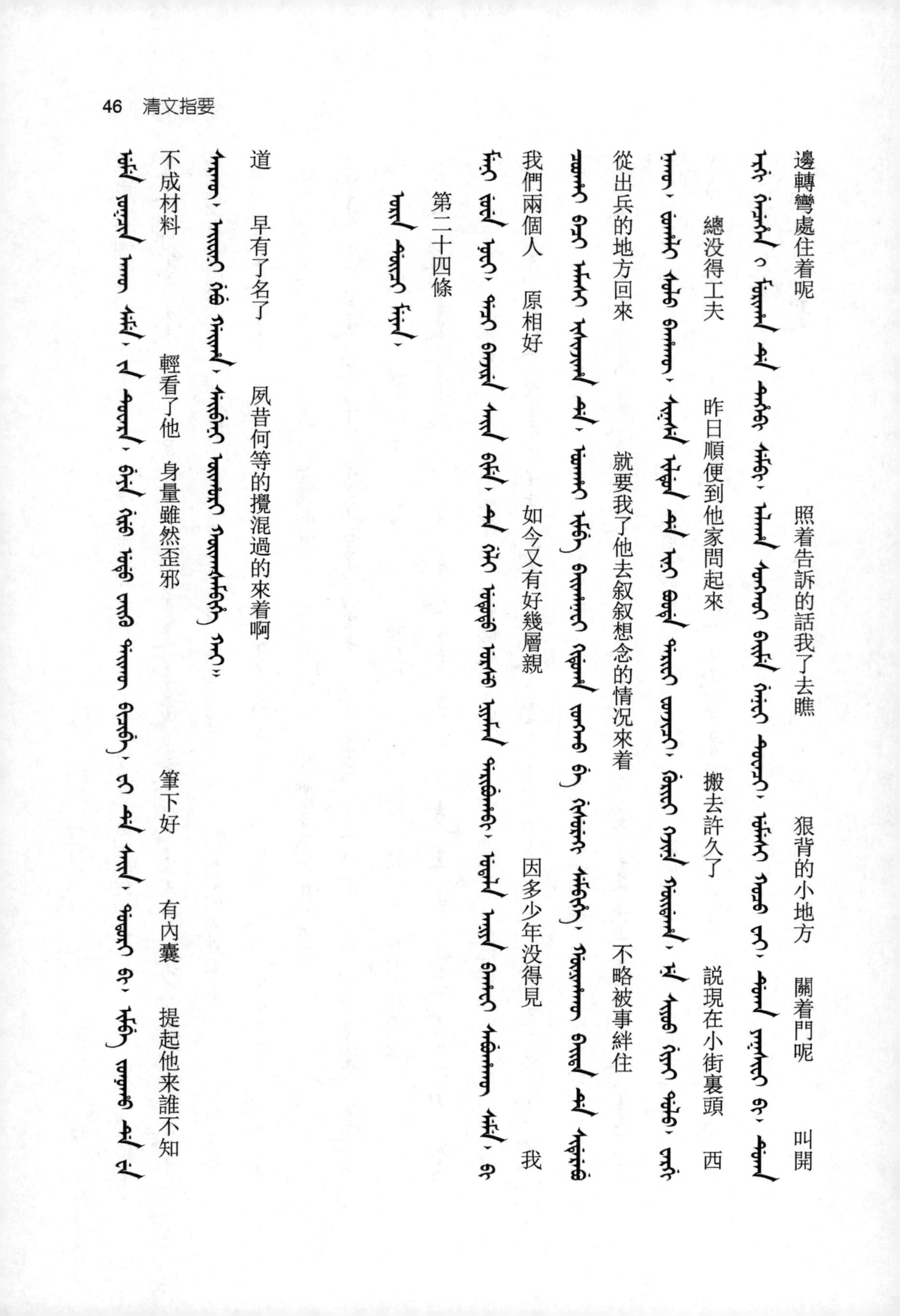

邊轉彎處住着呢　照着告訴的話我了去瞧　狠背的小地方　關着門呢　叫開

總没得工夫　昨日順便到他家問起來　搬去許久了　說現在小街裏頭　西

從出兵的地方回來　就要我了他去叙叙想念的情況來着　不略被事絆住

我們兩個人　原相好　如今又有好幾層親　因多少年没得見　我

第二十四條

道　早有了名了　夙昔何等的攪混過的來着啊

不成材料　輕看了他　身量雖然歪邪　筆下好　有內囊　提起他來誰不知

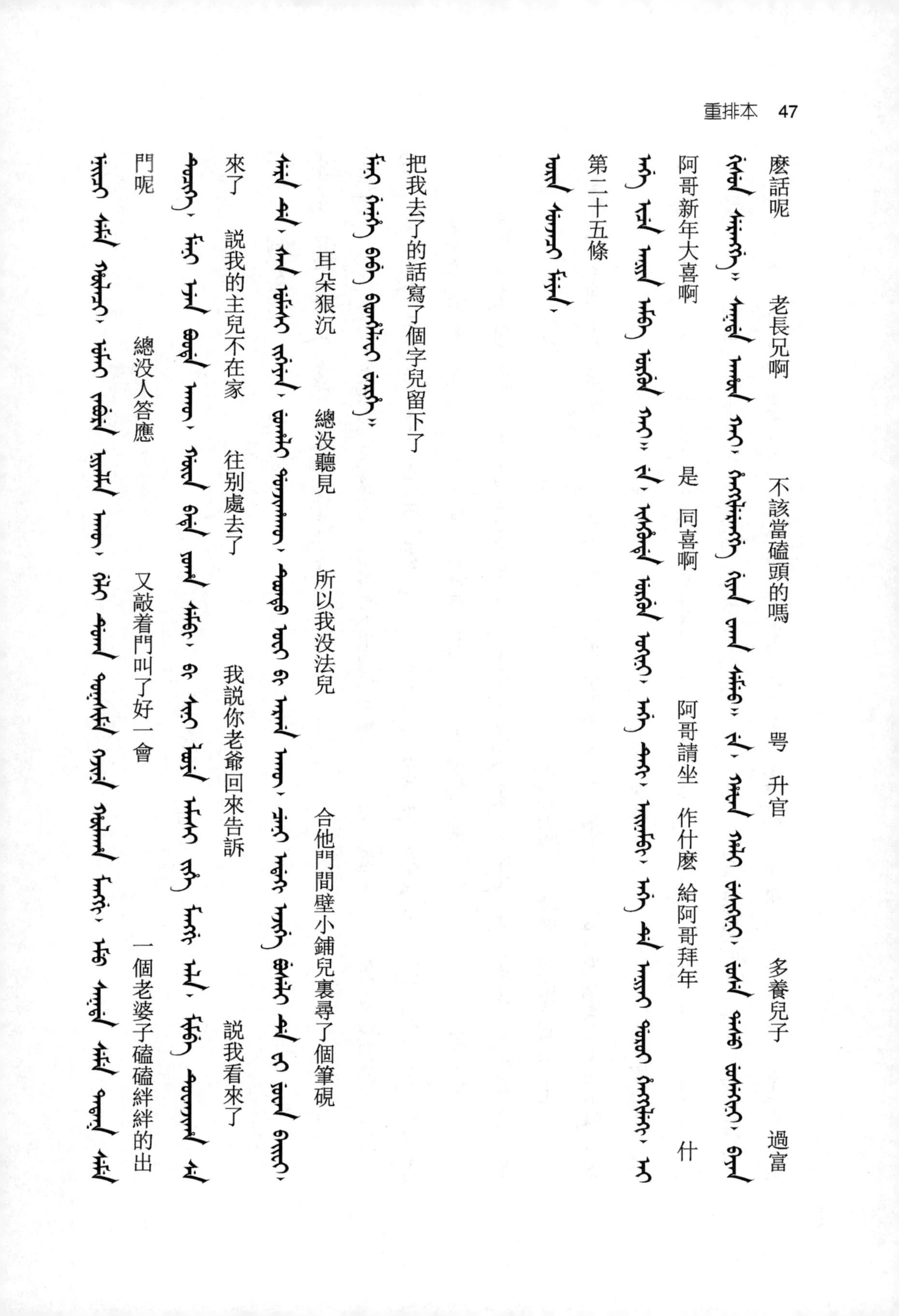

麼話呢　老長兄啊　不該當磕頭的嗎　咢　升官　多養兒子　過富

阿哥新年大喜啊　是　同喜啊　阿哥請坐　作什麼　給阿哥拜年　什

第二十五條

把我去了的話寫了個字兒留下了

耳朵狠沉　總没聽見　所以我没法兒　合他門間壁小鋪兒裏尋了個筆硯

來了　說我的主兒不在家　往別處去了　我說你老爺回來告訴　說我看來了

門呢　總没人答應　又敲着門叫了好一會　一個老婆子磕磕絆絆的出

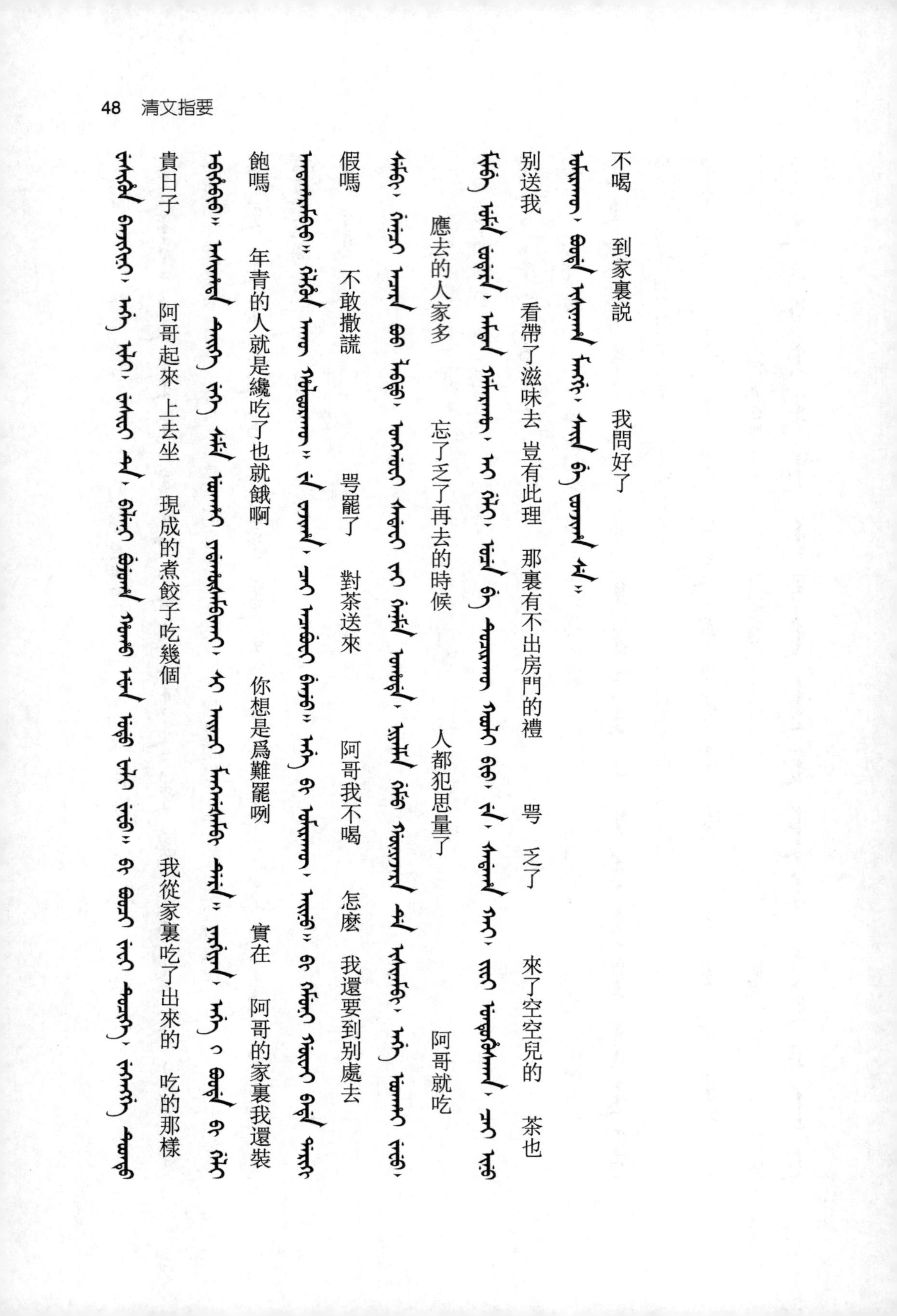

不喝　到家裏說　我問好了

別送我　看帶了滋味去　豈有此理　那裏有不出房門的禮　咢　乏了　來了空空兒的　茶也

應去的人家多　忘了乏了再去的時候　人都犯思量了　阿哥就吃

假嗎　不敢撒謊　咢罷了　對茶送來　阿哥我不喝　怎麽　我還要到別處去

飽嗎　年青的人就是纔吃了也就餓啊　你想是爲難罷咧　實在　阿哥的家裏我還裝

貴日子　阿哥起來　上去坐　現成的煮餃子吃幾個　我從家裏吃了出來的　吃的那樣

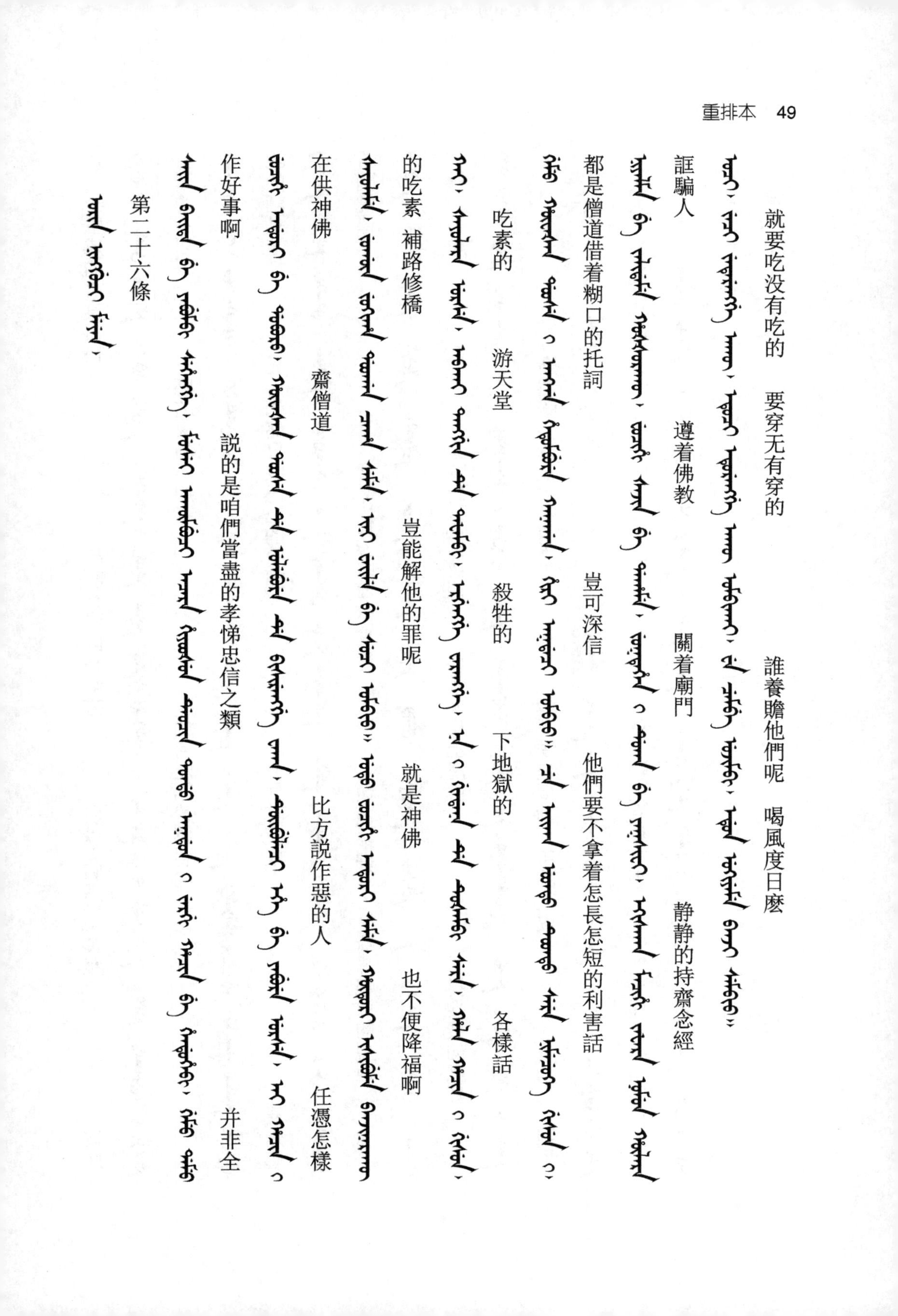

就要吃没有吃的　要穿无有穿的　誰養贍他們呢　喝風度日麽

誆騙人　遵着佛教　關着廟門　静静的持齋念經

都是僧道借着糊口的托詞　豈可深信　他們要不拿着怎長怎短的利害話

吃素的　游天堂　殺牲的　下地獄的　各様話

的吃素　補路修橋　豈能解他的罪呢　就是神佛　也不便降福啊

在供神佛　齋僧道　比方説作惡的人　任憑怎様

作好事啊　説的是咱們當盡的孝悌忠信之類　并非全

第二十六條

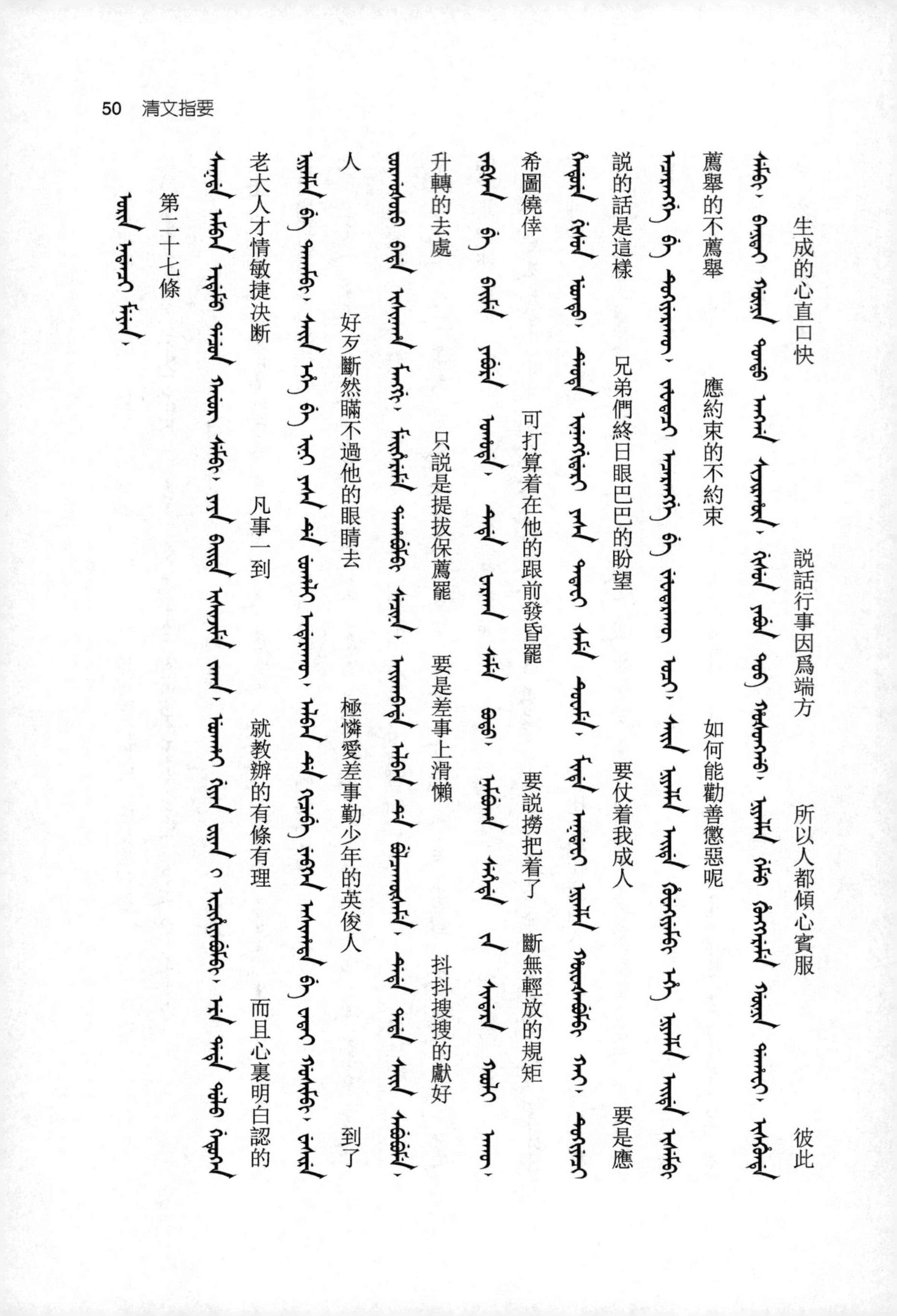

生成的心直口快　說話行事因爲端方　所以人都傾心賓服　彼此

薦舉的不薦舉　應約束的不約束　如何能勸善懲惡呢

說的話是這樣　兄弟們終日眼巴巴的盼望　要仗着我成人　要是應

希圖僥倖　可打算着在他的跟前發昏罷　要說撈把着了　斷無輕放的規矩

升轉的去處　只說是提拔保薦罷　要是差事上滑懶　抖抖搜搜的獻好

人　好歹斷然瞞不過他的眼睛去　極憐愛差事勤少年的英俊人　到了

老大人才情敏捷決斷　凡事一到　就教辨的有條有理　而且心裏明白認的

第二十七條

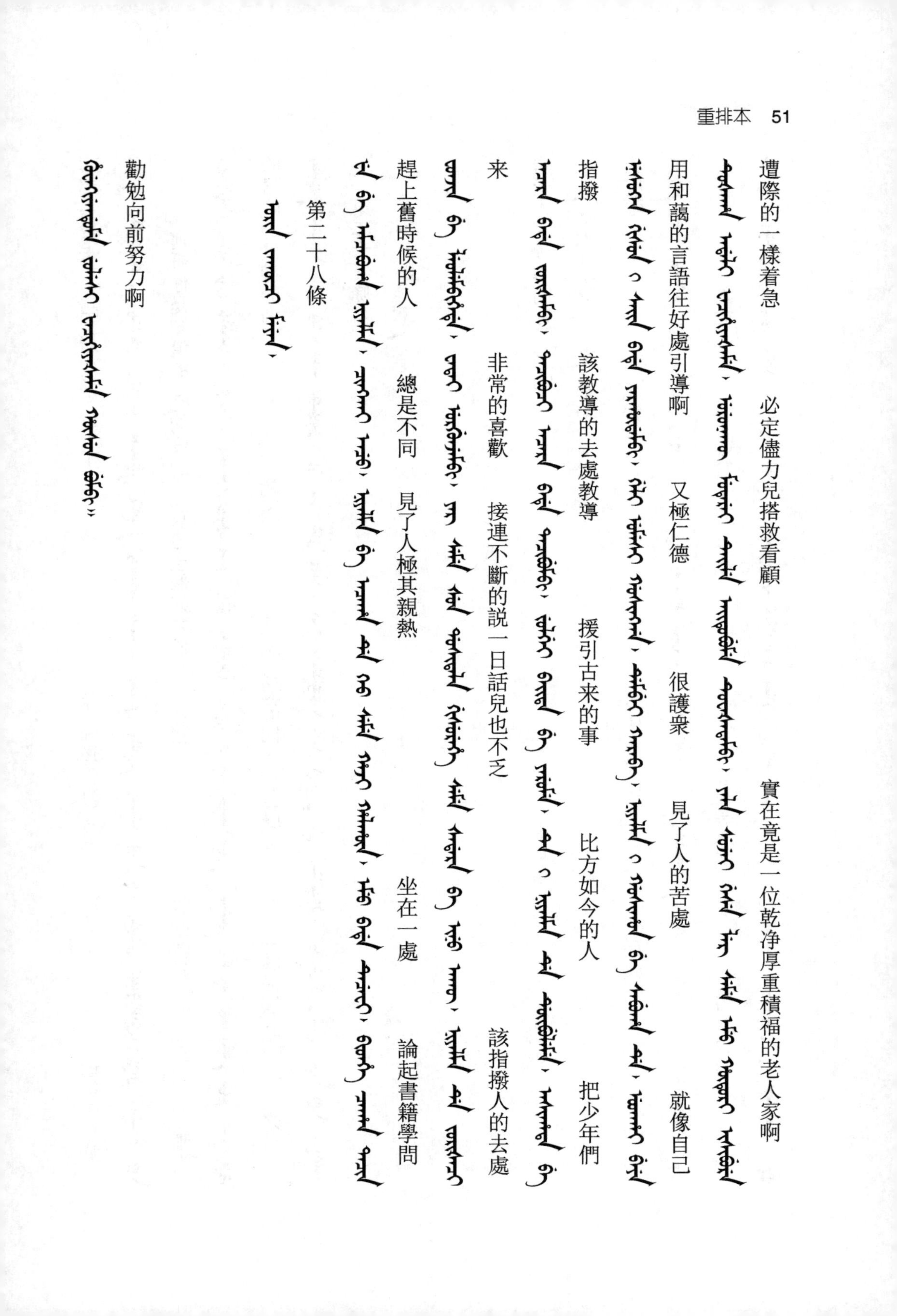

遭際的一樣着急　必定儘力兒搭救看顧　實在竟是一位乾净厚重積福的老人家啊

用和藹的言語往好處引導啊　又極仁德　很護衆　見了人的苦處　就像自己

指撥　該教導的去處教導　援引古來的事　比方如今的人　把少年們

来　非常的喜歡　接連不斷的説一日話兒也不乏　該指撥人的去處

趕上舊時候的人　總是不同　見了人極其親熱　坐在一處　論起書籍學問

第二十八條

勸勉向前努力啊

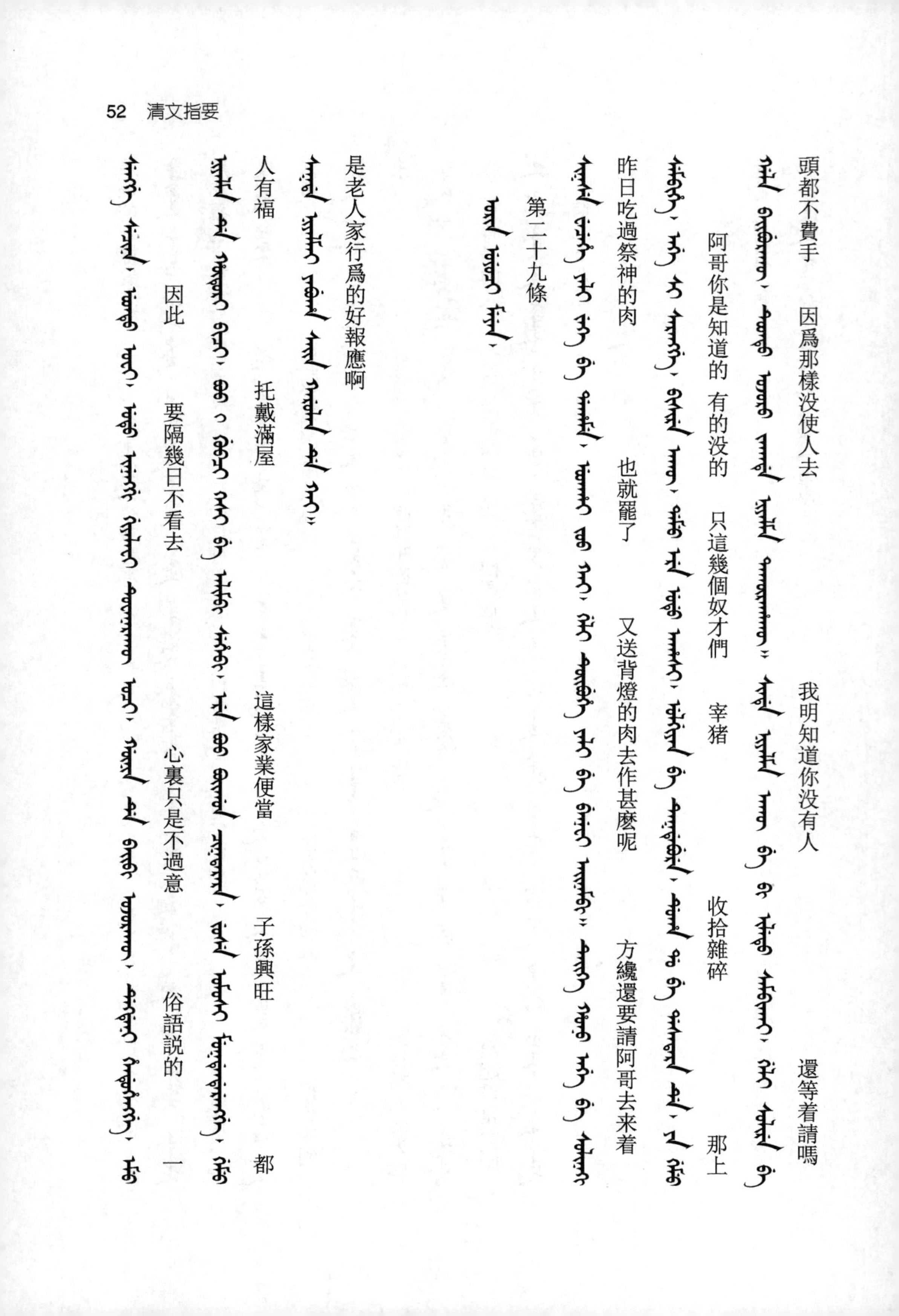

頭都不費手　因爲那様没使人去　我明知道你没有人　還等着請嗎

阿哥你是知道的 有的没的　只這幾個奴才們　宰猪　收拾雜碎　那上

昨日吃過祭神的肉　也就罷了　又送背燈的肉去作甚麽呢　方纔還要請阿哥去来着

第二十九條

是老人家行爲的好報應啊

人有福　托戴滿屋　這様家業便當　子孫興旺　都

因此　要隔幾日不看去　心裏只是不過意　俗語説的　一

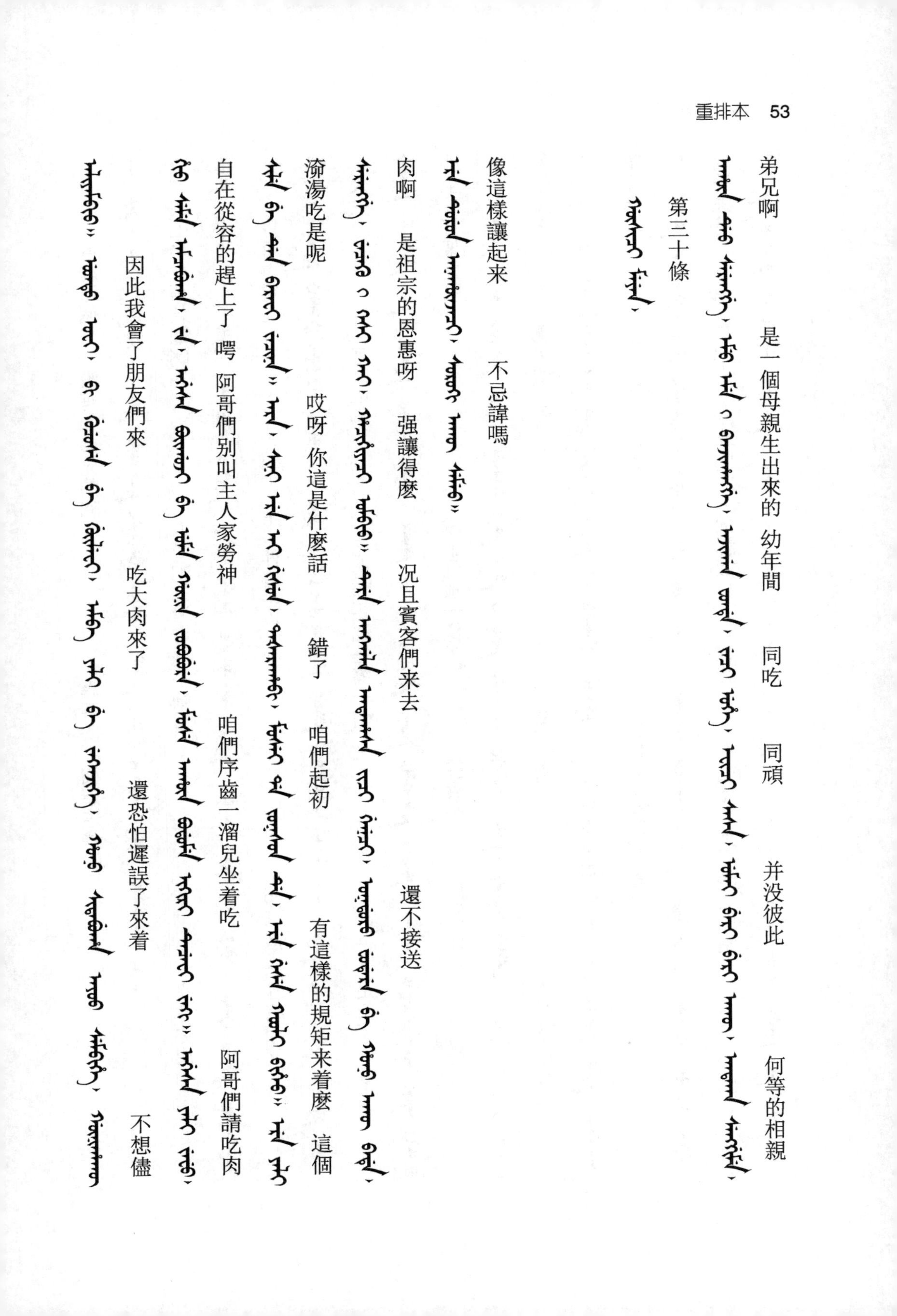

弟兄啊 是一個母親生出來的 幼年間 同吃 同頑 并没彼此 何等的相親

第三十條

像這樣讓起來 不忌諱嗎

肉啊 是祖宗的恩惠呀 强讓得麼 况且賓客們来去 還不接送

滃湯吃是呢 哎呀 你這是什麼話 錯了 咱們起初 有這樣的規矩来着麼 這個

自在從容的趕上了 嘐 阿哥們別叫主人家勞神 咱們序齒一溜兒坐着吃 阿哥們請吃肉

因此我會了朋友們來 吃大肉來了 還恐怕遲誤了來着 不想儘

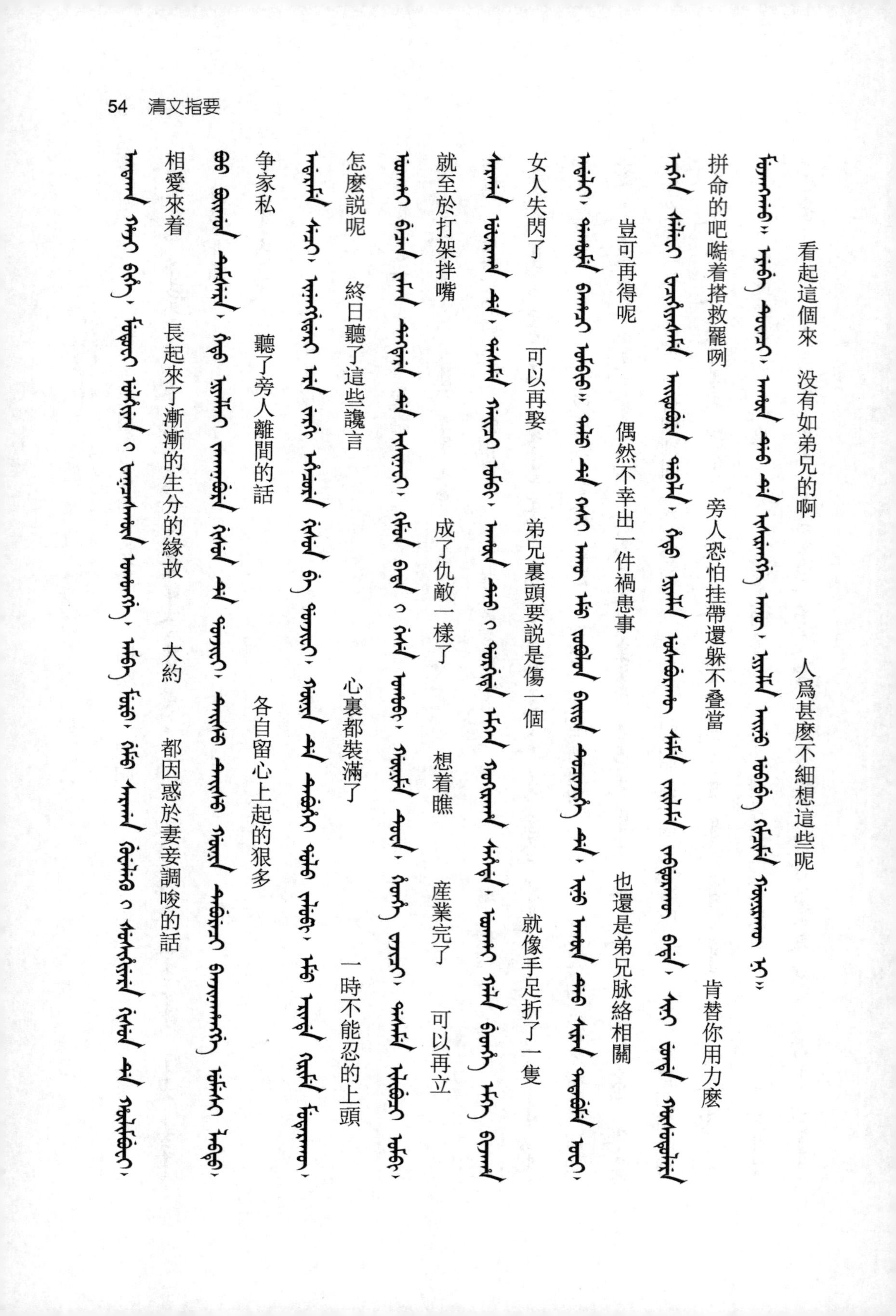

看起這個來　没有如弟兄的啊　人爲甚麽不細想這些呢

拼命的吧嗒着搭救罷咧　旁人恐怕挂帶還躲不叠當　肯替你用力麽

豈可再得呢　偶然不幸出一件禍患事　也還是弟兄脉絡相關

女人失閃了　可以再娶　弟兄裏頭要説是傷一個　就像手足折了一隻

就至於打架拌嘴　成了仇敵一樣了　想着瞧　産業完了　可以再立

怎麽説呢　終日聽了這些讒言　心裏都裝滿了　一時不能忍的上頭

争家私　聽了旁人離間的話　各自留心上起的狠多

相愛來着　長起來了漸漸的生分的緣故　大約　都因惑於妻妾調唆的話

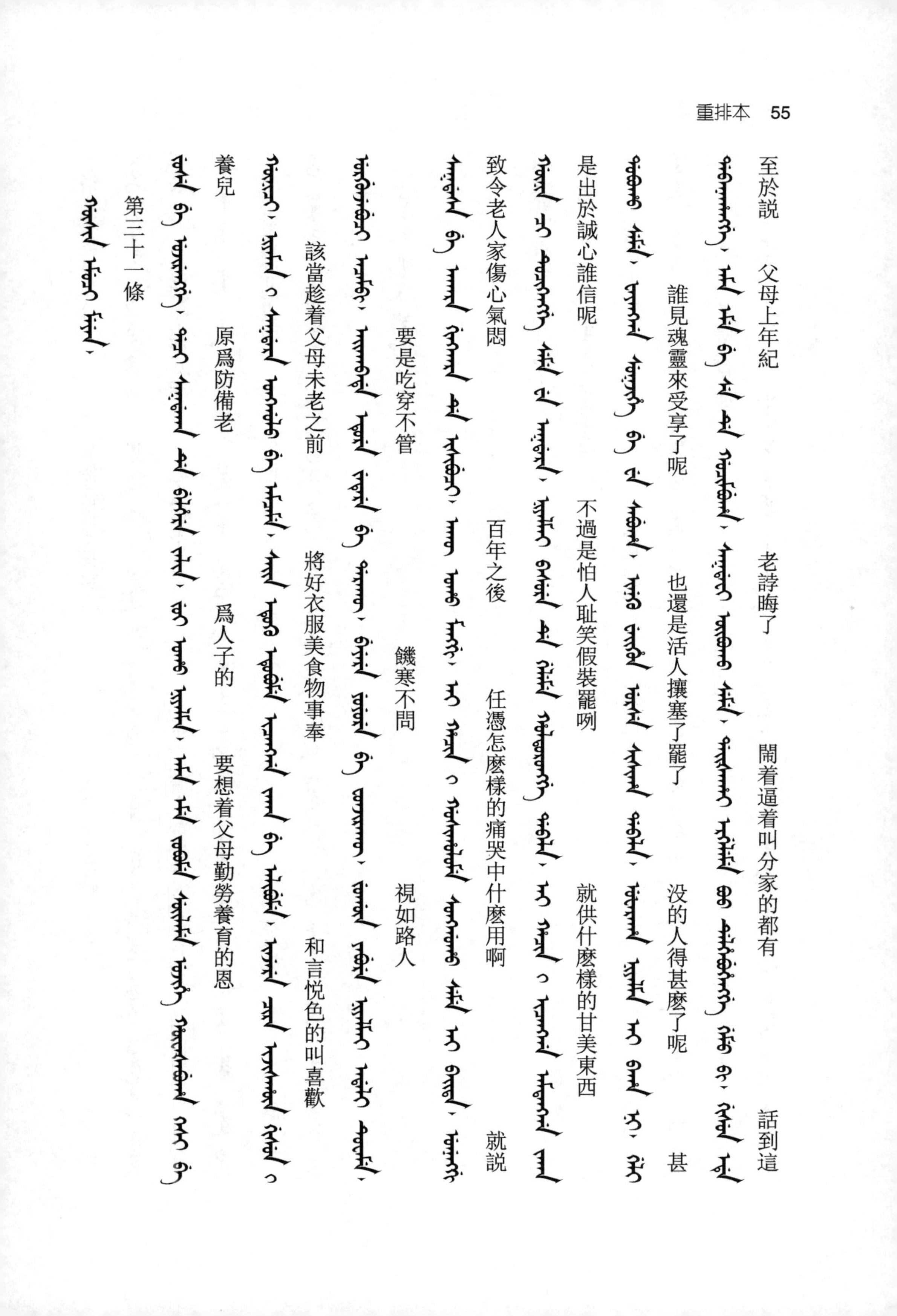

至於說 父母上年紀 老誖晦了 鬧着逼着叫分家的都有 話到這

誰見魂靈來受享了呢 也還是活人攘塞了罷了 没的人得甚麼了呢 甚

是出於誠心誰信呢 不過是怕人耻笑假裝罷咧 就供什麼樣的甘美東西

致令老人家傷心氣悶 百年之後 任憑怎麼樣的痛哭中什麼用啊 就說

要是吃穿不管 饑寒不問 視如路人

該當趁着父母未老之前 將好衣服美食物事奉 和言悦色的叫喜歡

養兒 原爲防備老 爲人子的 要想着父母勤勞養育的恩

第三十一條

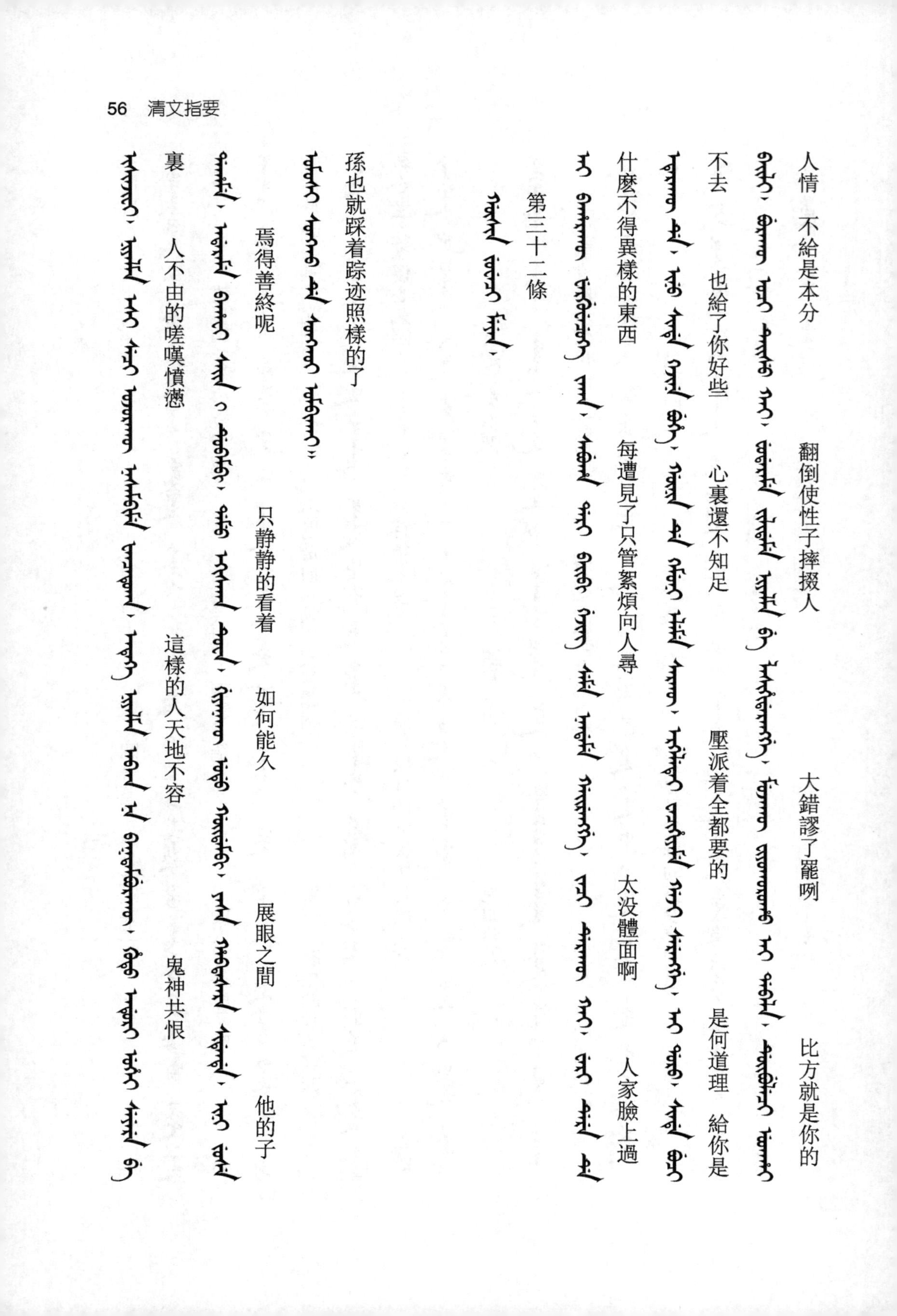

裏 人不由的嗟嘆憤懣 這樣的人天地不容 鬼神共恨

焉得善終呢 只静静的看着 如何能久 展眼之間 他的子

孫也就踩着踪迹照樣的了

第三十二條

什麼不得異樣的東西 每遭見了只管絮煩向人尋 太没體面啊 人家臉上過

不去 也給了你好些 心裏還不知足 壓派着全都要的 是何道理 給你是

人情 不給是本分 翻倒使性子摔掇人 大錯謬了罷咧 比方就是你的

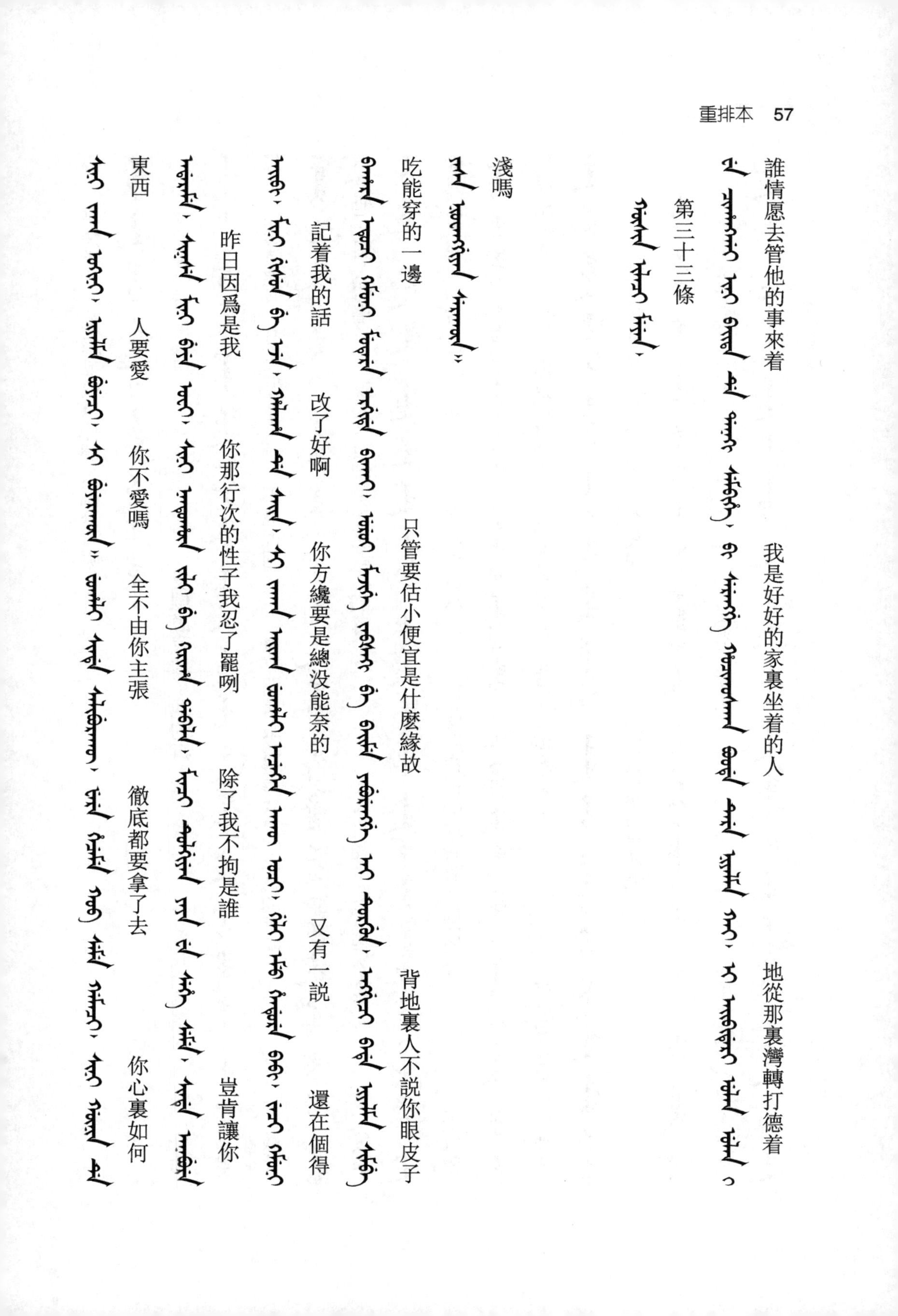

誰情願去管他的事來着　我是好好的家裏坐着的人　地從那裏灣轉打德着

第三十三條

淺嗎

吃能穿的一邊　只管要估小便宜是什麼緣故　背地裏人不說你眼皮子

記着我的話　改了好啊　你方纔要是總没能奈的　又有一說　還在個得

昨日因爲是我　你那行次的性子我忍了罷咧　除了我不拘是誰　豈肯讓你

東西　人要愛　你不愛嗎　全不由你主張　徹底都要拿了去　你心裏如何

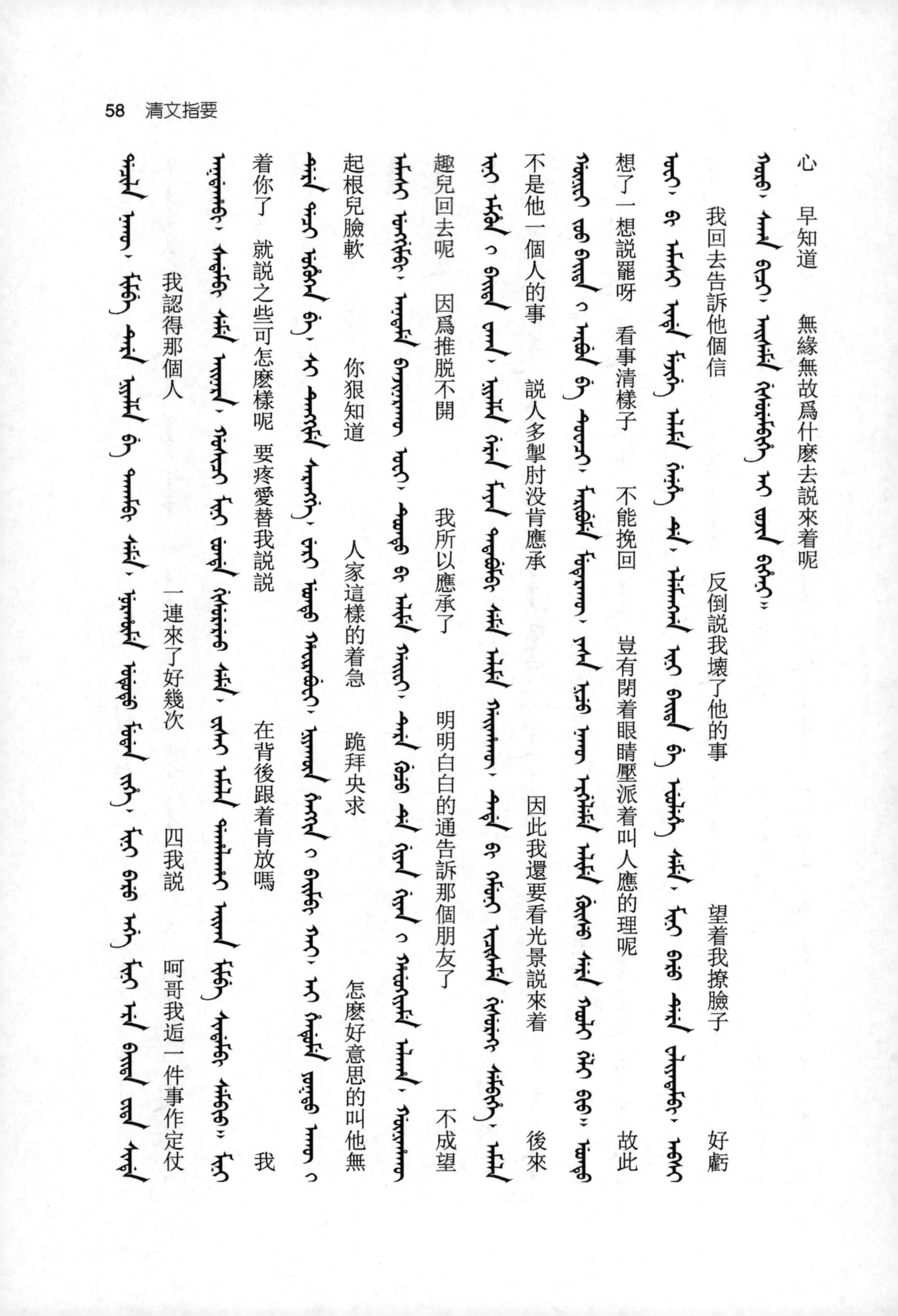

心　早知道　無緣無故爲什麼去説來着呢

我回去告訴他個信　反倒説我壞了他的事　望着我撩臉子　好虧

想了一想説罷呀　看事清様子　不能挽回　豈有閉着眼睛壓派着叫人應的理呢　故此

不是他一個人的事　説人多掣肘没肯應承　因此我還要看光景説來着　後來

趣兒回去呢　因爲推脱不開　我所以應承了　明明白白的通告訴那個朋友了　不成望

起根兒臉軟　你狠知道　人家這様的着急　跪拜央求　怎麼好意思的叫他無

着你了　就説之些可怎麼様呢　要疼愛替我説説　在背後跟着肯放嗎　我

我認得那個人　一連來了好幾次　四我説　呵哥我近一件事作定仗

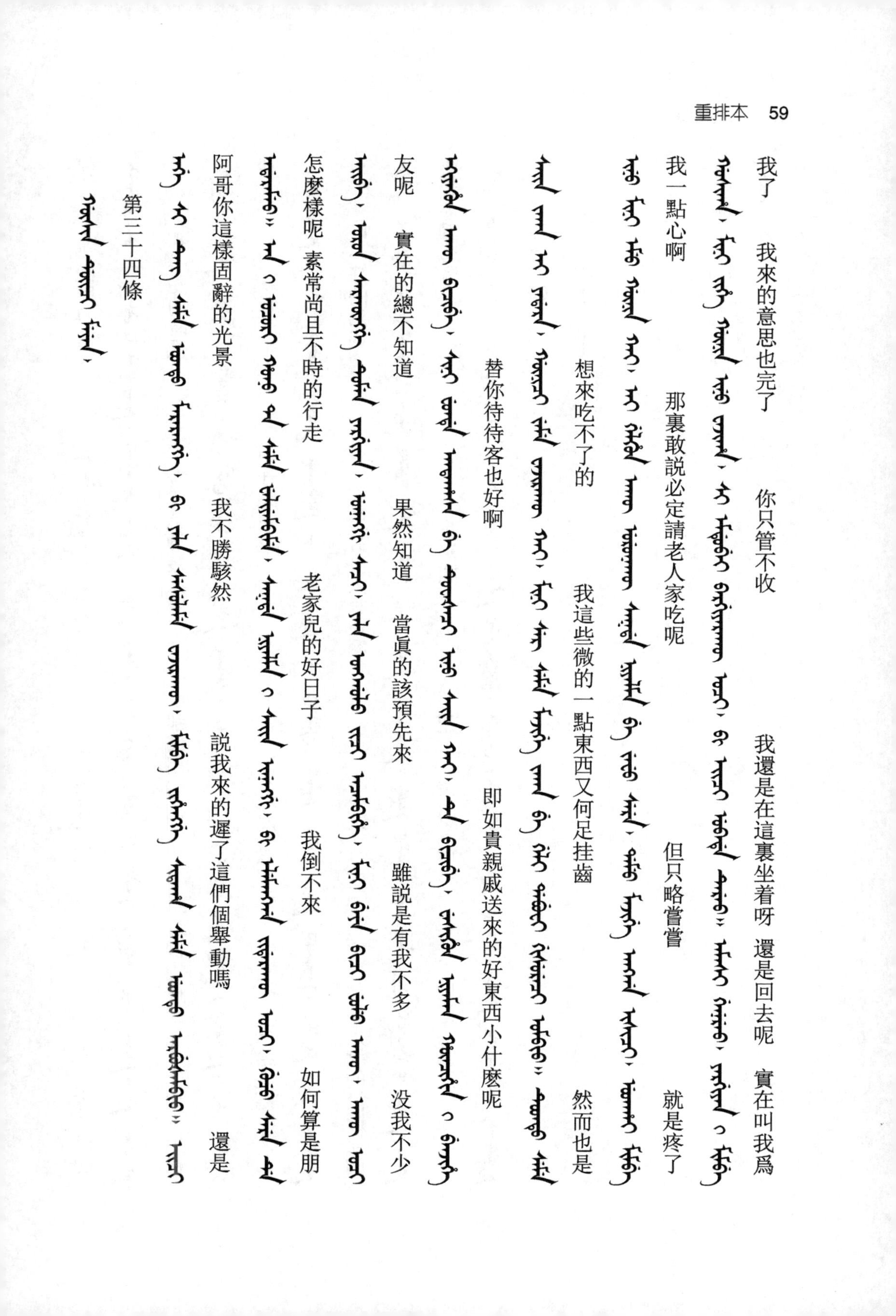

我了　我來的意思也完了　你只管不收　我還是在這裏坐着呀　還是回去呢　實在叫我爲

我一點心啊　那裏敢說必定請老人家吃呢　但只略嘗嘗　就是疼了

想來吃不了的　我這些微的一點東西又何足挂齒　然而也是

替你待待客也好啊　即如貴親戚送來的好東西小什麼呢

友呢　實在的總不知道　果然知道　當眞的該預先來　雖說是有我不多　没我不少

怎麼樣呢　素常尚且不時的行走　老家兒的好日子　我倒不來　如何算是朋

阿哥你這樣固辭的光景　我不勝駭然　說我來的遲了這們個舉動嗎　還是

第三十四條

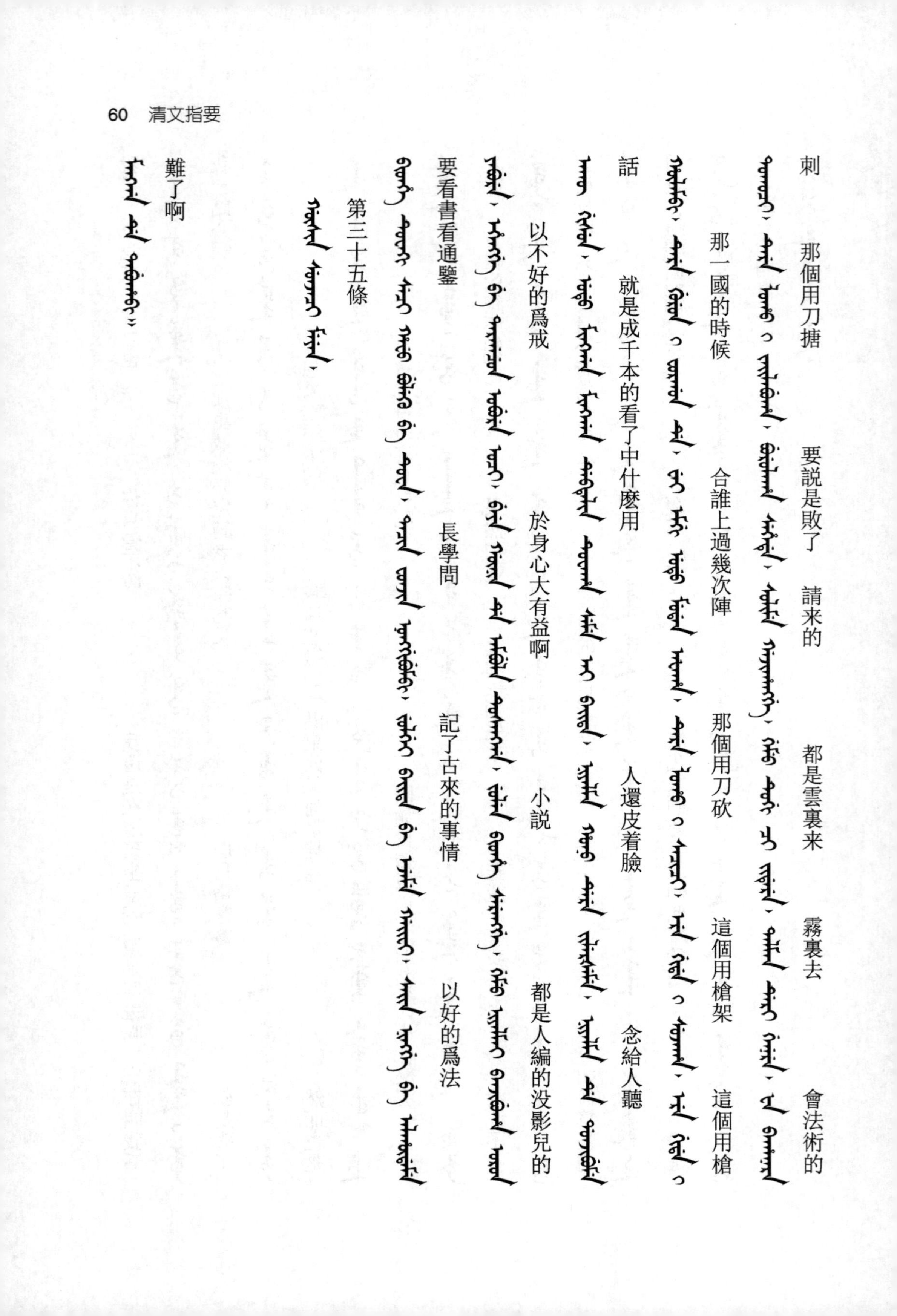

難了啊

第三十五條

要看書看通鑒 長學問 記了古來的事情 以好的爲法
以不好的爲戒 於身心大有益啊 小說 都是人編的没影兒的
話 就是成千本的看了中什麽用 人還皮着臉 念給人聽
那一國的時候 合誰上過幾次陣 那個用刀砍 這個用槍架 這個用槍
刺 那個用刀搪 要說是敗了 請来的 都是雲裏来 霧裏去 會法術的

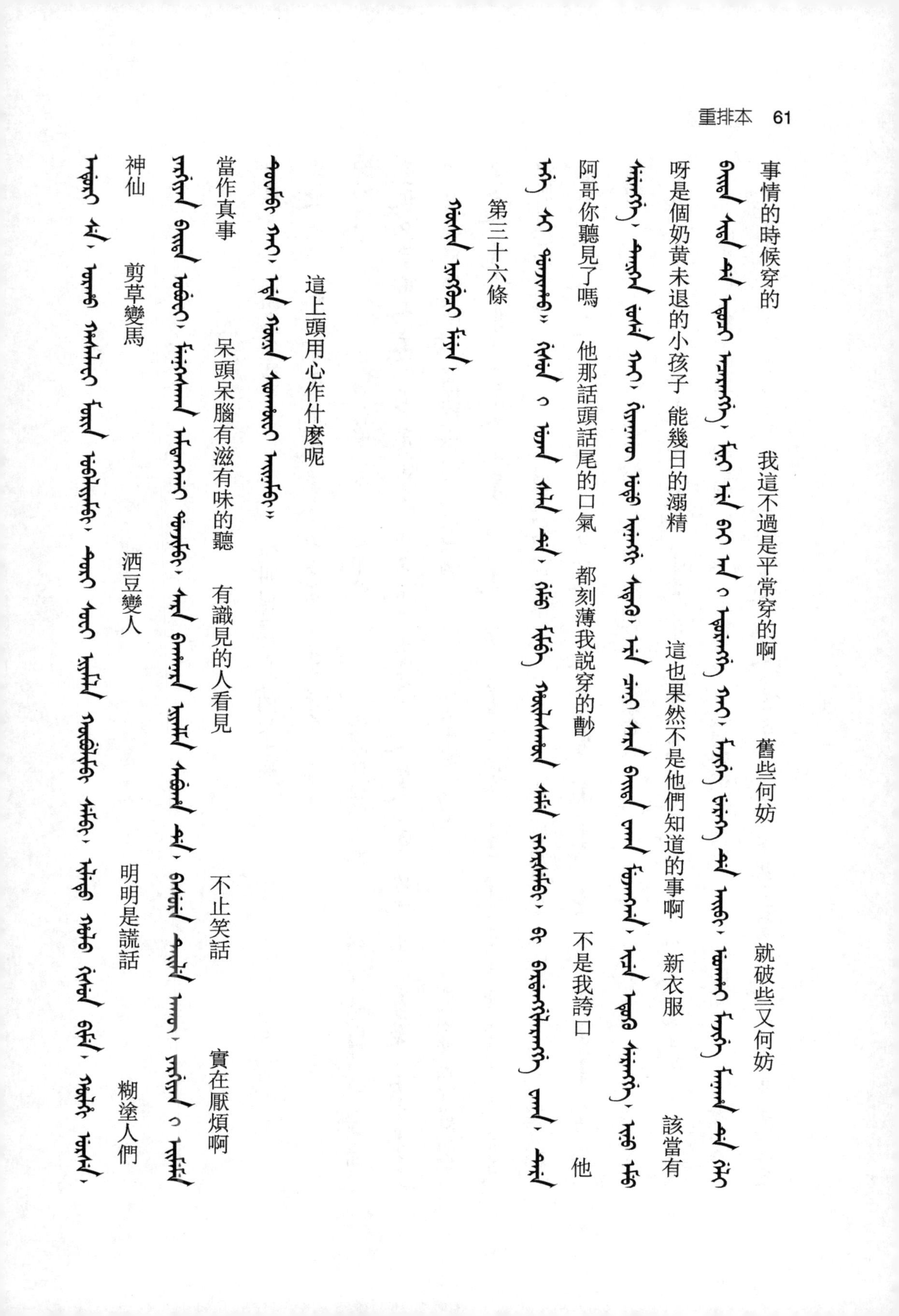

事情的時候穿的　我這不過是平常穿的啊　舊些何妨　就破些又何妨

呀是個奶黃未退的小孩子　能幾日的溺精　這也果然不是他們知道的事啊　新衣服　該當有

阿哥你聽見了嗎　他那話頭話尾的口氣　都刻薄我說穿的齣　不是我誇口　他

第三十六條

這上頭用心作什麼呢

當作真事　呆頭呆腦有滋有味的聽　有識見的人看見　不止笑話　實在厭煩啊

神仙　剪草變馬　洒豆變人　明明是謊話　糊塗人們

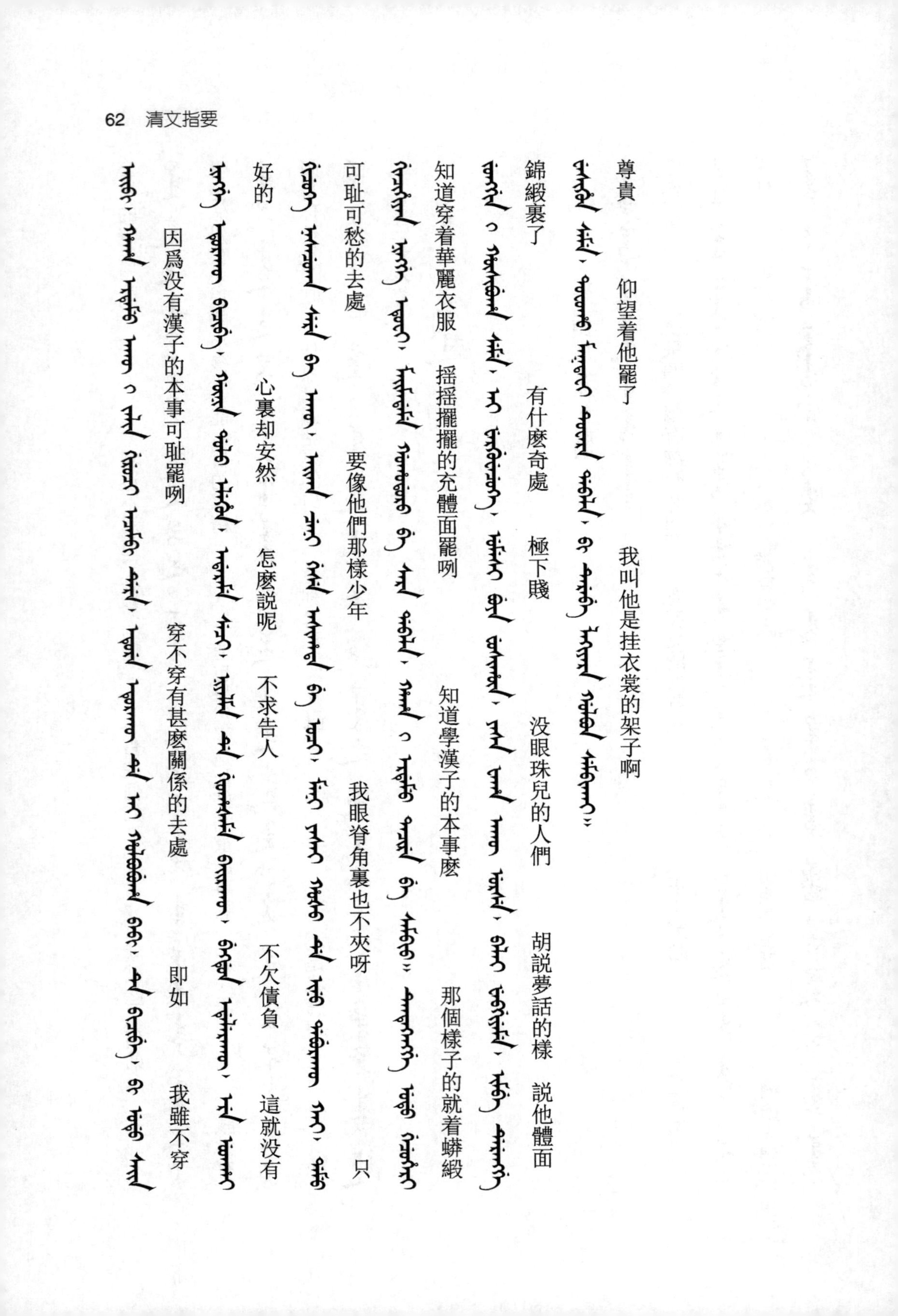

尊貴 仰望着他罷了 我叫他是挂衣裳的架子啊

錦緞裹了 有什麼奇處 極下賤 没眼珠兒的人們 胡説夢話的樣 説他體面

知道穿着華麗衣服 摇摇擺擺的充體面罷咧 知道學漢子的本事麽 那個樣子的就着蟒緞

可耻可愁的去處 要像他們那樣少年 我眼脊角裏也不夾呀 只

好的 心裏却安然 怎麽説呢 不求告人 不欠債負 這就没有

因爲没有漢子的本事可耻罷咧 穿不穿有甚麽關係的去處 即如 我雖不穿

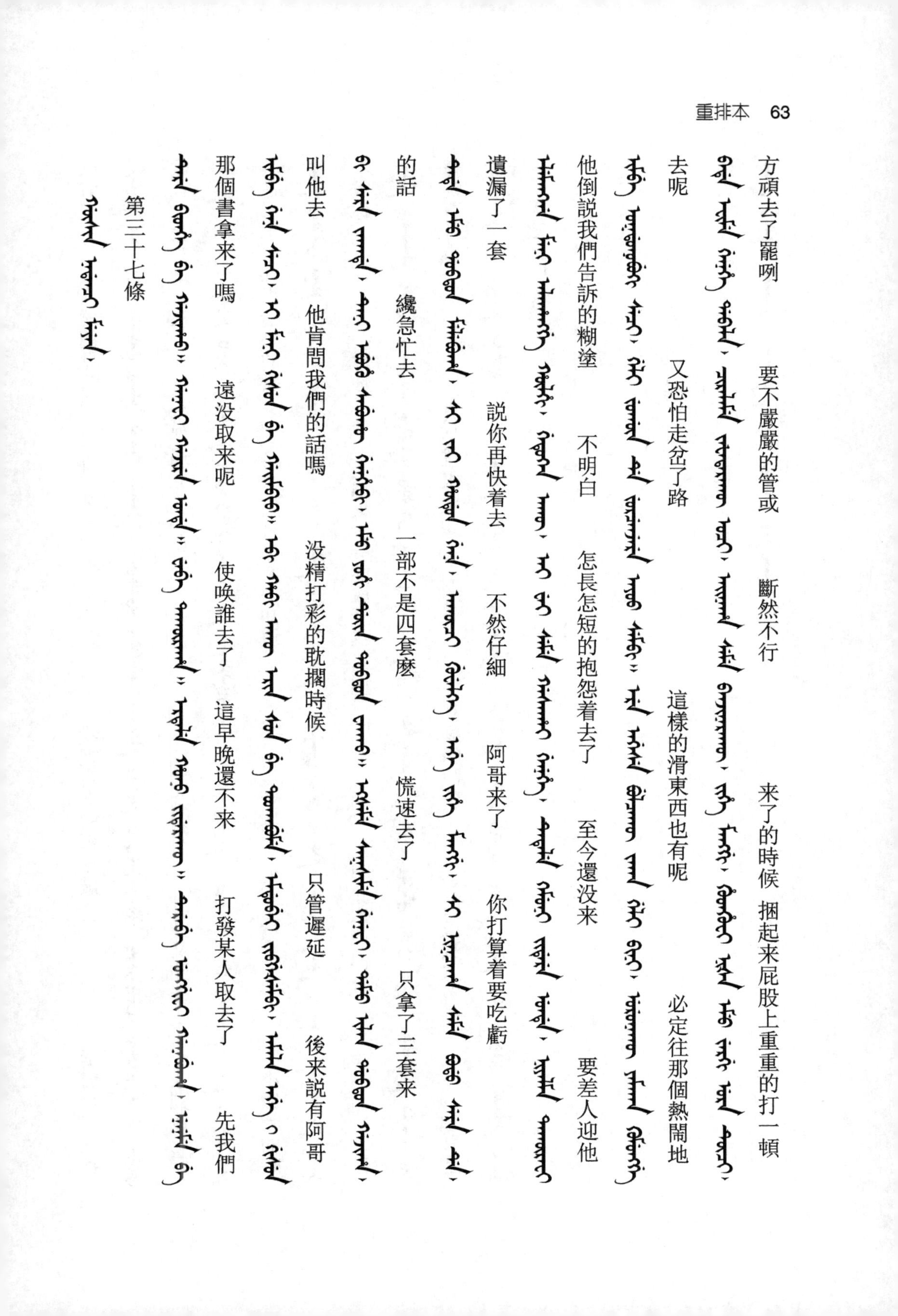

第三十七條

那個書拿來了嗎 遠沒取來呢 使喚誰去了 這早晚還不來 打發某人取去了 先我們

叫他去 他肯問我們的話嗎 沒精打彩的耽擱時候 只管遲延 後來說有阿哥

的話 纔急忙去 一部不是四套麼 慌速去了 只拿了三套來

遺漏了一套 說你再快着去 不然仔細 阿哥來了 你打算着要吃虧

他倒說我們告訴的糊塗 不明白 怎長怎短的抱怨着去了 至今還沒來 要差人迎他

去呢 又恐怕走岔了路 這樣的滑東西也有呢 必定往那個熱鬧地

方頑去了罷咧 要不嚴嚴的管或 斷然不行 來了的時候 捆起來屁股上重重的打一頓

纔好　不然慣了　他就不堪了

第三十八條

托阿哥件事　只是難張口　甚麼緣故呢　求的遭數太多了　只是

不求你　除你之外　想來没有能成全我這個事的啊　因此煩瑣你來了　你

不是爲那一件事情來的麼　是　阿哥怎麼得知道了　今日早晨你阿哥就望我說了　小飯時的時

候　我去過一次　忽然遇見他不在家　纔交晌午　我又到去了　未到他上屋

以前　就聽見喧笑的声氣　我把窗上的紙濕破　從窗户眼兒往

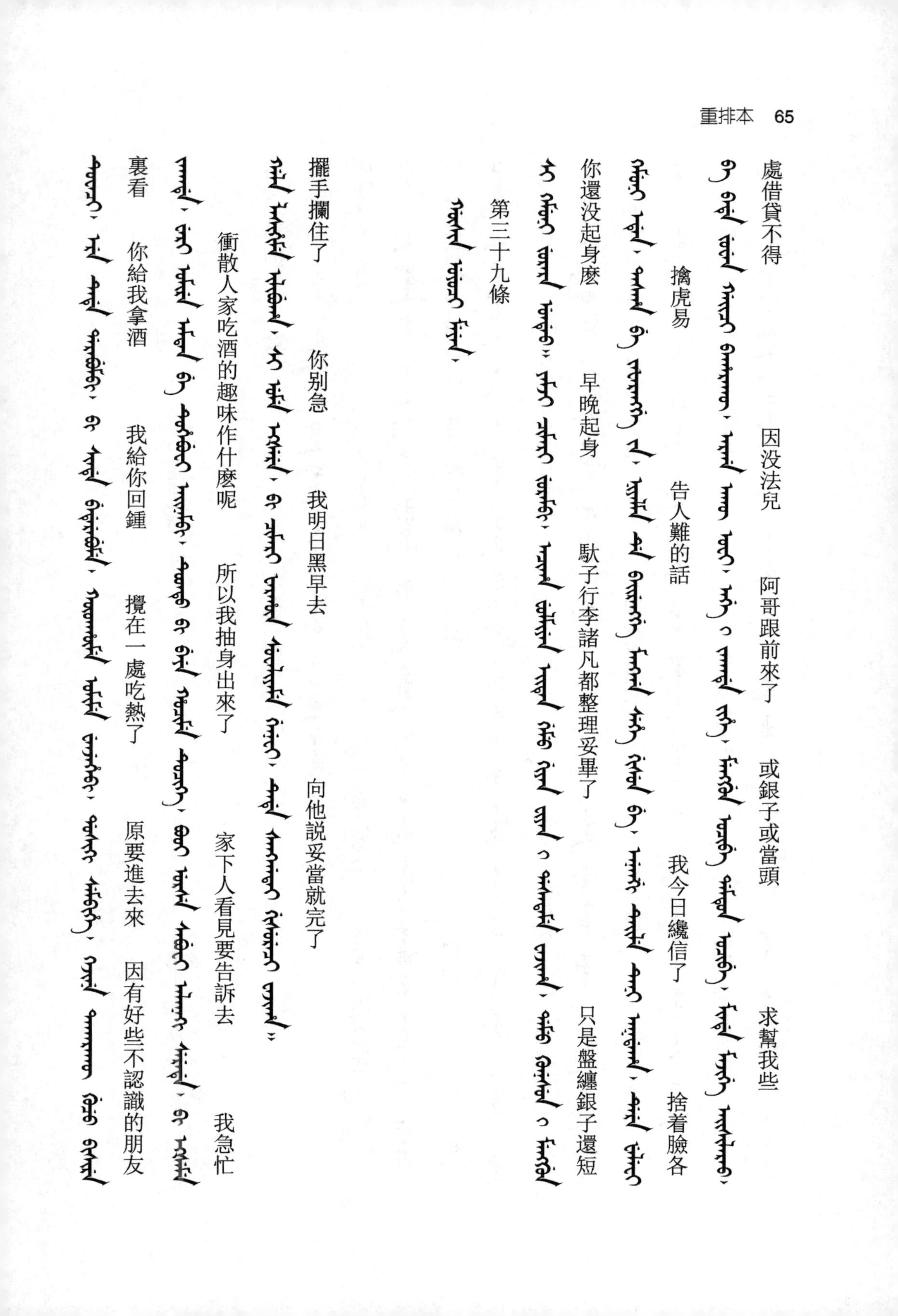

處借貸不得　因没法兒　阿哥跟前來了　或銀子或當頭　求幫我些

擒虎易　告人難的話　我今日纔信了　捨着臉各

你還没起身麼　早晚起身　馱子行李諸凡都整理妥畢了　只是盤纏銀子還短

第三十九條

擺手攔住了　你別急　我明日黑早去　向他説妥當就完了

衝散人家吃酒的趣味作什麼呢　所以我抽身出來了　家下人看見要告訴去　我急忙

裏看　你給我拿酒　我給你回鍾　攬在一處吃熱了　原要進去來　因有好些不認識的朋友

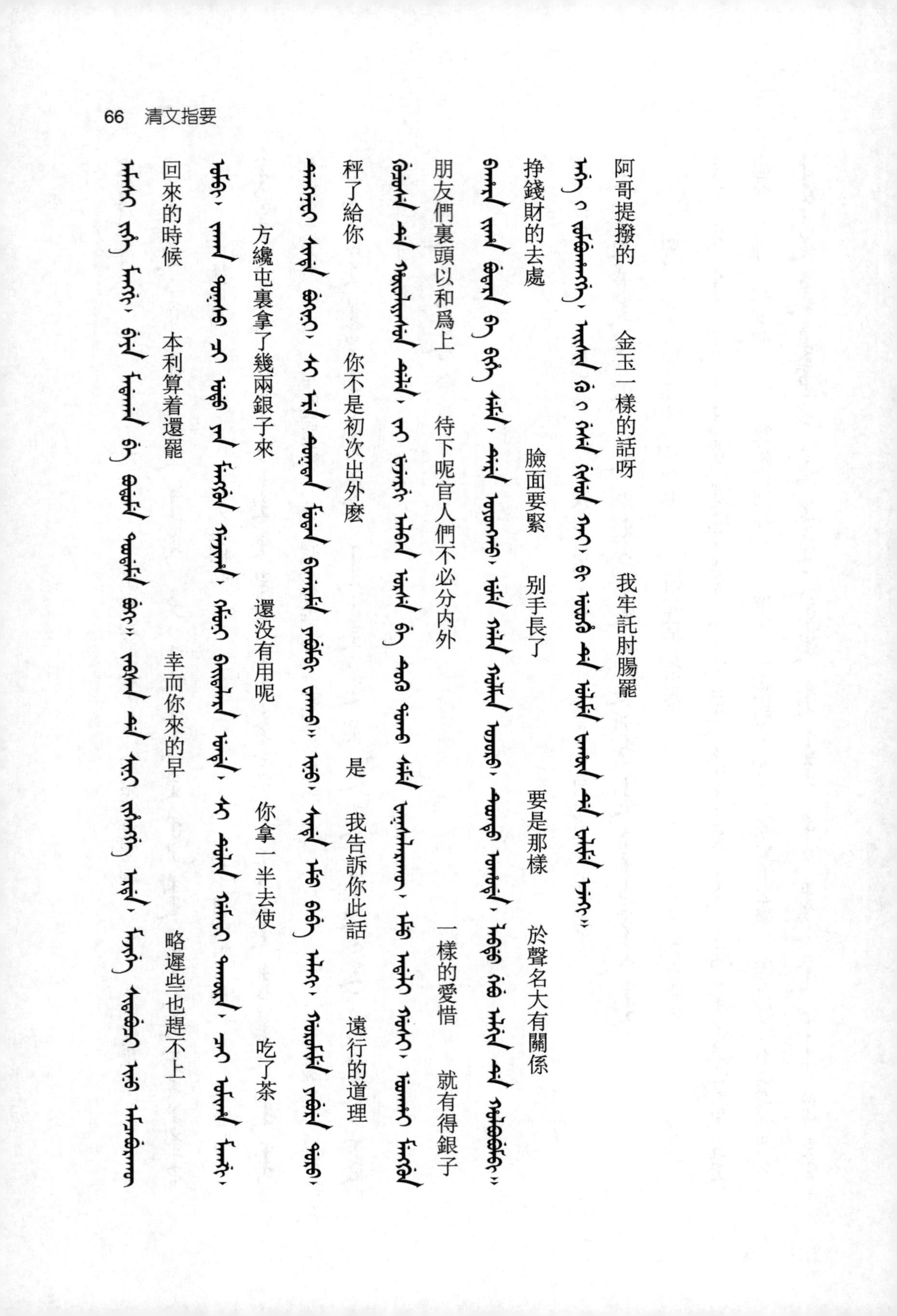

阿哥提撥的　金玉一樣的話呀　我牢託肘腸罷

掙錢財的去處　臉面要緊　別手長了　要是那樣　於聲名大有關係

朋友們裏頭以和爲上　待下呢官人們不必分內外　一樣的愛惜　就有得銀子

秤了給你　你不是初次出外麼　是　我告訴你此話　遠行的道理

方纔屯裏拿了幾兩銀子來　還没有用呢　你拿一半去使　吃了茶

回來的時候　本利算着還罷　幸而你來的早　略遲些也趕不上

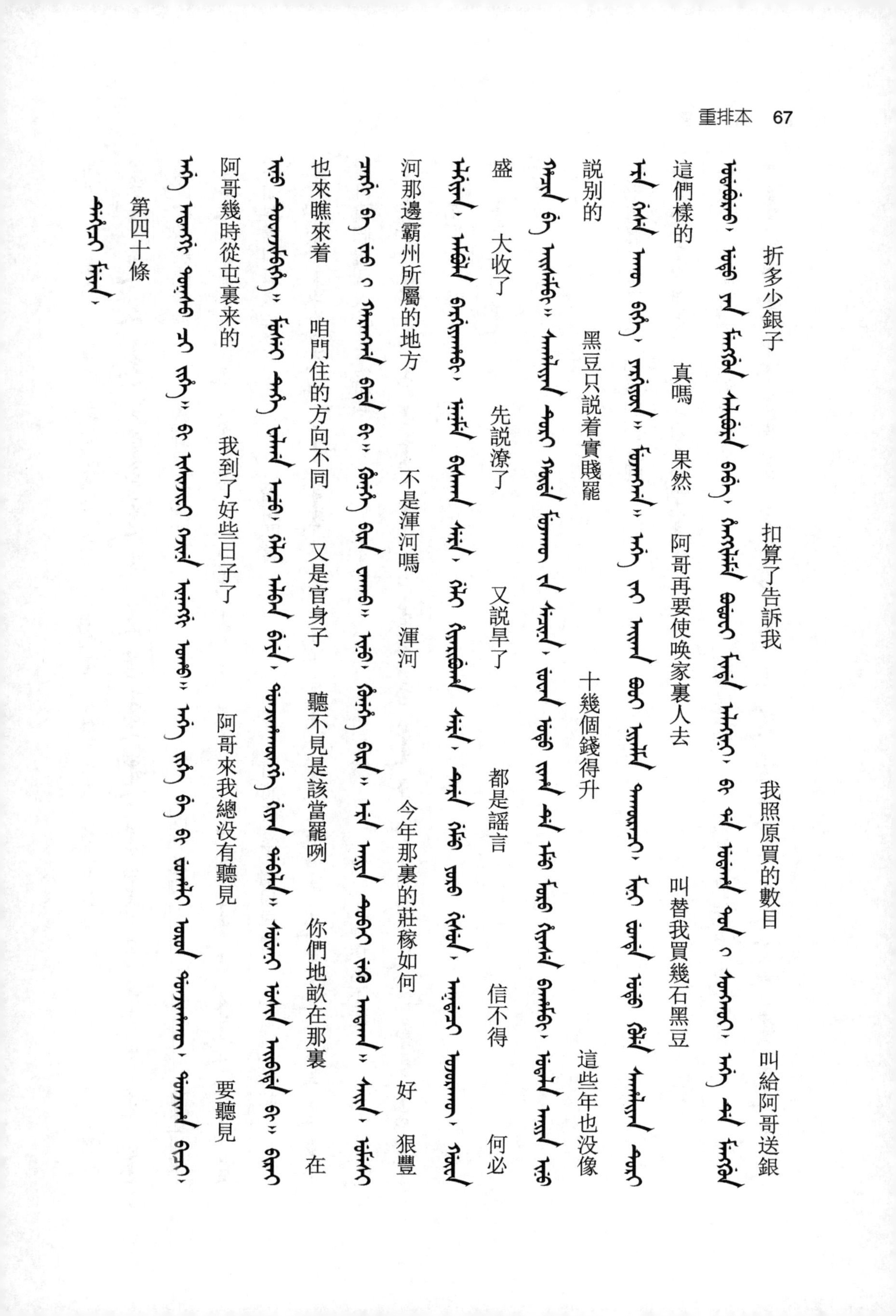

折多少銀子 扣算了告訴我 我照原買的數目 叫給阿哥送銀

這們樣的 真嗎 果然 阿哥再要使喚家裏人去 叫替我買幾石黑豆

說別的 黑豆只說着實賤罷 十幾個錢得升 這些年也没像

盛 大收了 先說潦了 又說旱了 都是謠言 信不得 何必

河那邊霸州所屬的地方 不是渾河嗎 渾河 今年那裏的莊稼如何 好 狠豐

也來瞧來着 咱門住的方向不同 又是官身子 聽不見是該當罷咧 你們地畝在那裏 在

阿哥幾時從屯裏来的 我到了好些日子了 阿哥來我總没有聽見 要聽見

第四十條

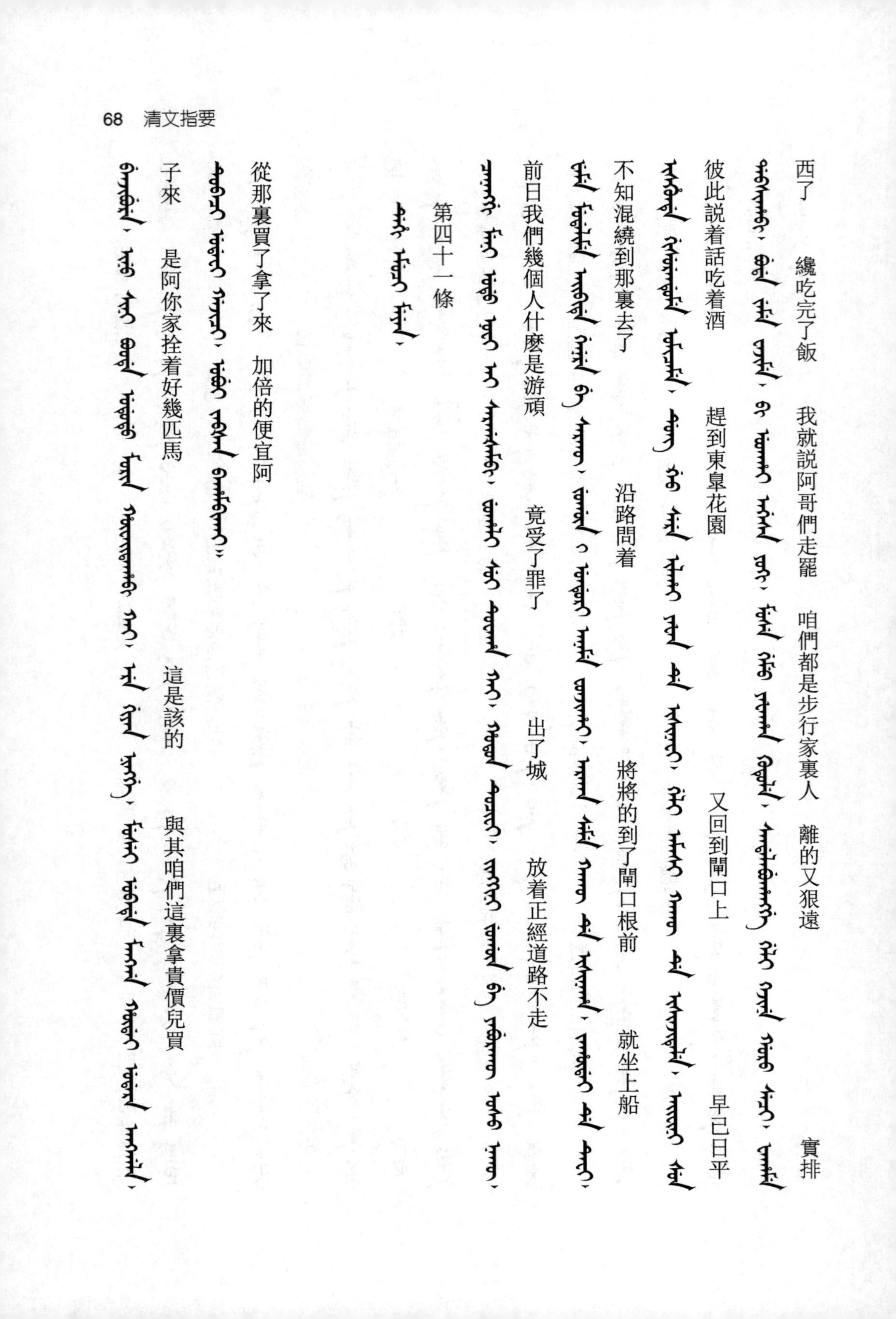

西了　纔吃完了飯　我就說阿哥們走罷　咱們都是步行家裏人　離的又狠遠　實排

彼此說着話吃着酒　趕到東臯花園　又回到閘口上　早已日平

不知混繞到那裏去了　沿路問着　將將的到了閘口根前　就坐上船

前日我們幾個人什麼是游頑　竟受了罪了　出了城　放着正經道路不走

第四十一條

從那裏買了拿了來　加倍的便宜阿

子來　是阿你家拴着好幾匹馬　這是該的　與其咱們這裏拿貴價兒買

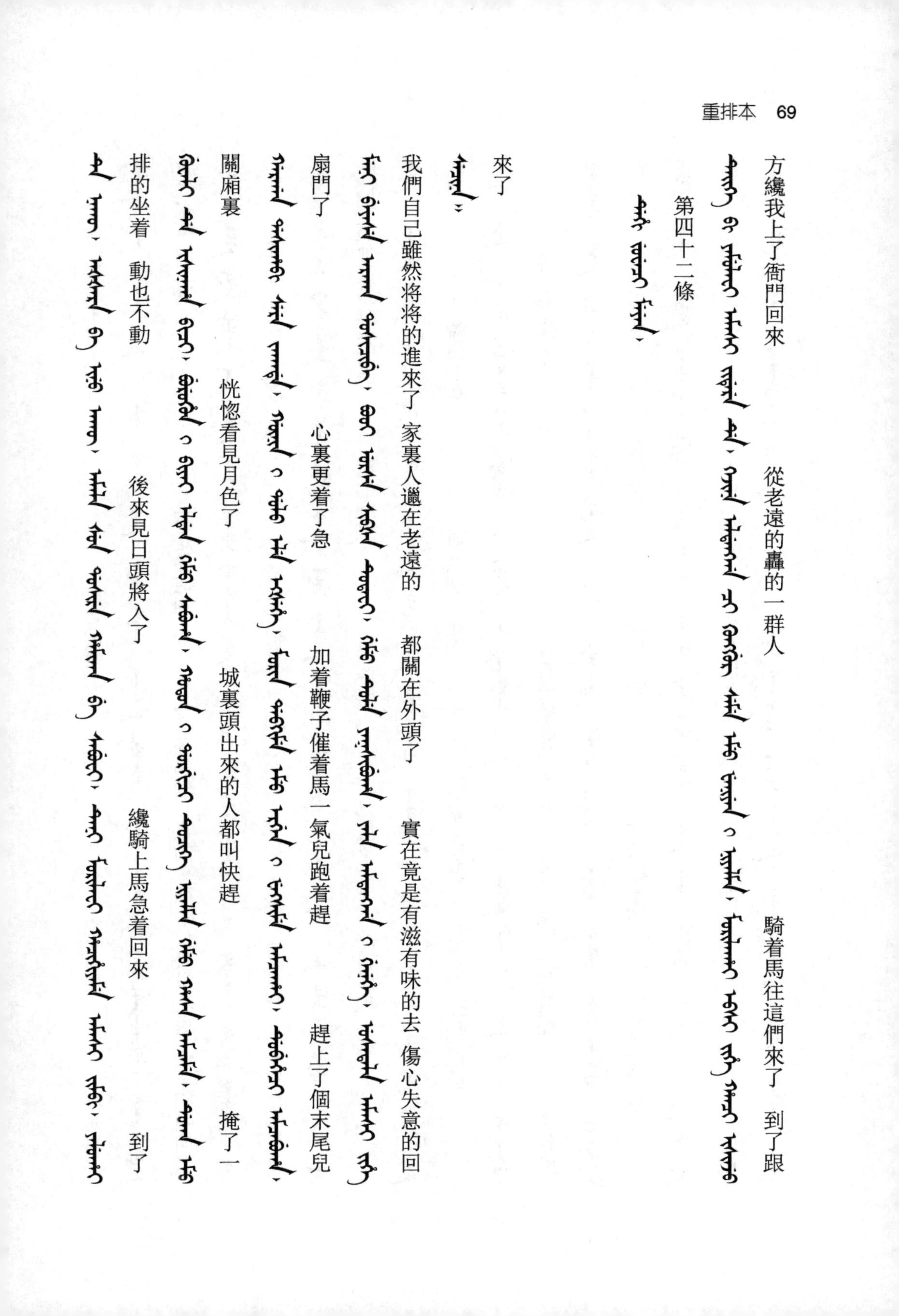

排的坐着 動也不動 後來見日頭將入了 纔騎上馬急着回來 到了
關廂裏 恍惚看見月色了 城裏頭出來的人都叫快趕 掩了一
扇門了 心裏更着了急 加着鞭子催着馬一氣兒跑着趕 趕上了個末尾兒
我們自己雖然将将的進來了 家裏人還在老遠的 都關在外頭了 實在竟是有滋有味的去 傷心失意的回
來了

第四十二條

方纔我上了衙門回來 從老遠的轟的一群人 騎着馬往這們來了 到了跟

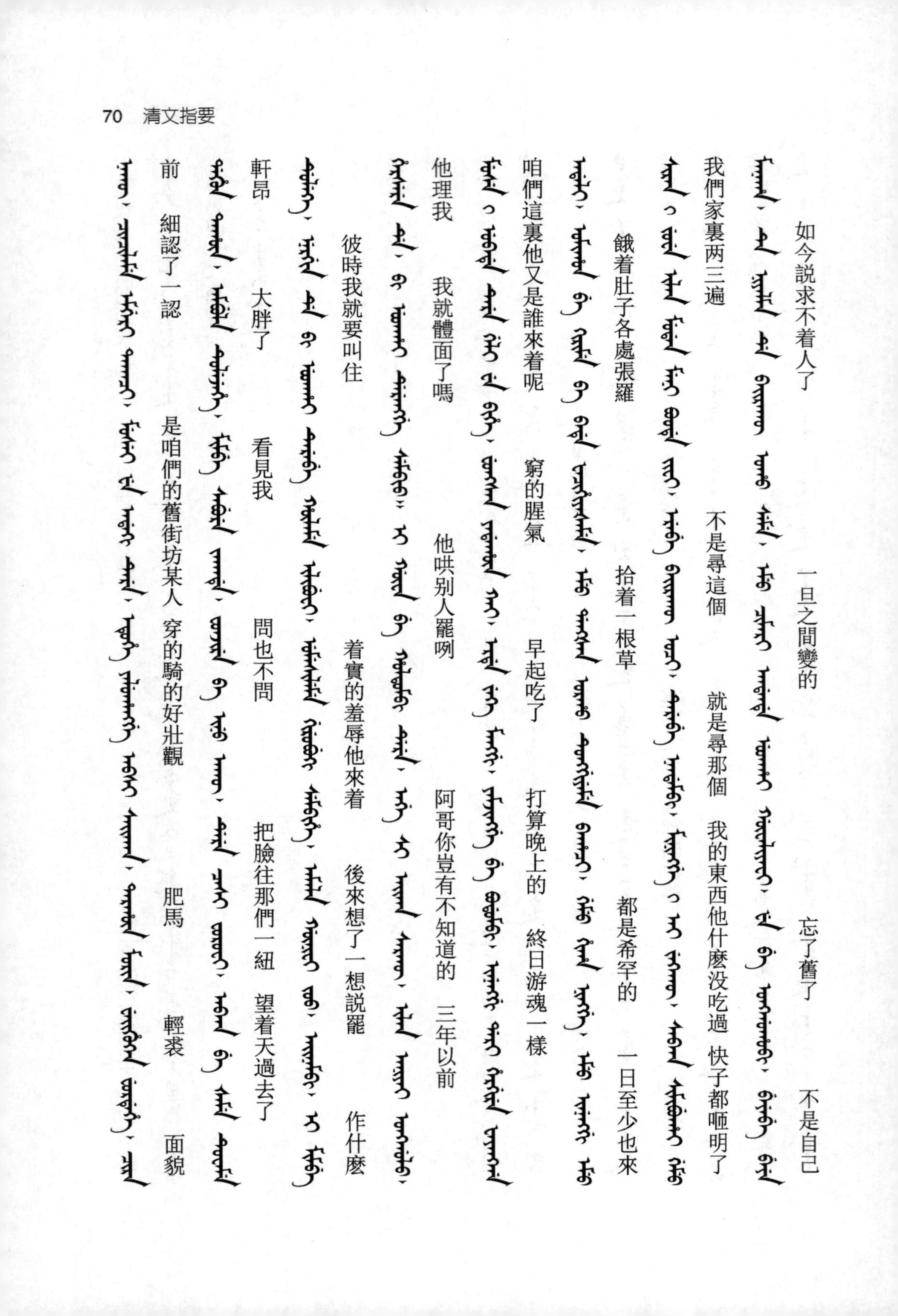

如今說求不着人了 一旦之間變的 忘了舊了 不是自己

我們家裏兩三遍 不是尋這個 就是尋那個 我的東西他什麼没吃過 快子都咂明了

餓着肚子各處張羅 拾着一根草 都是希罕的 一日至少也來

咱們這裏他又是誰來着呢 窮的腥氣 早起吃了 打算晚上的 終日游魂一樣

他理我 我就體面了嗎 他哄別人罷咧 阿哥你豈有不知道的 三年以前

彼時我就要叫住 着實的羞辱他來着 後來想了一想說罷 作什麼

軒昂 大胖了 看見我 問也不問 把臉往那們一紐 望着天過去了

前 細認了一認 是咱們的舊街坊某人 穿的騎的好壯觀 肥馬 輕裘 面貌

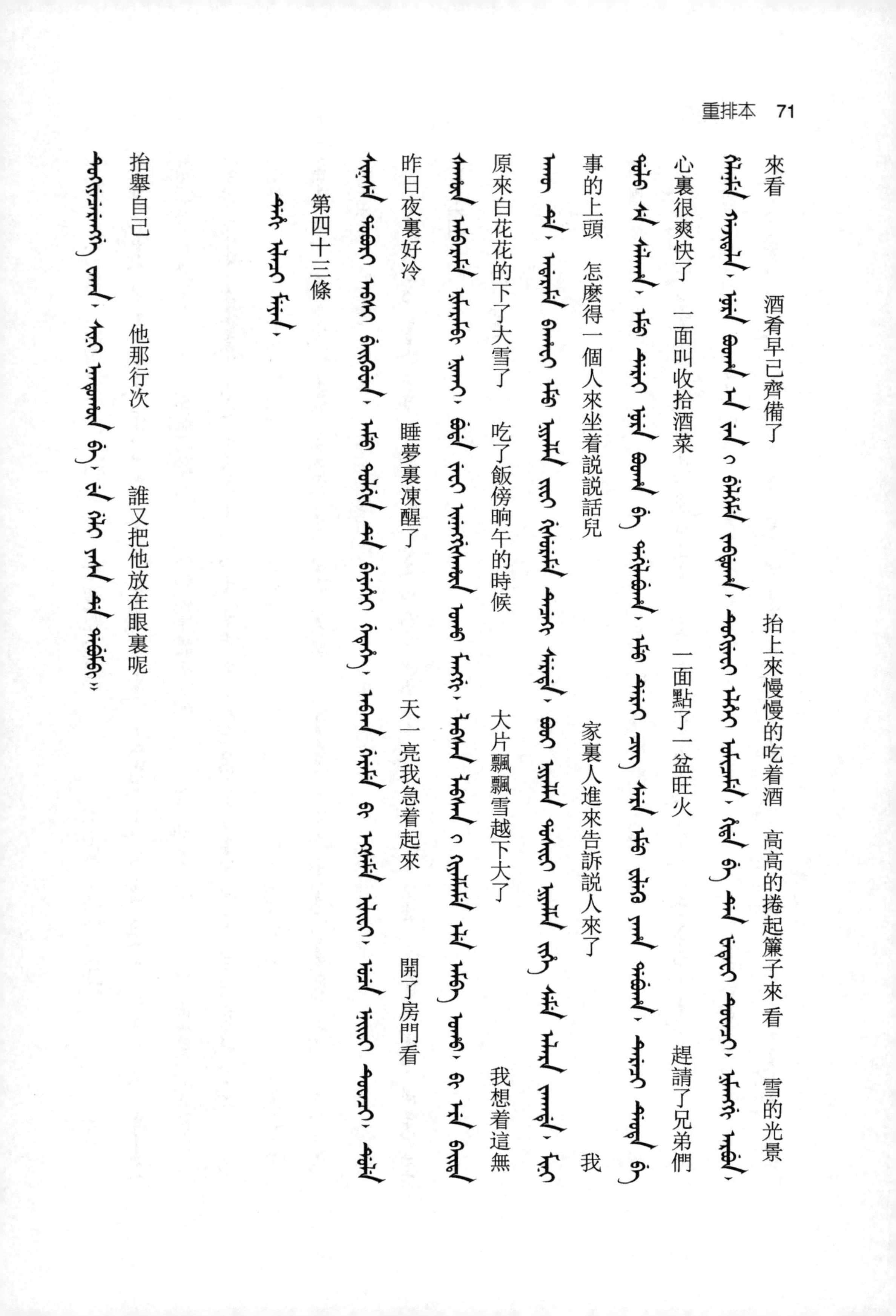

來看　酒肴早已齊備了　抬上來慢慢的吃着酒　高高的捲起簾子來看　雪的光景

心裏很爽快了　一面叫收拾酒菜　一面點了一盆旺火　趕請了兄弟們

事的上頭　怎麼得一個人來坐着說說話兒　家裏人進來告訴說人來了　我

原來白花花的下了大雪了　吃了飯傍晌午的時候　大片飄飄雪越下大了　我想着這無

昨日夜裏好冷　睡夢裏凍醒了　天一亮我急着起來　開了房門看

第四十三條

抬舉自己　他那行次　誰又把他放在眼裏呢

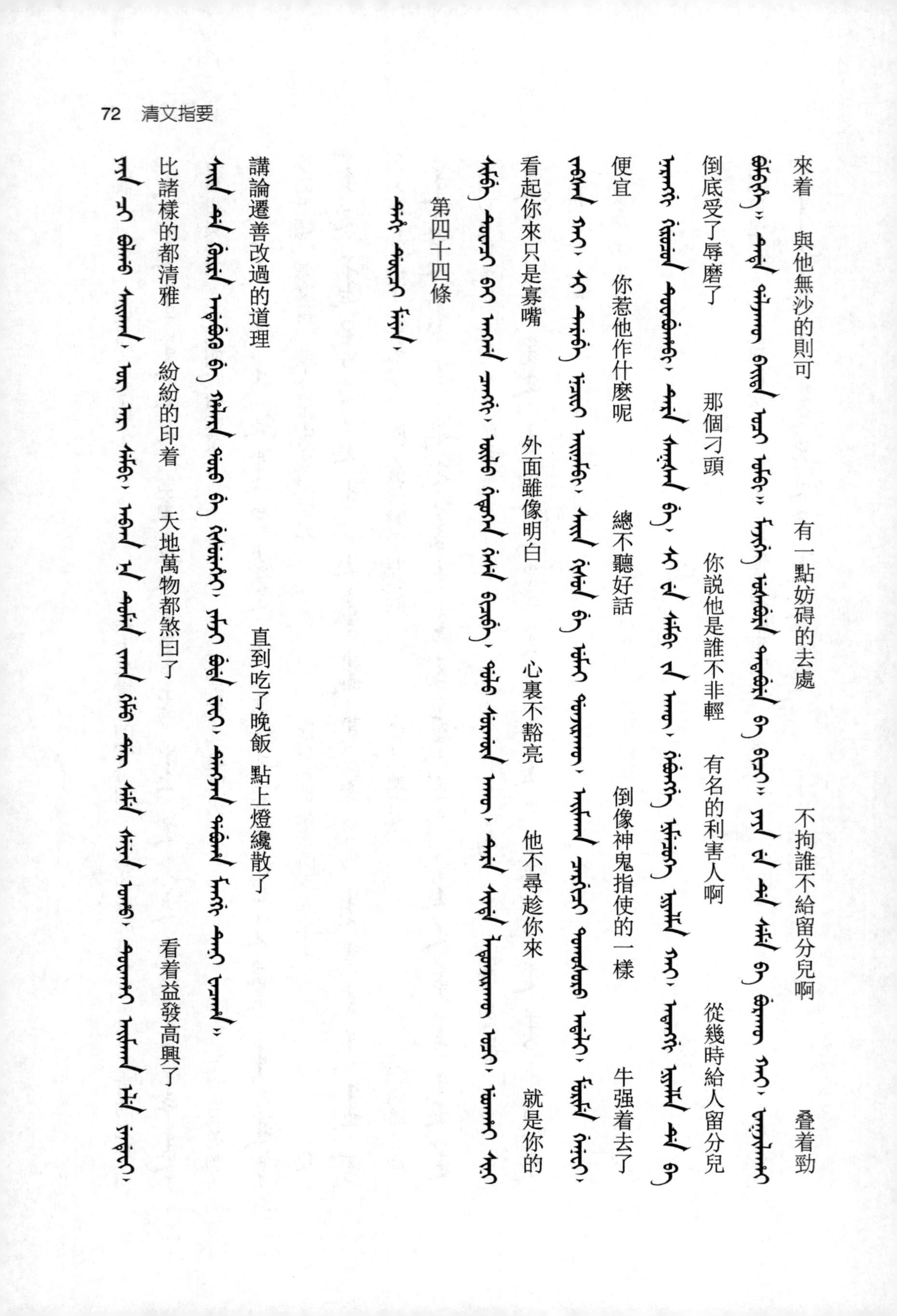

來着 與他無沙的則可 有一點妨碍的去處 不拘誰不給留分兒啊 疊着勁

倒底受了辱磨了 那個刁頭 你說他是誰不非輕 有名的利害人啊 從幾時給人留分兒

便宜 你惹他作什麼呢 總不聽好話 倒像神鬼指使的一樣 牛强着去了

看起你來只是寡嘴 外面雖像明白 心裏不豁亮 他不尋趁你來 就是你的

第四十四條

講論遷善改過的道理 直到吃了晚飯 點上燈纔散了

比諸樣的都清雅 紛紛的印着 天地萬物都煞白了 看着益發高興了

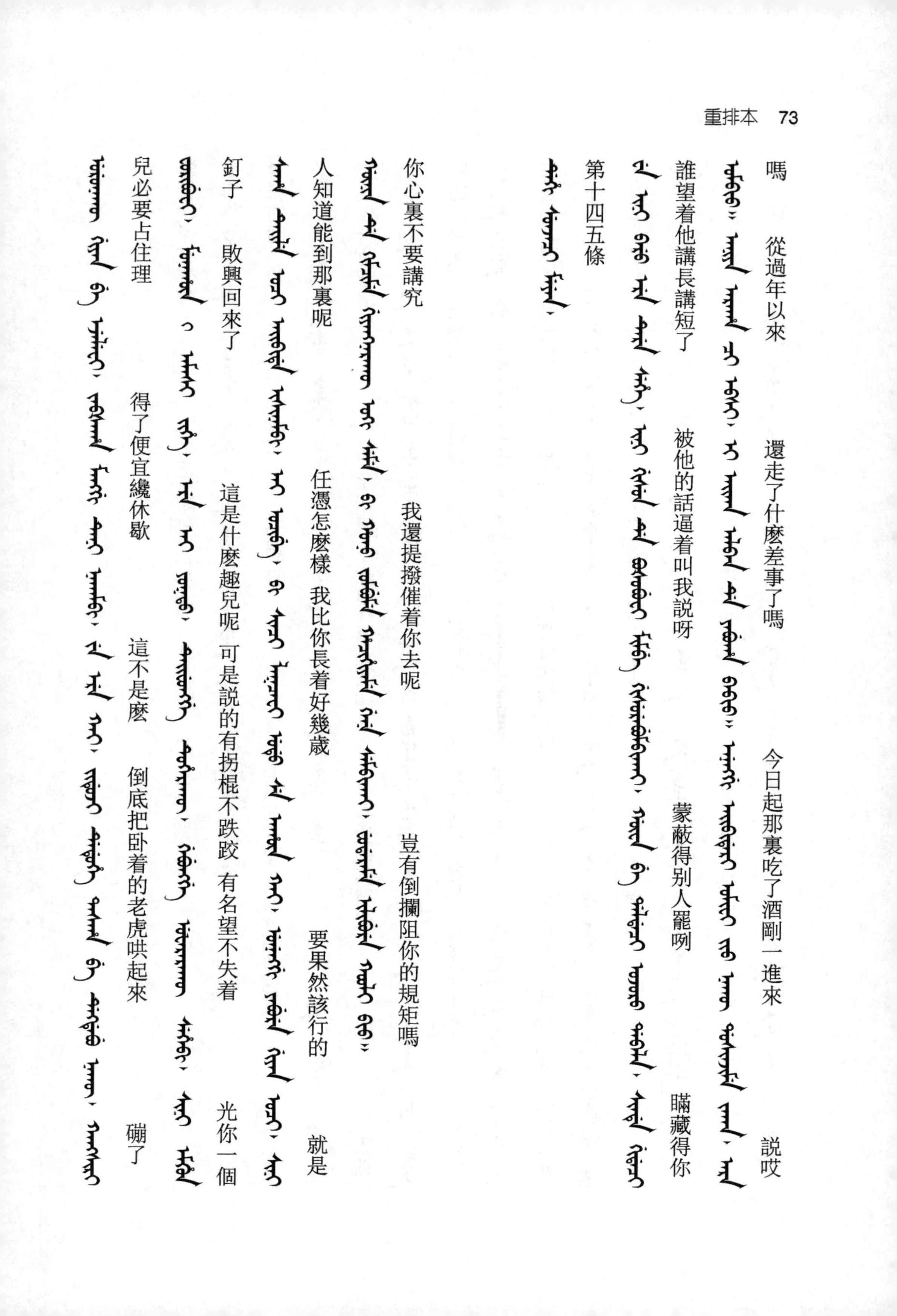

嗎　從過年以來　還走了什麼差事了嗎　今日起那裏吃了酒剛一進來　說哎

誰望着他講長講短了　被他的話逼着叫我說呀　蒙蔽得別人罷咧　瞞藏得你

第十四五條

你心裏不要講究　我還提撥催着你去呢　豈有倒攔阻你的規矩嗎

人知道能到那裏呢　任憑怎麼樣　我比你長着好幾歲　要果然該行的　就是

釘子　敗興回來了　這是什麼趣兒呢　可是說的有拐棍不跌跤　有名望不失着　光你一個

兒必要占住理　得了便宜纔休歇　這不是麼　倒底把卧着的老虎哄起來　硼了

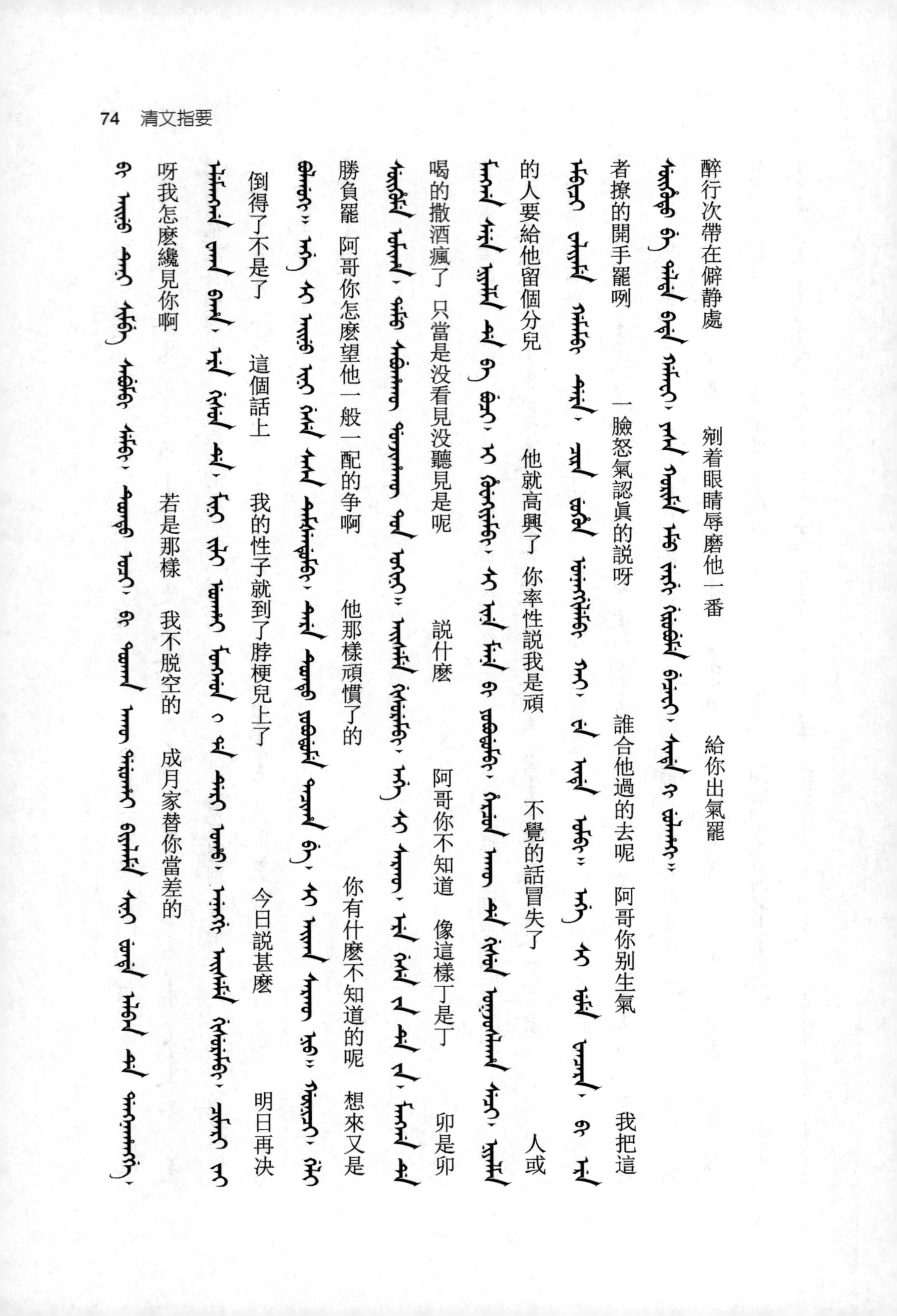

醉行次帶在僻靜處　剜着眼睛辱磨他一番　給你出氣罷

者撩的開手罷咧　一臉怒氣認眞的説呀　誰合他過的去呢　阿哥你别生氣　我把這

的人要給他留個分兒　他就高興了　你率性説我是頑　不覺的話冒失了　人或

喝的撒酒瘋了　只當是没看見没聽見是呢　説什麽　阿哥你不知道　像這樣丁是丁　卯是卯

勝負罷　阿哥你怎麽望他一般一配的争啊　他那樣頑慣了的　你有什麽不知道的呢　想來又是

倒得了不是了　這個話上　我的性子就到了脖梗兒上了　今日説甚麽　明日再決

呀我怎麽纔見你啊　若是那樣　我不脱空的　成月家替你當差的

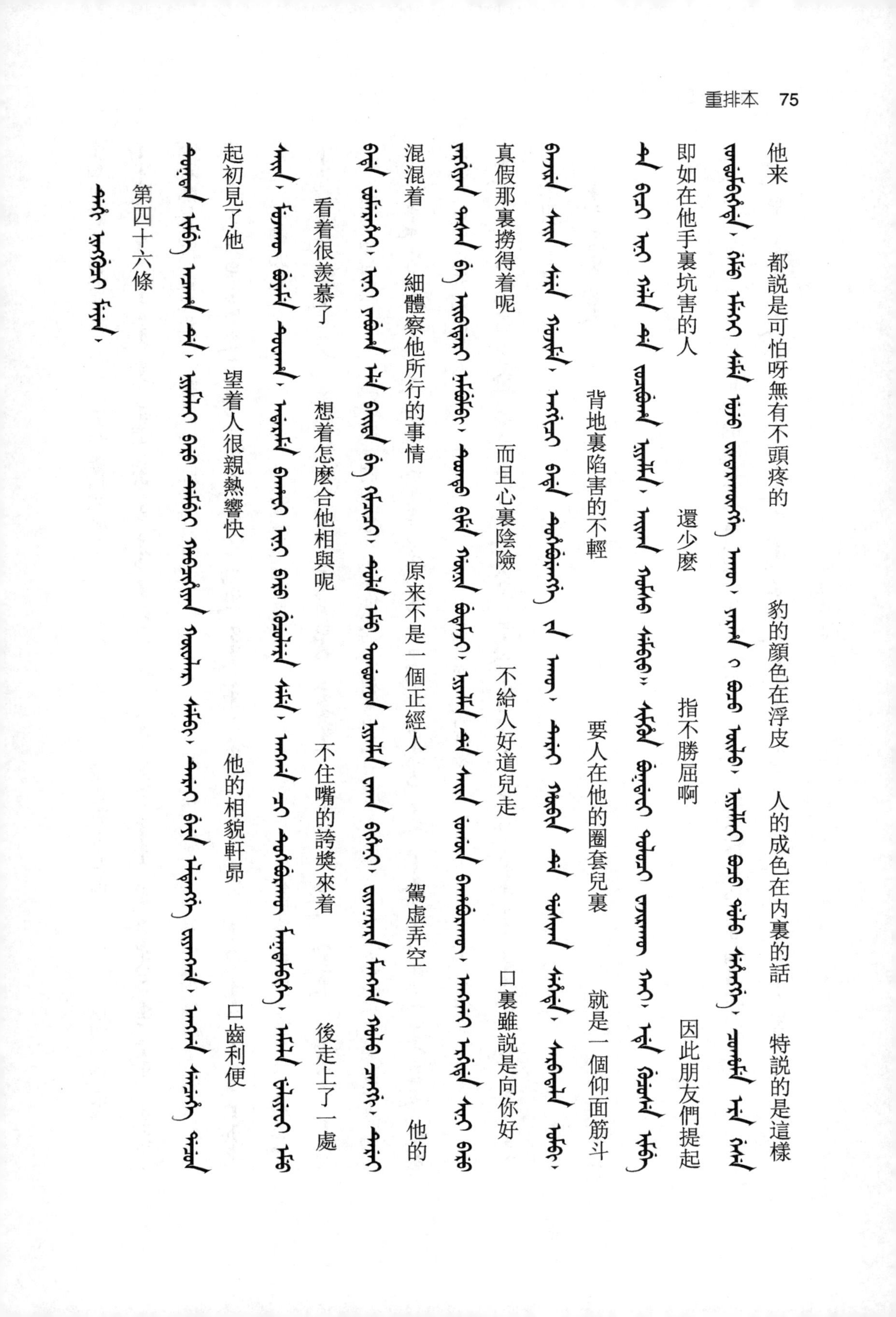

他来　都說是可怕呀無有不頭疼的　豹的顏色在浮皮　人的成色在内裏的話　特說的是這樣

即如在他手裏坑害的人　還少麽　指不勝屈啊　因此朋友們提起

背地裏陷害的不輕　要人在他的圈套兒裏　就是一個仰面筋斗

真假那裏撈得着呢　而且心裏陰險　不給人好道兒走　口裏雖說是向你好

混混着　細體察他所行的事情　原來不是一個正經人　駕虚弄空　他的

看着很羡慕了　想着怎麽合他相與呢　不住嘴的誇獎來着　後走上了一處

起初見了他　望着人很親熱響快　他的相貌軒昂　口齒利便

第四十六條

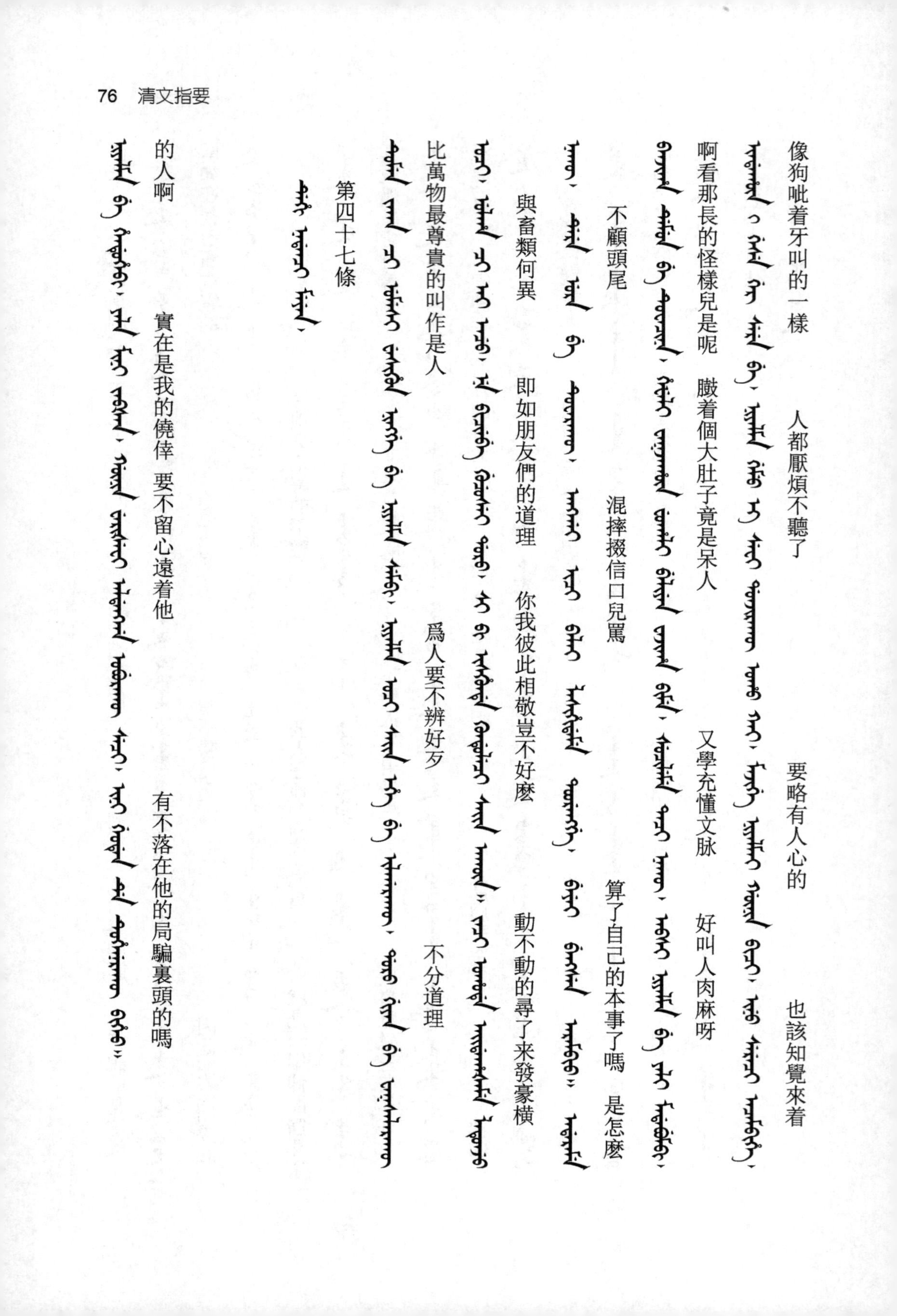

像狗呲着牙叫的一樣　人都厭煩不聽了　要略有人心的　也該知覺來着

啊看那長的怪樣兒是呢　瞰着個大肚子竟是呆人　又學充懂文脉　好叫人肉麻呀

不顧頭尾　混摔掇信口兒罵　算了自己的本事了嗎　是怎麼

與畜類何異　即如朋友們的道理　你我彼此相敬豈不好麼　動不動的尋了來發豪横

比萬物最尊貴的叫作是人　爲人要不辨好歹　不分道理

第四十七條

的人啊　實在是我的僥倖　要不留心遠着他　有不落在他的局騙裏頭的嗎

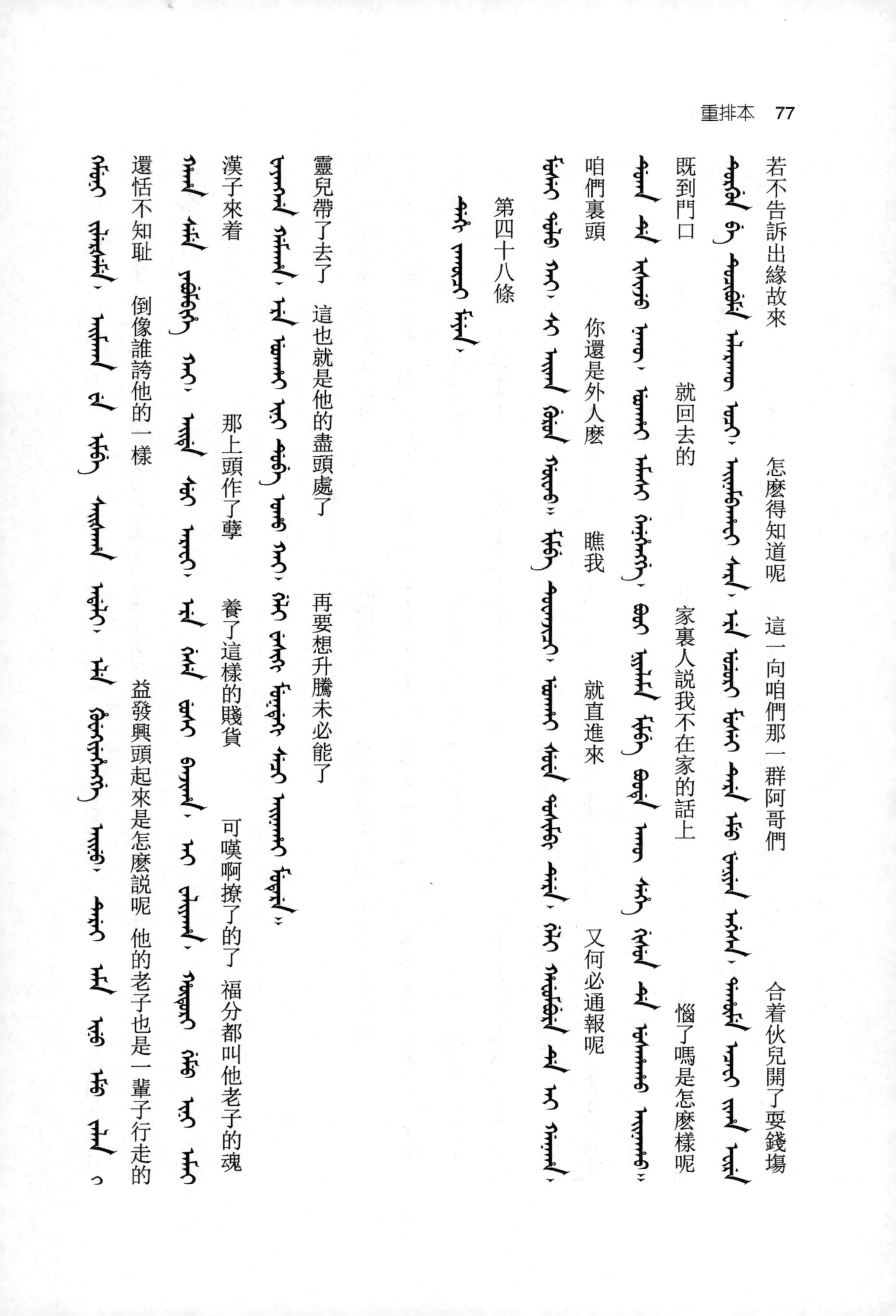

若不告訴出緣故來　怎麼得知道呢　這一向咱們那一群阿哥們　合着伙兒開了要錢場

既到門口　就回去的　家裏人說我不在家的話上　惱了嗎是怎麼樣呢

咱們裏頭　你還是外人麼　瞧我　就直進來　又何必通報呢

第四十八條

靈兒帶了去了　這也就是他的盡頭處了　再要想升騰未必能了

漢子來着　那上頭作了孽　養了這樣的賤貨　可嘆啊撩了的了　福分都叫他老子的魂

還恬不知耻　倒像誰誇他的一樣　益發興頭起來是怎麼說呢　他的老子也是一輩子行走的

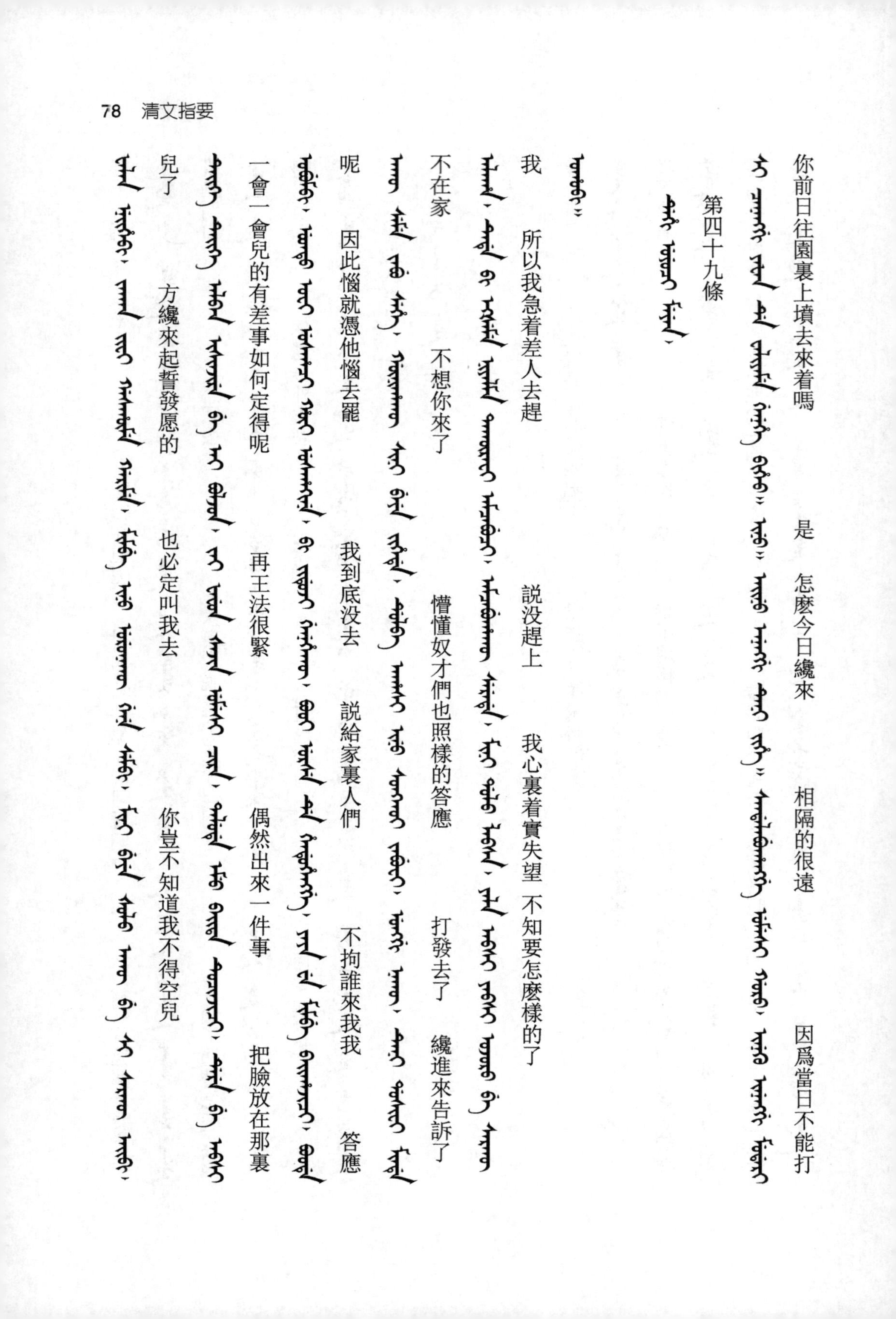

你前日往園裏上墳去來着嗎　是　怎麼今日纔來　相隔的很遠　因爲當日不能打

第四十九條

我　所以我急着差人去趕　說没趕上　我心裏着實失望　不知要怎麼樣的了

不在家　不想你來了　懵懂奴才們也照樣的答應　打發去了　纔進來告訴了

呢　因此惱就憑他惱去罷　我到底没去　說給家裏人們　不拘誰來我我　答應

一會一會兒的有差事如何定得呢　再王法很緊　偶然出來一件事　把臉放在那裏

兒了　方纔來起誓發願的　也必定叫我去　你豈不知道我不得空兒

息罷咧　要是養了那樣不長進的兒子　他的身子就住在園裏　還未

也往園裏去奠一鍾酒啊　到了子孫們跟前　只論有出息沒出

立了墳院　總說了罷　咱們有呢是有的道理　沒有呢是沒的道理　憑他怎麼樣窄累

可怎麼樣呢　舊園子總沒地方了　看風水的人們　都說那個地方好的上頭　纔在那裏

地方葬埋　雖是好事　要是子孫沒力量　難按着時候上墳啊

路上除了打尖　也總沒歇息　剛剛的趕上城門了　阿哥在遠些的

直到晚上纔到去了　昨日供了飯　又歇了一夜　今日東方明兒就起身回來了

來回　在那裏歇了兩夜　頭一日頂着城門就起了身

往那裏去躲 雨衣毡褂子没穿叠當 渾身濕透了 不妨 有我的衣裳

ᠠᠪᠰᡳ ᠵᠠᡳᠯᠠᠮᠪᡳ᠈ ᠨᡝᠮᡝᡵᡴᡠ ᠵᠠᠩᠴᡳ ᡝᡨᡠᡥᡝᡴᡡ ᠣᡶᡳ᠈ ᠪᡝᠶᡝ ᡤᡠᠪᠴᡳ ᡠᠰᡳᡥᡳᠪᡠᡥᠠ᠉ ᡥᡡᠸᠠᠩᡤᡳᠶᠠᡵᠠᡴᡡ᠈ ᠮᡳᠨᡳ ᡝᡨᡠᡴᡠ ᠪᡳ᠈

一定要着雨啊 正說着 就刷刷的下起雨來了 阿哥你說 在漫荒地裏

ᡠᡵᡠᠨᠠᡴᡡ ᠠᡤᠠ ᡩᡝ ᡨᡠᡨᠠᠪᡠᠮᠪᡳ ᠰᡝᡵᡝ᠈ ᡤᡳᠰᡠᡵᡝᠮᡝ ᠠᠯᡳᠩᡤᠠ᠈ ᡠᡨᡥᠠᡳ ᠰᠠᡵ ᠰᠠᡵ ᠰᡝᠮᡝ ᠠᡤᠠ ᠠᡤᠠᠮᡝ ᡩᡝᡵᡳᠪᡠᡥᡝ᠈ ᠠᡤᡝ ᠰᡳ ᡤᡡᠨᡳ᠈ ᠪᡳᡤᠠᠨ ᡳ ᠪᠠᡩᡝ᠈

又一片一片的鋪開稠雲了 那上頭我望着家裏人說 這天氣不妥當 快走 不然咱們

ᡤᡝᠯᡳ ᡝᠮᡠ ᡶᠠᡵᠰᡳ ᡝᠮᡠ ᡶᠠᡵᠰᡳ ᡩᠠᠯᡳᡵᡝ ᡨᡠᡤᡳ ᠰᡝᡴᡨᡝᡥᡝ᠈ ᡨᡝᡵᡝ ᡩᡝ ᠪᡳ ᠪᠣᠣ ᡳ ᠨᡳᠶᠠᠯᠮᠠ ᡩᡝ ᠠᠯᡳᠮᡝ᠈ ᡝᡵᡝ ᠠᠪᡴᠠ ᠰᠠᡳᠨ ᠠᡴᡡ᠈ ᡥᡡᡩᡠᠨ ᠶᠠᠪᡠ᠈ ᠰᡠᠸᡝ ᠮᡠᠰᡝ

早晨天陰陰的雖有下雨的光景 到了晌午 很晴明了 回來走着看

ᡝᡵᡩᡝ ᠠᠪᡴᠠ ᡨᡠᠯᡥᡠᡧᡝᠮᡝ ᠠᡤᠠ ᠠᡤᠠᡵᠠ ᠮᡠᡵᡠ ᠪᡳᠴᡳᠪᡝ᠈ ᡳᠨᡝᠩᡤᡳ ᡩᡠᠯᡳᠨ ᡩᡝ ᡳᠰᡳᠨᠠᡶᡳ᠈ ᠠᠮᠪᠠᠯᡳᠩᡤᡡ ᡤᠠᠯᠠᡴᠠ᠈ ᠠᠮᠠᠰᡳ ᠵᡳᠮᡝ ᠶᠠᠪᡠᠮᡝ ᡨᡠᠸᠠᠴᡳ

哎呀 這樣大雨往那裏去來着 快進去 我的一個朋友不在了 送了殯來了 今日

ᠠᡵᠠ᠈ ᡝᡵᡝ ᡤᡝᠰᡝ ᠠᠮᠪᠠ ᠠᡤᠠ ᡩᡝ ᠠᠪᠰᡳ ᡤᡝᠨᡝᡥᡝ ᠪᡳᡥᡝ᠈ ᡥᡡᡩᡠᠨ ᡩᠣᠰᡳ᠉ ᠮᡳᠨᡳ ᡝᠮᡠ ᡤᡠᠴᡠ ᠠᡴᡡ ᠣᡥᠣ᠈ ᡤᡳᡵᠠᠨ ᠪᡝᡶᡳ ᠵᡳᡥᡝ᠈ ᡝᠨᡝᠩᡤᡳ

必燒一張紙錢呢啊

ᡠᡵᡠᠨᠠᡴᡡ ᡝᠮᡠ ᠠᡶᠠᡥᠠ ᡥᠣᠣᡧᠠᠨ ᠵᡳᡥᠠ ᡩᡝᡳᠵᡳᠮᠪᡳᠨᡳᡴᠠᡳ᠉

第五十條

ᠰᡠᠰᠠᡳᠴᡳ ᡶᡳᠶᡝᠯᡝᠨ

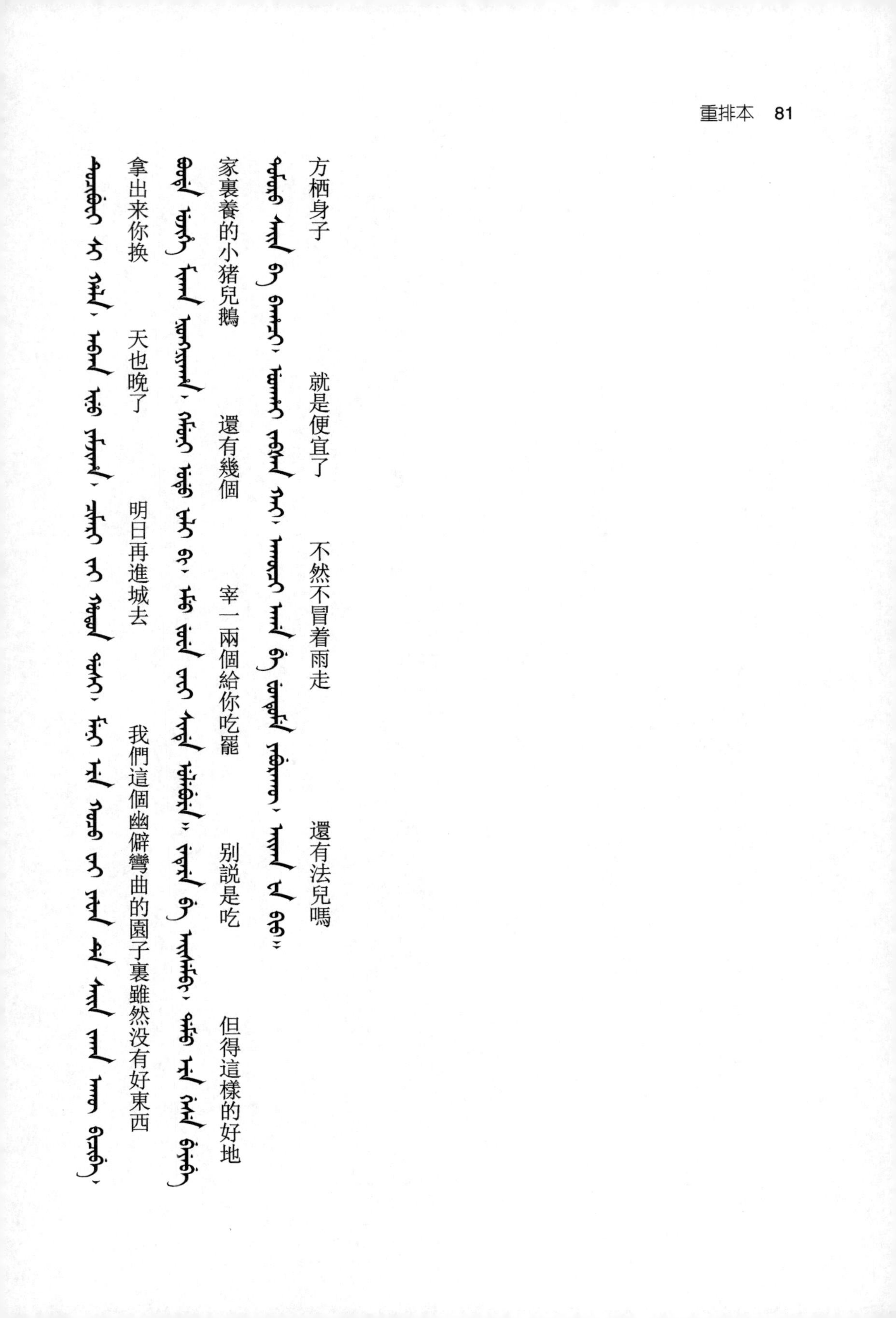

方栖身子 就是便宜了 不然不冒着雨走 還有法兒嗎

家裏養的小猪兒鵝 還有幾個 宰一兩個給你吃罷 別説是吃 但得這樣的好地

拿出来你换 天也晚了 明日再進城去 我們這個幽僻彎曲的園子裏雖然没有好東西

轉寫本

manju gisun -i oyonggo jorin -i bithe
滿 語 **屬** 重要 指示 **屬** 書

清文指要

嘉慶十四年夏重刻 三槐堂藏版

0-1 manju gisun -i oyonggo jorin -i bithe-i xutuqin
滿 語 **屬** 重要 指示 **屬** 書-**屬** 序文
清文指要序（序1a1）

0-2 manju gisun se-re-ngge,
滿 語 稱爲-**未**-**名**
清語者，（序1a2）

0-3 manju halangga niyalma-i fulehe da,
滿洲 姓氏 人-**屬** 根源 根本
乃滿洲人之根本，（序1a2）

0-4 yaya we bahana-ra-kv-qi o-jora-kv-ngge kai,
大凡 誰 領會-**未**-**否**-**條** 可以-**未**-**否**-**名** 啊
任憑是誰不會使不得，（序1a2-3）

0-5 adarame se-qi,
怎麽 説-**條**
怎麽説呢，（序1a3）

0-6 muse jabxan de wesihvn jalan -i ayan suwayan manju ofi,
咱們 幸運 **位** 崇高 世間 **屬** 貴 重 滿洲 因爲
我等幸而生在盛世，因是滿洲，（序1a3-4）

0-7 aika manjura-me bahana-ra-kv,
如果 説滿語-**并** 能够-**未**-**否**

若不會説清語，（序1a4）

0-8 niyalma be aqa-ha dari fonji-ha de,

人 賓 見面-完 每 問-完 位

每遇人問及，（序1a4-5）

0-9 angga gahvxa-ra yasa xarinja-ra o-qi,

嘴 張口-未 眼睛 翻白眼-未 成爲-條

就張口翻眼，（序1a5）

0-10 ere-qi giquke-ngge bi-u?

這-從 羞耻-名 有-疑

比這個可羞的有麼?（序1a5-6）

0-11 ere-qi fanqaquka-ngge geli bi-u?

這-從 可氣-名 又 有-疑

比這個可氣的又有麼?（序1a6）

0-12 ede niyalma-i yekerxe-me basu-re be hono aise-mbi,

這.位 人-屬 打趣-并 嘲笑-未 賓 還 説什麼-現

這上頭別説人家譏笑打趣，（序1a6-1b1）

0-13 beye-i ubu sibiya inu waliya-bu-mbi kai,

自己-屬 身份 體統 也 丢棄-使-現 啊

連自己的身分也丢了，（序1b1）

0-14 hairakan akv se-me-u?

可惜 否 助-并-疑

豈不可惜麼?（序1b1）

0-15 kemuni tuwa-qi ememu urse manjura-mbihe-de,

常常 看-條 有的 人們 説滿語-過-位

嘗見有一等人説起滿洲話來，（序1b2）

0-16 iletu bahana-ra gisun bi-me lak se-me baha-ra-kv,
明顯 領會-未 話語 有-并 爽快 助-并 能够-未-否
分明是會的話，恰乎不得，（序1b2-3）

0-17 deng se-me ilinja-fi gvnin-ja-me baha-tala,
咯噔不暢貌 助-并 止住-順 想-常-并 能够-至
猛然止住，及至想起來，（序1b3）

0-18 dere aifini dukse-me fulara-ka-ngge labdu。
臉 已經 羞愧-并 發紅-完-名 多
早已臉上臊紅了的狠多。（序1b3-4）

0-19 ere umai gvwa haran akv,
這 完全 别的 緣由 否
這没有别的緣故，（序1b4）

0-20 gemu an -i uquri kiqe-me taqi-ha-kv,
都是 平常 屬 時候 用功-并 學-完-否
皆是平時未學，（序1b4-5）

0-21 urebu-me gisure-he-kv ofi kai。
練習-并 説-完-否 因爲 啊
未習練着説之故也。（序1b5）

0-22 geli injequke-ngge,
又 可笑-名
又有可笑者，（序1b5）

0-23 manju gisun oron unde de,
滿 語 踪影 尚未 位
滿洲話還没有影兒，（序1b6）

0-24 afanggala ubaliyambu-re be taqi-re-ngge bi,
首先 翻譯-**未** **賓** 學-**未-名** 有
就先學翻譯的，（序1b6）

0-25 enteke niyalma,
這樣 人
這等人，（序2a1）

0-26 yala yuwe-i gurun de gene-mbime sejen be amasi foro-ro,
真是 粵-**屬** 國 **與** 去-而又 車 **賓** 北方 朝向-**未**
何異北轅赴粵，（序2a1）

0-27 yongga be buju-mbime buda o-kini se-re qi ai enqu?
沙子 **賓** 煮-而又 飯 成爲-**祈** **助-未** **從** 什麼 相異
煮沙要飯者乎？（序2a2）

0-28 nikan bithe de ai haqin -i[1] mangga o-kini,
漢 文 **位** 什麼 種類 **工** 精妙 成爲-**祈**
任憑漢文怎麼精奧，（序2a2-3）

0-29 fi nikebu-he manggi,
筆 下筆-**完** 以後
下筆時，（序2a3）

0-30 manju gisun eden dadun,
滿 語 欠缺 不完整
奈何清語短少，（序2a3-4）

0-31 selmin aqa-ra-kv,
弓弩 適合-**未-否**
不合卯榫，（序2a4）

---

1 ai haqin -i：此爲固定用法，意爲“無論怎樣”。

0-32 yohi banjina-ra-kv be aina-ra,

一套 產生-未-否 賓 怎麼做-未

不成套數,(序2a4)

0-33 udu sakda-tala taqi-ha se-he seme,

儘管 老-至 學-完 助-完 雖然

雖學至老,(序2a5)

0-34 eden baksi se-re gebu qi guwe-me mute-ra-kv kai。

欠缺 學者 助-未 名字 從 免-并 能够-未-否 啊

難免庸愚名色。(序2a5-6)

0-35 muwaxame duibuleqi,

粗略 比如

粗比,(序2a6)

0-36 uthai bou ara-ra adali,

就是 家 建造-未 同樣

即如蓋房,(序2a6)

0-37 taibu tura wase feise -i jergi haqingga jaka akv oqi,

柁 柱 瓦 磚 屬 種類 各種 東西 否 若是

若無柁柱磚瓦等項,(序2a6-2b1)

0-38 faksi-sa be teile gaji-ha seme aini weile-bu-mbi,

匠人-複 賓 衹是 帶來-完 雖然 無以 建造-使-現

獨把匠人們叫來挐什麼做呢,(序2b1-2)

0-39 gala joula-fi tuwa-ra dabala,

手 束手-順 看-未 而已

惟有束手觀望而已,(序2b2)

0-40 bou xangga-ra kouli akv kai。

家 完成-未 道理 否 啊

無有成房之理呀。（序2b2-3）

0-41 ere-be tuwa-ha-de，

這-賓 看-完-位

即此看來，（序2b3）

0-42 ubaliyambu-re be taqi-re onggolo，

翻譯-未 賓 學-未 之前

未學翻譯以前，（序2b3-4）

0-43 neneme manju gisun taqi-re be oyonggo o-bu-re be sa-qi aqa-mbi，

首先 滿 語 學-未 賓 重要 成爲-使-未 賓 知道-條 應該-現

當知先學清語爲要，（序2b4-5）

0-44 damu manju bithe umesi labdu geren，

但是 滿 文 非常 甚 衆多

但清語甚繁，（序2b5）

0-45 teni taqi-re urse waqihiya-me hvla-qi，

剛剛 學-未 衆人 完盡-并 讀-條

初學之人全行誦讀，（序2b5-6）

0-46 atanggi tube de。

什麽時候 末端 位

幾時是了。（序2b6）

0-47 uttu ofi，

這樣 因此

因此，（序2b6）

0-48 bi dolo yabu-re xolo de sakda-sa-i ulandu-me gisure-he,
我 裏面 行走-**未** 閑暇 **位** 老人-**複**-**屬** 流傳-**并** 説-**完**
我在裏頭走的空兒將老輩傳説，（序2b6-3a1）

0-49 mini taqi-fi eje-he-ngge be,
我.**屬** 學-**順** 記住-**完**-**名** **賓**
并我學記的，（序3a1-2）

0-50 emu gisun emu gisun -i aqa-mja-hai,
一 話語 一 話語 **工** 彙集-常-**持**
一句一句的集凑着，（序3a2）

0-51 uheri tanggv meyen ikta-mbu-fi,
總共 一百 條 積纍-**使**-**順**
共集百條，（序3a2-3）

0-52 mini mukvn -i deute juse be taqibu-ha,
我.**屬** 族 **屬** 弟弟 孩子.**複** **賓** 教育-**完**
教我族中子弟，（序3a3-4）

0-53 bithe-i gebu be manju gisun -i oyonggo jorin se-he。
書-**屬** 名字 **賓** 滿 語 **屬** 重要 指示 叫做-**完**
以書名曰《清文指要》。（序3a4-5）

0-54 ere-i dorgi-de,
這個-**屬** 内部-**位**
此内，（序3a5）

0-55 wasi-na-ra iqi tuhene-re kemun,
下降-去-**未** 順應 有着落-**未** 規則
貫串落脚，（序3a5）

0-56 haqingga manjura-ra fakjin udu akvmbu-me yongkiya-ha-kv bi-qibe,
各種 説滿語-未 方法 儘管 竭盡-并 完備-完-否 有-讓
各樣説清語的方法雖不周旋,(序3a5-6)

0-57 amba muru[1] yasa-i juleri baitala-qi aqa-ra
大 概貌 眼睛-屬 前面 使用-條 應該-未
oyonggo oyonggo-ngge gemu belhe-he-bi。
重要 重要-名 都 準備-完-現
大概眼前應用最緊要者俱備。(序3a6-3b1)

0-58 taqi-re urse unenggi ede gvnin girkv-fi hing se-me fuhaxa-me
學-未 人們 果然 這.位 心 專心-順 專心 助-并 推敲-并
urebu-qi,
練習-條
學者果能專心致志反覆熟習,(序3b2-3)

0-59 goida-ha manggi ini qisui[2] gvni-ha iqi forgoxo-me gama-me mute-mbi,
長久-完 以後 他.屬 擅自 想-完 順應 轉换-并 處理-并 能够-現
久之自能隨意運用,(序3b3-4)

0-60 absi gisure-qibe gisun banjina-ra-kv-ngge akv be dahame[3],
怎麽 説-讓 話語 産生-未-否-名 否 賓 跟隨
任憑怎樣説去無有不成話的,(序3b4-5)

0-61 bahana-ra-kv jalin de geli ai jobo-ro?
領會-未-否 原因 位 又 什麽 憂愁-未
又何愁不會呢?(序3b5)

---

1 amba muru:此爲固定用法,意爲“大概”。

2 ini qisui:此爲固定用法,意爲“自然而然”。

3 be dahame:二詞聯用意爲“因爲”。

0-62 damu ere bithe-i hergen jaqi labdu,

祇是 這個 書-**屬** 文字 很 多

但此書字句甚多，（序3b5-6）

0-63 geli hvla-ra urse sarkiya-me ara-ra de hvsun baibu-rahv se-me,

又 讀-**未** 人們 抄寫-**并** 寫-**未** **位** 力量 必要-**虛** **助-并**

又恐讀者抄寫費力，（序3b6-4a1）

0-64 tuttu faksi de afabu-fi folo-bu-fi,

那様 匠人 **與** 交付-**順** 刊刻-**使-順**

故此付匠役刊刻，（序4a1）

0-65 musei adali manju gisun de amuran guqu-se de uhele-ki se-mbi,

咱們.**屬** 同様 滿 語 **位** 喜好 朋友-**複** **位** 共同-**祈** 想-**現**

凡我等好清語的朋友公於同好，（序4a2-3）

0-66 udu hafu-ka saisa de nonggi-bu-re ba akv bi-qibe,

儘管 透徹-**完** 賢者.**複** **與** 增添-**被-未** 地方 **否** 有-**讓**

雖無益於通家，（序4a3）

0-67 tuktan taqi-re urse de majige niyeqequn akv se-me-u。

初次 學-**未** 人們 **位** 稍微 裨益 **否** **助-并-疑**

在初學未必無小補云。（序4a4）

字音指要

1'-1 te tuktan taqi-me manjura-ra asihata de ulhi-bu-qi aqa-ra,

現在 最初 學-**并** 説滿語-**未** 青年.**複** **位** 明白-**被-條** 應該-**未**

今叙明初學清文少年，（上1a1-2）

1'-2 udu gisun be getukele-me ara-fi,

多少 言語 **賓** 察明-**并** 做-**順**

应知数語，（上1a2-3）

1’-3 giyangna-ra urebu-re de ja o-bu-ho-bi，

講解-未 練習-未 位 容易 成爲-使-完-現

以便講習，（上1a3-4）

1’-4 manjura-ra de，i se-re hergen，ni se-re hergen be ilga-me hvla-ra，

説滿語-未 位 i 助-未 文字 ni 助-未 文字 賓 區別-并 讀-未

gisure-re-ngge

説-未-名

讀説清語分別伊倪，（上1a4-1b1）

1’-5 umesi oyonggo，

非常 重要

最爲緊要，（上1b1-2）

1’-6 ere-be sa-qi aqa-mbi。

這個-賓 知道-條 應該-現

應知之。（上1b2）

1’-7 juwan juwe uju-i dolo，damu duiqi uju-i hergen -i fejergi de，

十 二 頭-屬 裏面 衹是 四.序 頭-屬 文字 屬 下面 位

十二字頭内惟第四頭字下，（上1b3-4）

1’-8 i se-me ara-qi aqa-ra-ngge be，

i 助-并 寫-條 應該-未-名 賓

當寫伊者，（上1b4）

1’-9 gemu i se-me ara-qibe，

都 i 助-并 寫-讓

雖皆寫伊，（上2a1）

1'-10 ni se-me hvla-mbi，gisure-mbi。

ni 助-并 讀-現 說-現

却讀俙呢說俙呢。（上2a1）

1'-11 duibireqi，

例如

譬如或讀或說，（上2a2）

1'-12 ejen -i kesi，

皇上 屬 恩典

皇上的恩，（上2a3）

1'-13 gurun -i hvturi se-me hvla-ra gisure-re adali。

國家 屬 福 助-并 讀-未 說-未 同樣

國家的福。（上2a4）

1'-14 ereni badara-mbu-me gama-me

由此 擴大-使-并 處理-并

推而廣之，（上2b1）

1'-15 duiqi uju-i hergen -i fejergi de，

四.序 頭-屬 文字 屬 下面 位

第四頭字下，（上2b1-2）

1'-16 yaya i se-me ara-qi aqa-ra-ngge be，

大凡 i 助-并 寫-條 應該-未-名 賓

凡當寫伊者，（上2b2）

1'-17 gemu i se-me ara-qibe，

都 i 助-并 寫-讓

皆寫伊，（上2b3）

1'-18 ni se-me hvla-ra，gisure-re-ngge

ni 助-并 讀-未 説-未-名

讀伲説伲，（上2b3）

1'-19 youni ere songko。

全部 這個 綫索

悉本此。（上2b3-4）

1'-20 sunja-qi uju-i hergen -i fejergi de，

五-序 頭-屬 文字 屬 下面 位

第五頭字下，（上3a1）

1'-21 i se-me ara-qi aqa-ra-ngge be，

i 助-并 寫-條 應該-未-名 賓

當寫伊者，（上3a1-2）

1'-22 gemu ni se-me ara-mbi，

都 ni 助-并 寫-現

皆寫伲，（上3a2）

1'-23 inu ni se-me hvla-mbi，gisure-mbi，

又 ni 助-并 讀-現 説-現

亦讀伲説伲，（上3a2-3）

1'-24 duibuleqi，

例如

譬如或讀或説，（上3a3）

1'-25 wang ni duka-i hiya，

王 屬 門-屬 護衛

王子門上護衛，（上3a4）

1'-26 gung ni harangga hafan se-me hvla-ra，gisure-re adali。

公 屬 所轄 官 助-并 讀-未 説-未 同様

公屬下官員。（上3a4-3b1）

1'-27 ereni badara-mbu-me gama-me，

由此 擴大-使-并 處理-并

推而廣之，（上3b1）

1'-28 sunja-qi uju-i hergen -i fejergi de，

五-序 頭-屬 文字 屬 下面 位

第五頭字下，（上3b2）

1'-29 yaya i se-me ara-qi aqa-ra-ngge be，

大凡 i 助-并 寫-條 應該-未-名 賓

凡當寫伊者，（上3b2-3）

1'-30 gemu ni se-me ara-ra，

都 ni 助-并 寫-未

皆寫伲，（上3b3-4）

1'-31 ni se-me hvla-ra，gisure-re-ngge

ni 助-并 讀-未 説-未-名

讀伲説伲，（上3b4）

1'-32 youni ere songko。

全部 這個 綫索

悉准[1]此。（上3b4-4a1）

1'-33 duiqi，sunja-qi ere juwe uju qi tulgiyen

四.序 五-序 這 二 頭 從 除外

---

1 准：雙峰閣本作“準”。

除第四第五此二頭外，（上4a2）

1'-34 funqe-he juwan uju-i hergen -i fejergi de，

剩餘-**完** 十 頭-**屬** 文字 **屬** 下面 **位**

其餘十頭字下，（上4a2-3）

1'-35 i se-me ara-qi aqa-ra-ngge o-qi，

i **助-并** 寫-**條** 應該-**未-名** 成爲-**條**

應寫伊者，（上4a3-4）

1'-36 gemu i se-me ara-mbi，

都 i **助-并** 寫-**現**

皆寫伊，（上4a4）

1'-37 i se-me hvla-mbi，gisure-mbi。

i **助-并** 讀-**現** 説-**現**

讀伊説伊。（上4a4-4b1）

1'-38 aniya，inenggi，dobori niyenggiyeri，juwari，bolori，tuweri -i jergi，

年 日 夜 春 夏 秋 冬 **屬** 種類

年、日、夜、春、夏、秋、冬，（上4b2）

1'-39 hergen -i fejergi de，

文字 **屬** 下面 **位**

等字下，（上4b2-3）

1'-40 eiqi isina-ha，eiqi teisule-he se-re jergi gisun bi-sire-ngge o-ho-de，

或者 到達-**完** 或者 遇見-**完** **助-未** 種類 話語 有-**未-名** 成爲-**完-位**

或有至遇等句，（上4b3-4）

1'-41 de se-re hergen baitala-ra-qi tulgiyen

de **助-未** 文字 使用-**未-從** 除外

用䊵外，（上4b4-5a1）

1'-42 funqe-he isina-ha, teisule-he se-re jergi gisun akv-ngge o-qi,
剩餘-**完** 到達-**完** 遇見-**完** **助-未** 種類 話語 **否-名** 成爲-**條**
其餘無至遇等句者，（上5a1-2）

1'-43 gemu de se-re hergen baitala-ra-kv。
都 de **助-未** 文字 使用-**未-否**
皆不用䊗。（上5a2-3）

1'-44 duibuleqi, eiqi tere aniya, tere inenggi, tere dobori de isina-ha manggi,
例如 或者 那個 年 那個 日子 那個 夜晚 **與** 到達-**完** 以後
譬如或寫或説俟至某年某日某夜，（上5a3-4）

1'-45 jai kimqi-me iqihiya-ki,
再 審查-**并** 處理-**祈**
再行酌辦，（上5a4-5b1）

1'-46 tere niyengniyeri, tere juwari, tere bolori, tere tuweri de teisule-he erin-de,
那個 春天 那個 夏天 那個 秋天 那個 冬天 **與** 遇見-**完** 時候-**位**
俟遇某春某夏某秋某冬，（上5b1-2）

1'-47 jai tokto-bu-me gisure-ki se-me ara-ra, gisure-re adali,
再 確定-**使-并** 説-**祈** **助-并** 做-**未** 説-**未** 同樣
再行定議，（上5b2-3）

1'-48 ere uthai aniya, inenggi, dobori,
這個 就是 年 日 夜
此即年、日、夜，（上5b3-4）

1'-49 niyenggiyeri juwari, bolori, tuweri se-re hergen -i fejergi-de,

春 夏 秋 冬 助-未 文字 屬 下面-位

春、夏、秋、冬字下，（上5b4-6a1）

1'-50 de se-re hergen baitala-ra-ngge。

de 助-未 文字 使用-未-名

用䊵者。（上6a1）

1'-51 aika isina-ha, teisule-he se-re jergi gisun akv,

如果 到達-完 遇見-完 助-未 種類 言語 否

如無至遇等句，（上6a2）

1'-52 xuwe fejergi gisun be sirabu-me ara-ra, gisure-re de o-qi,

徑直 下面 話語 賓 接續-并 寫-未 説-未 位 成爲-條

直接下文寫説者，（上6a3-4）

1'-53 gemu de se-re hergen be baitala-ra-kv。

都 de 助-未 文字 賓 使用-未-否

皆不用䊵。（上6a4）

1'-54 duibureqi, eiqi niuwanggiyan morin aniya dosi-ka tukiyesi,

例如 或者 甲 午 年 合格-完 舉人

譬如或寫或説甲午年中的舉人，（上6a4-6b1）

1'-55 niuhon honin aniya dosi-ka dosikasi,

乙 未 年 合格-完 進士

乙未年中的進士，（上6b1-2）

1'-56 tere aniya tere biya-i iqe de wesimbu-he-de,

那 年 那 月份-屬 初一 位 上奏-完-位

某年某月初一日奏，（上6b2-4）

1'-57 ineku inenggi hese sa-ha se-he,
相同 日子 諭旨 知道-完 説-完
本日奉旨知道了欽此,（上6b4-7a1）

1'-58 ere-i jalin ginggule-me wesimbu-he,
这个-屬 原因 尊敬-并 上奏-完
爲此謹奏,（上7a1-2）

1'-59 ere-i jalin ginggule-me alibu-ha se-re[1] ara-ra gisure-re adali,
这个-屬 原因 尊敬-并 呈遞-完 助-未 寫-未 説-未 同樣
爲此上呈,（上7a2-3）

1'-60 ere gemu aniya, inenggi,
這個 都 年 日子
此皆年日,（上7a3）

1'-61 jai jalin se-re, hergen -i fejergi-de,
又 因爲 助-未 文字 屬 下面-位
及爲字下,（上7a3-4）

1'-62 de se-re hergen baitala-ra-kv,
de 助-未 文字 使用-未-否
不用纞字,（上7a4）

1'-63 ne yabu-bu-re kouli durun,
現在 進行-被-未 規則 樣子
現行式樣,（上7b1）

1'-64 han -i ara-ha ubaliyambu-ha dasan -i nomun de hendu-he-ngge,
王 屬 做-完 翻譯-完 政治 屬 經書 位 説-完-名

---

1 sere：雙峰閣本作seme。

御製翻譯《書經》有曰：（上7b2）

1'-65 aniya biya-i[1] dergi inenggi,

年 月份-屬 上 日子

"正月上日，（上7b3）

1'-66 wen zu han -i juktehen de duben be ali-me gai-ha se-he-bi。

文 祖 王 屬 廟 位 終 賓 受到-并 取-完 助-完-現

受終于文祖廟。"（上7b3-4）

1'-67*[2] ere gisun xai[3] han -i kouli -i fiyelen de bi。

這個 話語 舜 王 屬 典章 屬 章節 位 有

語在《舜典》。（上7b4）

1'-68 han -i ara-ha ubaliyambu-ha irgebun -i nomun de hendu-he-ngge,

王 屬 作-完 翻訳-完 詩 屬 經書 位 説-完-名

御製翻譯《詩經》有曰：（上8a1）

1'-69 inenggi elben gana-mbi,

白天 茅草 去取-現

"晝爾于茅，（上8a2）

1'-70 dobori futa muri-mbi se-he-bi,

夜晚 繩子 扭搓-現 助-完-現

宵爾索綯。"（上8a2）

1'-71* ere gisun bin gurun -i taqinun -i fiyelen de bi。

這個 話語 豳 國 屬 民歌 屬 章節 位 有

語在《豳風》。（上8a2）

---

1 aniya biya：此爲固定用法，表"正月"。

2 凡引文出處，底本排版爲雙列小字，此處用*以示區别，下同。

3 xai：大酉堂本作xvn。

1'-72 enduringge taqihiyan be neile-me badara-mbu-ha bithe-de
聖 諭 賓 啓示-并 擴大-使-完 書-位
hendu-he-ngge,
說-完-名
聖諭廣訓有曰：（上8a3）

1'-73 damu joboxo-ro-ngge,
衹是 憂慮-未-名
"所慮，（上8a4）

1'-74 jeku ambula bargiya-ha aniya,
糧食 多 收穫-完 年
年穀豐登，（上8a4）

1'-75 embiqi isibu-me asara-ra be gvni-ra-kv,
或者 以至於-并 存儲 賓 考慮-未-否
或忽於儲蓄，（上8a4-8b1）

1'-76 suje boso elgiyen baha uquri,
絹 布 豐富 得.完 時候
布帛充贍，（上8b1-2）

1'-77 embiqi mamgiya-me faya-me baitala-ra o-qi,
或者 奢侈-并 浪費-并 使用-未 成爲-條
或侈於費用，（上8b2）

1'-78 malhvxa-ra-kv ufaraqun,
節儉-未-否 過失
不儉之弊，（上8b3）

1'-79 kiqe-he-kv qi enqu akv se-he-bi。
努力-完-否 從 異樣 否 助-完-現

與不勤等。”（上8b3-4）

1'-80* ere gisun usin nimalan be ujele-fi, eture jetere be tesu-bu-re haqin

這個 話語 農 桑 **賓** 加重-**順** 衣 食 **賓** 滿足-**使**-**未** 條目

de bi。

位 有

語在重農桑以足衣食。（上8b4）

1'-81 geli hendu-he-ngge,

又 説-**完**-**名**

又曰：（上9a1）

1'-82 suwei geren qouha irgen xumin dobori kimqi-me seule-fi,

你們.**屬** 衆多 士兵 百姓 深 夜晚 詳細-**并** 思考-**順**

“爾兵民[1]清夜自思，（上9a1-2）

1'-83 mini gvnin de aqabu-qi aqa-mbi se-he-bi,

我.**屬** 想法 **與** 相合-**條** 應該-**現** **助**-**完**-**現**

其咸體朕意。”（上9a2-3）

1'-84* ere gisun jeku qaliyan be waqihiya-fi

這個 話語 錢 糧 **賓** 完成-**順**

語在完錢糧（上9a3）

1'-85* hafira-me boxobu-re ba akv o-bu-re haqin de bi。

逼迫-**并** 催促-**未** 地方 **否** 成爲-**使**-**未** 條目 **位** 有

以省催科。（上9a3）

1'-86 han -i ara-ha julge-i xu fiyelen -i xumin buleku bithe-de

王 **屬** 做-**完** 古時-**屬** 文 章 **屬** 深 鏡子 書-**位**

---

1 民：雙峰閣本無此字。

hendu-he-ngge,
說-**完**-**名**

御製古文淵鑒有曰：（上9a4）

1'-87 niyengniyeri sonjo-me abala-me,
春天 選擇-**并** 打圍-**并**

“春蒐，（上9b1）

1'-88 juwari usin -i jalin abala-me,
夏天 農田 **屬** 緣故 打圍-**并**

夏苗，（上9b1-2）

1'-89 bolori wa-me abala-me,
秋天 殺-**并** 打圍-**并**

秋獮，（上9b3）

1'-90 tuweri ka-me abala-me,
冬天 包圍-**并** 打圍-**并**

冬狩，（上9b3）

1'-91 gemu usin -i xolo de baita be deribu-mbi gisun。
都 農田 **屬** 閑暇 **位** 事情 **賓** 興起-**現** 話語

皆於農隙以講事也。”（上9b3-4）

1'-92* ere gisun lu gurun -i zang hi be
這個 話語 魯 國 **屬** 臧 僖 伯

語在魯臧僖伯（上9b4）

1'-93* nimaha buta-ra be tuwa-na-ra jalin tafula-ra fiyelen de bi。
魚 捕獲-**未** **賓** 看-去-**未** 因爲 勸諫-**未** 章節 **位** 有

諫觀魚。（上9b4）

1'-94 ere-qi wesihun udu meyen gemu aniya, inenggi, dobori,

這-從 上面 幾 段 都 年 日子 夜晚

以上數段皆年、日、夜、（上10a1）

1'-95 niyengniyeri, juwari, bolori, tuweri,

春 夏 秋 冬

春、夏、秋、冬，（上10a1-2）

1'-96 jai jalin se-re hergen -i fejergi-de,

再 因爲 **助-未** 文字 **屬** 下面-**位**

及爲字下，（上10a2-3）

1'-97 de se-re hergen baitala-ra-kv。

de **助-未** 文字 使用-**未-否**

不用䪨字。（上10a3）

1'-98 yargiyan temgetu,

確實 證據

確據，（上10a4）

1'-99 manju gisun dorgi-de,

滿 語 裏面-**位**

清語內，（上10b1）

1'-100 be, me, qi, fi -i jergi untuhun hergen umesi labdu,

be me qi fi **屬** 種類 虛 字 非常 多

䪨䪨䪨䪨等虛字甚多，（上10b1-2）

1'-101 umai jori-ha-kv bi-me。

完全 指示-**完-否** 在-**并**

在所不論。（上10b2）

1'-102 damu i，ni，de se-re udu hergen be tuqi-bu-me ara-ha，

祇是 i ni de 助-未 幾個 文字 賓 拿出-使-并 寫-完

惟舉伊倪黐數字，（上10b3）

1'-103 ne yabu-bu-re kouli durun be alhvda-kini se-he da-de，

現在 進行-使-未 規則 樣子 賓 效仿-祈 助-完 根本-位

既以現行格式爲法，（上10b3-11a1）

1'-104 geli nomun，taqihiyan be yaru-fi dahin dabtan i

又 經書 教義 賓 引導-順 再三 再四 工

而又引經據訓往復（上11a1-2）

1'-105 getukele-me tuqibu-he-ngge ai gvnin，se-qi。

察明-并 出來-完-名 什麽 想法 助-條

發明其意何居。（上11a2）

1'-106 qohome gehun iletu bolgo getuken，

特意 彰顯 明顯 正確 清楚

盖因彰明皎著，（上11a3）

1'-107 niyalma tome gemu sa-ra-ngge o-qi，

人 每 都 知道-未-名 成爲-條

人所共知者，（上11a3-4）

1'-108 dahime dalhida-ra be baibu-ra-kv，

再次 絮煩-未 賓 必要-未-否

毋庸重贅，（上11a4）

1'-109 dubi-fi kimqi-ra-kv，ja -i farfa-bu-re-ngge be，

習慣-順 審查-未-否 容易 工 打亂-被-未-名 賓

忽焉不察易於混淆者，（上11b1）

1'-110 emke emken -i jori-me tuqibu-fi,

一個 一個 **工** 指示-**并** 出來-**順**

一一指出，（上11b1-2）

1'-111 sonjo-fi baitala-ra de belhe-he。

選擇-**順** 使用-**未** **位** 準備-**完**

以備采擇。（上11b2）

1'-112 eitereqibe mentuhun gvnin be majige akvmbu-fi,

總之 愚鈍 想法 **賓** 稍微 竭盡-**順**

無非稍盡鄙懷，（上11b3）

1'-113 taxara-ha jurqenje-he ba-be tuwanqihiya-ki se-re turgun,

錯-**完** 相悖-**完** 地方-**賓** 改正-**祈** 想-**未** 緣故

正其錯謬，（上11b4）

1'-114 inu urhu-he ba-be niyeqe-te-re,

也 偏斜-**完** 地方-**賓** 補充-常-**現**

亦補偏，（上12a1）

1'-115 eye-he taqin be mari-bu-re jalin,

頹廢-**完** 學問 **賓** 歸還-**使**-**未** 因爲

救弊之，（上12a1-2）

1'-116 emu erin-de deribu-he-bi dere。

一 時候-**位** 開始-**完**-**現** 吧

一端耳。（上12a2）

1'-117 tere anggala i se-re hergen，ni se-re hergen fudarame forgoxo-bu-re ba-be,

那個 上面 i **助**-**未** 文字 ni **助**-**未** 文字 相反 轉换-**被**-**未** 地方-**賓**

况伊俛顛倒，（上12a2-4）

1'-118 hala-me dasa-ra be gvni-ra-kv-ngge，
改-并 修正-未 賓 想-未-否-名
不思改正，（上12a4）

1'-119 ele manju gisun -i qilqin。
更加 滿 語 屬 瑕疵
尤爲清語之疵。（上12b1）

1'-120 uthai berten bi-sire saikan gu be，
就 缺陷 有-未 美麗 玉 賓
即如美玉有瑕，（上12b1-2）

1'-121 yongkiya-ha gu se-qi o-jora-kv adali，
完備-完 玉 説-條 可以-未-否 同樣
不得謂之完璧，（上12b2）

1'-122 manju gisun de qilqin bi-qi，
滿 語 位 瑕疵 有-條
清語帶疵，（上12b3）

1'-123 inu narhvn sain o-joro be erehunje-me banjina-ra-kv，
也 精細 好 可以-未 賓 期望-并 生出-未-否
亦難望其精通，（上12b3-4）

1'-124 manjura-me mute-qi tetendere，
説滿語-并 能够-條 既然
既能清語，（上12b4-13a1）

1'-125 gulhun muyahvn o-joro be kiqe-ra-kv o-qi，
完全 完整 成爲-未 賓 勤奮-未-否 成爲-條
不務完全，（上13a1）

1'-126 ambula hairaqu-ka。
大 可惜
深爲可惜。（上13a2）

1'-127 unenggi tere-i holbobu-ha-ngge oyonggo be sa-fi，
誠懇 那個-**屬** 有關係-**完-名** 重要 **賓** 知道-**順**
誠能知其所關緊要，（上13a2-3）

1'-128 ere bithe be dahin dabtan -i fuhaxa-me tuwa-fi，
這個 書 **賓** 再三 反復 **工** 推敲-**并** 讀-**順**
將此編反覆翻閱，（上13a3-4）

1'-129 tengkime eje-fi，
深刻 記住-**順**
切實記憶，（上13a4）

1'-130 erindari gvnin te-bu-fi kimqi-me，
總是 想法 積存-**使-順** 審查-**并**
時加檢點，（上13a4）

1'-131 taxara-ra jurqenje-he ba-be tuwanqihiya-qi，
錯-**未** 相悖-**完** 地方-**賓** 改正-**條**
正其錯誤，（上13b1）

1'-132 kiqe-me gene-hei inenggi goida-ha manggi，
勤奮-**并** 去-**持** 日子 長久-**完** 以後
用功日久，（上13b1-2）

1'-133 ulhiyen -i elehun de isina-fi，
逐漸 **工** 泰然 **與** 到達-**順**
漸進自然，（上13b2）

1'-134 gisun eden narhon akv se-re basuqun qi guwe-qi o-joro teile akv,
話語 欠缺 正確 **否** **助-未** 笑柄 **從** 免-**條** 可以-**未** 衹是 **否**
不特可免殘缺不精之譏，（上13b3-4）

1'-135 umesi ure-he bi-me,
非常 熟-**完** 有-**并**
并可成熟練，（上13b4）

1'-136 qilqin akv se-re maktaqun baha-qi o-mbi,
瑕疵 **否** **助-未** 稱贊 得到-**條** 可以-**現**
無疵之美，（上14a1）

1'-137 yala sain akv se-me-u?
確實 好 **否** **助-并-疑**
豈不休哉？（上14a2）

1'-138 ningguqi uju-i nadanju juwe hergen -i unqehen -i teisu hashv ergi-de,
六.**序** 頭-**屬** 七十 二 文字 **屬** 尾部 **屬** 朝向 左 側-**位**
第六頭七十二字尾左，（上14a3-4）

1'-139 gemu juwe tongki bi,
都 二 点 有
皆有雙點，（上14a4）

1'-140 geli ere juwe tongki akv dehi hergen -i dorgi,
又 這 二 点 **否** 四十 文字 **屬** 裏面
又有無此雙點四十字内，（上14b1-2）

1'-141 manju gisun de holbobu-fi,
滿 語 **與** 有關係-**順**

關係清語，（上14b2）

1'-142 kemuni ara-ra orin hergen be，

時常 寫-未 二十 文字 賓

不時[1]書寫者二十字，（上14b2-3）

1'-143 eje-re de umesi mangga ofi。

記住-未 位 非常 難 因爲

殊難記憶。（上14b3-4）

1'-144 tuttu nadata hergen ninggun gisun -i uqun banjibu-ha，

那樣 各七 字 六 句 屬 歌 編集-完

是以編作七言六句之歌，（上14b4-15a1）

1'-145 ere-be ure-me eje-he de，

這個-賓 熟-并 記住-完 位

將此記熟，（上15a1）

1'-146 uthai ilga-me mute-fi taxarabu-ra-kv o-mbi，

就 辨別-并 能够-順 弄錯-未-否 成爲-現

則能辨別無差矣。（上15a1-2）

1'-147 nadata hergen ninggun gisun -i uqun。

各七 字 六 句 屬 歌

七言六句歌。（上15a3）

1'-148 e字爲始fu[2]其終，（上15a4）

1'-149 ne se de le me qe同。（上15a4-15b1）

1'-150 be pe je ye與hv類，（上15b1-2）

1'-151 ke ku二句一樣通。（上15b2）

---

1 時：大西堂本作“特”。

2 fu：雙峰閣本作we。

1'-152 再加fe來二十整，（上15b2-3）

1'-153 毋庸雙點尾皆弓。（上15b3-4）

第1條

1-1[A] donji-qi si te manju bithe taqi-mbi se-mbi,
聽-條 你 現在 滿洲 書 學-現 助-現
聽見説你如今學滿洲書呢，（中1a1）

1-2 umesi sain,
很 好
狠好，（中1a1）

1-3 manju gisun se-re-ngge,
滿 語 助-未-名
清話呀，（中1a1-2）

1-4 musei ujui uju oyonggo baita,
咱們.屬 第一 頭 重要 事情
是咱們頭等頭要緊的事，（中1a2）

1-5 uthai nikasa-i meni meni ba -i gisun -i adali,
就 漢人.複-屬 各自 各自 地方 屬 話語 屬 同樣
就像漢人們各處的鄉談一樣，（中1a2-3）

1-6 bahana-ra-kv-qi o-mbi-u?
學會-未-否-條 可以-現-疑
不會，使得嗎？（中1a3）

1-7[B] inu, waka o-qi ai,
是 不是 成爲-條 什麽
可不是什麽，（中1a3-4）

1-8 bi juwan aniya funqeme nikan bithe taqi-ha,
我 十 年 有餘 漢 書 學-**完**
我學漢書十年多了，（中1a4）

1-9 tetele umai dube da[1] tuqi-ra-kv,
至今 全然 尖端 頭 出-**未-否**
至今并無頭緒，（中1a4-5）

1-10 jai aikabade manju bithe hvla-ra-kv,
再 如果 滿洲 書 讀-**未-否**
再要是不念滿洲書，（中1a5）

1-11 ubaliyambu-re be taqi-ra-kv o-qi,
翻譯-**未** **賓** 學-**未-否** 成爲-**條**
不學翻譯，（中1a6）

1-12 juwe de gemu sarta-bu-re de isina-mbi。
二 **位** 全都 耽誤-**使-未** **與** 以至於-**現**
两下裏都至於耽擱了。（中1a6-7）

1-13 uttu ofi,
這様 因爲
因此上，（中1a7）

1-14 bi emu-de o-qi age be tuwa-nji-ha,
我 一-**位** 成爲-**條** 阿哥 **賓** 看-來-**完**
我一則來瞧阿哥，（中1a7）

1-15 jai de o-qi geli sakda ahvn de bai-re ba-bi,
再 **位** 成爲-**條** 又 老 兄長 **與** 求-**未** 地方-有

---

1 dube da：此爲固定用法，意爲“頭緒”。

再還有懇求老長兄的去處，（中1b1）

1-16 damu baibi angga juwa-ra de mangga。

但 衹是 口 開-**未** **位** 難

但只難於開口。（中1b1-2）

1-17[A] ede ai-bi，

因此 什麽-有

這有什麽，（中1b2）

1-18 gisun bi-qi uthai gisure，

話語 有-**條** 就 説.**祈**

有話就説，（中1b2）

1-19 mini mute-re baita oqi，

我.**屬** 能够-**未** 事情 若是

要是我能的事，（中1b3）

1-20 sinde bi geli mara-mbi-u?

你.**與** 我 還 拒絶-**現**-**疑**

你跟前我還辭嗎？（中1b3）

1-21[B] mini bai-re-ngge，

我.**屬** 求-**未**-**名**

我求的是，（中1b3）

1-22 age gosi-qi，xada-mbi seme aina-ra，

阿哥 疼愛-**條** 疲倦-**現** 雖然 如何做-**未**

阿哥疼愛我就是乏些兒也罷，（中1b4）

1-23 xolo xolo de[1] udu meyen manju gisun banjibu-fi，

空閑 空閑 **位** 幾個 段落 滿 語 編集-**順**

---

1 xolo xolo de：此爲固定用法，意爲“趁着空閑”。

得空兒求編幾條清話，（中1b4-5）

1-24 minde hvla-bu-reu,

我.與 讀-被-祈

教我念念，（中1b5）

1-25 deu bi baha-fi hvwaxa-qi,

弟弟 我 能够-順 成長-條

兄弟若能出息，（中1b5）

1-26 gemu age -i kesi kai,

全都 阿哥 屬 恩惠 啊

都是阿哥恩惠啊，（中1b5-6）

1-27 aina-ha seme baili be onggo-ra-kv,

做什麼-完 無論 恩情 賓 忘記-未-否

斷不肯忘恩，（中1b6）

1-28 urunakv ujele-me karula-ki。

必定 加重-并 報答-祈

必然重報。（中1b6-7）

1-29[A] ainu uttu gisure-mbi,

爲什麼 這樣 説-現

什麼這們説呢，（中1b7）

1-30 si aika gurun gvwa-u?

你 難道 國家 其他-疑

你還是别人嗎？（中1b7）

1-31 damu sini taqi-ra-kv be hendu-mbi dere,

衹是 你.屬 學-未-否 賓 説-現 啊

只説你不學罷咧，（中2a1）

1-32 taqi-ki se-qi tetendere,

學-祈 助-條 既然

既然要學，（中2a1）

1-33 bi nekule-fi simbe niyalma o-kini se-mbi-kai,

我 稱心-順 你.賓 人 成爲-祈 想-現-啊

我巴不得的叫你成人啊，（中2a1-2）

1-34 karula-ki se-re-ngge ai gisun,

報答-祈 助-未-名 什麼 話語

報答是什麼話，（中2a2）

1-35 musei dolo gisure-qi o-mbi-u?

咱們.屬 裏面 説-條 可以-現-疑

咱們裏頭也説得嗎？（中2a2-3）

1-36[B] tuttu seme,

那樣 雖然

雖是那們説，（中2a3）

1-37 bi hukxe-me gvni-ha se-me waji-ra-kv,

我 感激-并 想-完 助-并 完結-未-否

我可感念不盡，（中2a3）

1-38 damu hengkixe-me baniha bu-re dabala,

衹是 叩頭-并 感謝 給-未 罷了

就只是拜謝罷咧，（中2a3-4）

1-39 ai-se-re。

什麼-説-未

説什麼呢。（中2a4）

第2條

2-1[A] age sini manju gisun,

阿哥 你.屬 滿 語

阿哥你的清話，（中2a5）

2-2 ai xolo de taqi-ha?

什麽 空暇 位 學-完

什麽空兒學了？（中2a5）

2-3 mudan gai-re-ngge sain bime tomorhon。

音韵 取-未-名 好 而且 清楚

話音好又清楚。（中2a5-6）

2-4[B] mini manju gisun be ai dabu-fi gisure-re ba-bi,

我.屬 滿 語 賓 什麽 算-順 説-未 地方-有

我的清話那裏提得起來，（中2a6-7）

2-5 age gosi-me uttu dabali makta-mbi。

阿哥 疼愛-并 這様 過度 誇贊-現

阿哥疼愛這們過奬。（中2a7）

2-6 mini emu guqu -i manju gisun sain,

我.屬 一 朋友 屬 滿 語 好

我的一個朋友清話好，（中2a7-2b1）

2-7 getuke bime daqun,

清楚 而且 流暢

明白又快，（中2b1）

2-8 majige nikan mudan akv,

稍微 漢人 音 否

一點蠻音没有，（中2b1）

2-9 umesi ure-he-bi,
非常 熟練-完-現
狠熟了，（中2b1-2）

2-10 tuttu bime xan geli fe[1],
那樣 而且 耳朵 又 古
而且聽見的老話又多，（中2b2）

2-11 tere teni mangga se-qi o-mbi。
那 纔 精妙 説-條 可以-現
那才算得精。（中2b2）

2-12[A] tere sinqi antaka?
他 你.從 如何
他比你如何？（中2b3）

2-13[B] bi adarame inde duibule-qi o-mbi,
我 怎麼 他.與 比較-條 可以-現
我如何比得他，（中2b3）

2-14 fuhali terei bakqin waka。
完全 他.屬 對手 不是
總不是他的對兒。（中2b3-4）

2-15 abka na -i gese giyalabu-ha-bi,
天 地 屬 一樣 隔開-完-現
天地懸隔，（中2b4）

2-16 turgun ai se-qi?
原因 什麼 助-條
什麼緣故呢？（中2b4）

---

1 xan fe：此爲固定用法，意爲“聽到的老話多”。

2-17 ini taqi-ha-ngge xumin,

他.屬 學-完-名 深

他學的深，（中2b5）

2-18 bahana-ha-ngge labdu,

領會-完-名 多

會的多，（中2b5）

2-19 bithe de amuran,

書物 與 愛好

好讀書，（中2b5）

2-20 tetele hono angga qi hoko-bu-ra-kv hvla-mbi,

至今 還 口 從 離開-使-未-否 讀-現

至今還不住口的念，（中2b5-6）

2-21 gala qi alja-bu-ra-kv tuwa-mbi,

手 從 離開-使-未-否 看-現

不離手的看，（中2b6）

2-22 imbe amqa-ki se-qi yargiyan -i mangga。

他.賓 追-祈 想-條 當真 工 難

要趕他實在難。（中2b6-7）

2-23[A] age sini ere gisun majige taxarabu-ha-kv se-me-u?

阿哥 你.屬 這個 話語 稍微 弄錯-完-否 助-并-疑

阿哥你這個話不錯了些兒嗎？（中2b7-3a1）

2-24 hing se-re o-qi hada hafu-mbi se-he-bi,

專心 助-未 成爲-條 山峰 穿透-現 助-完-現

有心專山可通的話呀，（中3a1）

2-25 tere inu taqi-fi bahana-ha-ngge dabala,
他 也 學-順 領會-完-名 罷了
他也是學會的罷了,(中3a1-2)

2-26 umai banitai bahana-ra-ngge waka kai,
全然 生來 領會-未-名 不是 啊
并非生來就會的,(中3a2)

2-27 muse tede isi-ra-kv-ngge ya ba,
咱們 他.與 達到-未-否-名 哪個 地方
咱們那一塊兒不如他,(中3a2-3)

2-28 i ai haqin -i ure-he bahana-ha-ngge o-kini,
他 怎麽 種類 工 熟練-完 領會-完-名 依憑-祈
憑他是怎麽樣的精熟,(中3a3)

2-29 muse damu mujilen be teng se-me jafa-fi gvnin girkv-fi taqi-qi,
咱們 衹要 心思 賓 堅實 助-并 抓-順 想法 專心-順 學-條
咱們只是拿定主意專心學去,(中3a4)

2-30 udu tere ten de isina-me mute-ra-kv bi-qibe,
即使 他 頂點 與 達到-并 能够-未-否 有-讓
雖然不能到他那個地步,(中3a5)

2-31 inu urunakv hamina-mbi-dere。
也 必定 接近-現-吧
也必定差不遠罷咧。(中3a5-6)

第3條

3-1[A] si nikan bithe bahana-ra niyalma kai,
你 漢 書 學會-未 人 啊

你是會漢書的人啊（中3a7）

3-2 ubliyambu-re be taqi-qi，

翻譯-未 賓 學-條

學翻譯，（中3a7）

3-3 umesi ja dabala，

很 容易 罷了

狠容易罷咧，（中3a7-3b1）

3-4 gvnin girkv-fi giyalan lakqan akv，

心思 專心-順 間斷 中斷 否

專心不間斷，（中3b1）

3-5 emu anan -i taqi-me o-ho-de，

一 順序 工 學-并 成爲-完-位

挨着次兒學了去，（中3b1-2）

3-6 juwe ilan aniya -i siden-de，

二 三 年 屬 期間-位

二三年間，（中3b2）

3-7 ini qisui[1] dube da tuqi-mbi。

他.屬 擅自 尖端 頭 出-現

自有頭緒。（中3b2-3）

3-8 aika emu inenggi fiyakiya-ra juwan inenggi xahvra-ra adali taqi-qi，

如果 一 日子 日曬-未 十 日子 變冷-未 一樣 學-條

要像一暴十寒的學，（中3b3-4）

3-9 uthai orin aniya bithe hvla-ha seme inu mangga kai。

就算 二十 年 書 讀-完 即使 也 難 啊

1 ini qisui：此爲固定用法，意爲“自然而然”。

就念二十年的書也難啊。（中3b4）

3-10[B] age mini ubaliyambu-ha-ngge be tuwa-fi majige dasata-rau。

阿哥 我.屬 翻譯-完-名 賓 看-順 稍微 改正-祈

求阿哥看了我的翻譯改一改。（中3b5）

3-11[A] sini taqi-ha-ngge labdu nongi-bu-ha,

你.屬 學-完-名 大 提升-使-完

你學的大長了，（中3b5-6）

3-12 gisun tome ijishvn,

話語 每 順當

句句順當，（中3b6）

3-13 hergen aname tomorhon,

文字 依次 清楚

字字清楚，（中3b6）

3-14 majige qilqin fuhali akv,

稍微 不通順 完全 否

没有一點胳星，（中3b6-7）

3-15 simne-qi sefere-hei baha-qi o-mbi,

考試-條 握-持 得到-條 可以-現

要考操券可得，（中3b7）

3-16 ere mudan ubliyambu-re be simne-re de,

這 次 翻譯-未 賓 考試-未 位

這一次考翻譯，（中4a1）

3-17 gebu alibu-ha-u akv-n?

名字 呈遞-完-疑 否-疑

遞了名字了没有？（中4a1）

3-18[B] simne-qi o-qi，

考試-條 可以-條

要考得，（中4a1-2）

3-19 esi sain o-qi，

當然 好 成爲-條

自然好麽，（中4a2）

3-20 damu bithe-i xusai ainahai o-mbi-ni。

但是 文-屬 秀才 未必 成爲-現-呢

但是文秀才未必使得。（中4a2）

3-21[A] wei kouli，

舊 規則

那格的例呢，（中4a2-3）

3-22 sini gese-ngge jakvn gvsa gemu simne-qi o-mbime，

你.屬 一樣-名 八 旗 都 考試-條 可以-而且

像你這樣的八旗的都許考，（中4a3）

3-23 sini beye teile simne-bu-ra-kv doro bi-u?

你.屬 自己 衹有 考試-使-未-否 道理 有-疑

有獨不准你考的理嗎？（中4a3-4）

3-24 tere anggala[1]，

那個 而且

况且，（中4a4）

3-25 jurgangga taqikv-i juse gemu o-joro ba-de，

義 學校-屬 孩子.複 都 可以-未 地方-位

義學生都還使得，（中4a4-5）

1 tere anggala：此爲固定用法，意爲“况且”。

3-26 xusai be ai hendu-re,

秀才 賓 什麽 説-未

秀才何用説呢,(中4a5)

3-27 simne-qi o-me ofi,

考試-條 可以-并 因爲

因爲考得,(中4a5)

3-28 sini deu ere siden-de,

你.屬 弟弟 這個 期間-位

你兄弟這個空兒,(中4a6)

3-29 teni haqihiya-me manju bithe hvla-mbi-kai,

纔 催促-并 滿洲 書 讀-現-啊

才上緊念清書呢,(中4a6)

3-30 hvdun gebu yabubu,

快 名字 進行.祈

快行名字,(中4a7)

3-31 nashvn be ume ufara-bu-re。

機會 賓 不要 錯過-使-未

别錯過了機會啊。(中4a7)

第4條

4-1[A] sini manjura-ra-ngge majige muru tuqi-ke-bi。

你.屬 説滿語-未-名 稍微 樣子 出-完-現

你的清話説的有了些規模了。(中4b1)

4-2[B] aibi-de,

哪裏-位

那裏，（中4b1）

4-3 bi niyalma-i gisure-re be ulhi-re gojime，

我 人-屬 説-未 賓 明白-未 雖然

人説的我雖然懂得，（中4b1-2）

4-4 mini beye gisure-me o-ho-de oron unde，

我.屬 自己 説-并 成爲-完-位 踪迹 尚未

我説起來總還早呢，（中4b2）

4-5 gvwa-i adali fiyelen fiyelen -i gisure-me mute-ra-kv se-re anggala，

别人-屬 一樣 一段 一段 工 説-并 能够-未-否 助-未 而且

不但不能像别人説的成片段，（中4b2-3）

4-6 emu siran -i duin sunja gisun gemu sirabu-me mute-ra-kv。

一 陸續 工 四 五 話語 都 接續-并 能够-未-否

一連四五句話都接續不上。（中4b3-4）

4-7 tere anggala hono emu aldungga ba-bi，

那個 而且 還 一 奇怪 地方-有

况且還有一個怪處，（中4b4-5）

4-8 gisure-re onggolo，

説-未 之前

未從説話，（中4b5）

4-9 baibi taxarabu-rahv qalabu-rahv se-me，

衹是 弄錯-虚 過失-虚 助-并

只恐怕差錯了，（中4b5-6）

4-10 tathvnja-me gelhun akv[1] kengse lasha[2] gisure-ra-kv,

猶豫-并 敢 否 果斷 爽快 説-未-否

説的遲疑不敢簡斷，（中4b6）

4-11 uttu kai mimbe adarame gisure se-mbi,

這樣 啊 我.賓 怎麼 説.祈 助-現

這樣光景教我仔麼説呢，（中4b6-7）

4-12 bi inu usa-ka,

我 也 灰心-完

我也灰了心了，（中4b7）

4-13 gvni-qi ai haqin -i taqi-ha se-me,

想-條 什麼 種類 工 學-完 助-并

想來就是怎麼樣的學去，（中4b7-5a1）

4-15 inu[3] ere hvman dabala,

還是 這個 本事 罷了

不過這個本事兒罷了，（中5a1）

4-16 nonggi-bu-re ai-bi。

提升-使-未 什麼-有

那裏能長進。（中5a1）

4-17[A] ere gemu sini ure-he-kv haran,

這 都是 你.屬 熟練-完-否 原因

這都是你没有熟的緣故，（中5a1-2）

---

1 gelhun akv：此爲固定用法，雖有否定成分akv，但整體意思爲“敢”。

2 lasha：雙峰閣本作lasha -i。

3 inu：雙峰閣本作inekv。

4-18 bi sinde taqibu-re,

我 你.與 教導-未

我教給你，（中5a2）

4-19 yaya we-be se-me ume bodo-ro,

凡是 誰-賓 助-并 不要 想-未

别論他是誰，（中5a2-3）

4-20 damu uqara-ha uqara-ha be tuwa-me amqa-ta-me gisure,

衹要 遇見-完 遇見-完 賓 看見-并 追趕-常-并 説.祈

只是大凡遇見的就趕着他説，（中5a3）

4-21 jai bithe de xungke sefu be bai-fi bithe hvla,

再 書 位 通達 師傅 賓 求-順 書 讀.祈

再我[1]書理通達的師傅念書，（中5a3-4）

4-22 manju gisun de mangga guqu-se de adana-fi gisure,

滿 語 位 擅長 朋友-複 與 陪-順 説.祈

就了清話精熟的朋友去説話，（上5a4-5）

4-23 inenggi-dari hvla-qi gisun eje-mbi,

日子-每 讀-條 話語 記得-現

每日家念話就記得了，（中5a5）

4-24 erindari gisure-qi ilenggu ure-mbi,

總是 説-條 舌頭 熟練-現

時刻的説舌頭就熟了，（中5a5-6）

4-25 uttu taqi-me ohode,

這樣 學-并 若

---

1 我：據《新刊清文指要》（上5a2-3）作“找”，此處或爲誤字。

要這樣學了去，（中5a6）

4-26 manggai emu juwe aniya -i siden-de，

不過 一 二 年 **屬** 期間-**位**

至狠一二年間，（中5a6-7）

4-27 ini qisui gvnin -i qihai angga-i iqi tang se-mbi-kai，

他.**屬** 擅自 心 **工** 任意 口-**屬** 順應 流利 説-**現**-啊

自然任意順口不打瞪兒的説上來了，（中5a7-5b1）

4-28 mute-ra-kv jalin geli aiseme jobo-mbi ni。

能够-**未**-**否** 爲了 又 爲什麽 煩惱-**現** 呢

又何愁不能呢。（中5b1）

第5條

5-1[A] absi yo-ha bihe?

往哪裏 走-**完** **過**

往那裏去來着？（中5b2）

5-2[B] bi ergi emu niyamangga niyalma-i bou-de gene-he bihe。

我 這邊 一 親戚 人-**屬** 家-**與** 去-**完** **過**

我往這裏一個親戚家去來着。（中5b2）

5-3[A] ere ildun de mini bou-de dari-fi majige te-ki。

這 順便 **位** 我.**屬** 家-**位** 路過-**順** 稍微 坐-**祈**

順便到我家裏坐坐。（中5b2-3）

5-4[B] age si uba-de te-he-bi-u?

阿哥 你 這裏-**位** 住-**完**-**現**-**疑**

阿哥你在這裏住着麽？（中5b3-4）

5-5[A] inu,

是

是，（中5b4）

5-6 jakan guri-nji-he。

最近 遷移-來-完

新近搬了來了。（中5b4）

5-7[B] uttu oqi,

這樣 若是

要是這樣，（中5b4）

5-8 musei te-he-ngge giyanakv udu goro,

咱們.屬 住-完-名 能有 幾 遠

咱們住的能有多遠，（中5b4-5）

5-9 sa-ha bi-qi aifini simbe tuwa-nji-ra-kv bihe-u?

知道-完 有-條 早就 你.賓 看-來-未-否 過-疑

要知道早不看你來了嗎？（中5b5）

5-10 age yabu。

阿哥 走.祈

阿哥走。（中5b5-6）

5-11[A] ai geli[1],

什麼 又

豈有此理，（中5b6）

5-12 mini bou-de kai,

我.屬 家-位 啊

---

1 ai geli：此爲固定用法，意爲“豈有此理”。

是我家裏，（中5b6）

5-13 age wesi-fi te-ki。

阿哥 上升-**順** 坐-**祈**

阿哥上去坐。（中5b6）

5-14[B] uba-de iqangga。

這裏-**位** 好

這裏舒服。（中5b6-7）

5-15[A] si tuttu te-he-de，

你 那樣 坐-**完**-**位**

你那們坐下[1]，（中5b7）

5-16 bi absi te-mbi?

我 怎麼 坐-**現**

我怎麼坐呢？（中5b7）

5-17[B] sain，

好

好啊，（中5b7）

5-18 te-me jabdu-ha。

坐-**并** 妥當-**完**

已經坐下了，（中5b7-6a1）

5-19[A] uba-de emu nike-re ba bi，

這裏-**位** 一 倚靠-**未** 地方 有

這裏有個靠頭兒。（中6a1）

1 下：雙峰閣本後有"了"。

5-20 bou-i urse aba?

家-屬 人們 哪裏

家裏人呢?（中6a1）

5-21 yaha gaju。

炭 拿來.祈

拿火來。（上5b7）

5-22[B] age bi dambagu omi-ra-kv,

阿哥 我 烟 吸-未-否

阿哥我不吃烟,（中6a2）

5-23 angga furuna-ha-bi。

口 長口瘡-完-現

長了口瘡了。（中6a2）

5-24[A] tuttu oqi,

那樣 若是

要是那樣,（中6a2）

5-25 qai gana,

茶 去拿.祈

取茶去,（中6a2-3）

5-26 age qai gaisu。

阿哥 茶 取下.祈

阿哥請茶。（中6a3）

5-27[B] ko,

哎呀

咢,（中6a3）

5-28 absi halhvn。

何其 熱

好熱呀。（中6a3）

5-29[A] halhvn oqi majige tukiyeqe-bu。

熱 若是 稍微 上揚-**使.祈**

要熱叫揚一揚。（中6a3-4）

5-30[B] hvwanggiya-ra-kv，

妨礙-**未-否**

無妨，（中6a4）

5-31 mukiye-bu-kini。

變凉-**使-祈**

晾一晾罷。（中6a4）

5-32[A] je，

是

咢，（中6a4）

5-33 buda be tuwa-na，

飯 **賓** 看-去.**祈**

看飯去，（中6a4）

5-34 beleni bi-sire-ngge be hasa benju se。

現成 有-**未-名** **賓** 迅速 送來.**祈** **助.祈**

説把現成的快送來。（中6a5）

5-35[B] akv，

否

不啊，（中6a5）

5-36 age ume,

阿哥 不要

阿哥别,（中6a5）

5-37 bi kemuni gvwa ba-de gene-ki se-mbi,

我 還 其他 地方-與 去-祈 助-現

我還要往别處去呢。（中6a5-6）

5-38[A] aina-ha-bi,

做什麽-完-現

怎麽了,（中6a6）

5-39 beleni bi-sire-ngge,

現成 有-未-名

現成的,（中6a6）

5-40 sini jalin dagila-ha-ngge geli waka,

你.屬 因爲 準備-完-名 又 不是

又不是爲你預備的,（中6a6-7）

5-41 majige je-fi gene-qina,

稍微 吃-順 去-祈

吃點去是呢。（中6a7）

5-42[B] jou bai,

算了 吧

罷呀,（中6a7）

5-43 emgeri sini bou be taka-ha kai,

已經 你.屬 家 賓 認識-完 啊

一遭認得你家了,（中6a7-6b1）

5-44 enqu inenggi jai qohome ji-fi,
另外 日子 再 特意 來-順
另日特來,(中6b1)

5-45 gulhun emu inenggi gisure-me te-qe-ki。
完全 一 日子 說-并 坐-齊-祈
坐着說一天的話兒罷。(中6b1-2)

第6條

6-1[A] age si inenggi-dari ederi yabu-re-ngge,
阿哥 你 日子-每 這.經 走-未-名
阿哥你終日從這們走,(中6b3)

6-2 gemu aibi-de gene-mbi?
全都 哪裏-與 去-現
都是往那裏去?(中6b3)

6-3[B] bithe hvla-na-me gene-mbi。
書 讀-去-并 去-現
念書去。(中6b3-4)

6-4[A] manju bithe hvla-mbi waka-u?
滿 書 讀-現 不是-疑
不是念清書嗎?(中6b4)

6-5[B] inu。
是
是。(中6b4)

6-6[A] ne aiqi jergi bithe hvla-mbi?
現在 怎樣 種類 書 讀-現

如今念些甚麼書啊?（中6b4-5）

6-7[B] gvwa bithe akv,

另外 書 否

没有别的書,（中6b5）

6-8 damu yasa-i juleri buyara-me gisun,

祇是 眼睛-屬 前面 細碎-并 話語

眼前零星話,（中6b5）

6-9 jai manju gisun -i oyonggo jorin -i bithei teile。

再 滿 語 屬 重要 指示 屬 書 而已

再祇有清語指要。（中6b5-6）

6-10[A] suwende ginggule-re hergen taqibu-mbi-u akv-n?

你們.與 寫楷書-未 文字 教-現-疑 否-疑

還教你們清字楷書啊不呢?（中6b6-7）

6-11[B] te inenggi xun foholon,

現在 白天 期間 短

如今天短,（中6b7）

6-12 hergen ara-ra xolo akv,

文字 寫-未 空閑 否

没有寫字的空兒,（中6b7）

6-13 ere-qi inenggi xun sidara-ha manggi,

這-從 白天 期間 展開-完 以後

從此天長不[1],（中7a1）

---

1 不：雙峰閣本作“了”。

6-14 hergen ara-bu-mbi se-re anggala,

文字 寫-**使-現** **助-未** 不但

不但叫寫字，（中7a1）

6-15 hono ubaliya-mbu se-mbi-kai。

還 翻譯-**使.祈** **助-現**-啊

還叫翻譯呢。（中7a1-2）

6-16[A] age bi bithe hvla-ra jalin,

阿哥 我 書 讀-**未** 因爲

阿哥我爲念書，（上6b7）

6-17 yala uju silgi-me aibi-de baihana-ha-kv,

實在 頭 鑽頭覓縫-**并** 哪裏-**位** 找-**完-否**

實在鑽頭覓縫兒的那裏没有我[1]到呢，（中7a2-3）

6-18 musei uba-i xurdeme,

咱們.**屬** 这裏-**屬** 沿着

咱們方近左右，（中7a3）

6-19 fuhali manju taqikv akv,

完全 滿洲 私塾 **否**

竟没有清書學房，（中7a3）

6-20 gvni-qi sini taqi-re ba ai hendu-re,

想-**條** 你.**屬** 學-**未** 地方 什麽 説-**未**

想來你學的地方有什麽説處，（中7a4）

6-21 atanggi bi-qibe bi inu bithe hvla-na-ki,

什麽時候 有-**讓** 我 也 書 讀-去-**祈**

1 我：雙峰閣本作“找”。

多沓我也去念書罷，（中7a4-5）

6-22 mini funde majige gisure-qi o-joro-u?

我.屬 代替 稍微 説-條 可以-未-疑

可以替我説説嗎？（中7a5）

6-23[B] age si mende taqibu-re niyalma be we se-mbi,

阿哥 你 我.與 教導-未 人 賓 誰 助-現

阿哥你當教我們的是誰啊，（中7a5-6）

6-24 sefu se-mbi-u?

師傅 助-現-疑

是師傅嗎？（中7a6）

6-25 waka kai,

不是 啊

不是啊，（中7a6）

6-26 mini emu mukvn -i ahvn,

我.屬 一 族 屬 兄長

是我一個族兄，（中7a7）

6-27 taqibu-re ele urse,

教導-未 所有 人們

所有教的，（中7a7）

6-28 gemu meni emu uksun -i[1] juse deu-te,

都 我們.屬 一 宗族 屬 孩子.複 兄弟-複

都是我們一家兒的子弟，（中7a7-7b1）

1 uksun -i：雙峰閣本作uksura。

6-29 jai niyaman hvnqihen,

再 親屬 親緣

再是親戚，（中7b1）

6-30 umai gvwa niyalma akv,

全然 其他 人 **否**

并無别人，（中7b1-2）

6-31 adarame se-qi,

怎麼 説-**條**

仔麽説呢，（中7b2）

6-32 mini ahvn inenggi-dari yamula-mbi,

我.**屬** 兄長 日子-每 上衙門-**現**

我阿哥終日上衙門，（中7b2）

6-33 jabdu-ra-kv,

得閑-**未**-**否**

不得閑，（中7b2）

6-34 ineku be erde yamji nanda-me gene-re jakade,

依舊 我們 早上 晚上 懇求-**并** 去-**未** 因爲

也是我們早晚找着去的上頭，（中7b3）

6-35 arga akv,

办法 **否**

不得已，（中7b3）

6-36 xolo jalgiyanja-fi membe taqibu-mbi,

空閑 通融-**順** 我們.**賓** 教導-**現**

匀着空兒教我們，（中7b3-4）

6-37 waka oqi,

不是 若是

要不是，（中7b4）

6-38 age bithe hvla-me gene-ki se-he-ngge,

阿哥 書 讀-并 去-祈 助-完-名

阿哥要念書去，（中7b4-5）

6-39 sain baita dabala,

好 事情 罷了

好事罷咧，（中7b5）

6-40 sini funde majige gisure-qi,

你.屬 代替 稍微 説-條

替你説一説，（中7b5）

6-41 minde geli ai waji-ha ni。

我.與 又 什麽 耗費-完 呢

又費了我什麽了呢。（中7b5-6）

第7條

7-1[A] tere age se-re-ngge,

那個 阿哥 助-未-名

那個阿哥，（中7b7）

7-2 musei fe adaki kai。

咱們.屬 舊 鄰居 啊

是咱們舊街坊啊。（中7b7）

7-3 xa-me tuwa-me mutu-ha juse,

盯-并 看-并 成長-完 孩子.複

看着長大的孩子，（中7b7-8a1）

7-4 giyala-fi giyanakv udu goida-ha,

相隔-**順** 能有 幾 經過-**完**

隔了能有幾年，（中8a1）

7-5 te donji-qi mujakv hvwaxa-fi hafan o-ho se-re,

現在 聽-**條** 着實 成長-**順** 官 成爲-**完** **助-未**

如今聽見説着實出息作了官了，（中8a1-2）

7-6 suqungga bi hono akda-ra dulin kenehunje-re dulin bihe,

起初 我 還 相信-**未** 一半 懷疑-**未** 一半 **過**

起初我還半信半疑的來着，（中8a2-3）

7-7 amala guqu-se de fonji-qi mujangga,

後來 朋友-**複** **與** 問-**條** 果然

後來問朋友們果然，（中8a3）

7-8 ere-be tuwa-qi,

這個-**賓** 看-**條**

看起這個来，（中8a3）

7-9 mujin bi-sire-ngge baita jiduji mute-bu-mbi,

志向 有-**未-名** 事情 結果 實現-**使-現**

有志者事竟成，（中8a3-4）

7-10 se mulan[1] de akv se-he gisun taxan akv ni。

年齡 凳子 **位** **否** **助-完** 話語 虛假 **否** 呢

不在年紀的話不假呀。（中8a4-5）

---

1 se mulan：此爲固定用法，意爲“年齡”。

7-11[B] age -i gisun inu,

阿哥 屬 話語 正確

阿哥的話是，（中8a5）

7-12 tuttu se-qibe,

那樣 説-讓

雖是那們説，（中8a5）

7-13 inu terei sakda-sa de waji-ra-kv sain ba bi-fi,

又 他.屬 老人-複 位 完結-未-否 好 地方 有-順

也是他的老家兒有餘蔭，（中8a6）

7-14 teni ere gese dekjingge juse banji-ha,

纔 這個 樣子 興旺 孩子.複 生長-完

才生出這個樣的成人的孩子來了，（中8a6-7）

7-15 nomhon bi-me sain,

忠厚 有-并 善良

樸實又良善，（中8a7）

7-16 taqin fonjin de amuran,

學 問 與 愛好

好學問，（中8a7）

7-17 gabta-ra niyamniya-ra,

步射-未 騎射-未

馬步箭，（中8b1）

7-18 eiten haha-i erdemu,

一切 男人-屬 才能

大凡漢子的本事，（中8b1）

7-19 se de teisu akv,

年齡 **與** 相符 **否**

他那博學的身分，（中8b1）

7-20 ambula taqi-ha-bi,

廣大 學-**完**-**現**

不對他的年紀，（中8b1-2）

7-21 an -i uquri bou-de bi-qi,

平常 **屬** 時候 家-**位** 在-**條**

素常在家裏，（中8b2）

7-22 bithe tuwa-ra dabala,

書 看-**未** 罷了

看書罷咧，（中8b2）

7-23 balai ba-de emu okson se-me inu feliye-ra-kv,

過分 地方-**位** 一 步 **助**-**并** 也 行走-**未**-**否**

混賬路一步兒也不肯走，（中8b2-3）

7-24 tere anggala siden -i baita de o-qi ginggun olhoba,

那個 而且 公事 **屬** 事情 **與** 成爲-**條** 非常 恭敬 謹慎

況且公事上小心謹慎，（中8b3-4）

7-25 baha-ra sa-ra ba-de o-qi fimene-re ba akv,

得到-**未** 知道-**未** 地方-**位** 成爲-**條** 靠近-**未** 地方 **否**

所得的去處總不沾染，（中8b4-5）

7-26 ere tob se-me sain be iktam-bu-ha bou-de,

這 正好 説-**并** 良善 **賓** 積纍-**使**-**完** 家-**位**

這個正與積善之家，（中8b5）

7-27 urunakv funqetele hvturi be bi se-he gisun de,

必定 以至 福 賓 有 助-完 話語 位

必有餘慶的話，（中8b6）

7-28 aqa-ha se-qina。

符合-完 助-讓

相合了。（中8b6）

第8條

8-1[A] age yalu,

阿哥 騎.祈

阿哥騎着，（中8b7）

8-2 bi sinde jaila-ha kai,

我 你.與 躲避-完 啊

我躲了你了，（中8b7）

8-3 xada-me geli aiseme ebu-mbi?

勞乏-并 又 爲什麼 下來-現

乏乏的又下來作什麼？（中8b7）

8-4[B] ai gisun se-re-ngge,

什麼 話 助-未-名

甚麼話呢，（中9a1）

8-5 sabu-ha-kv oqi aina-ra?

看見-完-否 若是 如何做-未

若没有看見怎麼樣呢？（中9a1）

8-6 bi kejine aldangga qi uthai simbe sabu-ha ba-de,

我 很 遠 從 就 你.賓 看見-完 地方-位

我老遠的就看見了你了，（中9a1-2）

8-7 morila-hai[1] dule-re kouli bi-u?

騎馬-**持** 通過-**未** 道理 有-**疑**

有騎過去的理嗎？（中9a2）

8-8[A] age bou-de dosi-fi te-ra-kv-n?

阿哥 家-**與** 進入-**順** 坐-**未-否-疑**

阿哥不進家裏坐坐嗎？（中9a2-3）

8-9[B] inu kai,

是 啊

是啊，（中9a3）

8-10 muse aqa-ha-kv-ngge kejine goida-ha,

咱們 見面-**完-否-名** 日子 長久-**完**

咱們許久不見了，（中9a3）

8-11 bi dosi-fi majige te-ki。

我 進去-**順** 稍微 坐-**祈**

我進去略坐坐罷。（中9a3-4）

8-12 ara[2],

哎呀

噯吆，（中9a4）

8-13 utala haqingga mou ilha tebu-he-bi-u,

這麼多 各種 樹 花 種植-**完-現-疑**

栽了這些各種的花木，（中9a4）

---

1 morilahai：雙峰閣本作morilafi。

2 ara：雙峰閣本作aya。

8-14 geli kejine[1] boqonggo nisiha uji-he-bi-u?

又 好多 彩色 魚 養-**完-現-疑**

又養着許多金魚?（中9a4-5）

8-15 wehe ai jibsi-me ikta-mbu-ha-ngge[2] inu sain,

石頭 什麼 重疊-**并** 堆積-**使-完-名** 也 好

山子石堆纍的也好,（中9a5-6）

8-16 gvnin isina-ha ba umesi faksi,

心思 到達-**完** 地方 非常 巧妙

想頭甚巧,（中9a6）

8-17 jergi jergi de gemu doro yangse bi,

層級 層級 **位** 都 樣子 美 有

層層都有款致,（中9a6-7）

8-18 ere bithe-i bou yala bolgo,

這個 書-**屬** 房 確實 乾淨

這個書房甚乾净,（中9a7）

8-19 absi tuwa-qi,

怎麼 看-**條**

怎麼看,（中9a7）

8-20 absi iqangga,

怎麼 舒服

怎麼順,（中9a7-9b1）

8-21 tob se-me musei bithe hvla-qi aqa-ra ba,

正好 **助-并** 咱們.**屬** 書 讀-**條** 應該-**未** 地方

---

1 kejine：雙峰閣本作utala。

2 iktambuhangge：雙峰閣本作mujekihangge。

正是咱們該讀書的地方。（中9b1）

8-22[A] damu korso-ro-ngge minde asuru guqu gargan akv,

祇是 怨恨-未-名 我.與 很 朋友 夥伴 否

但所恨的我没有什麼朋友，（中9b1-2）

8-23 emhun bithe taqi-qi,

獨自 書 學-條

獨自念書，（中9b2）

8-24 dembei simeli,

甚是 冷清

甚冷落。（中9b2）

8-25[B] ede ai mangga,

這.位 什麼 難

這有何難，（中9b3）

8-26 si aika eime-ra-kv oqi,

阿哥 如果 厭煩-未-否 若是

你要不厭煩，（中9b3）

8-27 bi sinde guqu ara-me ji-qi antaka?

我 你.與 朋友 做-并 來-條 如何

我來給你作伴如何？（中9b3-4）

8-28[A] tuttu oqi minde tusa o-ho,

那樣 若是 我.與 益處 成爲-完

若是那樣與我有益，（中9b4）

8-29 solina-qi hono ji-dera-kv jalin joboxo-mbi-kai,

邀請-祈 還 來-未-否 因爲 憂愁-現-啊

還愁請不到呢，（中9b4-5）

8-30 yala ji-qi, mini jabxan dabala,
果真 來-條 我.屬 幸福 罷了
果然要來我有幸罷咧,(中9b5)

8-31 simbe se-re doro geli bi-u?
你.賓 説-未 道理 又 有-疑
豈有厭煩的理呢?(中9b5-6)

第9條

9-1[A] niyalma se-me jalan de banji-fi,
人 助-并 世間 位 生活-順
人生在世,(中9b7)

9-2 ujui uju de taqi-re-ngge oyonggo。
第一 頭 位 學-未-名 重要
頭等頭是爲學要緊。(中9b7)

9-3 bithe hvla-ra-ngge,
書 讀-未-名
讀書啊,(中10a1)

9-4 qohome jurgan giyan be getukele-re jalin,
特意 義 理 賓 顯明-未 爲了
特爲明義理,(中10a1)

9-5 taqi-fi jurgan giyan be getukele-he se-he-de,
學-順 義 理 賓 顯明-完 助-完-位
學的義理明白了,(中10a1-2)

9-6 bou-de bi-qi niyaman de hiyouxula-ra,
家-位 在-條 親人 與 孝順-未

在家孝親，（中10a2）

9-7 hafan te-qi gurun bou-de hvsun bu-re，

官人 坐-**條** 國 家-**與** 力量 給-**未**

作官給國家出力，（中10a2-3）

9-8 ai ai[1] baita be ini qisui mute-bu-mbi。

什麽 什麽 事情 **賓** 他.**屬** 擅自 實現-**使**-**現**

諸事自然成就。（中10a3-4）

9-9 te bi-qibe[2]，

現在 有-**讓**

即如，（中10a4）

9-10 unenggi taqi-ha erdemu bi-qi，

真實 學-**完** 道德 有-**條**

果然學的有本事，（中10a4）

9-11 yaya ba-de isina-ha manggi，

所有 地方-**與** 涉及-**完** 之後

不拘到那裏，（中10a4-5）

9-12 niyalma kundule-re teile akv，

人 尊敬-**未** 衹有 否

不但人尊敬，（中10a5）

9-13 beye yabu-re de inu hou hiu se-mbi。

自身 走-**未** **位** 也 昂然貌 慷慨貌 助-**現**

自己走着也豪爽。（中10a5-6）

---

1 ai ai：二詞聯用意爲“各種”。

2 te biqibe：此爲固定用法，意爲“比如説”。

9-14 ememu urse bithe hvla-ra-kv,

有的 人們 書 讀-未-否

有一宗人不念書,（中10a6）

9-15 yabun be dasa-ra-kv,

行爲 賓 治理-未-否

不修品,（中10a6-7）

9-16 baibi gvldura-me enqehexe-re urui sihexe-me yabu-re be bengsen

衹管 鑽營-并 圖謀-未 經常 阿諛-并 進行-未 賓 本事

o-bu-re-ngge,

成爲-使-未-名

只是以鑽幹逢迎爲本事,（中10a7）

9-17 tere.i gvnin de absi o-joro be sar-kv,

他.屬 心 位 怎樣 成爲-未 賓 知道.未-否

不知他心裏要怎嗎,（中10b1）

9-18 bi yargiyan -i ini fonde giru-me korso-mbi,

我 真是 工 他.屬 代替 害羞-并 抱怨-現

我真替他愧恨,（中10b1-2）

9-19 enteke-ngge, beye fusihvxa-bu-re yabun efuje-re be hono aise-mbi,

這樣-名 身體 忽視-使-未 行爲 破壞-未 賓 還 説什麽-現

這們樣子的豈但辱身壞品,（上10b2-3）

9-20 weri ini ama aja be suwaliya-me gemu tou-mbi-kai。

别人 他.屬 父 母 賓 合并-并 都 罵-現-啊

人家連他父母都是要罵的呀。（中10b3-4）

9-21[B] age si bai gvni-me tuwa,

阿哥 你 衹管 想-并 看.祈

阿哥你白想着瞧，（中10b4）

9-22 ama eme -i baili,

父親 母親 **屬** 恩情

父母的恩，（中10b4-5）

9-23 jui o-ho niyalma tumen de emgeri karula-me mute-mbi-u?

孩子 成爲-**完** 人 一万 **與** 一次 報恩-**并** 能-**現**-**疑**

爲人子的豈能答報萬一？（中10b5）

9-24 fiyan nonggi-me elde-mbu-ra-kv oqi jou dere,

顔色 增加-**并** 光輝-**使**-**未**-**否** 若是 算了 吧

不能榮耀增光罷咧，（中10b6）

9-25 fudarame waru-me tou-bu-re de isibu-qi,

反倒 發臭-**并** 罵-**被**-**未** **與** 以至於-**條**

反倒叫受人的咒罵，（中10b6-7）

9-26 gushe-ra-kv-ngge ai dabala,

長進-**未**-**否**-**名** 什麽 罷了

就是一個没有出息的東西罷了，（中10b7）

9-27 ere-be kimqi-me gvni-ha de,

這個-**賓** 詳細-**并** 想-**完** **位**

細想起這個來，（中10b7）

9-28 niyalma ofi bithe hvla-ra-kv-qi o-mbi-u,

人 作爲 書 讀-**未**-**否**-**條** 可以-**現**-**疑**

爲豈可不讀書，（中10b7-11a1）

9-29 yabun be dasa-ra-kv-qi o-mbi-u?

行爲 **賓** 治理-**未**-**否**-**條** 可以-**現**-**疑**

不修品呢？（中11a1）

第10條

10-1[A] sikse we-i bou-de gene-he?

昨天 誰-**屬** 家-**與** 去-**完**

昨日往誰家去了？（中11a2）

10-2 tuttu goida-fi teni ji-he。

那様 遲-**順** 纔 來-**完**

來的那様遲。（中11a2）

10-3[B] mini emu guqu be tuwa-na-ha bihe，

我.**屬** 一 朋友 **賓** 看-去-**完** 過

看我一個朋友去來着，（中11a2-3）

10-4 qeni te-he-ngge goro，

他們.**屬** 住-**完-名** 遠

他們住的遠，（中11a3）

10-5 wargi heqen -i genqehen de bi，

西 城 **屬** 邊沿 **位** 在

在西城根底下，（中11a3-4）

10-6 ere da-de geli yamji buda ulebu-re jakade，

這個 原本-**位** 又 晚 飯 款待-**未** 因爲

又搭着給晚飯吃，（中11a4）

10-7 majige sita-bu-ha。

稍微 遲到-**使-完**

所以遲了些。（中11a4-5）

10-8[A] bi sinde emu gisun hebde-ki se-me，

我 你.**與** 一 話語 商議-**祈** 想-**并**

我要和你商量一句話，（中11a5）

10-9 ududu mudan niyalma takvra-fi soli-na-qi,

很多 次 人 差遣-順 邀請-去-條

打發人去請了好幾次，（中11a5-6）

10-10 sini bou-i urse simbe sejen te-fi tuqi-ke,

你.屬 家-屬 人們 你.賓 車 坐-順 出去-完

你家裏人們説你坐了車出去了，（中11a6-7）

10-11 aibi-de gene-mbi se-me gisun weri-he-kv se-mbi,

哪裏-與 去-現 説-并 話語 留-完-否 助-現

往那裏去没有留下話，（中11a7）

10-12 bodo-qi sini feliye-re ba umesi tongga kai,

估算-條 你.屬 來往-未 地方 非常 少 啊

估量着你走的地方甚少，（中11a7-11b1）

10-13 manggai o-qi musei ere udu guqu -i bou-de dabala,

衹是 成爲-條 咱們.屬 這 幾 朋友 屬 家-位 罷了

不過咱們這幾個朋友家罷了，（中11b1-2）

10-14 tokto-fi mini uba-de dari-mbi se-me aliya-qi，aba。

確定-順 我.屬 這裏-位 路過-現 助-并 等待-條 何處

一定到我這裏。（中11b2-3）

10-15 xun dabsi-tala umai ji-he-kv,

太陽 傾斜-至 完全 來-完-否

竟等到日平西總没有來，（中11b3）

10-16 mekele emu inenggi aliya-ha se-qina。

徒然 一 日子 等待-完 助-祈

算是徒然等了一天。（中11b3-4）

10-17[B] inu,

是

是，（上11b6）

10-18 age -i bou-i niyalma isina-ra onggolo,

阿哥 屬 家-屬 人 到達-未 之前

阿哥家裏人還没有到去，（中11b4）

10-19 bi aifini duka tuqi-ke,

我 早就 門 出去-完

我早出了門了，（中11b4-5）

10-20 amasi ji-fi bou-i urse -i ala-ha-ngge,

返回 來-順 家-屬 人們 屬 告訴-完-名

回來家裏人告訴，（中11b5）

10-21 age niyalma unggi-fi emu siran -i juwe ilan mudan jiu se-he。

阿哥 人 派遣-順 一 陸續 屬 二 三 次 來.祈 助-完

阿哥打發了人一連叫了我兩三次。（中11b5-6）

10-22 nergin de uthai ji-ki se-mbihe,

頃刻 位 就 來-祈 想-過

彼時就要來着，（中11b6-7）

10-23 abka yamji-he,

天 天黑-完

天晚了，（中11b7）

10-24 geli hiyatari yaksi-rakv se-mbi,

又 栅欄 關-虚 助-現

又恐怕關栅欄，（中11b7）

10-25 tuttu bi enenggi ji-he。

那樣 我 今天 來-完

所以我今日來了。（中11b7-12a1）

第11條

11-1[A] alban ka-me yabu-re niyalma,

官 當差-并 行走-未 人

當差行走的人，（中12a2）

11-2 damu meimeni nashvn uqaran be tuwa-mbi,

祇是 各自 機會 邂逅 賓 看-現

只看各自的際遇，（中12a2-3）

11-3 forgon juken oqi,

運氣 普通 若是

時運要平常，（中12a3）

11-4 baibi ishunde ijishvn akv,

祇是 互相 和順 否

只是彼此相左，（中12a3）

11-5 yaya[1] baita tuwa-ha tuwa-hai mutebu-re hanqikan o-me,

凡是 事情 看-完 看-持 完成-未 近 成爲-并

凡事眼看着将成了，（中12a3-4）

11-6 urui niyalma de sihele-bu-fi,

祇管 人 與 阻撓-被-順

偏被人阻撓，（中12a4）

---

1 yaya：雙峰閣本作qara。

11-7 fasilan tuqi-mbi,
分岔 出-現
生出枝杈來了，（中12a5）

11-8 ememu mayan sain wesihun bethe gai-ha urse,
有的 運氣 好 高貴 脚 拿-完 人們
有一宗彩頭好走好運氣的人，（中12a5）

11-9 yala ini gvni-ha iqi bodo-ho songkoi,
果真 他.屬 想-完 順應 籌算-完 按照
實在照所想所算的，（中12a6）

11-10 lak se-me gvnin de aqana-ra-kv-ngge akv,
乾脆 助-并 心 與 符合-未-否-名 否
無有不爽爽利利隨心的，（中12a6-7）

11-11 yasa tuwa-hai dabali dabali wesi-mbi。
眼睛 看-持 超越 超越 上升-現
眼看着超等優升。（中12a7）

11-12[B] age si uttu gisure-mbi waka-u?
阿哥 你 這樣 説-現 不是-疑
阿哥你不是這們説嗎？（中12a7-b1）

11-13 mini gvnin de tuttu akv,
我.屬 心 位 那樣 否
我心裏却不然，（中12b1）

11-14 damu faxxa-ra faxxa-ra-kv be hendu-re dabala,
衹是 努力-未 努力-未-否 賓 説-未 而已
只論有作爲没作爲罷咧，（中12b1-2）

11-15 aika vren -i gese baibi qaliyan fulun je-me,

如果 牌位 **屬** 一樣 衹是 錢糧 俸禄 吃-**并**

要是尸位素餐，（中12b2-3）

11-16 aniya hvsime yabu-ra-kv o-qi,

年 整 行走-**未-否** 成爲-**條**

整年家不行走，（中12b3）

11-17 hono naka-bu-qi aqa-ra dabala,

還是 停止-**使-條** 應該-**未** 罷了

還是當退的罷咧，（中12b3-4）

11-18 wesi-re be ere-qi o-mbi-u?

上升-**未** **賓** 希望-**條** 可以-**現-疑**

如何指望得升呢？（中12b4）

11-19 damu alban de kiqebe oyonggo,

衹是 公務 **位** 謹慎 重要

只是差事上要勤謹，（中12b4）

11-20 guqu-se de hvwaliyasun dele,

朋友-**複** **與** 和睦 上面

朋友們裹頭以和爲主，（中12b5）

11-21 ume iqi kani akv o-joro,

不要 順應 關係 **否** 成爲-**未**

不可不隨群，（中12b5）

11-22 baita bi-qi niyalma be guqihiye-ra-kv,

事情 有-**條** 人 **賓** 攀扯-**未-否**

有事不攀人，（中12b5-6）

11-23 teisule-bu-he be tuwa-me,

遇見-使-完 賓 看-并

凡所遇見的，（中12b6）

11-24 beye sisa-fi iqihiya-ra,

身體 倒下-順 處理-未

撲倒身子辦，（中12b6-7）

11-25 julesi funtu-me yabu-re o-ho-de,

向前 突入-并 行走-未 成爲-完-位

勇往向前的行走了去，（中12b7）

11-26 tokto-fi sain jergi de ili-mbi-kai,

確定-順 好 水平 位 保住-現-啊

定有好處，（中12b7-13a1）

11-27 wesi-ra-kv doro bi-u?

上升-未-否 道理 有-疑

豈有不升的理嗎？（中13a1）

第12條

12-1[A] age si ainu teni ji-he,

阿哥 你 爲什麽 纔 來-完

阿哥你怎麽纔來，（中13a2）

12-2 bi suwembe aliya-hai,

我 你們.賓 等待-持

我只管等你們，（中13a2）

12-3 elei elei amu xabura-ha,

愈發 愈發 睡覺 困倦-完

幾乎没有打睡。（中13a2-3）

12-4[B] bi sinde ala-ra,

我 你.與 告訴-未

我告訴你，（中13a3）

12-5 be teni axxa-fi,

我們 剛剛 動-順

我們纔要動身，（中13a3）

12-6 sini bou-de ji-dere-ngge,

你.屬 家-與 來-未-名

往你們家來，（中13a3）

12-7 uksa emu eime-bu-re niya-ha yali be uqara-ha,

不料 一 厭煩-被-未 腐爛-完 肉 賓 遇見-完

忽然遇見一塊討人嫌的爛肉，（中13a4）

12-8 gisun dalhvn bi-me oyombu-ra-kv,

話語 絮叨 有-并 要緊-未-否

話粘又不要緊，（中13a4-5）

12-9 uttu se-me tuttu se-re,

這樣 説-并 那樣 説-未

怎長怎短的，（中13a5）

12-10 ja ja de baha-fi waji-ra-kv,

簡 單 位 能够-順 完結-未-否

容易不得完，（中13a5）

12-11 baita akv de lolo se-re de ai-bi,

事情 否 若是 没完没了 説-未 位 什麼-有

没事情的時候絮叨些何妨，（中13a6）

12-12 qihai ala-kini dere,

任意 告訴-祈 吧

只管隨他告訴是呢，（中13a6）

12-13 geli simbe aliya-rahv se-me,

又 你.賓 等待-虛 助-并

又恐怕你等着，（中13a7）

12-14 tede arga akv,

因此 辦法 否

因此没有法兒，（中13a7）

12-15 mende baita bi,

我們.與 事情 有

説我們有事，（中13a7）

12-16 qimari jai gisure-ki se-me,

明天 再 説-祈 助-并

明日再説罷，（中13b1）

12-17 ini gisun be meite-fi ji-he se-qina,

他.屬 話語 賓 截-順 來-完 説-祈

竟是把他的話截斷來的，（中13b1）

12-18 akvqi aifini qi ji-fi te-me xada-mbihe。

否則 早就 從 來-順 坐-并 疲乏-過

不然早來坐乏了。（中13b2）

12-19[A] wei aba?

誰 哪裏

誰在那裏呢？（中13b2）

12-20 hvdun dere be sinda,

快 桌子 **賓** 放.**祈**

快放桌子,(中13b2-3)

12-21 gvni-qi age-sa gemu yadahvxa-ha,

想-**條** 阿哥-**複** 都 餓-**完**

想是老爺們都餓了,(中13b3)

12-22 buda ai be gemu lak se。

飯 什麽 **賓** 都 快 **助.祈**

飯啊什麽都教簡決些。(中13b3-4)

12-23[B] age si ere absi,

阿哥 你 這 怎麽

阿哥你這是怎麽説,(中13b4)

12-24 faita-ha yali bi-qi uthai waji-ha kai,

切-**完** 肉 有-**條** 就 完結-**完** 啊

有割的肉就完了,(中13b4)

12-25 geli utala bouha saikv be aina-mbi,

又 許多 菜肴 飯菜 **賓** 做什麽-**現**

又要這些肴饌作什麽,(中13b4-5)

12-26 membe antaha -i doro-i tuwa-mbi-u?

我們.**賓** 客人 **屬** 禮節-**屬** 看-**現**-**疑**

把我們當客待嗎?(中13b5)

12-27[A] bai emu gvnin o-kini,

衹是 一 心意 成爲-**祈**

不過是一點心,(中13b6)

12-28 giyanakv ai sain jaka bi,
能有 什麽 好 東西 有
能有什麽好東西,(中13b6)

12-29 age sa bouhala-me majige jefu。
阿哥 **複** 吃菜-**并** 稍微 吃.**祈**
阿哥們就着吃些。(中13b6-7)

12-30[B] si uttu ambara-me dagila-ha-bi kai,
你 這樣 擴大-**并** 準備-**完**-**現** 啊
你這樣盛設了麽,(中13b7)

12-31 be esi je-qi,
我們 當然 吃-**條**
我們自然吃,(中13b7-14a1)

12-32 ebi-ra-kv o-qi, inu sabka sinda-ra ba akv。
飽-**未**-**否** 成爲-**條** 也 筷子 放-**未** 地方 **否**
不飽也不放快子。(中14a1)

12-33[A] tuttu o-qi ai hendu-re,
那様 成爲-**條** 什麽 説-**未**
要那様有什麽説的,(中14a1-2)

12-34 deu be gosi-ha kai。
弟弟 **賓** 疼愛-**完** 啊
疼了兄弟了。(中14a2)

第13條

13-1[A] gabta-mbi se-re-ngge,
步射-**現** 助-**未**-**名**

射步箭啊，（中14a3）

13-2 musei manju-sa-i oyonggo baita,

咱們.屬 滿人-複-屬 重要 事情

是咱們滿洲要緊的事，（中14a3）

13-3 tuwa-ra de ja gojime,

看-未 位 容易 雖然

看着容易（中14a3）

13-4 fakjin baha-ra de mangga,

本領 能够-未 位 難

難得主宰，（中14a4）

13-5 te bi-qi inenggi dobori akv tataxa-me，,

現在 有-條 白天 夜晚 否 拉-并

即如晝夜的常拉，（中14a4）

13-6 beri be tebliye-hei amga-ra-ngge gemu bi-kai,

弓 賓 抱-持 睡覺-未-名 都 有-啊

抱着睡覺的都有，（中14a5）

13-7 qolgoroho sain de isina-fi,

出衆 好 與 到達-順

到了超群的好，（中14a5-6）

13-8 gebu tuqi-ke-ngge giyanakv udu,

名字 出-完-名 能有 幾個

出名的能有幾個，（中14a6）

13-9 mangga ba ai-de se-qi,

難 地方 什麼-位 説-條

難處在那裏，（中14a6）

13-10 beye tob,
身體 正直
身子要正，（中14a7）

13-11 haqin demun akv,
種類 怪樣 否
没有毛病，（中14a7）

13-12 meiren neqin,
肩膀 平
膀子要平，（中14a7）

13-13 umesi elhe sulfa,
非常 平安 舒展
狠自然，（中14a7）

13-14 ere da-de[1] beri mangga,
這個 原本-位 弓 硬
又搭着弓硬，（中14b1）

13-15 agvra tuqi-bu-re-ngge hvsungge[2],
器械 出-使-未-名 有力
箭出的有勁，（中14b1）

13-16 geli da tolo-me goi-bu-re o-qi,
又 一支 數-并 射中-使-未 成爲-條
再根根着，（中14b1-2）

13-17 teni mangga se-qi o-mbi。
纔 出衆 説-條 可以-現

---

1 ere dade：二詞聯用意爲“而且，加之”。

2 hvsungge：雙峰閣本作kebisungge。

纔算得好啊。（中14b2）

13-18[B] age si mini gabta-ra be tuwa,

阿哥 你 我.**屬** 步射-**未** **賓** 看.**祈**

阿哥你看我射步箭，（中14b2-3）

13-19 nenehe-qi hvwaxa-ha-u? akv-n?

先前-**從** 成長-**完**-**疑** **否**-**疑**

比先出息了没有?（中14b3）

13-20 aika iqakv ba biqi,

如果 不順眼 地方 若有

要有不舒服的去處，（中14b3）

13-21 majige jorixa-me tuwanqihiya。

稍微 指示-**并** 改正.**祈**

撥正撥正。（中14b3-4）

13-22[A] sini gabta-ra-ngge ai hendu-mbi,

你.**屬** 步射-**未**-**名** 什麽 説-**現**

你射步箭有什麽説的，（中14b4）

13-23 yamji qimari[1] ferhe de akda-fi funggala hada-mbi-kai,

晚上 明天 大拇指 **位** 仰仗-**順** 尾翎 釘-**現**-啊

早晚仗着大拇指頭帶翎子的麽，（中14b4-5）

13-24 durun sain,

樣子 好

樣子好，（中14b5）

13-25 umesi ure-he-bi,

非常 熟-**完**-**現**

---

1 yamji qimari：此爲固定用法，意爲“旦夕之間”。

狠熟，（中14b5）

13-26 uksala-ra-ngge geli bolgo,

撒手放箭-**未-名** 又 乾净

撒放的又乾净，（中14b5-6）

13-27 niyalma gemu sini adali o-me mute-qi,

人 都 你.**屬** 同様 成爲-**并** 能够-**條**

人要都能像你，（中14b6）

13-28 ai bai-re,

什麽 求-**未**

還少 什麽，（中14b6）

13-29 damu beri kemuni majige uhuken, gunire-mbi,

衹是 弓 還 稍微 軟 松緩-**現**

但只弓還軟些吐信于[1]，（中14b7）

13-30 asuru tokto-bu-me mute-ra-kv,

甚 確定-**使-并** 能够-**未-否**

有些定不住，（中14b7）

13-31 ere udu ba be eje-fi,

這 幾個 地方 **賓** 記住-**順**

犯 這幾處記着，（中15a1）

13-32 hala-ha se-he-de,

改正-**完** **助-完-位**

要説是改了，（中15a1）

13-33 yaya ba-de isina-fi gabta-qi,

任何 地方-**位** 到達-**順** 步射-**條**

1 于：雙峰閣本作“子”。

不拘到那裏去射箭，（中15a1）

13-34 tokto-fi[1] geren qi tuqi-re dabala,

確定-順 衆多 從 出-未 吧

一定是出衆的，（中15a1-2）

13-35 gida-bu-re ai-bi?

壓-被-未 什麼-有

如何壓的下去呢？（中15a2）

第14條

14-1[A] si se-re-ngge emu waji-ra-kv sain niyalma,

你 助-未-名 一 完-未-否 好 人

你竟是一個説不盡的好人，（中15a3）

14-2 dolo majige hetu da akv,

裏面 稍微 蠻橫 根源 否

心裏没有一點渣滓，（中15a3）

14-3 damu angga jaqi sijirhvn,

衹是 嘴 太 正直

但只嘴太直，（中15a4）

14-4 niyalma -i uru waka be sa-ha de,

人 屬 是 非 賓 知道-完 位

知道人的是非了，（中15a4）

14-5 majige ba bu-ra-kv,

稍微 地方 給-未-否

1 toktofi：雙峰閣本作bodofi。

一點分兒不留，（中15a5）

14-6 uthai kang se-me gisure-mbi，

就 大聲説話貌 **助-并** 説-現

就直言奉上，（中15a5）

14-7 guqu-se de endebuku be tuwanqihiya-ra doro bi-qibe，

朋友-**複** **位** 過錯 **賓** 修正-**未** 道理 有-**讓**

雖説朋友裹頭有規過的道理，（中15a5-6）

14-8 banji-re sain juken be bodo-me tafula-mbi dere，

生存-**未** 善 恶 **賓** 籌畫-**并** 勸諫-**現** 罷了

也論相與的好不好勸罷咧，（中15a6-7）

14-9 damu guqu se-re de emu gese tuwa-qi.

衹是 朋友 **助-未** **位** 一 樣子 看-**條**

只説朋友都是一樣，（中15a7）

14-10 tere ainahai o-joro，

那樣 未必 可以-**未**

那未必使得，（中15a7-15b1）

14-11 teike ere emu fiyelen -i gisun be，

剛纔 這 一 段 **屬** 話語 **賓**

方纔這一段話，（中15b1）

14-12 si sain gvnin se-mbi waka-u?

你 好 心 説-**現** 不是-**疑**

你説不是好心嗎？（中15b1-2）

14-13 ini gvnin de labdu iqakv，

他.**屬** 心 **位** 很 不合意

他心裹狠不舒服，（中15b2）

14-14 buling bulinja-me[1],

楞怔怔 發怔-**并**

曰瞪着眼疑惑着説，（中15b2-3）

14-15 ara guwelke,

哎呀 小心.**祈**

嗳呀仔細啊，（中15b3）

14-16 ere mimbe tuhe-bu-he be boljon akv se-me kenehunje-mbi-kai。

這 我.**賓** 倒下-**使-未** 地方 約定 **否** **助-并** 疑惑-**現**-啊

恐怕是稻[2]害我罷。（中15b3）

14-17[B] age -i gisun,

阿哥 **屬** 話語

阿哥的話，（中15b4）

14-18 fuhali mimbe dasa-ra sain okto,

完全 我.**賓** 治理-**未** 良 藥

竟是治我的良藥，（中15b4）

14-19 bi hungkere-me gunin daha-mbi,

我 傾注-**并** 心 服氣-**現**

我心裏狠服，（中15b4-5）

14-20 ere eiqi ini[3] emu jadaha ba,

這 或許 你.**屬** 一 老毛病 地方

這竟是我的一宗病了，（中15b5）

---

1 bulinjame：雙峰閣本作hulinjeme。

2 稻：《新刊清文指要》（上16a5）作“陷”，此處當爲誤字。

3 ini：據漢文部分，應爲第一人稱屬格，故滿文ini或有誤。據《新刊清文指要》（上16a7）作mini（我.屬）。

14-21 bi sar-kv ainaha,

我 知道.未-否 怎麽

我豈不知道,（中15b5）

14-22 damu ere gese baita de teisule-bu-he manggi,

衹是 這 樣子 事情 與 遇見-被-完 以後

但只是遇着這樣的事情,（中15b6）

14-23 esi se-qi o-jora-kv[1] angga yojohoxo-mbi,

當然 説-條 可以-未-否 嘴 癢-現

不由的嘴癢癢,（中15b6-7）

14-24 gisure-qi o-jora-kv-ngge de gisure-qi, gisun be ufara-ha se-he-bi,

説-條 可以-未-否-名 與 説-條 話語 賓 失誤-完 助-完-現

有不可與言而與之言失言的話,（中15b7-16a1）

14-25 enenggi qi bi umesile-me hala-ki,

今天 從 我 落實-并 改-祈

從今日起我痛改罷,（中16a1）

14-26 jai uttu o-qi,

再 這樣 成爲-條

再要這樣,（中16a1）

14-27 fulu ai-se-mbi,

多餘 什麽-説-現

多説什麽,（中16a1-2）

14-28 age uthai dere be bai-me qifele,

阿哥 就 臉 賓 求-并 吐唾沫

---

1 esi seqi ojorakv：此爲固定用法，意爲“不由得”。

阿哥就望着我臉上吐唾沫，（中16a2）

14-29 bi qihanggai janquhvn -i ali-me gai-mbi。

我 情願 順從 工 受-并 取-現

我情愿甘心領受。（中16a2-3）

第15條

15-1[A] suwe umesi banji-re sain kai，

你們 非常 相處-未 好 啊

你們狠相好啊，（中16a4）

15-2 te aina-ha，

現在 做什麽-完

如今怎麽了，（中16a4）

15-3 fuhali sini duka -i bokson de fehu-nji-ra-kv o-ho-ni。

全然 你.屬 門 屬 門檻 位 踩-來-未-否 成爲-完-呢

總不登你的門檻子了。（中16a4-5）

15-4[B] sar-kv je，

知道.未-否 呀

不知道啊，（中16a5）

15-5 we ya aika inde waka sabu-bu-ha ba bi-qi，

誰 哪個 如果 他.與 錯誤 看見-被-完 地方 有-條

要有誰得罪過他的去處，（中16a5-6）

15-6 geli emu gisure-re ba-bi，

還 一 説-未 地方-有

還有一説，（中16a6）

15-7 umai akv ba-de,
完全 否 地方-位
總没有,（中16a6）

15-8 hoqikosaka yabu-mbihe-ngge,
好端端 行走-過-名
好端端的來往的人,（中16a7）

15-9 gaitai ya emu gisun de ni gida-fi[1],
突然 哪個 一 言語 位 記 録-順
忽然那一句話上記了過失,（中16a7）

15-10 fuqe nakv lasha feliye-ra-kv o-ho-bi,
生氣.祈 之後 乾脆 來往-未-否 成爲-完-現
惱的決然不走了,（中16a7-16b1）

15-11 yabu-ra-kv oqi inu o-kini,
行走-未-否 若是 也 可以-祈
不走也罷咧,（中16b1）

15-12 enggiqi ba-de baibi mimbe uttu ehe se-re,
背地裏 地方-位 平白 我.賓 這樣 壞 説-未
背地裏只是説我這樣不好,（中16b1-2）

15-13 tuttu nimequke se-re,
那個 嚴厲 説-未
那樣利害,（中16b2）

15-14 mini taka-ra ele guqu-se be aqa-ha dari,
我.屬 知道-未 所有 朋友-複 賓 見面-完 每
所有遇見我認得的朋友,（中16b2-3）

1 ni gidafi：ni在此無實際意義，二詞聯用意爲“記恨，記仇”。

15-15 gisun -i fesin o-bu-me jubexe-he-ngge gojime,
話語 **屬** 把柄 成爲-**使-并** 背後毀謗-**完-名** 衹是
就作話柄兒毀謗是怎麼説，（中16b3-4）

15-16 jakan mini jui de urun isibu-re de,
最近 我.**屬** 孩子 **與** 媳婦 送-**未** **位**
新近給我孩子娶媳婦，（中16b4）

15-17 bi hono dere de ainara se-me,
我 還 臉 **位** 無奈 **助-并**
我還臉上過不去，（中16b4-5）

15-18 imbe soli-na-ha bihe,
他.**賓** 邀請-去-**完** **過**
請他去來着，（中16b5）

15-19 indahvn inu emke takvra-ha ba akv,
狗 也 一 派遣-**完** 地方 **否**
狗也没有打發一個來，（中16b5-6）

15-20 mini uqara-ha uqara-ha-ngge gemu ere gese guqu kai,
我.**屬** 遇見-**完** 遇見-**完-名** 都 這 樣子 朋友 啊
我所遇見的都是這樣的朋友，（中16b6-7）

15-21 mimbe jai adarame guqule se-mbi。
我.**賓** 再 怎麼 交往.**祈** **助-現**
叫我再怎麼相與呢。（中16b7）

15-22[A] tere niyalma-i gisun yabun holo kukduri,
那個 人-**屬** 言語 行爲 虚假 誇張
我没説過那個人語言品行虚假誇張，（中16b7-17a1）

15-23 akda-qi oj-ura-kv se-me bi aika hendu-he-kv-n?

相信-條 可以-未-否 助-并 我 或許 説-完-否-疑

不可信麼?（中17a1）

15-24 tere fonde si geli herse-mbi-u?

那個 時候 你 又 理睬-現-疑

彼時你還理來着嗎?（中17a1-2）

15-25 hono mujakv mimbe iqakvxa-maliyan -i bi-he[1],

還 着實 我.賓 不順眼-弱 工 有-完

還着實有些不受用我來着,（中17a2）

15-26 niyalma-i qira be taka-ra gojime,

人-屬 臉色 賓 認識-未 衹是

識人的面貌罷咧,（中17a2-3）

15-27 gvnin be adarame xuwe hafu sa-mbi-ni?

心 賓 怎麼 徑直 透徹 知道-現-呢

心裏如何知道的透徹呢?（中17a3）

15-28 sain ehe be ilga-ra-kv,

好 壞 賓 辨别-未-否

不分好歹,（中17a3-4）

15-29 bireme gemu umesi haji guqu se-qi o-mbi-u?

一律 都 非常 親近 朋友 説-條 成爲-現-疑

一概都説得是狠好的朋友嗎?（中17a4）

---

1 iqakvxemliyan -i bihe：雙峰閣本作iqakv -i bihe。

第16條

16-1[A] ere uquri si geli aibi-de xodo-no-ho bihe,
這個 時候 你 又 哪裏-**與** 闖-去-**完** **過**
這一向你又往那裏奔忙去了?（中17a5）

16-2 mudan talu-de mini jaka-de inu majige feliye-qina,
次 偶爾-**位** 我.**屬** 跟前-**與** 也 稍微 來往-**祈**
間或到我這裏走走是呢,（中17a5-6）

16-3 ainu sini dere yasa be oron sabu-ra-kv。
爲什麼 你.**屬** 臉 眼睛 **賓** 完全 看見-**未**-**否**
怎麽總不見你的面目。（中17a6）

16-4[B] bi aifini age be tuwa-nji-ki se-mbihe,
我 早就 阿哥 **賓** 看-來-**祈** 説-**過**
我早要看阿哥來着,（中17a6-7）

16-5 gvni-ha-kv emu daljakv heturi baita de sidere-bu nakv[1],
想-**完**-**否** 一 無關 另外 事情 **與** 束縛-**被**.**祈** 之後
不想被一件旁不相干的事絆住,（中17a7-17b1）

16-6 fuhali lahin ta-ha,
完全 麻煩 牽絆-**完**
竟受了累了,（中17b1）

16-7 inenggi-dari fusu fasa jaka solo aika bi-u?
日子-每 匆匆 忙忙 縫隙 空閑 什麽 有-**疑**
終日匆忙還有空兒嗎?（中17b1-2）

---

1 nakv：nakv之前的動詞爲祈使形式時，并非表示祈使語氣，與nakv聯用意爲“……之後，馬上就……”。

16-8 akvqi enenggi baha-fi ukqa-me mute-ra-kv bihe,

若不 今天 得到-**順** 脱-**并** 能够-**未**-**否** **過**

要不是今日還脱不開來着，（中17b2）

16-9 minde hahi oyonggo baita bi se-me kanagan ara-me gisure-hei,

我.**位** 緊要 重要 事情 有 **助**-**并** 藉口 做-**并** 説-**持**

只管推托着説我有緊要的事，（中17b3）

16-10 arkan teni mimbe sinda-ha。

剛剛 纔 我.**賓** 放開-**完**

將將的纔放了我了。（中17b3-4）

16-11[A] ji-he-ngge umesi sain,

來-**完**-**名** 非常 好

来的甚好，（中17b4）

16-12 jing alixa-ha-bi,

正好 煩悶-**完**-**現**

正悶在這裏，（中17b4）

16-13 gvni-qi sinde inu asuru oyonggo baita akv,

想-**條** 你.**與** 也 太 重要 事情 **否**

想来你也没有什麽要緊的事，（中17b4-5）

16-14 muse emu inenggi gisure-me te-qe-ki,

咱們 一 日子 説-**并** 坐-**齊**-**祈**

咱們坐着説一日話兒罷，（中17b5-6）

16-15 belen-i buda je-fi gene,

現成-**屬** 飯 吃-**順** 去.**祈**

現成的飯吃了去，（中17b6）

16-16 bi inu enqu bouha dagila-ra-kv。

我 也 另外 飯菜 預備-**未-否**

我也不另收拾菜。（中17b6）

16-17[B] damu ji-he dari baibi age simbe gasihiya-bu-re-ngge，

可是 來-**完** 每次 盡是 阿哥 你.**賓** 侵擾-**使-未-名**

但只來勒只管騷擾阿哥，（中17b6-7）

16-18 mini gvnin de elhe akv，

我.**屬** 心思 **位** 平安 **否**

我心裏不安，（中17b7-18a1）

16-19 tuttu ofi gelhun akv ta seme[1] ji-dera-kv。

那様 因爲 敢 **否** 常 常 來-**未-否**

因此不敢常來。（中18a1）

16-20[A] si ainu tulgiyen o-bu-fi gvni-mbi，

你 爲什麼 以外 成爲-**使-順** 想-**現**

你怎麼外道，（中18a1-2）

16-21 muse atanggi si bi se-me ilga-mbihe，

咱們 什麼時候 你 我 **助-并** 區分-**過**

咱們從幾時分彼此來着，（中18a2）

16-22 jai udu inenggi giyala-fi ji-dera-kv oqi，

再 幾 日子 間隔-**順** 來-**未-否** 若是

若要再隔幾日不來，（中18a2-3）

16-23 bi hono majige jaka belhe-fi，

我 還 稍微 东西 預備-**順**

---

1 ta seme：ta無實際意義，與seme組合成固定用法，意爲“常常”。

我還要預備些東西，（中18a3）

16-24 qohome simbe helne-ki[1] se-re ba-de,

特意 你.賓 邀請-祈 助-未 地方-位

特請你去，（中18a3-4）

16-25 emu erin -i beleni untuhun buda be,

一 時候 屬 現成 空虛 飯 賓

一頓現成的空飯，（中18a4）

16-26 geli aiseme dabu-fi gisure-mbi,

又 爲什麽 算-順 説-現

又何足論呢，（中18a5）

16-27 tere aggala sini-ngge be bi ai je-ke-kv,

那 而且 你.屬-名 賓 我 什麽 吃-完-否

況且你的東西我什麽没吃過，（中18a5-6）

16-28 ere-be tuwa-qi,

這個-賓 看-條

看起這個来，（中18a6）

16-29 iletu mimbe sini bou-de jai jai ume gene-re se-re-ngge kai。

明明 我.賓 你.屬 家-與 再 再 不要 去-未 助-未-名 啊

竟是明明的叫我再别往你家去了啊。（中18a6-7）

第17條

17-1[A] bi daqi sini ere baita be,

我 原來 你.屬 這 事情 賓

我原説你這一件事，（中18b1）

---

1 helneki：雙峰閣本作geneki。

17-2 tede gisure-qi umesi ja se-mbihe,
他.與 説-條 非常 容易 想-過
向他説着狠容易來，（中18b1）

17-3 ere eimede tuttu jayan qira,
這 討厭人 那樣 牙關 硬
誰想竟遇見了一個厭物那樣牙關緊，（中18b2）

17-4 fangnai o-jora-kv be we gvni-ha,
執意 可以-未-否 賓 誰 想-完
决不肯依，（中18b2）

17-5 ede mujakv gvnin baibu-ha[1] se-qina,
這.位 很 心 必要-完 説-祈
因此竟狠費了心了，（中18b2-3）

17-6 muse hebde-he ba-be inde ala-ha-de,
咱們 商量-完 地方-賓 他.與 告訴-完-位
把咱們商量的去處告訴了他，（中18b3）

17-7 dere ebule-fi mini gisun be fiyokon -i fiyo se-mbi,
臉 變-順 我.屬 話語 賓 荒誕 屬 胡話 説-現
放下臉來以我的話爲乖謬之談，（中18b3-4）

17-8 tede bi hvr se-he,
那.位 我 發怒貌 助-完
所以我的火上來，（中18b4）

17-9 jili monggon -i da deri o-ho,
怒氣 喉 屬 原本 經 成爲-完
性子到了脖梗子上了，（中18b5）

1 gvnin baibuha：此爲固定用法，意爲“用心了，費心了”。

17-10 aina-qi aina-kini dabala se-me,

怎樣-條 怎樣-祈 罷了 助-并

要作什麼就作罷咧,(中18b5)

17-11 imbe neqi-ki se-re gvnin jalu jafa-ha bihe,

他.賓 招惹-祈 助-未 心 滿 拿-完 過

滿心裏要惹他一惹,(中18b5-6)

17-12 amala gvni-fi,

後來 想-順

後來想了一想,(中18b6)

17-13 beye-be beye[1] fonji-me,

自己-屬 事情 問-并

自己問着自己,(中18b6-7)

17-14 si taxara-bu-ha-bi,

你 錯-使-完-現

你錯了,(中18b7)

17-15 ere ji-he-ngge beye-i baita waka,

這 來-完-名 自己-屬 事情 不是

這來意不是自己的事,(中18b7)

17-16 guqu -i jalin kai,

朋友 屬 理由 啊

爲的是朋友啊,(中18b7-19a1)

17-17 imbe majige baktambu-re de geli ai waji-mbi se-me,

他.賓 稍微 包容-未 位 又 什麼 完結-現 助-并

1 beyebe beye:雙峰閣本作beyei beye。

就略容着他些又費了什麼，（中19a1）

17-18 ini ele-re ebsihei akxula-me beqe-re be kiri-me,

他.屬 足够-未 儘量 罵-并 責備-未 賓 忍耐-并

所以忍着他的盡量痛責，（中19a1-2）

17-19 emu jilgan tuqi-ke-kv,

一 聲音 出-完-否

一聲也不哼，（中19a2）

17-20 ijisakvn -i ali-me gai-ha,

温順 工 接-并 受-完

順順的領受了，（中19a2-3）

17-21 geli kejine goida-me te-fi,

又 很 長久-并 坐-順

又坐了好一會，（中19a3）

17-22 tere.i arbun be tuwa-fi,

他.屬 形象 賓 看-順

看他的光景，（中19a3）

17-23 iqi aqabu-me elheken -i bai-re jakade,

順應 相合-并 慢慢 工 求-未 因爲

順着他慢慢的央求，（中19a3-4）

17-24 arkan teni uju gehexe-he,

好不容易 纔 頭 點-完

剛剛的纔點了頭了，（中19a4）

17-25 si gvni-me tuwa,

你 想-并 看.祈

你想着瞧，（中19a4-5）

17-26 mini jili majige hahi oqi,

我.屬 怒氣 稍微 緊迫 若是

我的性子要略急些，（中19a5）

17-27 sini baita faijuma bi-he waka-u?

你.屬 事情 怪異 有-**完** 不是-**疑**

你的事情不有些不妥當了嗎？（中19a5-6）

第18條

18-1[A] sikse erde ili-ha manggi,

昨天 早上 起來-**完** 之後

昨日清早起来，（中19a7）

18-2 bou-i dolo dembei farhvn,

家-**屬** 裏面 非常 暗

屋裏狠黑，（中19a7）

18-3 bi ainqi kemuni gehun gere-re unde aise se-me,

我 也許 尚且 大 亮-**未** 尚未 想必 **助-并**

我説想是天還没狠亮，（中19a7-19b1）

18-4 hvwa de tuqi-fi tuwa-qi,

院子 **位** 出-**順** 看-**條**

出院子裏看，（中19b1）

18-5 dule luk se-me tulhuxe-he ni,

原來 天陰貌 **助-并** 天陰-**完** 呢

原來陰的漆黑，（中19b1-2）

18-6 dere obo-fi teni yamula-ki se-re de,

臉 洗-**順** 纔 上衙門-**祈** 想-**未** **位**

洗了臉纔要上衙門，（中19b2）

18-7 sebe saba aga -i sabdan tuhe-nji-he，

點 點 雨 屬 滴 落下-來-完

一點兩點的下雨了，（中19b3）

18-8 baji aliya-ra siden-de，

一會 等-未 期間-位

略等了一會，（中19b3）

18-9 xor se-me asuki tuqi-ke-bi，

淅瀝貌 助-并 聲音 響-完-現

下响了，（中19b3-4）

18-10 geli majige te manggi，

又 稍微 坐.祈 之後

又坐了一坐兒，（中19b4）

18-11 emu hvntahan qai omi-ha bi-qi，

一 杯 茶 喝-完 有-條

吃了一鍾茶的空兒，（中19b4-5）

18-12 gaitai kiyatar se-me emgeri akjan akja-me，

突然 雷鳴貌 助-并 一次 雷 響-并

忽然一聲打起焦雷，（中19b5）

18-13 hungkir se-me aga-me deribu-he，

下暴雨貌 助-并 下雨-并 開始-完

下起盆傾大雨來了，（中19b5-6）

18-14 bi ere bai emu burgin -i hukside-re dabala，

我 這 衹是 一 陣 工 下暴雨-未 罷了

我只說這不過一陣暴雨罷咧，（中19b6）

18-15　dule-ke manggi jai yo-ki se-qi,
通過-完　之後　再　走-祈　想-條
過去了再走罷，（中19b6-7）

18-16　aibi-de yamji-tala hungkere-he bi-me,
哪裏-位　晚上-至　傾注-完　有-并
那裏直傾到晚，（中19b7）

18-17　doboniu gere-tele umai naka-ha-kv,
晚上　天亮-至　全然　止-完-否
又徹夜至天明總没有住，（中19b7-20a1）

18-18　enenggi buda-i erin o-tolo,
今日　飯-屬　時候　成爲-至
到今日飯時，（中20a1）

18-19　teni buru bara xun -i elden be sabu-ha。
纔　渺　茫　太陽　屬　光　賓　看見-完
纔恍恍惚惚看見日光了。（中20a1-2）

18-20　yala erin-de aqabu-re sain aga,
真是　時機-與　相合-未　好　雨
真是應時的好雨啊，（中20a2）

18-21　gvni-qi ba ba -i usin hafu-ka-kv-ngge akv kai,
想-條　地方　地方　屬　田地　浸透-完-否-名　否　啊
想來各處的地畝没有不透的了，（中20a2-3）

18-22　bolori jeku elgiyen tumin -i bargiya-ra-kv aina-ha。
秋天　食物　豐富　富饒　工　收穫-未-否　做什麽-完
秋天的莊稼豈有不豐收的呢。（中20a3-4）

第19條

19-1[A] sini daqila-ra-ngge tere age waka-u?

你.屬 詢問-未-名 那個 阿哥 不是-疑

你打聽的不是那個阿哥麼?（中20a5）

19-2 tere se-re-ngge,

他 助-未-名

他呀,（中20a5）

19-3 fulhv -i dorgi suifun kai,

口袋 屬 中間 錐子 啊

是囊中之錐啊,（中20a5-6）

19-4 atanggi bi-qibe,

什麽時候 有-讓

幾時,（中20a6）

19-5 urunakv qolgoro-me tuqi-mbi,

必定 超群-并 出-現

必要出頭,（中20a6）

19-6 turgun ai se-qi,

原因 什麽 説-條

甚麽緣故呢,（中20a6-7）

19-7 banitai ujen jingji ambula taqi-ha-bi,

本性 沉 厚 很 學-完-現

生來的沉静博學,（中20a7）

19-8 yabu-qi durun axxa-qi kemun,

做-條 規範 動-條 規則

行動是榜樣準則,（中20a6-20b1）

19-9 alban de o-qi emu julehen -i yabu-mbi,

公務 **位** 成爲-**條** 一 意志 **工** 走-**現**

差事上一拿步兒的走，（中20b1）

19-10 bou-de o-qi emu suihen -i banji-mbi,

家-**位** 成爲-**條** 一 心 **工** 生活-**現**

居家呢一樸心兒的過，（中20b1-2）

19-11 yargiyan -i ajige haqin demun akv,

確實 **工** 少許 種類 怪樣 **否**

實在的没有一點毛病，（中20b2）

19-12 ama eme de hiyouxungga,

父 母 **與** 孝順

父母跟前孝順，（中20b2-3）

19-13 ahvn deu de haji,

兄 弟 **與** 親切

兄弟之間親熱，（中20b3）

19-14 ere da-de guqu gargan[1] de umesi karaba,

這 原本-**位** 朋 友 **與** 非常 親切

况且朋友裏頭狠護衆，（中20b3-4）

19-15 yaya we inde emu baita yandu-re de,

凡是 誰 他.**與** 一 事 委託-**未** **與**

不拘誰托他一件事，（中20b4）

19-16 ali-me gai-ra-kv oqi waji-ha,

接-**并** 受-**未**-**否** 若是 完結-**完**

不應就罷了，（中20b4-5）

---

1 gargan：雙峰閣本作garhan。

19-17 uju gehexe-he se-he-de,

頭 點-**完** 說-**完**-**位**

要說是點了頭，（中20b5）

19-18 urunakv beye sisa-fi sini funde faqihiyaxa-mbi,

必定 身體 投入-**順** 你.**屬** 代替 努力-**現**

必然撲倒身子替你設措，（中20b5-6）

19-19 mute-bu-ra-kv o-qi naka-ra kouli akv,

實現-**使**-**未**-**否** 成爲-**條** 中止-**未** 理由 **否**

不成不肯歇手，（中20b6）

19-20 uttu ofi, we imbe kundule-ra-kv,

這樣 因爲 誰 他.**賓** 尊敬-**未**-**否**

因此誰不敬他，（中20b6-7）

19-21 we hanqi o-ki se-ra-kv,

誰 近 成爲-**祈** 想-**未**-**否**

誰不要親近他，（中20b7）

19-22 sain niyalma abka harxa-mbi se-he-bi,

好 人 天 生長-**現** 說-**完**-**現**

有吉人天相之說，（中20b7-21a1）

19-23 enteke niyalma mekele banji-fi untuhuri waji-re ai-bi,

這樣 人 枉然 生活-**順** 徒然 完結-**未** 什麼-有

這樣的人豈有虛生空完的呢，（中21a1）

19-24 abka urunakv hvturi isibu-re dabala。

天 必定 福 送到-**未** 罷了

天必降福罷了。（中21a1-2）

第20條

20-1[A] eqimari qeni bithe xejile-bu-qi,
今天早上 他們.**屬** 書 背誦-**使**-**條**
今日早起叫他們皆[1]書，（中21a3）

20-2 emke，emke qi eshun，
一個 一個 **從** 生疏
一個比一個生，（中21a3）

20-3 ek ek se-me gahvxa-me，
口吃貌 **助**-**并** 張口-**并**
哼啊哼的張着嘴，（中21a3-4）

20-4 deng deng se-me ilinja-mbi，
咯噔不暢貌 **助**-**并** 止住-**現**
格蹬格蹬的打磕拌，（中21a4）

20-5 tede bi takasu，
那.**位** 我 停.**祈**
那上頭我説暫住，（中21a4）

20-6 mini gisun be donji，
我.**屬** 話語 **賓** 聽.**祈**
聽我的話，（中21a4-5）

20-7 suwe manju bithe be hvla-qi tetendere，
你們 滿洲 書 **賓** 讀-**條** 既然
你們既念清書，（中21a5）

---

1 皆：《新刊清文指要》（上22b6）作“背”，此處或爲誤字。

20-8 uthai emu julehen -i taqi-qina,

就 一 心意 工 學-祈

就一拿步兒學是呢，（中21a5-6）

20-9 ere gese ton ara-me untuhun gebu gai-qi,

這 一樣 數量 做-并 空虛 名字 取-條

像這樣充着數兒沽虛名，（中21a6）

20-10 atanggi dube da,

什麽時候 尖端 原本

幾時纔有頭緒，（中21a6-7）

20-11 yala suwe inenggi biya be untuhuri mana-bu-ha se-re anggala,

真是 你們 日子 月份 賓 空虛 度過-使-完 助-未 而且

可是説的不但你們虛度光陰，（中21a7）

20-12 bi inu mekele hvsun baibu-ha se-qina,

我 也 徒然 力氣 必要-完 説-祈

我也是徒然費力啊，（中21a7-21b1）

20-13 eiqi suweni beye-be suwe sarta-bu-ha se-mbi-u?

或者 你們 自己-賓 你們 耽誤-使-完 説-現-疑

還算是你們自己誤了自己？（中21b1-2）

20-14 eiqi bi suwebe touka-bu-ha se-mbi-u?

或者 我 你們.賓 耽擱-使-完 説-現-疑

或是算我誤了你們呢？（中21b2）

20-15 qiksi-ka amba haha oso nakv,

長大-完 大 男人 成爲.祈 之後

已成了壯年的大漢子，（中21b2-3）

20-16 hendu-tele geli uttu xan de donji-re gojime,

說-至 又 那樣 耳朵 位 聽-未 雖然

説着説着又這樣耳朵裏聽了，（中21b3）

20-17 gvnin de tebu-ra-kv-ngge,

心 位 放置-未-否-名

心裏廢棄的光景，（中21b3-4）

20-18 dere jaqi silemin bai,

臉 甚 皮實 啊

太皮臉了啊，（中21b4）

20-19 mini ere gosihon[1] gisure-re be,

我.屬 這 苦 說-未 賓

把我這苦口的話，（中21b4）

20-20 suwe ume gejenggi se-re,

你們 不要 囉嗦 說-未

你們別説嘴碎，（中21b5）

20-21 ume fiktu bai-mbi se-re,

不要 嫌隙 求-現 說-未

別説尋趁，（中21b5）

20-22 te bi-qibe, mini beye alban ka-me,

現在 有-讓 我.屬 自己 公務 擔當-并

即如我當了差，（中21b5-6）

20-23 funqe-he xolo de,

剩下-完 空閑 位

---

1 gosihon：雙峰閣本作gosihv。

剩的空兒，（中21b6）

20-24 majige erge-qi oihori,

稍微 休息-條 疏忽

受用受用何等的好呢，（中21b6-7）

20-25 baibi suwembe qanggi ere tere se-re-ngge,

衹管 你們.賓 僅是 這 那 説-未-名

只管合你們這樣那樣的，（中21b7）

20-26 ai hala?

什麼 姓

爲什麼呢？（中21b7）

20-27 ineku giranggi yali ofi,

本來 骨 肉 因爲

也因爲是骨肉，（中21b7-22a1）

20-28 suwembe hvwaxa-kini,

你們.賓 長大-祈

叫你們出息，（中22a1）

20-29 niyalma o-kini se-re gvnin kai,

人 成爲-祈 助-未 意念 啊

叫你們成人的意思啊，（中22a1）

20-30 aina-ra,

做什麼-未

可怎麼樣呢，（中22a1-2）

20-31 bi gvnin akvmbu-me taqibu-re de,

我 心 竭盡-并 教導-未 位

我該盡心教的，（中22a2）

20-32 giyan be dahame[1] taqibu-qi waji-ha,
道理 賓 跟隨 教導-條 完結-完
按着理教就完了，（中22a2）

20-33 donji-re donji-ra-kv-ngge suweni qiha dabala,
聽-未 聽-未-否-名 你們.屬 任憑 罷了
聽不聽隨你們罷了，（中22a2-3）

20-34 mimbe aina se-mbi?
我.賓 做什麽.祈 説-現
叫我怎麽樣呢？（中22a3）

第21條

21-1[A] waka,
不是
不是啊，（中22a4）

21-2 sini ere absi se-re-ngge,
你.屬 這 怎樣 説-未-名
你這是怎麽説，（中22a4）

21-3 inenggi-dari ebi-tele jefu manggi,
日子-每 飽-至 吃.祈 之後
終日吃的飽飽的，（中22a4）

21-4 fifan tenggeri be tebeliye-hei fithe-re-ngge,
琵琶 弦 賓 抱-持 彈-未-名
抱着琵琶弦子彈的光景，（中22a4-5）

---

1 be dahame：二詞聯用意爲“因爲”。

21-5 aika alban se-me-u?

什麼 公務 想-**現-疑**

還算是差事啊?（中22a5）

21-6 gebu gai-ki se-mbi-u?

名字 取-**祈** 想-**現-疑**

還要成名嗎?（中22a5-6）

21-7 eiqi ede akda-fi banji-ki se-mbi-u?

或者 這.**與** 靠-**順** 生活-**祈** 想-**現-疑**

或者要仗着這個過日子啊?（中22a6）

21-8 muse jabxan de manju ofi,

咱們 幸而 **位** 滿洲 因爲

咱們幸而是滿洲,（中22a6-7）

21-9 jete-re-ngge alban -i bele,

吃-**未-名** 官 **屬** 米

吃的是官米,（中22a7）

21-10 baitala-ra-ngge qaliyan -i menggun,

使用-**未-名** 錢糧 **屬** 銀子

使的是帑銀,（中22a7）

21-11 bou-i gubqi ujui hukxe-he bethei fehu-he-ngge,

家-**屬** 全部 頭 頂戴-**完** 脚 踏-**完-名**

闔家頭頂脚踩的,（中22a7-22b1）

21-12 gemu ejen -i kesi de baha-ngge,

都 天子 **屬** 恩惠 **位** 得到.**完-名**

都是拖着主子的恩典得的,（中22b1-2）

21-13 erdemu be taqi-ra-kv,

才藝 **賓** 學-**未**-**否**

不學本事，（中22b1）

21-14 alban de faxxa-me yabu-ra-kv oso nakv,

公務 **與** 努力-**并** 做-**未**-**否** 成爲.**祈** 之後

不當差效力，（中22b2-3）

21-15 baibi ede gvnin girkv-fi taqi-qi,

衹管 這.**位** 心思 專心-**順** 學-**條**

只管在這上頭專心去學，（中22b3）

21-16 manju be gvtu-bu-ha ai dabala,

滿洲 **賓** 耻辱-**使**-**完** 什麽 罷了

玷辱滿洲哩呀，（中22b3-4）

21-17 baitangga gvnin be baitakv ba-de faya-bu-re anggala,

有用 心 **賓** 無用 地方-**位** 費-**使**-**未** 而且

與其將有用的心思費於無用之地，（中22b4）

21-18 bithe taqi-re de isi-ra-kv,

書 學-**未** **與** 及-**未**-**否**

不如讀書啊，（中22b4-5）

21-19 uqun be taqi-ha-ngge uqe -i amala ili-mbi,

詩歌 **賓** 學-**完**-**名** 房門 **屬** 後面 站-**現**

學唱的立門僻，（中22b5）

21-20 baksi be taqi-ha-ngge bakqin de te-mbi se-he-bi,

學者 **賓** 學-**完**-**名** 對面 **位** 坐-**現** 説-**完**-**現**

學儒的坐對膝，有此一説，（中22b5-6）

21-21 ai haqin -i ferguwequke magga de isina-ha se-me,
什麼 種類 屬 珍奇 貴重 與 到達-完 助-并
就學到怎樣精良地步，（中22b6-7）

21-22 niyalma de efiku injeku ara-ra dabala,
人 與 耍戲 笑話 做-未 罷了
不過供人的頑笑罷了，（中22b7）

21-23 nantuhvn fusihvn se-re gebu qi guwe-me mute-ra-kv,
貪贜 貧賤 助-未 名字 從 免-并 可以-未-否
不能免下賤的名兒啊，（中22b7-23a1）

21-24 jingkini siden -i ba-de isina-ha manggi,
真正 公 屬 地方-與 到達-完 之後
到了正經公所，（中23a1）

21-25 fithe-re haqin be bengsen o-bu-qi o-mbi-u?
彈-未 種類 賓 本事 成爲-使-條 可以-現-疑
會彈也算得本事嗎?（中23a2）

21-26 mini gisun be temgetu akv,
我.屬 話語 賓 根據 否
要説我的話没憑據，（中23a2-3）

21-27 akda-qi o-jora-kv se-qi,
相信-條 可以-未-否 説-條
不可信，（中23a3）

21-28 ambasa hafa-sa-i dorgi-de,
大臣.複 官人-複-屬 中間-位
大人官員們裹頭，（中23a3）

21-29 ya emke fithe-re qi beye tuqi-ke-ngge,

哪 一個 彈-未 從 身體 起-完-名

那一個是從會彈出身的，（中23a3-4）

21-30 si te tuqi-bu。

你 現在 出-使.祈

你如今説出来。（中23a4）

第22條

22-1[A] age urgun kai,

阿哥 喜慶 啊

阿哥喜啊，（中23a5）

22-2 janggin sinda-ra de tomila-ha se-mbi。

章京 任命-未 位 委派-完 説-現

説是派出放章京来了。（中23a5）

22-3[B] inu,

是

是啊，（中23a5）

22-4 sikse ilga-me sonjo-ro de,

昨天 區分-并 選擇-未 位

昨日揀選，（中23a5-6）

22-5 mimbe qoho-ho。

我.賓 擬正-完

把我擬了正了。（中23a6）

22-6[A] adabu-ha-ngge we?

擬陪-完-名 誰

擬陪的是誰？（中23a6）

22-7[B] bi taka-ra-kv,

我 認識-未-否

我不認得，（中23a6）

22-8 emu gabsihiyan -i juwan -i da[1]。

一 前鋒 屬 十 屬 頭目

是一個前鋒什長。（中23a7）

22-9[A] inde qouha mudan bi-u akv-n?

他.與 兵 情勢 有-疑 否-疑

他有兵没有呢？（中23a7）

22-10[B] akv,

否

没有，（中23a7）

22-11 aba -i teile。

畋獵 屬 衹是

單有圍。（中23b1）

22-12[A] bi sini funde ure-me bodo-ho,

我 你.屬 代替 熟悉-并 籌算-完

我替你打算熟了，（中23b1）

22-13 tojin funggala hada-mbi se-me belhe,

孔雀 尾翎 釘-現 助-并 準備.祈

預備帶孔雀翎子，（中23b1-2）

22-14[B] bi ai ferguwequke,

我 什麽 奇特

1 juwan -i da：此專指“護軍營”“護軍校”。

我算什麽奇特，（中23b2）

22-15 minqi sain ningge ai yada-ra,

我.從 好 人 什麽 稀少-未

比我好的要多少，（中23b2）

22-16 urunakv baha-mbi se-me ere-qi o-mbi-u?

必定 得到-現 助-并 希望-條 成爲-現-疑

如何指望着必得呢？（中23b3）

22-17 ama mafari kesi de,

父親 祖父 恩惠 位

托着祖父，（中23b3）

22-18 jabxan de here-bu-re be boljo-qi ojo-ra-kv。

造化 與 撈-被-未 賓 預測-條 可以-未-否

僥幸撈着了也定不得。（中23b3-4）

22-19[A] ai gisun se-re-ngge,

什麽 話語 説-未-名

甚麽話呢，（中23b4）

22-20 si ai erin -i niyalma,

你 什麽 時候 屬 人

你是甚麽時候的人啊，（中23b4-5）

22-21 aniya goida-ha,

年 長久-完

年久了，（中23b5）

22-22 fe be bodo-qi,

舊時 賓 考慮-條

論陳，（中23b5）

22-23 sini emgi yabu-ha guqu-se gemu amban o-ho,
你.屬 共同 行走-完 朋友-複 全都 大臣 成爲-完
合你走的朋友都作大人了，（中23b5-6）

22-24 jai sini amala gai-ha asihata,
再 你.屬 後來 取-完 青年.複
再在你後頭挑的少年們，（中23b6）

22-25 youni sinqi enggele-he-bi,
全都 你.從 超過-完-現
都比你强了先了，（中23b6-7）

22-26 yabu-ha feliye-he be bodo-qi,
行走-完 步行-完 賓 考慮-條
論行走，（中23b7）

22-27 qouha de faxxa-ha,
兵 位 努力-完
出過兵，（中23b7）

22-28 feye baha,
傷 得到.完
得過傷，（中23b7）

22-29 tuttu bime, ne tofohon mangga[1]
那樣 而且 現在 各十五 出衆
而且現是十五善射，（中24a1）

22-30 si hendu,
你 說.祈
你説，（中24a1）

1 tofohoto mangga：此專指“十五善射”。

22-31 gvsa-de sinqi dulende-re-ngge gemu we-qi?

旗-位 你.從 超過-未-名 都 誰-從

旗下過於你的是誰?（中24a1-2）

22-32 bi sa-ha,

我 知道-完

我知道了,（中24a2）

22-33 ainqi sini urgun nure be omi-me ji-derahv se-me,

或許 你.屬 喜慶 酒 賓 喝-并 來-虛 助-并

想是恐怕來吃你的喜酒,（中24a2-3）

22-34 jortanggi uttu gisure-mbi dere。

故意 這樣 説-現 吧

故意的這們説罷咧。（中24a3）

22-35[B] ai geli,

什麽 又

豈有此理,（中24a3）

22-36 yala baha-qi,

果真 得到-條

要果然得了,（中24a3）

22-37 nure be ai-se-mbi,

酒 賓 什麽-説-現

别説酒,（中24a4）

22-38 sini gvnin de aqabu-me soli-ki。

你.屬 心意 與 相合-并 邀請-祈

合着你的主意請罷。（中24a4）

22-39[A] bai yobo makta-mbi,
祇是 玩笑 誇贊-**現**
曰[1]説着頑，（中24a4-5）

22-40 bi urgun ara-me ji-qi giyan ningge,
我 喜慶 做-**并** 來-**條** 道理 人
我該來賀喜，（中24a5）

22-41 fudarame sini-ngge be je-qi geli o-mbi-u?
反倒 你.**屬-名** **賓** 吃-**條** 又 可以-**現-疑**
倒吃你的東西也使得嗎?（中24a5-6）

第23條

23-1[A] enenggi yaka ji-he-bi-u?
今天 誰 來-**完-現-疑**
今日誰來了嗎?（中24a7）

23-2[B] age duka tuqi-me,
阿哥 門 出去-**并**
阿哥一出門，（中24a7）

23-3 dahanduhai juwe niyalma tuwa-nji-ha ji-he,
隨即 二 人 看-來-**完** 來-**完**
跟着有兩個人瞧來着，（中24a7-24b1）

23-4 age be wesi-ke se-me,
阿哥 **賓** 升遷-**完** 助-**并**
説阿哥升了，（中24b1）

1 曰：《新刊清文指要》（上26b3）作"白"，此處當爲誤字。

23-5 qohome urgun de aqa-nji-ha se-he。

特意 喜慶 **位** 相見-來-**完** 説-**完**

特來道喜。（中24b1）

23-6[A] we tuqi-fi yabu-ha?

誰 出去-**順** 行事-**完**

誰出去答應了?（中24b1-2）

23-7[B] mini beye duka-i jakade ili-ha bihe,

我.**屬** 自己 門-**屬** 跟前 站-**完** 過

我在門口站着來着,（中24b2）

23-8 bi meni ahvn bou-de akv,

我 我們.**屬** 兄長 家-**位** 否

我説我哥哥不在家,（中24b2-3）

23-9 louye-sa dosi-fi te-ki se-me anahvnja-qi,

老爺-**複** 進入-**順** 坐-**祈** **助-并** 謙讓-**條**

讓老爺們進去坐坐,（中24b3）

23-10 farxa-me dosi-ra-kv,

拼命-**并** 進入-**未-否**

斷不進來,（中24b3-4）

23-11 amasi gene-he。

返回 去-**完**

回去了。（中24b4）

23-12[A] ai gese niyalma,

什麽 樣子 人

什麽樣的人啊?（中24b4）

23-13 adarame banji-ha-bi,

怎麼 生長-完-現

怎麼個長像兒？（中24b4）

23-14[B] emke yalihangga,

一個 臃胖

一個胖子，（中24b4-5）

23-15 age qi majige dekdehun,

阿哥 從 稍微 高大

比阿哥略猛些，（中24b5）

23-16 beye teksin,

身體 整齊

匀溜身子，（中24b5）

23-17 xufangga salu,

絡腮 鬍鬚

連鬢鬍子，（中24b5）

23-18 yasa bultahvn,

眼睛 突出

豹子眼，（中24b5-6）

23-19 fahala qira,

青紫色 顏色

紫棠色，（中24b6）

23-20 tere emke yala yobo,

那 一個 真是 好笑

邵[1]一個真可笑，（中24b6）

23-21 nantuhvn manggi fuhali tuwa-qi o-jora-kv,

髒 既 完全 看-條 可以-未-否

髒的竟瞧不得，（中24b6-7）

23-22 yasa gakda bi-me hiyari,

眼睛 單個 有-并 斜眼

一隻眼又邪着，（中24b7）

23-23 kerkene-he kerkeri,

滿臉麻子-完 麻子

醬稠的麻子，（中24b7）

23-24 hoshori salu,

捲曲 鬍鬚

倒捲着的鬍子，（中24b7-25a1）

23-25 tere-i demun -i mini baru emgeri gisure-re jakade,

那個-屬 異樣 工 我.屬 向 一次 説-未 因爲

那個樣子望着我一説話，（中25a1）

23-26 bi elekei busa se-me inje-he。

我 幾乎 噴吐貌 助-并 笑-完

我幾乎没有笑出來。（中25a1-2）

23-27[A] tere yalihangga bi sa-ha,

那個 雍胖 我 知道-完

那個胖子我知道了，（中25a2）

23-28 ere emke geli we bi-he。

這 一個 又 誰 有-完

---

1 邵：雙峰閣本作“那”。

這一個又是誰呢。（中25a2）

23-29[B] bi qeni hala be fonji-ha bihe,

我 他們.屬 姓 賓 問-完 過

我問他們的姓來着，（中25a2-3）

23-30 minde emte justan gebu jergi ara-ha bithe weri-he-bi,

我.與 人.分 條 名字 品級 寫-完 書 留-完-現

每人給我留了一個職名，（中25a3-4）

23-31 bi gaji-fi age de tuwa-bu-re。

我 拿來-順 阿哥 與 看-使-未

我拿來給阿哥看。（中25a4）

23-32[A] ara,

哎呀

哎呀，（中25a4）

23-33 ere suisi-re-ngge aibi-qi ji-he,

這個 受罪-未-名 哪裏-從 來-完

這個孽障起那裏來了，（中25a4-5）

23-34 si tere be ume yokqin akv se-me,

你 他 賓 不要 醜陋 否 助-并

你别説他不成材料，（中25a5）

23-35 ja tuwa-ra,

輕 看-未

輕看了他，（中25a5）

23-36 beye giru udu waiku daikv bi-qibe,

身體 外貌 即使 歪 扭曲 有-讓

身量雖然歪邪，（中25a6）

23-37 fi de sain,

筆 位 好

筆下好，（中25a6）

23-38 dotori bi,

才能 有

有内囊，（中25a6）

23-39 imbe jono-ho de we sar-kv,

他.賓 提起-完 位 誰 知道.未-否

提起他来誰不知道，（中25a7）

23-40 aifini gebu gai-ha,

早就 名字 獲得-完

早有了名了，（中25a7）

23-41 seibeni oihori koikaxa-mbihe kai。

曾經 輕率 混攪-過 啊

夙昔何等的攪混過的來着啊。（中25a7-25b1）

第24條

24-1[A] meni juwe nofi,

我們.屬 二 人

我們兩個人，（中25b2）

24-2 da-qi banji-re sain bi-me,

原本-從 生活-未 好 有-并

原相好，（中25b2）

24-3 te geli ududu ursu niyaman dari-bu-ha-bi,

現在 又 許多 層 親戚 經過-使-完-現

如今又有好幾層親，（中25b2-3）

24-4 utala aniya baha-fi sabu-ha-kv se-me,

好多 年 得到-順 看見-完-否 助-并

因多少年没得見，（中25b3）

24-5 bi qouha-i ba-qi amasi isinji-ha de,

我 軍隊-屬 地方-從 返回 到來-完 位

我從出兵的地方回來，（中25b3-4）

24-6 uthai imbe baiha-na-fi kidu-ha jongko be gisure-ki se-mbihe,

就 他.賓 訪問-去-順 想念-完 思念 賓 説-祈 助-過

就要我[1]了他去叙叙想念的情况來着，（中25b4-5）

24-7 gvni-ha-kv baita de sidere-bu nakv,

想-完-否 事情 與 糾纏-被.祈 之後

不略被事絆住，（中25b5）

24-8 fuhali xolo baha-kv,

完全 空閑 得到.完-否

總没得工夫，（中25b5）

24-9 sikse ildun de ini bou-de dari-fi fonji-qi,

昨天 順便 位 他.屬 家-位 通過-順 尋問-條

昨日順便到他家問起來，（中25b6）

24-10 guri-fi kejine goida-ha,

搬-順 很 長久-完

搬去許久了，（中25b6）

24-11 ne siyou giyai dolo,

現在 小 街 裏面

---

1 我：《新刊清文指要》（上28a6-7）作“找”，此處當爲誤字。

説現在小街裏頭，（中25b7）

24-12 wargi ergi genqehen -i murihan de te-he-bi se-mbi,

西 周邊 根 屬 彎曲 位 住-完-現 助-現

西邊轉彎處住着呢，（中25b7）

24-13 ala-ha songkoi bai-me gene-fi tuwa-qi,

告訴-完 依照 求-并 去-順 看-條

照着告訴的話我[1]了去瞧，（中26a1）

24-14 umesi koqo wai,

很 彎彎 曲曲

狠背的小地方，（中26a1）

24-15 duka yaksi-fi bi,

門 閉-順 有

關着門呢，（中26a1）

24-16 duka nei-qi se-me hvla-qi,

門 開-條 助-并 叫-條

叫開門呢，（中26a2）

24-17 umai jabu-re niyalma akv,

全然 回答-未 人 否

總没人答應，（中26a2）

24-18 geli duka toksi-me kejine hvla-ha manggi,

又 門 敲-并 許久 叫-完 之後

又敲着門叫了好一會，（中26a2-3）

24-19 emu sakda se-me tatak se-me tuqi-ke,

一 老人 助-并 磕絆貌 助-并 出-完

---

1 我：《新刊清文指要》（上28b4-5）作“找”，此處當爲誤字。

一個老婆子磕磕絆絆的出來了,（中26a3）

24-20 meni ejen bou-de akv,

我.屬 主人 家-位 否

説我的主兒不在家,（中26a4）

24-21 gvwa ba-de yo-ha se-mbi,

其他 地方-與 去-完 助-現

往别處去了,（中26a4）

24-22 bi sini louye amasi ji-he manggi ala,

我 你.屬 老爺 往後 來-完 之後 告訴.祈

我説你老爺回來告訴,（中26a4-5）

24-23 mimbe tuwa-nji-ha se se-re de,

我.賓 看-來-完 説.祈 助-未 位

説我看來了,（中26a5）

24-24 xan umesi jigeyen,

耳朵 很 遠

耳朵狠沉,（中26a5-6）

24-25 fuhali donji-ha-kv,

全然 聽-完-否

總没聽見,（中26a6）

24-26 tuttu ofi bi arga akv,

那樣 因爲 我 辦法 否

所以我没法兒,（中26a6）

24-27 qeni adaki ajige puseli de fi yuwan bai-fi,

他們.屬 隔壁 小 店鋪 位 筆 硯 求-順

合他門間壁小鋪兒裏尋了個筆硯,（中26a6-7）

24-28 meni gene-he ba-be bithele-fi weri-he。

我.屬 去-完 地方-賓 寫-順 留-完

把我去了的話寫了個字兒留下了。（中26a7-26b1）

第25條

25-1[A] age iqe aniya amba urgun kai。

阿哥 新 年 大 喜慶 啊

阿哥新年大喜啊。（中26b2）

25-2[B] je,

是

是，（中26b2）

25-3 ishunde urgun o-kini。

互相 喜慶 成爲-祈

同喜啊。（中26b2）

25-4[A] age te-ki。

阿哥 坐-祈

阿哥請坐。（中26b3）

25-5[B] aina-mbi,

做什麽-現

作什麽？（中26b3）

25-6[A] age de aniya-i doro-i hengkile-ki,

阿哥 與 年-屬 禮儀-屬 叩頭-祈

給阿哥拜年。（中26b3）

25-7[B] ai gisun se-re-ngge。

什麽 話 説-未-名

什麼話呢。（中26b3-4）

25-8[A] sakda ahvn kai,
老 兄長 啊
老長兄啊，（中26b4）

25-9 hengkile-re-ngge giyan waka se-me-u?
叩頭-**未-名** 道理 錯誤 **助-并-疑**
不該當磕頭的嗎？（中26b4）

25-10 je,
是
喈，（中26b4）

25-11 hafan hali wesi-kini,
官 吏 上升-**祈**
升官，（中26b4-5）

25-12 juse dasu fuse-kini,
子 女 生養-**祈**
多養兒子，（中26b5）

25-13 bayan wesihun banji-kini,
富 貴 生活-**祈**
過富貴日子。（中26b5）

25-14 age ili,
阿哥 站.**祈**
阿哥起來，（中26b5）

25-15 wesifi te。
向上 坐.**祈**
上去坐。（中26b6）

25-16[B] baleni buju-ha hoho efen[1] udu fali jefu。

現成 煮-完 豆莢 餅 幾 碟 吃.祈

現成的煮餃子吃幾個。（中26b6）

25-17[A] bi bou-qi je-fi tuqi-ke,

我 家-從 吃-順 出-完

我從家裏吃了出來的。（中26b6-7）

25-18[B] je-ke-ngge tuttu ebi-he-bi-u?

吃-完-名 那様 飽-完-現-疑

吃的那様飽嗎？（中26b7）

25-19 asihata teike je-ke se-me uthai yadahvxa-mbi-kai,

青年.複 剛纔 吃-完 助-并 就 餓-現-啊

年青的人就是纔吃了也就餓啊，（中26b7-27a1）

25-20 si ainqi manggaxa-mbi dere。

你 或許 羞-現 罷了

你想是爲難罷咧。（中27a1）

25-21[A] yargiyan,

當真

實在，（中27a1）

25-22 age -i bou-de bi geli antahara-mbi-u?

阿哥 屬 家-位 我 又 客氣-現-疑

阿哥的家裏我還裝假嗎？（中27a1-2）

25-23 gelhun akv holto-ra-kv。

敢 否 撒謊-未-否

1 hoho efen：此爲固定用法，專指“餃子”。

不敢撒謊。（中27a2）

25-24[B] je waji-ha,

是 完結-完

咢罷了，（中27a2）

25-25 qai aqa-bu-fi benju。

茶 適應-使-順 拿來.祈

對茶送來。（中27a2-3）

25-26[A] age bi omi-ra-kv,

阿哥 我 喝-未-否

阿哥我不喝[1]。（中27a3）

25-27[B] ainu?

怎麼

怎麽？（中27a3）

25-28[A] bi kemuni gvwa-i ba-de dari-ki se-mbi,

我 還要 其他-屬 地方-與 去-祈 想-現

我還要到别處去，（中27a3-4）

25-29 gene-qi aqa-ra bou labdu,

去-條 應該-未 家 多

應去的人家多，（中27a4）

25-30 onggo-fi xada-fi jai gene-me o-ho-de,

忘記-順 遲-順 再 去-并 成爲-完-位

忘了乏了再去的時候，（中27a4-5）

---

1 喝：雙峰閣本作“哈”。

25-31 niyalma gemu gvninja-ra de isina-mbi,

人 都 思索-未 與 以至於-現

人都犯思量了,（中27a5）

25-32 age uthai jefu,

阿哥 就 吃.祈

阿哥就吃,（中27a5）

25-33 mimbe ume fude-re,

我.賓 不要 送行-未

别送我,（中27a5-6）

25-34 amtan gama-rahv,

味道 拿-虛

看帶了滋味去。（中27a6）

25-35[B] ai geli,

什麽 又

豈有此理,（中27a6）

25-36 uqe be tuqi-ra-kv kouli bi-u,

房門 賓 出-未-否 道理 有-疑

那裏有不出房門的禮?（中27a6-7）

25-37 je, xada-ha kai,

是 疲乏-完 啊

咢乏了,（中27a7）

25-38 ji-fi untuhusaka,

來-順 空乏

來了空空兒的,（中27a7）

25-39 qai inu omi-ra-kv,
茶 也 喝-未-否
茶也不喝[1]，（中27a7）

25-40 bou-de isina-ha manggi,
家-與 到達-完 以後
到家裏説，（中27a7-27b1）

25-41 sain be fonji-ha se。
好 賓 問-完 助.祈
我問好了。（中27b1）

第26條

26-1[A] sain baita be yabu-mbi se-he-ngge,
好 事情 賓 做-現 助-完-名
作好事啊，（下1a1）

26-2 musei akvmbu-qi aqa-ra hiyouxun deuqin tondo akdun -i
咱們.屬 盡力-條 應該-未 孝 悌 忠 信 屬
jergi haqin be hendu-he-bi,
同等 種類 賓 説-完-現
説的是咱們當盡的孝悌忠信之類，（下1a1-2）

26-3 gemu damu fuqihi enduri be dobo-ro,
都 衹是 佛 神 賓 供-未
并非全在供神佛，（下1a2-3）

1 喝：雙峰閣本作“哈”。

26-4 hvwaxan douse de ulebu-re de bi-sire-ngge waka,

和尚 道士 與 款待-未 位 有-未-名 不是

齋僧道，（下1a3-4）

26-5 duibuleqi ehe be yabu-re urse,

比如說 壞 賓 做-未 人們

比方說作惡的人，（下1a4）

26-6 ai haqin -i xayola-me,

什麼 種類 屬 吃素-并

任憑怎樣的吃素，（下1a4-5）

26-7 jugvn juki-ha dougan[1] qa-ha se-me,

路 修-完 橋 搭-完 助-并

補路修橋，（下1a5）

26-8 ini weile be su-qi o-mbi-u?

他.屬 罪 賓 解脫-條 可以-現-疑

豈能解他的罪呢？（下1a5-6）

26-9 udu fuqihi enduri se-me,

雖然 佛 神 助-并

就是神佛，（下1a6）

26-10 hvturi isibu-me banjina-ra-kv kai,

福 達到-并 生成-未-否 啊

也不便降福啊，（下1a6-7）

26-11 xayola-ra urse,

吃素-未 人們

1 dougan：雙峰閣本作douhan。

吃素的，（下1a7）

26-12 abka-i[1] tanggin de tafa-mbi，

天-屬 路 位 昇-現

游天堂，（下1a7）

26-13 ergengge wa-ra-ngge，

生物 殺-未-名

殺[2]牲的，（下1a7-1b1）

26-14 na -i gindana de tuxa-mbi se-re，

地 屬 牢獄 位 遇到-現 助-未

下地獄的，（下1b1）

26-15 hala haqin -i gisun，

各個 種類 屬 話語

各樣話，（下1b1）

26-16 gemu hvwaxan douse -i angga hetumbu-re kanagan[3]，

都 和尚 道士 屬 口 糊口-未 借口

都是僧道借着糊口的托詞，（下1b1-2）

26-17 hiri akda-qi o-mbi-u?

絕對 靠-條 可以-現-疑

豈可深信？（下1b2）

26-18 qe aika uttu tuttu se-re nimequke gisun -i，

他們 如果 這樣 那樣 説-未 厲害 話語 工

他們要不拿着怎長怎短的利害話，（下1b3）

---

1 abkai：雙峰閣本作abka i。

2 殺：雙峰閣本作“宰”。

3 hetumbure kanagan：雙峰閣本作sulfara kanagan。

26-19 niyalma be jalida-me hoxxo-ra-kv,

人 賓 使奸計-并 騙哄-未-否

誆騙人，（下1b3-4）

26-20 fuqihi xajin be daha-me,

佛 律法 賓 隨從-并

遵着佛教，（下1b4）

26-21 juktehen -i duka be yaksi-fi,

廟 屬 門 賓 關閉-順

關着廟門，（下1b4-5）

26-22 ekisaka maqihi jafa-ra nomun hvla-ra o-qi,

安静 戒律 持-未 經典 讀-未 成爲-條

静静的持齋念經，（下1b5）

26-23 je-qi je-tere-ngge akv,

吃-條 吃-未-名 否

就要吃没有吃的，（下1b5-6）

26-24 etu-qi etu-re-ngge akv o-mbi-kai,

穿-條 穿-未-名 否 成爲-現-啊

要穿没有穿的[1]，（下1b6）

26-25 we qembe uji-mbi,

誰 他們.賓 養-現

誰養贍[2]他們呢，（下1b6）

26-26 edun ukiye-me banji se-mbi-u?

風 喝-并 生活.祈 説-現-疑

1 的：雙峰閣本後有“了”。

2 贍：雙峰閣本作“活”。

喝風度日麼[1]？（下1b6-7）

第27條

27-1[A] sakda amban erdemu daqun kafur se-mbi,

老 大臣 才能 敏捷 決斷貌 **助-現**

老大人才情敏捷決斷，（下2a1）

27-2 yaya baita isinji-me jaka,

所有 事 到來-**并** 之後

凡事一到，（下2a1）

27-3 uthai giyan fiyan -i[2] iqihiya-bu-mbi,

就 道理 顏色 **工** 處理-**使**-**現**

就教辦的有條有理，（下2a2）

27-4 ere da-de dolo getuken niyalma be taka-mbi,

這 原本-**位** 心 正確 人 **賓** 認識-**現**

而且心裏明白認的[3]人，（下2a2-3）

27-5 sain ehe be ini yasa de fuhali ende-ra-kv,

善 恶 **賓** 他.**屬** 眼睛 **位** 全然 欺騙-**未**-**否**

好歹斷然瞞不過他的眼睛[4]去，（下2a3）

27-6 alban de kiqebe yebken asiha-ta be watai gosi-mbi,

公務 **與** 謹慎 英俊 年輕人-**複** **賓** 狠狠 慈愛-**現**

極憐愛差事勤、少年的英俊人，（下2a3-4）

---

1 喝風度日麼：雙峰閣本作“叫欱着風過日子嗎”。

2 giyan fiyan -i：此爲固定用法，意爲“按照順序”。

3 的：雙峰閣本作“得”。

4 睛：雙峰閣本作“精”。

27-7 wesi-re forgoxo-ro ba-de isina-ha manggi,

上升-未 轉換-未 地方-與 到達-完 之後

到了升轉的去處，（下2a4-5）

27-8 meihere-me daha-bu-mbi se-qina,

擔當-并 聽從-使-現 說-祈

只說是提拔保薦罷，（下2a5）

27-9 aikabade alban de bulqakvxa-me,

如果 公務 位 懶惰-并

要是差事上滑懶[1]，（下2a5-6）

27-10 dede dada[2] sain sabu-bu-me,

不 穩重 好 看見-使-并

抖抖搜搜的獻好，（下2a6）

27-11 jabxan be bai-me yabu-re o-ho-de,

便宜 賓 求-并 做-未 成爲-完-位

希圖僥幸，（下2a6-7）

27-12 tede farkan se-me bodo,

那.位 發昏 助-并 籌算.祈

可打算着在他的跟前發昏罷[3]，（下2a7）

27-13 nambu-ha se-he-de ja sinda-ra kouli akv,

拿獲-完 說-完-位 容易 放-未 道理 否

要說撈把[4]着了斷無[5]輕放的規矩，（下2a7-2b1）

---

1 滑懶：雙峰閣本作“滑”。

2 dede dada：二詞各自無實際意義，聯用意爲“輕狂，不穩重”。

3 在他的跟前發昏罷：雙峰閣本作“昏在他跟前罷”。

4 把：雙峰閣本無此字。

5 無：雙峰閣本作“没”。

27-14 hendu-re gisun uttu,

說-未 話語 這樣

說的話是這樣，（下2b1）

27-15 deu-te inenggi-dari yasa tata-fi[1] xa-me tuwa-me,

弟弟-複 日子-每 眼睛 拉扯-順 瞧-并 看-并

兄弟們終日眼巴巴的盼望，（下2b1-2）

27-16 minde akda-fi niyalma hvwaxabu-mbi kai[2],

我.與 賴-順 人 完成-現 啊

要仗着我成人，（下2b2）

27-17 tukiye-qi aqa-ra-ngge be tukiye-ra-kv,

推薦-條 應該-未-名 賓 推薦-未-否

要是應薦舉的不薦舉，（下2b3）

27-18 jafata-qi aqa-ra-ngge be jefata-ra-kv o-qi,

約束-條 應該-未-名 賓 約束-未-否 成爲-條

應約束的不約束，（下2b3-4）

27-19 sain niyalma aide huwekiye-mbi ehe niyalma aide ise-mbi se-mbi,

好 人 爲什麽 發奮-現 壞 人 爲什麽 畏懼-現 助-現

如何能勸善懲惡呢，（下2b4-5）

27-20 banitai gvnin tondo angga sijirhvn,

本性 心 公正 口 真言

生成的心直口快[3]，（下2b5）

---

1 tatafi：雙峰閣本作hadahai。

2 hvwaxabumbi kai：雙峰閣本作hvwaxabumbikai。

3 心直口快：雙峰閣本作“心正口直”。

27-21 gisun yabun tob hoxonggo,

話語 行爲 端正 方正

説話行事因爲端方[1]，（下2b5-6）

27-22 niyalma gemu hungkere-me gvnin daha-fi,

人 都 傾服-**并** 心 隨從-**順**

所以人都傾心賓[2]服，（下2b6）

27-23 ishunde huwekiyendu-me julesi faqihiyaxa-me hvsun bu-mbi。

互相 發奮-**并** 往前 努力-**并** 力 給-**現**

彼此勸勉向前努力[3]啊。（下2b6-7）

第28條

28-1[A] fe be amqa-bu-ha niyalma,

以前 **賓** 追趕-**使**-**完** 人

趕上舊時候的人[4]，（下3a1）

28-2 qingkai enqu,

完全 異樣

總是不同，（下3a1）

28-3 niyalma be aqa-ha de keu se-me haji halhvn,

人 **賓** 遇見-**完** **位** 親熱 **助**-**并** 關係 好

見了人極其親熱，（下3a1-2）

28-4 emu ba-de te-qe-fi,

一 地方-**位** 坐-**齊**-**順**

---

1 方：雙峰閣本作“正”。

2 賓：雙峰閣本作“實”。

3 向前努力：雙峰閣本作“努力向前”。

4 人：雙峰閣本後有“啊”。

坐在一處，（下3a2）

28-5 bithe qahan taqin fonjin be leule-mbihe-de,

書 文書 學 問 賓 討論-過-位

論起書籍學問来，（下3a2-3）

28-6 watai urgunje-mbi,

很 歡樂-現

非常的喜歡，（下3a3）

28-7 yar se-me xun dosi-tala gisure-he se-me xada-ra ba inu akv,

屢屢貌 助-并 白天 陷入-至 説-完 助-并 累-未 地方 也 否

接連不斷的説一日話兒也不乏，（下3a3-4）

28-8 niyalma de jorixa-qi aqa-ra ba-de jorixa-mbi,

人 與 指示-條 應該-未 地方-位 指示-現

該指撥人的去處指撥，（下3a4-5）

28-9 taqibu-qi aqa-ra ba-de taqibu-mbi,

教導-條 應該-未 地方-位 教導-現

該教導的去處教導，（下3a5）

28-10 julge-i[1] baita be yaru-me,

古時-屬 事情 賓 教導-并

援引[2]古来的事，（下3a5-6）

28-11 te -i niyalma de duibuleme,

現在 屬 人 與 比如説

比方如今的人，（下3a6）

---

1 julgei：雙峰閣本作julesi。

2 援引：雙峰閣本作“引着”。

28-12 asiha-ta be nesuken gisun -i sain ba-de yarhvda-mbi,
年輕人-**複** **賓** 温柔 話語 **工** 好 地方-**位** 引導-**現**
把少年們用和藹的言語往好處引導啊，（下3a6-7）

28-13 geli umesi gosingga[1],
又 非常 有慈悲
又極仁德，（下3a7）

28-14 dembei karaba,
極爲 親熱
很[2]護衆，（下3b1）

28-15 niyalma -i[3] gosihon be sabu-ha de,
人 **屬** 辛苦 **賓** 看見-**完** **位**
見了人的苦處，（下3b1）

28-16 uthai beye tuxa-ha adali faqihiyaxa-me,
就 自己 遭遇-**完** 一樣 着急-**并**
就像自己遭際的一樣着急，（下3b1-2）

28-17 urunakv mutere-i teile[4] aitu-bu-me tuwaxata-mbi,
必定 能力-**屬** 衹有 蘇醒-**使**-**并** 照顧-**現**
必定儘力兒搭救看顧，（下3b2）

28-18 yala suje-i gese ler se-me emu hvturi isibu-re sengge se-qina。
確實 綢-**屬** 一樣 端莊貌 **助**-**并** 一 福 送到-**未** 長者 説-**祈**
實在竟是一位乾净厚重積福的老人家啊。（下3b3-4）

---

1 gosingga：雙峰閣本作gosingha。

2 很：雙峰閣本作“狠”。

3 niyalma -i：雙峰閣本作niyalmai。

4 muterei teile：此爲固定形式，意爲“盡量，盡力”。

28-19 uttu ofi,
這樣 因爲
因此,(下3b4)

28-20 udu inenggi giyala-fi tuwa-na-ra-kv oqi,
幾 日子 隔開-順 訪問-去-未-否 若是
要隔幾日不看去,(下3b4)

28-21 gvnin de baibi o-jora-kv,
心 位 空閑 成爲-未-否
心裏只是不過意,(下3b5)

28-22 dekdeni hendu-he-ngge,
俗語 説-完-名
俗語説的,(下3b5)

28-23 emu niyalma de hvturi bi-qi,
一 人 位 福 有-條
一人有福,(下3b5-6)

28-24 bou -i gubqi kesi be ali-mbi se-he-bi,
家 屬 全部 福 賓 受-現 助-完-現
托戴[1]滿屋,(下3b6)

28-25 ere bou boigon qiktara-ra,
這 家 家産 豐富-未
這樣家業便當,(下3b6-7)

28-26 juse omosi mukdende-re-ngge,
孩子.複 孫子.複 繁榮-未-名

1 戴:雙峰閣本作“帶”。

子孫興旺，（下3b7）

28-27 gemu sakda niyalma-i yabu-ha sain karulan de kai。

全都 老 人-屬 做-完 好 報恩 位 啊

都是老人家行爲的好報應啊。（下3b7-4a1）

第29條

29-1[A] sikse weqe-he yali je-ke be dahame,

昨天 祭祀-完 肉 吃-完 賓 跟隨

昨日吃過祭神的肉，（下4a2）

29-2 uthai jou kai,

就 算了 啊

也就罷了，（下4a2）

29-3 geli tuibu-he yali be bene-fi aina-mbi?

又 背燈祭-完 肉 賓 送-順 做什麽-現

又送背燈的肉去作甚麽呢？（下4a2-3）

29-4[B] teike hono age be soli-na-ki se-mbihe,

剛纔 還 阿哥 賓 邀請-去-祈 想-過

方纔還要請阿哥去来着，（下4a3-4）

29-5 age si sa-ra-ngge,

阿哥 你 知道-未-名

阿哥你是知道的，（下4a4）

29-6 bisi-re akv,

有-未 否

有的没的，（下4a4）

29-7 damu ere udu ahasi,

祇是 這 幾個 僕人.**複**

只這幾個奴才們，（下4a4-5）

29-8 ulgiyan be tekde-bu-re[1],

猪 **賓** 死-**使**-**未**

宰猪，（下4a5）

29-9 duha do[2] be dasata-ra de,

内 臟 **賓** 收拾-**未** **位**

收拾雜碎，（下4a5）

29-10 ya gemu gala baibu-ra-kv,

哪裏 都 手 需要-**未**-**否**

那上頭都不費手，（下4a5-6）

29-11 tuttu o-joro jakade niyalma takvra-ha-kv。

那樣 成爲-**未** 因爲 人 派遣-**完**-**否**

因爲那樣没使人去。（下4a6）

29-12[A] sinde niyalma akv be bi iletu sa-mbi-kai,

你.**與** 人 **否** **賓** 我 明顯 知道-**現**-啊

我明知道你没有人，（下4a7）

29-13 geli solire be aliya-mbi-u?

又 邀請 **賓** 等待-**現**-**疑**

還等着請嗎？（下4a7-4b1）

29-14 uttu ofi, bi guqu-se be guile-fi,

這樣 因爲 我 朋友-**複** **賓** 約請-**順**

---

1 tekdebure：此處是避諱用法，在特殊祭祀時殺猪，此詞代替“死”而使用。

2 duha do：duha和do各自無實際意義，結合使用意爲“内臟”。

因此我會了朋友們來[1]，（下4b1）

29-15 amba yali be jeke-nji-he，

大 肉 賓 吃-來-**完**

吃大肉來了，（下4b1-2）

29-16 hono sitabu-ha ayou se-mbihe，

還 耽誤-**完** **虛** **助**-**過**

還恐怕遲誤了來着，（下4b2）

29-17 gvni-ha-kv hiu[2] se-me amqabu-ha，

想-**完**-**否** 順暢貌 **助**-**并** 趕得上-**完**

不想儘自在從容的[3]趕上了，（下4b2）

29-18 je，

是

喈[4]，（下4b3）

29-19 age-sa boigoji be ume gvnin jobo-bu-re，

阿哥-**複** 主人 **賓** 不要 心思 煩惱-**使**-**未**

阿哥們別叫主人家勞神[5]，（下4b3）

29-20 muse ahvn bodo-me ikiri te-qe-fi je-ki。

咱們 年長 計算-**并** 順序 坐-齊-**順** 吃-**祈**

咱們序[6]齒一溜兒坐着吃。（下4b3-4）

---

1 來：雙峰閣本無此字。

2 hiu：意不詳，語法標注據《新刊清文指要》（上34b2）"heu"而譯。

3 儘自在從容的：雙峰閣本作"儘在的從容"。

4 喈：雙峰閣本作"咢"。

5 勞神：雙峰閣本作"滿"。

6 序：雙峰閣本作"叙"。

29-21[B] agesa yali jefu,

阿哥-複 肉 吃.祈

阿哥們請吃肉，（下4b4）

29-22 sile be den[1] bara-fi je-qina。

湯 賓 高 澆-順 吃-祈

滷[2]湯吃是呢。（下4b4-5）

29-23[A] ara,

哎呀

哎呀，（下4b5）

29-24 sini ere ai gisun。

你.屬 這 什麼 話語

你這是什麼話。（下4b5）

29-25 taxara-ha-bi,

誤會-完-現

錯了，（下4b5）

29-26 musei da jokson de,

咱們 原本 起初 位

咱們起初，（下4b5）

29-27 ere gese kouli bi-he-u?

這 樣子 規矩 有-完-疑

有這樣的規矩来着麼？（下4b6）

---

1 den：雙峰閣本無此詞。

2 滷：雙峰閣本作“泡”。

29-28 ere yali se-re-ngge,
這個 肉 助-未-名
這個肉啊，（下4b6）

29-29 weqeku -i kesi kai,
祖宗 屬 恩惠 啊
是祖宗的恩惠呀，（下4b7）

29-30 haqihiya-qi o-mbi-u?
催促-條 可以-現-疑
强讓得麽？（下4b7）

29-31 tere anggala antahasa ji-qi gene-qi,
那 而且 客人 來-條 去-條
况且賓客們来去，（下4b7）

29-32 okdo-ro fude-re be hono akv ba-de,
迎接-未 送行-未 賓 還 否 地方-位
還不接送，（下4b7-5a1）

29-33 ere durun[1] anahvnja-qi,
這 樣子 謙讓-條
像這樣讓起来，（下5a1-2）

29-34 soro-ki akv se-me-u?
忌諱-祈 否 助-并-疑
不忌諱嗎？（下5a2）

---

1 durun：雙峰閣本后有-i。

第30條

30-1[A] ahvn deu se-re-ngge,

兄 弟 助-未-名

弟兄啊，（下5a3）

30-2 emu eme -i banji-ha-ngge,

一 母親 屬 生-完-名

是一個母親生出來的，（下5a3）

30-3 ajigan fonde,

幼少 時候

幼年間，（下5a3）

30-4 je-qi uhe,

吃-條 同樣

同吃，（下5a3-4）

30-5 efi-qi sasa,

玩-條 一起

同頑，（下5a4）

30-6 umai beri beri[1] akv,

全然 弓 弓 否

并没彼此，（下5a4）

30-7 antaka senggime,

如何 親睦

何等的相親，（下5a4）

30-8 antaka haji bi-he,

如何 情愛 有-完

---

1 beri beri：此爲固定用法，意爲“各自散去”。

相愛來着，（下5a4-5）

30-9 mutu-fi ulhiyen -i fakqashvn o-ho-ngge，

長大-順 逐漸 工 離心 成爲-完-名

長起來了漸漸的生分的緣故，（下5a5）

30-10 amba muru[1]，

大 概貌

大約，（下5a5）

30-11 gemu sargan guweleku -i xusihiye-re gisun de hvlim-bu-fi，

都 妻子 小妾 屬 挑唆-未 話語 與 迷惑-被-順

都因惑於妻妾調唆的話，（下5a5-6）

30-12 bou boigon temxe-re，

家 家産 争-未

争家私，（下5a7）

30-13 hetu niyalma-i jakana-bu-re gisun de donji-fi，

旁邊 人-屬 隔開-使-未 話語 與 進入-順

聽了旁人離間的話，（下5a7）

30-14 teisu teisu gvnin te-bu-re-qi banjina-ha-ngge umesi labtu，

各自 各自 心 存積-使-未-從 生-完-名 非常 多

各自留心上起的狠多，（下5b1）

30-15 adarame se-qi，

如何 説-條

怎麽説呢，（下5b1-2）

1 amba muru：此爲固定用法，意爲“大概”。

30-16 ineggi-dari ere jergi ehequ-re gisun be donji-fi,

日子-每 這 種類 毀謗-未 話語 賓 聽-順

終日聽了這些讒言，（下5b2）

30-17 gvnin de tebu-hei dolo jalu-pi,

心 位 裝載-持 裏面 滿-延

心裏都裝滿了，（下5b2-3）

30-18 emu erinde kiri-me[1] mute-ra-kv,

一 時候 忍耐-并 可以-未-否

一時不能忍的上頭，（下5b3）

30-19 uthai beqen jaman dekde-re de isina-fi,

就 口 吵架 引起-未 與 到達-順

就至於打架拌嘴，（下5b3-4）

30-20 kimun bata -i gese o-ho-bi,

仇 敵 屬 一樣 成爲-完-現

成了仇敵一樣了，（下5b4-5）

30-21 gvni-me tuwa,

想-并 看.祈

想着瞧，（下5b5）

30-22 hethe waji-qi,

家産 完結-條

産業完了，（下5b5）

30-23 dasame ili-bu-qi o-mbi,

再 站立-使-條 可以-現

---

1 kirime：雙峰閣本作hirime。

可以再立，（下5b5）

30-24 sargan ufara-ha de,

妻子 損失-完 位

女人失閃了，（下5b6）

30-25 dasame gai-qi o-mbi,

再 娶-條 可以-現

可以再娶，（下5b6）

30-26 ahvn deu -i dorgi-de emken kokira-ha[1] se-he-de,

兄 弟 屬 中間-位 一個 打傷-完 説-完-位

弟兄裏頭要説是傷一個，（下5b6-7）

30-27 uthai gala bethe emke bija-ha adali,

就 手 脚 一個 折斷-完 一樣

就像手足折了一隻，（下5b7）

30-28 dahvme baha-qi o-mbi-u?

再 得到-條 可以-現-疑

豈可再得呢？（下6a1）

30-29 talu de kesi akv emu jobolon baita tuqi-nji-he de,

偶然 位 幸運 否 一 灾禍 事 出現-來-完 位

偶然不幸出一件禍患事，（下6a1-2）

30-30 inu ahvn deu siren tata-bu-me o-fi,

又 兄 弟 脉絡 牽扯-被-并 成爲-順

也還是弟兄脉絡相關，（下6a2）

---

1 kokiraha：雙峰閣本作kohiraha。

30-31 ergen xele-fi faqihiyaxa-me aitu-bu-re dabala,

命 捨弃-順 努力-并 蘇生-使-未 罷了

拼命的吧嗤着搭救罷咧，（下6a2-3）

30-32 hetu niyalma uxa-bu-rahv se-me jaila-me jabdu-ra-kv ba-de,

鄰居 人 連累-被-虛 助-并 回避-并 來得及-未-否 地方-位

旁人恐怕挂帶還躲不叠當，（下6a3-4）

30-33 sini funde hvsutule-re mujangga-u?

你.屬 代替 盡力-未 確實-疑

肯替你用力麼?（下6a4）

30-34 ere-be tuwa-qi,

這-賓 看-條

看起這個來，（下6a4-5）

30-35 ahvn deu de isi-re-ngge akv,

兄 弟 與 達到-未-名 否

没有如弟兄的啊，（下6a5）

30-36 niyalma ainu uba-be kimqi-me gvni-ra-kv ni。

人 爲什麼 這裏-賓 慎重-并 想-未-否 呢

人爲甚麼不細想這些呢。（下6a5-6）

第31條

31-1[A] juse be uji-re-ngge,

孩子.複 賓 培養-未-名

養兒，（下6a7）

31-2 daqi sakda-ka de belhe-re jalin,

原來 老-完 位 防備-未 爲了

原爲防備老，（下6a7）

31-3 jui o-ho niyalma,

孩子 成爲-完 人

爲人子的，（下6a7-6b1）

31-4 ama eme jobo-me suila-me uji-he hvwaxa-bu-ha kesi be gvni-qi,

父 母 勞苦-并 辛苦-并 培養-完 生育-使-完 恩惠 賓 想-條

要想着父母勤勞養育的恩，（下6b1-2）

31-5 niyaman -i sakda-ra onggolo be amqa-me,

親人 屬 老-未 前 賓 趁-并

該當趁着父母未老之前，（下6b2）

31-6 sain etuku etu-bu-me iqangga jaka be ali-bu-me,

好 衣服 穿-使-并 好吃 東西 賓 受-使-并

將好衣服美食物事奉，（下6b3）

31-7 inje-re qira ijishvn gisun -i urgunje-bu-qi aqa-mbi,

笑-未 臉 和順 話語 工 歡喜-使-條 應該-現

和言悦色的叫喜歡，（下6b3-4）

31-8 aikabade etu-re je-tere be da-ra-kv,

如果 穿-未 吃-未 賓 管-未-否

要是吃穿不管，（下6b4-5）

31-9 beye-re yuyu-re be fonji-ra-kv,

凍-未 餓-未 賓 問-未-否

饑寒不問，（下6b5）

31-10 jugvn yabu-re niyalma-i adali tuwa-me,

路 走-未 人-屬 一樣 看-并

視如路人，（下6b5-6）

31-11 sakda-sa be aka-ra gingka-ra de isibu-qi,
老人-複 賓 悲傷-未 憂悶-未 與 以至於-條
致令老人家傷心氣悶，（下6b6-7）

31-12 akv o-ho manggi,
没有 成爲-完 之後
百年之後，（下6b7）

31-13 ai haqin -i gosiholo-me songgo-ho se-me ai baita,
什麼 種類 屬 痛哭-并 哭-完 助-并 什麼 事情
任憑怎麼樣的痛哭中什麼用啊，（下6b7-7a1）

31-14 unenggi gvnin qi tuqi-ke-ngge se-me we akda-ra,
誠懇 心 從 出-完-名 説-并 誰 相信-未
就説是出於誠心誰信呢，（下7a1-2）

31-15 niyalma-i basu-re de gele-me holto-ro-ngge dabala,
人-屬 嘲笑-未 與 怕-并 歪曲-未-名 罷了
不過是怕人耻笑假裝罷咧，（下7a2）

31-16 ai haqin -i iqangga amtangga jaka dobo-ho se-me,
什麼 種類 屬 好吃 甜 東西 供奉-完 雖然
就供什麼樣的甘美東西，（下7a2-3）

31-17 fayangga sukji-he be we sabu-ha,
靈魂 享受-完 賓 誰 看見-完
誰見魂靈來受享了呢，（下7a3-4）

31-18 ineku weihun urse sisi-ha dabala,
原様 活的 人們 插入-完 罷了
也還是活人攮塞了罷了，（下7a4）

31-19 ufara-ha niyalma ai baha ni,
亡故-**完** 人 什麽 得到.**完** 呢
没的人得甚麽了呢，（下7a4-5）

31-20 geli dabana-ha-ngge,
又 超過-**完**-**名**
甚至於説，（下7a5）

31-21 ama eme be se de goqi-mbu-ha,
父 母 **賓** 年齡 **與** 抽-**被**-**完**
父母上年紀，（下7a5-6）

31-22 sakda-fi oibo-ko se-me,
老-**順** 悖晦-**完** **助**-**并**
老誖晦了，（下7a6）

31-23 daixa-hai ergele-me bou delhe-bu-he-ngge gemu bi,
鬧-**持** 威脅-**并** 家 分割-**使**-**完**-**名** 都 有
鬧着逼着叫分家的都有，（下7a6-7）

31-24 gisun ede isinji-fi,
話語 這.**與** 到來-**順**
話到這裏，（下7a7）

31-25 niyalma esi se-qi o-jora-kv nasa-mbime fanqatuka,
人 當然 **助**-**條** 可以-**未**-**否** 嘆息-而且 生氣
人不由的嗟嘆憤懣，（下7a7-7b1）

31-26 enteke niyalma abka na bakta-mbu-ra-kv,
這樣 人 天 地 允許-**使**-**未**-**否**
這樣的人天地不容，（下7b1-2）

31-27 hutu enduri uhei seye-re be dahame,

鬼 神 共同 恨-**未** **賓** 跟隨

鬼神共恨，（下7b2）

31-28 adarame baha-fi sain -i duba-mbi,

爲什麼 得到-**順** 好 **工** 完結-**現**

焉得善終呢，（下7b2-3）

31-29 damu ekisaka tuwa,

衹是 安静 看.**祈**

只静静的看着，（下7b3）

31-30 giyanakv udu goida-mbi,

能有 如何 長久-**現**

如何能久，（下7b3-4）

31-31 yasa habtaxa-ra siden-de,

眼睛 眨-**未** 期間-**位**

展眼之間，（下7b4）

31-32 ini juse omosi songko de songko-i o-mbi-kai。

他.**屬** 孩子.**複** 孫子.**複** 足迹 **位** 足迹-**屬** 成爲-**現**-啊

他的子孫也就踩着踪迹照樣的了。（下7b4-5）

第32條

32-1[A] ai baha-ra-kv ferguwequke jaka,

什麼 得到-**未**-**否** 奇怪 東西

什麼不得異樣的東西，（下7b6）

32-2 sabu-ha dari baibi gejing se-me nanda-me gai-re-ngge,

看見-**完** 每 衹管 絮煩 **助**-**并** 要求-**并** 取-**未**-**名**

每遭見了只管絮煩向人尋，（下7b6-7）

32-3 jaqi derakv kai[1],

太 沒體面 啊

太沒體面啊，（下7b7）

32-4 weri dere de ete-ra-kv de,

別人 臉 **位** 忍耐-**未-否** **與**

人家臉上過不去，（下7b7-8a1）

32-5 inu sinde kejine bu-he,

也 你.**與** 許多 給-**完**

也給了你好些，（下8a1）

32-6 gvnin de kemuni ele-me sar-kv,

心 **位** 還 足够-**并** 知道.**未-否**

心裏還不知足，（下8a1-2）

32-7 ergele-tei waqihiya-me gaji se-re-ngge,

强迫-**極** 完全-**并** 拿來.**祈** **助-未-名**

壓派着全都要的，（下8a2）

32-8 ai doro,

什麼 道理

是何道理，（下8a2）

32-9 sinde bu-qi baili,

你.**與** 給-**條** 人情

給你是人情，（下8a2-3）

---

1 kai：雙峰閣本作bai。

32-10 bu-ra-kv o-qi teisu kai,

給-未-否 成爲-條 本分 啊

不給是本分，（下8a3）

32-11 fudarame jilida-me niyalma be lasihida-ra-ngge,

反倒 發怒-并 人 賓 摔打-未-名

翻倒使性子摔掇人，（下8a3-4）

32-12 mujakv fiyokoro-ho ai dabala。

的確 胡謅-完 什麼 罷了

大錯謬了罷咧。（下8a4-5）

32-13 duibuleqi uthai sini jaka o-kini,

比如説 就 你.屬 東西 成爲-祈

比方就是你的東西，（下8a5）

32-14 niyalma buye-qi,

人 愛-條

人要愛，（下8a5）

32-15 si buye-ra-kv-n?

你 愛-未-否-疑

你不愛嗎?（下8a6）

32-16 fuhali sinde sali-bu-ra-kv,

完全 你.與 自主-被-未-否

全不由你主張，（下8a6）

32-17 fere heqe-me kob se-me gama-qi,

底下 乾净-并 盡情 助-并 拿走-條

徹底都要拿了去，（下8a6-7）

32-18 sini gvnin de adarame,

你.屬 心 位 怎麼樣

你心裹如何，（下8a7）

32-19 sikse mini beye ofi,

昨天 我.屬 自己 因爲

昨日因爲是我，（下8a7-8b1）

32-20 sini nantuhvn jili be kiri-ha dabala,

你.屬 髒 怒氣 賓 忍耐-完 罷了

你那行次的性子我忍了罷咧，（下8b1）

32-21 minqi tulgiyen yaya we se-he seme,

我.從 除外 凡是 誰 説-完 雖然

除了我不拘是誰，（下8b2）

32-22 sinde ana-bu-re ai-bi[1],

你.與 推托-被-未 什麼-有

豈肯讓你，（下8b2）

32-23 mini gisun be eje,

我.屬 話語 賓 記録.祈

記着我的説，（下8b3）

32-24 hala-ha de sain。

改-完 位 好

改了好啊。（下8b3）

32-25 si jakan aika fuhali enqehen akv oqi,

你 剛纔 如果 完全 能力 否 若是

你方纔要是總没能奈的，（下8b3-4）

---

1 aibi：雙峰閣本作aibe。

32-26 geli emu hendu-re ba-bi,

又 一 説-未 地方-有

又有一説，（下8b4-5）

32-27 je-qi kemuni baha-ra etu-qi kemuni mute-re ergi-de bi-kai,

吃-條 還 得到-未 穿-條 還 可以-未 方面-位 有-啊

還在個得吃能穿的一邊，（下8b5）

32-28 urui majige[1] jabxaki be bai-me yabu-re-ngge ai turgun,

經常 小 便宜 賓 求-并 做-未-名 什麼 原因

只管要佔小便宜是什麼緣故，（下8b6）

32-29 enggiqi ba-de niyalma simbe yasa niuwanggiyan se-ra-kv-n?

背後 地方-位 人 你.賓 眼睛 緑色 説-未-否-疑

背地裏人不説你眼皮子淺嗎？（下8b7）

第33條

33-1[A] we qihanggai ini baita de dana-ki se-mbihe,

誰 自願 他.屬 事情 與 干涉-祈 想-過

誰情愿去管他的事來着，（下9a1）

33-2 bi se-re-ngge hoqikosaka bou-de te-re niyalma kai,

我 助-未-名 無事 家-位 坐-未 人 啊

我是好好的家裏坐着的人，（下9a1-2）

33-3 i aibi-deri ulan ulan -i[2] daqila nakv,

他 哪裏-經 傳遞 傳遞 工 調查.祈 之後

---

1 majige：雙峰閣本作ajige。

2 ulan ulan -i：此爲固定用法，意爲“相繼，接連”。

地[1]從那裹灣轉打德[2]着，（下9a2-3）

33-4 mimbe tere niyalma be taka-mbi se-me,

我.賓 那 人 賓 認識-現 助-并

我認得那個人，（下9a3）

33-5 nurhvme ududu mudan ji-he,

連續 許多 次 來-完

一連來了好幾次，（下9a4）

33-6 mini baru age mini ere baita fita sinde akda-ha-bi,

我.屬 向 阿哥 我.屬 這 事情 確實 你.與 信賴-完-現

四[3]我説呵[4]哥我逅[5]一件事作定仗着你了，（下9a4-5）

33-7 xada-mbi se-me aina-ra,

疲乏-現 助-并 做什麼-未

就説之[6]些可怎麼樣呢，（下9a5）

33-8 gosi-qi mini funde gisure-reu se-me,

疼愛-條 我.屬 代替 説-祈 助-并

要疼愛替我説説，（下9a5-6）

33-9 fisa-i amala dahala-hai aika mimbe sinda-mbi se-mbi-u?

背-屬 後邊 跟隨-持 難道 我.賓 放-現 助-現-疑

在背後跟着肯放嗎？（下9a6-7）

---

1 地：雙峰閣本作“他”。

2 德：雙峰閣本作“聽”。

3 四：雙峰閣本作“向”。

4 呵：雙峰閣本作“阿”。

5 逅：雙峰閣本作“這”。

6 之：雙峰閣本作“乏”。

33-10 mini dere daqi uhuken be,

我.屬 臉 原來 柔和 **賓**

我起根兒臉軟，（下9a7）

33-11 si tengkime sa-ra-ngge,

你 深刻 知道-**未**-**名**

你狠知道，（下9a7-9b1）

33-12 weri uttu hafira-bu-fi,

别人 這樣 逼迫-**被**-**順**

人家這樣的着急，（下9b1）

33-13 niyakvn hengkin -i bai-mbi kai,

跪座 叩頭 **工** 請求-**現** 啊

跪拜央求，（下9b1-2）

33-14 ai hendu-me yokto akv i amasi unggi-mbi,

怎麽 説-**并** 趣味 **否** 他 返回 派遣-**現**

怎麽好意思的叫他無趣兒回去呢，（下9b2）

33-15 anata-me banjina-ra-kv ofi,

推托-**并** 能够-**未**-**否** 因爲

因爲推脱不開，（下9b2-3）

33-16 tuttu bi ali-me gai-fi,

那樣 我 接-**并** 取-**順**

我所以應承了，（下9b3）

33-17 tere guqu de giyan giyan -i hafukiya-me ala-ha,

那 朋友 **與** 道理 道理 **工** 透徹-**并** 告訴-**完**

明明白白的通告訴那個朋友了，（下9b3-4）

33-18 gvni-ha-kv ini emhun -i baita waka,

想-完-否 他.屬 一人 屬 事情 不是

不成望不是他一個人的事，（下9b4-5）

33-19 niyalma geren mayan tata-bu-mbi se-me ali-me gai-ha-kv,

人 衆多 肘 拉-被-現 助-并 告訴-并 取-完-否

説人多掣肘没肯應承，（下9b5）

33-20 tede bi kemuni iqixa-me gisure-ki se-mbihe,

那.位 我 還 討好-并 説-祈 想-過

因此我還要看光景説來着，（下9b5-6）

33-21 amala gvni-fi jou

後來 想-順 算了

後來想了一想説罷呀，（下9b6）

33-22 baita -i arbun be tuwa-qi,

事情 屬 樣子 賓 看-條

看事清[1]樣子，（下9b7）

33-23 mari-bu-me mute-ra-kv,

挽回-使-并 可以-未-否

不能挽回，（下9b7）

33-24 yasa niqu nakv ergele-me ali-me guisu se-re kouli geli bi-u?

眼睛 閉.祈 之後 逼迫-并 接-并 取.祈 助-未 道理 又 有-疑

豈有閉着眼睛壓派着叫人應的理呢？（下9b7-10a1）

33-25 uttu ofi,

這樣 因爲

1 清：雙峰閣本作“情”。

故此，（下10a2）

33-26 bi amasi inde mejige ala-me gene-he de,

我 往後 他.與 消息 告訴-并 去-完 位

我回去告訴他個信，（下10a2）

33-27 elemangga ini baita be efule-he se-me,

反倒 他.屬 事情 賓 破壞-完 助-并

反倒説我壞了他的事，（下10a3）

33-28 mini baru dere waliyata-mbi,

我.屬 向 臉 撂下-現

望着我撩臉子，（下10a3-4）

33-29 absi koro,

何其 可恨

好虧心，（下10a4）

33-30 sa-ha bi-qi,

知道-完 有-條

早知道，（下10a4）

33-31 aiseme gisure-mbihe ai jojin bi-he-ni?

爲什麽 説-過 什麽 來 有-完-呢

無緣無故爲什麽去説來着呢？（下10a4-5）

第34條

34-1[A] age si teng se-me uttu mara-ra-ngge,

阿哥 你 結實 助-并 這樣 辭退-未-名

阿哥你這樣固辭的光景，（下10a6）

34-2 bi yala sesula-me waji-ra-kv,

私 真是 驚訝-并 完結-未-否

我不勝駭然,(下10a6-7)

34-3 mimbe ji-he-ngge sita-ha se-me uttu arbuxa-mbi-u?

我.賓 來-完-名 遲-完 助-并 這樣 行動-現-疑

説我來的遲了這們個舉動嗎?(下10a7)

34-4 eiqi adarame-u?

或者 怎麼-疑

還是怎麼樣呢?(下10a7-10b1)

34-5 an -i uquri hono ta se-me feliye-mbime,

日常 屬 時候 還 現在 助-并 來往-而且

素常尚且不時的行走,(下10b1)

34-6 sakda niyalma -i sain inenggi,

老 人 屬 好 日子

老家兒的好日子,(下10b1-2)

34-7 bi elemangga ji-dera-kv o-qi,

我 反而 來-未-否 成爲-條

我倒不來,(下10b2)

34-8 guqu se-re de ai-be,

朋友 助-未 位 什麼-賓

如何算是朋友呢,(下10b2-3)

34-9 oron sar-kv-ngge tumen yargiyan,

全然 知道.未-否-名 一萬 真實

實在的總不知道,(下10b3)

34-10 unenggi sa-qi,

果然 知道-條

果然知道,(下10b3-4)

34-11 yala onggolo ji-qi aqa-mbihe,

誠然 提前 來-條 應該-過

當真的該預先來,(下10b4)

34-12 mini beye bi-qi fulu akv,

我.屬 自己 有-條 充分 否

雖說是有我不多,(下10b4-5)

34-13 akv o-qi ekiyehun akv bi-qibe,

否 成爲-條 缺少 否 有-讓

没我不少,(下10b5)

34-14 sini funde antaha-sa be tuwaxa-qi inu sain kai,

你.屬 代替 客人-複 賓 照顧-條 也 好 啊

替你待待客也好啊,(下10b5-6)

34-15 te bi-qibe, wesihun niyaman hvnqihin -i benji-he sain jaka ai yada-ra,

現在 有-讓 高貴 親戚 親族 屬 拿來-完 好 東西 什麼 窮-未

即如貴親戚送來的好東西小什麼呢,(下10b6-7)

34-16 gvni-qi je-me waji-ra-kv kai,

想-條 吃-并 完結-未-否 啊

想來吃不了的,(下11a1)

34-17 mini ser se-me majige jaka be geli dabu-fi gisure-qi o-mbi-u?

我.屬 微小貌 助-并 稍微 東西 賓 又 輕看-順 説-條 可以-現-疑

我這些微的一點東西又何足挂齒？（下11a1-2）

34-18 tuttu seme inu mini emu gvnin kai,

那樣 雖然 也 我.屬 一 心意 啊

然而也是我一點心啊，（下11a2-3）

34-19 ai gelhun akv urunakv sakda niyalma be jefu se-re,

什麼 敢 否 必定 老 人 賓 吃飯.祈 說-未

那裏敢說必定請老人家吃呢，（下11a3-4）

34-20 damu majige angga isi-qi,

衹是 稍微 口 到達-條

但只略嘗嘗，（下11a4）

34-21 uthai mimbe gosi-ha,

就 我.賓 慈愛-完

就是疼了我了，（下11a4-5）

34-22 mini ji-he gvnin inu waji-ha,

我.屬 來-完 心 也 完結-完

我來的意思也完了，（下11a5）

34-23 si emdubei bargiya-ra-kv o-qi,

你 衹管 收-未-否 成爲-條

你只管不收，（下11a5-6）

34-24 bi eiqi uba-de te-re-u?

我 或者 這裏-位 坐-未-疑

我還是在這裏坐着呀？（下11a6）

34-25 amasi gene-re-u,

返回 去-未-疑

還是回去呢？（下11a6）

34-26 yargiyan -i mimbe mangga de tabu-ha-bi。
確實 工 我.賓 困難 與 勾住-完-現
實在叫我爲難了啊。(下11a7)

第35條

35-1[A] bithe tuwa-ki se-qi hafu buleku[1] be tuwa,
書 看-祈 想-條 通徹 鏡子 賓 看.祈
要看書看《通鑒》,(下11b1)

35-2 taqin fonjin nonggi-bu-mbi,
學 問 加上-使-現
長學問,(下11b1-2)

35-3 julge-i baita be eje-me gai-fi,
以前-屬 事情 賓 記録-并 取-順
記了古來的事情,(下11b2)

35-4 sain ningge be alhvda-me yabu-re,
好 東西 賓 效法-并 做-未
以好的爲法,(下11b2-3)

35-5 ehe-ngge be targaqun o-bu-re o-qi,
壞-名 賓 忌諱 成爲-使-未 成爲-條
以不好的爲戒,(下11b3)

35-6 beye gvnin de ambula tusangga,
身體 心 位 甚 有益
於身心大有益啊,(下11b3-4)

1 hafu buleku:此爲書名,即《資治通鑒》。

35-7 julen bithe se-re-ngge,
古詞 書 助-未-名
小説,（下11b4）

35-8 gemu niyalma-i banjibuha oron akv gisun,
都 人-屬 輕慢 踪迹 否 話語
都是人編的没影兒的話,（下11b4-5）

35-9 udu minggan minggan debtelin tuwa-ha se-me ai baita,
即使 一千 一千 卷 看-完 助-并 什麽 事情
就是成千本的看了中什麽用,（下11b5-6）

35-10 niyalma hono dere jilerxe-me,
人 還 臉 恬然-并
人還皮着臉,（下11b6-7）

35-11 niyalma de donji-bu-me hvla-mbi,
人 與 聽-使-并 讀-現
念給人聽,（下11b7）

35-12 tere gurun -i forgon de,
那個 國家 屬 時代 位
那一國的時候,（下11b7）

35-13 we-i emgi udu mudan afa-ha,
誰-屬 共同 幾 次 戰争-完
合誰上過幾次陣,（下12a1）

35-14 tere loho -i saqi-qi,
那 腰刀 工 砍-條
那個用刀砍,（下12a1）

35-15 ere gida -i suja-ha,
這 槍 工 抵擋-完
這個用槍架，（下12a2）

35-16 ere gida -i toko-qi,
這 槍 工 刺-條
這個用槍刺，（下12a2）

35-17 tere loho -i jaila-bu-ha,
那 腰刀 工 躲避-使-完
那個用刀搪，（下12a2-3）

35-18 burula-ha se-he-de,
敗走-完 說-完-位
要説是敗了，（下12a3）

35-19 soli-me gaji-ha-ngge,
邀請-并 拿來-完-名
請来的，（下12a3）

35-20 gemu tugi qi ji-dere,
都 雲 從 來-未
都是雲裏来，（下12a3-4）

35-21 talman deri gene-re,
霧 經 去-未
霧裏去，（下12a4）

35-22 fa bahana-ra enduri se,
法術 懂得-未 神 複
會法術的神仙，（下12a4）

35-23 orho hasala-fi morin ubaliya-mbi,
草 割-順 馬 變-現
剪草變馬,（下12a4-5）

35-24 turi so-fi niyalma kvbuli-mbi se-mbi,
豆 撒-順 人 變-現 助-現
洒豆變人,（下12a5-6）

35-25 iletu holo gisun bi-me,
明顯 謊言 話語 有-并
明明是謊話,（下12a6）

35-26 hvlhi urse,
愚昧 人們
糊塗人們,（下12a6）

35-27 yargiyan baita o-bu-fi,
真實 事 成爲-使-順
當作真事,（下12a6-7）

35-28 menekesaka amtangga-i donji-mbi,
呆然 有興趣-工 聽-現
呆頭呆腦有滋有味[1]的聽,（下12a7）

35-29 sa-ra bahana-ra niyalma sabu-ha de,
知道-未 懂得-未 人 看見-完 位
有識見的人看見,（下12a7-12b1）

35-30 basu-re teile akv,
嘲笑-未 衹有 否

1 味：雙峰閣本作“未”。

不止笑話，（下12b1）

35-31 yargiyan -i eime-me tuwa-mbi kai，
真實 工 討厭-并 看-現 啊
實在厭煩啊，（下12b1-2）

35-32 ede gvnin sithv-fi aina-mbi。
這.位 心 使用-順 做什麼-現
這上頭用心作什麼呢。（下12b2）

第36條

36-1[A] age si donji-ha-u?
阿哥 你 聽-完-疑
阿哥你聽見了嗎？（下12b3）

36-2 gisun -i ujan xala de，
話語 屬 盡頭 邊沿 位
他那話頭話尾的口氣，（下12b3）

36-3 gemu mimbe hoilashvn se-me yekerxe-mbi，
都 我.賓 陳腐 說-并 打趣-現
都刻薄我說穿的𡂿，（下12b3-4）

36-4 bi bardanggila-ra-ngge waka，
我 誇口-未-名 不是
不是我誇口，（下12b4）

36-5 tere se-re-ngge，teniken juse kai，
他 助-未-名 剛剛 孩子.複 啊
他呀是個奶黃未退的小孩子，（下12b5）

36-6 giyanakv udu inenggi siteku,
能有 幾 日子 尿精
能幾日的溺精，（下12b5-6）

36-7 ere qeni sa-ra baita waka mujangga。
這 他們.屬 知道-未 事情 不是 確實
這也果然不是他們知道的事啊。（下12b6-7）

36-8 iqe etuku se-re-ngge,
新 衣服 助-未-名
新衣服，（下12b7）

36-9 inu emu baita sita de etu-qi aqa-ra-ngge,
首次 一 事情 事務 位 穿-條 應該-未-名
該當有事情的時候穿的，（下12b7-13a1）

36-10 mini ere bai an -i etu-re-ngge kai,
我.屬 這 衹是 日常 屬 穿-未-名 啊
我這不過是平常穿的啊，（下13a1-2）

36-11 majige fere-ke de ai-bi,
稍微 變舊-完 位 什麼-有
舊些何妨，（下13a2）

36-12 uthai majige mana-ha de geli ai-bi,
就是 稍微 破爛-完 位 也 什麼-有
就破些又何妨，（下13a2-3）

36-13 haha erdemu akv -i jalin giru-qi aqa-mbi dere,
男人 才能 否 屬 爲了 害羞-條 應該-現 罷了
因爲没有漢子的本事可耻罷咧，（下13a3-4）

36-14 etu-re etu-ra-kv de ai holbobu-ha ba-bi,

穿-未 穿-未-否 與 什麽 有關係-完 地方-有

穿不穿有甚麽關係的去處，（下13a4-5）

36-15 te bi-qibe,

現在 有-讓

即如，（下13a5）

36-16 bi udu sain ningge etu-ra-kv bi-qibe,

我 雖然 好 東西 穿-未-否 有-讓

我雖不穿好的，（下13a5-6）

36-17 gvnin dolo elehun,

心 裏面 安然

心裏却安然，（下13a6）

36-18 adarame se-qi,

如何 説-條

怎麽説呢，（下13a6）

36-19 niyalma de giuhaxa-me bai-ra-kv,

人 與 討飯-并 求-未-否

不求告人，（下13a6-7）

36-20 bekdun edele-ra-kv,

債務 欠-未-否

不欠債負，（下13a7）

36-21 ere uthai giquke nasaquka se-re ba akv,

這 就 羞耻 悔恨 助-未 地方 否

這就没有可耻可愁的去處，（下13a7-13b1）

36-22 aika qeni gese asiha-ta be o-qi,

如果 他們.屬 一樣 年輕人-複 賓 成爲-條

要像他們那樣少年，（下13b1-2）

36-23 meni yasa-i hoxo de inu dabu-ra-kv kai,

我們.屬 眼睛-屬 角 位 也 算-未-否 啊

我眼脊角裏也不夾呀，（下13b2）

36-24 damu ginqihiyan ningge etu-fi,

衹是 鮮明 東西 穿-順

只知道穿着華麗衣服，（下13b2-3）

36-25 maimada-me gohodo-ro be sa-ra dabala,

摇擺着走-并 裝浪子-未 賓 知道-未 罷了

摇摇擺擺的充體面罷咧，（下13b3）

36-26 haha -i erdemu taqi-re be sa-mbi-u?

男人 屬 才藝 學-未 賓 知道-現-疑

知道學漢子的本事麽？（下13b4）

36-27 tenteke-ngge udu gequheri junggin -i hvsi-bu-ha se-me,

那樣-名 雖然 綾子 錦子 工 包-被-完 助-并

那個樣子的就着蟒緞錦緞裹了，（下13b4-5）

36-28 ai ferguwequke,

什麽 奇特

有什麽奇處，（下13b5）

36-29 umesi buya fusihvn,

非常 小 貧賤

極下賤，（下13b5-6）

36-30 yasa faha akv urse，

眼睛 珠子 **否** 人們

没眼珠兒的人們，（下13b6）

36-31 balai febgiye-me，

妄自 說胡話-**并**

胡說夢話的樣，（下13b6）

36-32 imbe derengge wesihun se-me，

他.**賓** 高貴 光榮 **助-并**

說他體面尊貴，（下13b6-7）

36-33 tofoho[1] makta-fi tuwa-ra dabala，

辮子 贊揚-**順** 看-**未** 罷了

仰望着他罷了，（下13b7）

36-34 bi terebe[2] lakiya-ra golbon se-mbi-kai。

我 他.**賓** 挂-**未** 衣架 說-**現**-啊

我叫他是挂衣裳的架子啊。（下13b7-14a1）

第37條

37-1[A] tere bithe be gaji-ha-u?

那個 書 **賓** 取來-**完-疑**

那個書拿来了嗎?（下14a2）

37-2[B] gana-fi gaji-re unde。

去取-**順** 取來-**未** 尚未

---

1 tofoho：雙峰閣本作tonqoho，二者意均不詳。語法標注據《新刊清文指要》（上44a1）“sonqoho”而譯。

2 terebe：雙峰閣本後有etuku。

遠[1]没取来呢。（下14a2）

37-3[A] we-be takvra-ha?

誰-賓 派遣-完

使唤誰去了？（下14a2-3）

37-4 ertele hono ji-dera-kv。

至今 還 來-未-否

這早晚還不来。（下14a3）

37-5[B] terebe unggi-fi gana-bu-ha,

他.賓 派遣-順 去取-使-完

打發某人取去了，（下14a3）

37-6 neneme be imbe gene se-qi,

起先 我們 他.賓 去.祈 助-條

先我們叫他去，（下14a4）

37-7 i meni gisun be gai-mbi-u?

他 我們.屬 話語 賓 接受-現-疑

他肯問[2]我們的話嗎？（下14a4）

37-8 ebi habi akv[3] erin xun be touka-bu-me,

氣 餒 否 時候 瞬間 賓 耽誤-使-并

没精打彩的耽擱時候，（下14a5）

37-9 emdubei jibgexe-mbi,

衹管 磨蹭-現

只管遲延，（下14a5）

---

1 遠：雙峰閣本作“還”。

2 問：雙峰閣本作“聽”。

3 ebi habi akv：此爲固定用法，意爲“無精打采”。

37-10 amala age -i gisun bi se-re jakade,
後來 阿哥 屬 話 有 說-未 因爲
後来說有阿哥的話，（下14a6）

37-11 teni ebuhu sabuhv gene-he-bi,
纔 急忙 慌忙 去-完-現
纔急忙去[1]，（下146-7）

37-12 emu yohi duin dobton waka-u?
一 部 四 册 不是-疑
一部不是四套麽？（下14a7）

37-13 ekxe-me saksi-me gene-fi,
急忙-并 慌忙-并 去-順
慌速去了，（下14a7-14b1）

37-14 damu ilan dobton gaji-ha,
衹是 三 册 取來-完
只拿了三套来，（下14b1）

37-15 tede emu dobton melebu-ha,
他.與 一 册 遺漏-完
遺漏了一套，（下14b1-2）

37-16 si jai hvdun gene,
你 再 快 去.祈
說你再快着去，（下14b2）

37-17 akv-qi guwelke,
否-條 小心

1 去：雙峰閣本後有"了"。

不然仔細，（下14b2）

37-18 age ji-he manggi,

阿哥 來-完 以後

阿哥来了，（下14b2-3）

37-19 si nikqa-ha se-me bodo se-re de,

你 吃虧-完 助-并 籌算.祈 助-未 位

你打算着要吃虧，（下14b3）

37-20 elemangga meni ala-ha-ngge hvlhi,

反而 我們.屬 告訴-完-名 糊塗

他倒説我們告訴的糊塗，（下14b3-4）

37-21 getuken akv,

清楚 否

不明白，（下14b4）

37-22 ai we-i se-me gasa-hai gene-he,

什麼 誰-屬 助-并 抱怨-持 去-完

怎長怎短的抱怨着去了，（下14b4）

37-23 tetele kemuni ji-dere unde,

至今 還 來-未 尚未

至今還没来，（下14b5）

37-24 niyalma takvra-fi imbe okdo-no-bu-ki se-qi,

人 派遣-順 他.賓 迎接-去-使-祈 想-條

要差人迎他去呢，（下14b5-6）

37-25 geli jugvn de jurqenje-re anau[1] se-mbi。

又 道路 與 相互錯開-未 虛 助-現

---

1 anau：意不詳，語法標注據《新刊清文指要》（上45a1）“ayou”而譯。

又恐怕走岔了路。（下14b6）

37-26[A] ere agese[1] bulqakv jaka geli bi-ni，

這 樣子 偷懶 崽子 也 有-呢

這樣的滑東西也有呢，（下14b6-7）

37-27 urunakv yamaka kumungge ba-de efi-me gene-he dabala，

必定 可能 熱鬧 地方-**位** 玩-**并** 去-**完** 罷了

必定往那個熱鬧地方頑去了罷咧，（下14b7-15a1）

37-28 qiralame jafata-ra-kv oqi，

嚴厲 約束-**未-否** 若是

要不嚴嚴的管或，（下15a1）

37-29 aina-ha se-me banjina-ra-kv，

如何做-**完** **助-并** 滋生-**未-否**

斷然不行，（下15a1-2）

37-30 ji-he manggi，

來-**完** 之後

来了的時候，（下15a2）

37-31 huthu-fi nixa emu jergi ura tv-qi，

捆-**順** 結實 一 次 屁股 打-**條**

捆起来屁股上重重的打一頓，（下15a2-3）

37-32 teni sain，

纔 好

纔好，（下15a3）

37-33 akvqi，taqi-ha manggi，

否則 習慣-**完** 以後

---

1 agese：雙峰閣本作ahese。

不然慣了，（下15a3）

37-34 tuwa-ra ba akv o-mbi。

看-未 地方 否 成爲-現

他就不堪了。（下15a3-4）

第38條

38-1[A] age de emu baita yandu-ki，

阿哥 與 一 事情 委託-祈

托阿哥件事，（下15a5）

38-2 baibi angga juwa-ra de manggaxa-mbi，

衹是 口 開-未 位 難以-現

只是難張口，（下15a5-6）

38-3 turgun ainu se-qi，

原因 什麼 助-條

甚麽緣故呢，（下15a6）

38-4 bai-ha mudan jaqi labdu o-ho-bi，

求-完 次數 太 多 成爲-完-現

求的遭數太多了，（下15a6-7）

38-5 damu sinde bai-ra-kv o-qi，

衹是 你.與 求-未-否 成爲-條

只是不求你，（下15a7）

38-6 sinqi tulgiyen，

你.從 以外

除你之外，（下15a7）

38-7 gvni-qi mini ere baita be mutebu-re-ngge akv,

想-條 我.屬 這個 事情 賓 完成-未-名 否

想來没有能成全我這個事的啊，（下15b1）

38-8 uttu ofi simbe alixa-bu-me ji-he。

這樣 因此 你.賓 勞煩-使-并 來-完

因此煩瑣你來了。（下15b1-2）

38-9[B] si tere baitai jalin ji-he-ngge waka-u?

你 那個 事情 因爲 來-完-名 不是-疑

你不是爲那一件事情來的麼?（下15b2-3）

38-10[A] inu,

是

是，（下15b3）

38-11 age ai-de baha-fi sa-ha?

阿哥 什麼-位 得到-順 知道-完

阿哥怎麼得知道了?（下15b3）

38-12[B] eqimari sini ahvn uthai minde hendu-he-bi,

今天早上 你.屬 兄長 就 我.與 説-完-現

今日早晨你阿哥就望我説了，（下15b3-4）

38-13 osohon buda-i erinde,

小 飯-屬 時候

小飯時的時候，（下15b4）

38-14 bi emu mudan gene-he,

我 一 次 去-完

我去過一次，（下15b5）

38-15 uksa ini bou-de akv de teisule-bu-he,

不料 他.屬 家-位 否 與 遇見-被-完

忽然遇見他不在家，（下15b5-6）

38-16 inenggi dulin o-me,

日子 正中 成爲-并

纔交晌午，（下15b6）

38-17 bi geli isina-ha,

我 又 到達-完

我又到去了，（下15b6）

38-18 qin -i bou de isina-ra onggolo,

正 屬 房 與 到達-未 之前

未到他上屋以前，（下15b7）

38-19 uthai kaka faka inje-qe-re jilagan be donji-ha-bi,

就 哈哈 笑貌 笑-齊-未 聲音 賓 聽-完-現

就聽見喧笑的声氣，（下15b7-16a1）

38-20 tede bi fa -i houxan be usihi-bu-fi,

那.位 我 窗户 屬 紙 賓 濕-使-順

我把窗上的紙濕破，（下16a1-2）

38-21 sangga deri dosi tuwa-qi,

洞 經 裏面 看-條

從窗户眼兒往裏看，（下16a2-3）

38-22 ere tede darabu-mbi,

這個 那個.與 讓酒-現

你給我拿酒，（下16a3）

38-23 bi sinde bedere-bu-me,

我 你.與 回-使-并

我給你回鍾，（下16a3）

38-24 kvthv-me omi-me wenje-he-bi,

攪亂-并 喝-并 醉-完-現

攪在一處吃熱了，（下16a4）

38-25 dosi-ki se-mbihe,

進入-祈 想-過

原要進去來，（下16a4）

38-26 kejine taka-ra-kv guqu bi-sire jakade,

好多 認識-未-否 朋友 有-未 因爲

因有好些不認識的朋友，（下16a4-5）

38-27 weri omi-re amtan be tuhe-bu-fi aina-mbi,

别人 喝-未 興趣 賓 解散-使-順 做什麼-現

衝散人家吃酒的趣味作什麼呢，（下16a5-6）

38-28 tuttu bi beye hoqi-me[1] tuqi-ke,

那樣 我 身體 撤-并 出去-完

所以我抽身出來了，（下16a6-7）

38-29 bou-i urse sabu-fi ala-na-ki se-re-de,

家-屬 人們 看見-順 告訴-去-祈 想-未-位

家下人看見要告訴去，（下16a7）

38-30 bi ekxe-me gala lasihi-me ili-bu-ha,

我 急忙-并 手 揮-并 停息-使-完

---

1 hoqime：意不詳，語法標注據《新刊清文指要》（上46a7-46b1）goqime而譯。

我急忙擺手攔住了，（下16b1）

38-31 si ume ekxe-re,

你 不要 急-**未**

你別急，（下16b1-2）

38-32 bi qimari farhvn suwaliya-me gene-fi,

我 明天 昏暗 混合-**并** 去-**順**

我明日黑早去，（下16b2）

38-33 tede xangga-tai gisure-qi waji-ha。

他.**與** 完成-**極** 説-**條** 完結-**完**

向他説妥當就完了。（下16b2-3）

第39條

39-1[A^] si kemuni jura-ra unde-u?

你 還 出發-**未** 尚未-**疑**

你還没起身麽？（下16b4）

39-2[B] yamji qimari jura-mbi,

晚上 明天 出發-**現**

早晚起身，（下16b4）

39-3 aqiha fulmiyen eiten gemu giyan fiyan -i dasata-me waji-ha,

馱子 行李 所有 都 道理 顏色 **工** 整理-**并** 完結-**完**

馱子行李諸凡都整理妥畢了，（下16b5-6）

39-4 damu kunesun -i menggun kemuni eden,

衹是 盤纏 **屬** 銀子 還 欠缺

只是盤纏銀子還短，（下16b6）

39-5 tasha be jafa-ra-ngge ja,

虎 賓 捉-未-名 容易

擒虎易,(下16b7)

39-6 niyalma de bai-re-ngge mangga se-he gisun be,

人 與 求-未-名 難 助-完 話語 賓

告人難的話,(下16b7-17a1)

39-7 enenggi teile teni akda-ha,

今天 纔是 剛剛 相信-完

我今日纔信了,(下17a1)

39-8 dere fele-fi ba ba-de juwen gai-qi baha-ra-kv,

臉 拼命-順 地方 地方-位 借債 尋求-條 得到-未-否

捨着臉各處借貸不得,(下17a2)

39-9 arga akv ofi,

辦法 否 因爲

因没法兒,(下17a3)

39-10 age -i jakade ji-he,

阿哥 屬 跟前 來-完

阿哥跟前來了,(下17a3)

39-11 menggun o-qibe damtun o-qibe,

銀子 可以-讓 典當物 可以-讓

或銀子或當頭,(下17a4)

39-12 minde majige aisila-rau,

我.與 稍微 幫助-祈

求幫我些,(下17a4)

39-13 amasi ji-he manggi,
返回 來-**完** 以後
回來的時候,(下17a5)

39-14 beye madagan be bodo-me touda-me bu-ki。
本身 利息 **賓** 算-**并** 償還-**并** 給-**祈**
本利算着還罷。(下17a5-6)

39-15[A] jabxan de sini ji-he-ngge erde,
幸而 **位** 你.**屬** 來-**完-名** 早
幸而你來的早,(下17a6)

39-16 majige sitabu-qi inu amqabu-ra-kv o-mbi,
稍微 耽誤-**條** 也 追趕-**未-否** 成爲-**現**
略遲些也趕不上,(下17a6-7)

39-17 jakan tokso qi udu yan menggun gaji-ha,
新近 村莊 **從** 幾 兩 銀子 拿來-**完**
方纔屯裏拿了幾兩銀子來,(下17a7-17b1)

39-18 kemuni baitala-ra unde,
還 使用-**未** 尚未
還没有用呢,(下17b1)

39-19 si dulin gama-fi takv-ra,
你 一半 拿-**順** 差遣-**未**
你拿一半去使,(下17b2)

39-20 qai omi-ha maggi,
茶 喝-**完** 以後
吃了茶,(下17b2)

39-21 dengne-fi sinde bu-kini,
稱重-**順** 你.**與** 給-**祈**
秤了給你，（下17b3）

39-22 si ere tuktan mudan bigara-me yabu-mbi waka-u?
你 這 初 次 外出-**并** 行走-**現** 不是-**疑**
你不是初次出外麽?（下17b3-4）

39-23[B] inu,
是
是。（下17b4）

39-24[A] sinde emu ba-be ala-ki,
你.**與** 一 事情-**賓** 告訴-**祈**
我告訴你此[1]話，（下17b4-5）

39-25 goromime yabu-re doro,
向遠方 行走-**未** 道理
遠行的道理，（下17b5）

39-26 guqu-se de hvwaliyasun dele,
朋友-**複** **位** 和睦 寶貴
朋友們裏頭以和爲上，（下17b5-6）

39-27 jai fejergi alban urse be tuku doko se-me faksala-ra-kv,
再 下面 官員 人們 **賓** 表面 裏面 **助-并** 區別-**未-否**
待下呢官人們不必分内外，（下17b6-7）

39-28 emu adali gosi,
一 樣子 疼愛.**祈**

---

1 此：雙峰閣本作“些”。

一樣的[1]愛惜，（下17b7）

39-29 uthai menggun baha-ra jiha buta-ra ba bi-he seme，，
就算 銀子 得到-未 錢 挣錢-未 地方 有-完 儘管
就有得銀子挣錢財的去處，（下17b7-18a1）

39-30 dere oyonggo，
顏面 重要
臉面要緊，（下18a1）

39-31 ume gala golmin o-joro，
不要 手 長 成爲-未
別手長了，（下18a2）

39-32 tuttu ohode，
那樣 若
要是那樣，（下18a2）

39-33 labdu gebu algin de holbobu-mbi。
大 名字 名聲 **與** 有關-**現**
於聲名大有關係。（下18a2-3）

39-34[B] age -i jombu-ha-ngge，
阿哥 **屬** 提醒-**完**-**名**
阿哥提撥的，（下18a3）

39-35 aisin gu -i gese gisun kai，
金 玉 **屬** 一樣 話語 啊
金玉一樣的話呀，（下18a3-4）

39-36 bi ufuhu de uli-me fahvn de fali-me eje-ki。
我 肺 **位** 串聯-**并** 肝 **位** 牢固-**并** 記住-**祈**

---

1 的：雙峰閣本作“孫”。

我牢託肘[1]腸罷。（下18a4-5）

第40條

40-1[A] age atanggi tokso qi ji-he?

阿哥 什麼時候 村莊 從 來-完

阿哥幾時從屯裹来的?（下18a6）

40-2[B] bi isinji-fi kejine inenggi o-ho。

我 到來-順 好久 日子 成爲-完

我到了好些日子了。（下18a6-7）

40-3[A] age ji-he be bi fuhali oron donji-ha-kv,

阿哥 來-完 賓 我 完全 全然 聽-完-否

阿哥來我總没有聽見，（下18a7-18b1）

40-4 donji-ha biqi,

聽-完 若是

要聽見，（下18b1）

40-5 inu tuwa-nji-mbihe。

也 看-來-過

也來瞧來着。（下18b1）

40-6[B] musei te-he falga enqu,

咱們.屬 住-完 場所 相異

咱門[2]住的方向不同，（下18b1-2）

40-7 geli alban beye,

又 官員 身體

---

1 託肘：雙峰閣本作“記肝”。

2 門：雙峰閣本作“們”。

又是官身子，（下18b2）

40-8 donji-ha-kv-ngge giyan dabala。

聽-完-否-名 道理 罷了

聽不見是該當罷咧。（下18b2-3）

40-9[A] suweni usin aibi-de bi?

你們.屬 田地 哪裏-位 在

你們地畝在那裏？（下18b3）

40-10[B] bira-i qargi ba jeu -i harangga ba-de bi。

河-屬 那邊 霸 州 屬 所轄 地方-位 在

在河那邊霸州所屬的地方。（下18b3-4）

40-11[A] hunehe bira waka-u?

渾 河 不是-疑

不是渾河嗎？（下18b4-5）

40-12[B] inu，hunehe bira。

是 渾 河

渾河。（下18b5）

40-13[A] ere aniya tuba-i jeku antaka?

這 年 那裏-屬 米 如何

今年那裏的莊稼如何？（下18b5-6）

40-14[B] sain，

好

好，（下18b6）

40-15 umesi elgiyen，

非常 豐富

狠豐盛，（下18b6）

40-16 ambula bargiya-ha-bi,
大 收穫-**完**-**現**
大收了，（下18b6-7）

40-17 neneme bisa-ka se-re,
起先 洪澇-**完** 説-**未**
先説潦了，（下18b7）

40-18 geli hiyaribu-ha se-re,
又 乾旱-**完** 説-**未**
又説旱了，（下18b7）

40-19 tere gemu yoro gisun,
那個 全都 謠 言
都是謠言，（下19a1）

40-20 akda-qi o-jora-kv,
相信-**條** 可以-**未**-**否**
信不得，（下19a1）

40-21 gvwa haqin be aise-mbi。
其他 項目 **賓** 説-**現**
何必説别的。（下19a1-2）

40-22[A] sahaliyan turi hvda mujakv ja se-qina,
黑色 豆子 價格 很 便宜 説-**祈**
黑豆只説着實賤罷，（下19a2-3）

40-23 juwan udu jiha de emu moro hiyase baha-mbi,
十 幾 錢 **位** 一 升 斗 得到-**現**
十幾個錢得[1]升，（下19a3-4）

1 得：雙峰閣本後有“一”字。

40-24 utala aniya inu ere gese akv bihe,

至今 年 也 這個 樣子 否 過

這些年也没像這們樣的，（下19a4-5）

40-25 yargiyvn?

果真

真嗎？（下19a5）

40-26B mujangga。

確實

果然。（下19a5）

40-27A age jai aika bou-i niyalma takvra-qi,

阿哥 再 如果 家-屬 人 派遣-條

阿哥再要使唤家裏人去，（下19a5-6）

40-28 mini funde udu hule sahaliyan turi uda-bu-reu,

我.屬 代替 幾 石[1] 黑色 豆 買-使-祈

叫替我買幾石黑豆，（下19a6-7）

40-29 udu yan menggun salibu-re ba-be,

幾 兩 銀子 估算-未 地方-賓

折多少銀子，（下19a7-19b1）

40-30 hengkile-me bodo-fi minde ala-kini,

扣-并 計算-順 我.與 告訴-祈

扣算了告訴我，（下19b1）

40-31 bi da uda-ha ton -i songkoi,

我 原本 買-完 數目 屬 按照

---

1 石：此處爲計量單位。

我照原買的數目，（下19b1-2）

40-32 age de menggun benji-bu-re，

阿哥 **與** 銀子 送來-**使**-**未**

叫給阿哥送銀子來，（下19b2-3）

40-33 inu sini bou-de ududu morin hvwaita-ha-bi kai，

是 你.**屬** 家-**位** 幾 馬 拴-**完**-**現** 啊

是阿[1]你家拴着好幾匹馬，（下19b3-4）

40-34 ere giyan ningge，

這個 当然 事情

這是該的，（下19b4）

40-35 musei uba-de mangga hvdai uda-ra anggala，

咱們.**屬** 這裏-**位** 高 價格 買-**未** 與其

與其咱們這裏拿貴價兒買，（下19b4-5）

40-36 tuba-qi uda-fi gaji-qi，

那裏-**從** 買-**順** 拿來-**條**

從那裏買了拿了來，（下19b5）

40-37 ubu-i jabxan baha-mbi-kai。

倍-**工** 便宜 能够-**現**-啊

加倍的便宜阿[2]。（下19b5-6）

第41條

41-1[A] qananggi meni udu nofi ai sargaxa-mbi，

前日 我們.**屬** 幾 人 什麼 游覽-**現**

---

1 阿：雙峰閣本作“啊”。

2 阿：雙峰閣本作“啊”。

前日我們幾個人什麼是游頑，（下19b7）

41-2 fuhali sui tuwa-ha kai,

終於 罪 受-**完** 啊

竟受了罪了，（下19b7-20a1）

41-3 hoton tuqi-fi,

城 出-**順**

出了城，（下20a1）

41-4 jingkini jugvn be yabu-ra-kv oso nakv,

真正 路 **賓** 行走-**未**-**否** 成爲.**祈** 之後

放着正經道路不走，（下20a1-2）

41-5 fe-me mudali-me aibi-de gene-re be sar-kv,

繞-**并** 拐彎-**并** 哪裏-**與** 去-**未** **賓** 知道.**未**-**否**

不知混繞到那裏去了，（下20a2）

41-6 jugvn -i unduri aname fonji-hai,

路 **屬** 沿途 依次 尋問-**持**

沿路問着，（下20a3）

41-7 arkan se-me kakv de isina-ha,

剛剛 **助**-**并** 水門 **與** 到達-**完**

將將的到了閘口根前，（下20a3-4）

41-8 jahvdai de te-fi,

船 **位** 坐-**順**

就坐上船，（下20a4）

41-9 ishunde gisure-ndu-me omi-qa-me,

互相 説-互-**并** 喝-齊-**并**

彼此説着話吃着酒，（下20a4-5）

41-10 dung g'au se-re ilha-i yafan de isina-fi,

東 皋 助-未 花-屬 園子 與 到達-順

趕到東皋花園，（下20a5-6）

41-11 geli amasi kakv de isinji-tele,

又 返回 水門 與 到來-至

又回到閘口上，（下20a6）

41-12 aifini xun dabsi-ha-bi,

已經 太陽 偏斜-完-現

早已日平西了，（下20a6-7）

41-13 buda je-me waji-me,

飯 吃-并 完結-并

纔吃完了飯，（下20a7）

41-14 bi uthai age-sa yo-ki,

我 就 阿哥-複 走-祈

我就說阿哥們走罷，（下20a7-20b1）

41-15 muse gemu yafahan kutule,

咱們 都 步行 跟馬人

咱們都是步行家裹人，（下20b1）

41-16 sandala-bu-ha-ngge geli kejine goro se-qi,

隔-被-完-名 又 許久 遠 想-條

離的又狠遠，（下20b1-2）

41-17 faha-me te nakv,

摔-并 坐.祈 之後

實排排的坐着，（下20b2）

41-18 axxa-ra ba inu akv,

動-未 地方 也 否

動也不動，（下20b2-3）

41-19 amala xun dosi-re hami-ka be sabu-fi,

後來 太陽 進入-未 接近-完 賓 看見-順

後來見日頭將入了，（下20b3-4）

41-20 teni morila-fi haqihiya-me amasi ji-mbi,

纔 騎馬-順 急忙-并 返回 來-現

纔騎上馬急着回來，（下20b4）

41-21 yalu-hai guwali de isina-ha bi-qi,

騎-持 關廂 與 到達-完 有-條

到了關廂裏，（下20b4-5）

41-22 buruhun -i biya-i elden gemu sabu-ha,

朦朧 工 月亮-屬 光 都 看見-完

恍惚看見月色了，（下20b5-6）

41-23 hoton -i dorgi-qi tuqi-ke niyalma gemu hasa amqa-me,

城 屬 裏面-從 出-完 人 都 急速 趕-并

城裏頭出來的人都叫快趕，（下20b6-7）

41-24 duka emu gargan dasi-ha-bi se-re jakade,

門 一 扇 閉-完-現 助-未 因爲

掩了一扇門了，（下20b7-21a1）

41-25 gvnin -i dolo ele ekxe-he,

心 屬 裏面 愈發 慌忙-完

心裏更着了急，（下21a1）

41-26 morin dabki-me emu ergen -i feksi-me amqa-hai,

馬 拍鞭-**并** 一 氣 **工** 跑-**并** 趕-**持**

加着鞭子催着馬一氣兒跑着趕，（下21a2）

41-27 dube-he-qi amqabu-ha,

終-**完**-**從** 追趕-**完**

趕上了個末尾兒，（下21a2-3）

41-28 meni beye-se arkan dosi-qibe,

我們.**屬** 身體-**複** 勉强 進入-**讓**

我們自己雖然將將的進來了，（下21a3）

41-29 bou-i urse sibxa tuta-fi,

家-**屬** 人們 驟然 留下-**順**

家裏人邈在老遠的，（下21a3-4）

41-30 gemu tule yaksi-bu-ha,

都 外面 關閉-**被**-**完**

都關在外頭了，（下21a4）

41-31 yala amtangga -i gene-he,

真是 有趣 **工** 去-**完**

實在竟是有滋有味的去，（下21a4-5）

41-32 usatala amasi ji-he se-qina。

憂鬱 返回 來-**完** **助**-**祈**

傷心失意的回來了。（下21a5）

第42條

42-1[A] teike bi yamula-fi amasi ji-dere de,

剛纔 我 上衙門-**順** 返回 來-**未** **位**

方纔我上了衙門回來，（下21a6）

42-2 kejine aldangga qi kunggur se-me emu feniyen -i niyalma,

比較 遠方 **從** 馬跑貌 **助-并** 一 群 **屬** 人

從老遠的轟的一群人，（下21a6-7）

42-3 morila-hai ebsi ji-he

騎馬-**持** 這邊 來-**完**

騎着馬往這們來了，（下21b1）

42-4 hanqi isinju nakv,

附近 到達.**祈** 之後

到了跟前，（下21b1）

42-5 qinqila-me emgeri taka-qi,

詳細-**并** 一次 確認-**條**

細認了一認，（下21b1-2）

42-6 musei fe adaki tere,

咱們.**屬** 舊 街坊 他

是咱們的舊街坊某人，（下21b2）

42-7 etu-he yalu-ha-ngge absi saikan,

穿-**完** 騎-**完**-**名** 非常 好看

穿的騎的好壯觀，（下21b2-3）

42-8 tarhvn morin,

肥 馬

肥馬，（下21b3）

42-9 weihuken furdehe,

輕 裘

輕裘，（下21b3-4）

42-10 qira dahun tahvn[1],
臉色 明亮 白
面貌軒昂，（下21b4）

42-11 ambula tuleje-he,
甚 胖-完
大胖了，（下21b4）

42-12 mimbe sabu-re jakade,
我.賓 看見-未 因爲
看見我，（下21b5）

42-13 fonji-re ba inu akv,
尋問-未 地方 也 否
問也不問，（下21b5）

42-14 dere qasi foro-fi,
臉 那邊 向-順
把臉往那們一紐，（下21b6）

42-15 abka be xa-me tuwa-me dule-ke,
天 賓 瞧-并 看-并 通過-完
望着天過去了，（下21b6-7）

42-16 nergin de bi uthai terebe hvla-me ili-bu-fi[2],
即時 位 我 就 他.賓 叫-并 止住-使-順
彼時我就要叫住，（下21b7-22a1）

42-17 umesile-me giru-bu-ki se-mbihe,
實現-并 耻辱-使-祈 想-過

---

1 dahun tahvn：意不詳，語法標注據《新刊清文指要》（上51a2）“xehun xahvn”而譯。

2 ilibufi：雙峰閣本作wasibufi。

着 實 的 羞 辱 他 來 着，（下22a1）

42-18 amala gvni-fi jou,

後來 想-順 算了

後 來 想 了 一 想 説 罷，（下22a1）

42-19 aina-mbi,

做什麽-現

作 什 麽，（下22a2）

42-20 i mimbe herse-re de,

他 我.賓 理睬-未 位

他 理 我，（下22a2）

42-21 bi uthai derengge se-mbi-u?

我 就 榮幸 助-現-疑

我 就 體 面 了 嗎？（下22a2-3）

42-22 i gvwa be holto-mbi dere,

他 别人 賓 欺哄-現 罷了

他 哄 别 人 罷 咧，（下22a3）

42-23 age si aika sar-kv,

阿哥 你 難道 知道.未-否

阿 哥 你 豈 有 不 知 道 的，（下22a4）

42-24 ilan aniya-i onggolo,

三 年-屬 前

三 年 以 前，（下22a4）

42-25 muse -i uba-de tere geli we bi-he,

咱們 屬 這裏-位 他 又 誰 有-完

咱 們 這 裏 他 又 是 誰 來 着 呢，（下22a5）

42-26 fungsan yadahvn kai,
窮困 貧困 啊
窮的腥氣,(下22a5-6)

42-27 erde je-ke manggi,
早上 吃-完 之後
早起吃了,(下22a6)

42-28 yamji-ngge be bodo-mbi,
晚上-名 賓 思慮-現
打算晚上的,(下22a6-7)

42-29 inenggi- dari hergi-re fayangga adali,
日子-每 游蕩-未 靈魂 一樣
終日游魂一樣,(下22a7)

42-30 omihon be kiri-me ba ba-de faqihiyaxa-me,
飢餓 賓 忍耐-并 地方 地方-位 努力-并
餓着肚子各處張羅,(下22a7-22b1)

42-31 emu dangxan orho tunggiye-me baha-qi,
一 枝 草 撿-并 得到-條
拾着一根草,(下22b1-2)

42-32 gemu hiha ningge,
都 稀罕 東西
都是希罕的,(下22b2)

42-33 emu inenggi emu siran -i juwe ilan mudan meni bou-de ji-fi,
一 日子 一 陸續 工 二 三 次 我們.屬 家-與 來-順
一日至少也來我們家裏两三遍,(下22b2-3)

42-34 ere-be bai-ra-kv o-qi,

這-賓 求-未-否 成爲-條

不是尋這個，（下22b4）

42-35 tere-be nanda-mbi,

那-賓 欺騙-現

就是尋那個，（下22b4）

42-36 mini-ngge i ai je-ke-kv,

我.屬-名 他 什麼 吃-完-否

我的東西他什麼没吃過，（下22b4-5）

42-37 sabka simi-bu-hai gemu mana-ha,

筷子 吸吮-使-持 都 爛-完

快子都咂明了，（下22b5）

42-38 te niyalma de bai-ra-kv o-ho se-me,

現在 人 與 求-未-否 成爲-完 助-并

如今説求不着人了，（下22b5-6）

42-39 emu qimari[1] andande uthai gvwaliya-fi,

一 早上 瞬間 就 改變-順

一旦之間變的，（下22b6）

42-40 fe be onggo-ho-bi,

以前 賓 忘-完-現

忘了舊了，（下22b7）

42-41 beye-be beye tukiyeqe-re-ngge waka,

自己-賓 自己 贊揚-未-名 不是

---

1 emu qimari：此爲固定用法，意爲“一朝，一旦”。

不是自己抬舉自己，（下22b7-23a1）

42-42 sini[1] nantuhvn be，

你.屬 貪贜 賓

他那行次，（下23a1）

42-43 we geli yasa de dabu-mbi。

誰 又 眼睛 位 算-現

誰又把他放在眼裏呢。（下23a1-2）

第43條

43-1[A] sikse dobori absi beikuwen，

昨天 晚上 怎麼 冷

昨日夜裏好冷，（下23a3）

43-2 amu tolgin de beye-hei gete-he，

睡 夢 位 凍-持 醒-完

睡夢裏凍醒了，（下23a3-4）

43-3 abka gere-me bi ekxe-me ili-fi，

天 亮-并 我 急忙-并 站-順

天一亮我急着起來，（下23a4）

43-4 uqe nei-fi tuwa-qi，

門 開-順 看-條

開了房門看，（下23a5）

43-5 dule xahvn ambarame nimara-mbi ni-kai，

原來 白 大大 下雪-現 呢-啊

1 sini：據漢文部分，應爲第三人稱屬格，滿文sini或有誤。據《新刊清文指要》（上52a4-5）作ini（他.屬）。

原來白花花的下了大雪了，（下23a5-6）

43-6 buda je-fi inenggishvn o-ho manggi,

飯 吃-**順** 接近中午 成爲-**完** 之後

吃了飯傍晌午的時候，（下23a6）

43-7 labsan labsan -i kiyalma-me ele amba o-ho,

雪片 雪片 **工** 鑲嵌-**并** 更 大 成爲-**完**

大片飄飄雪越下大了，（下23a6-7）

43-8 bi ere baita akv de,

我 這 事情 **否** **位**

我想着這無事的上頭，（下23a7-23b1）

43-9 adarame baha-fi emu niyalma ji-fi gisure-me te-qe-ki se-re-de,

怎麼 得到-**順** 一 人 來-**順** 説-**并** 坐-**齊**-**祈** 想-**未**-**位**

怎麼得一個人來坐着説説話兒，（下23b1-2）

43-10 bou-i niyalma dosi-fi niyalma ji-he se-me ala-ra[1] jakade,

家-**屬** 人 進-**順** 人 來-**完** **助**-**并** 告訴-**未** 因爲

家裏人進來告訴説人來了，（下23b2-3）

43-11 mini dolo se sela-ha,

我.**屬** 心 大 暢快-**完**

我心裏很爽快了，（下23b3-4）

43-12 emu dere-i nure bouha be dagila-bu-ha,

一 桌-**工** 酒 菜 **賓** 準備-**使**-**完**

一面叫收拾酒菜，（下23b4）

43-13 emu dere-i qing se-re emu fileku yaha dabu-ha,

一 桌-**工** 火旺貌 **助**-**未** 一 火盆 炭 起-**完**

1 alara：雙峰閣本作tere。

一面點了一盆旺火，（下23b5）

43-14 tereqi deute be helne-me gaji-tala,

自此 弟弟 賓 邀請-并 拿來-至

趕請了兄弟們來，（下23b6）

43-15 nure bouha en jen -i belhe-me jabdu-ha,

酒 菜 妥 當 工 準備-并 趕上-完

酒肴早已齊備了，（下23b6-7）

43-16 tukiye-fi elhei omi-qa-me,

拿起-順 慢慢 喝-齊-并

抬上來慢慢的吃着酒，（下23b7）

43-17 hida be den fete-fi tuwa-qi,

簾子 賓 高 捲-順 看-條

高高的捲起簾子來看，（下23b7-24a1）

43-18 nimanggi arbun,

雪 風景

雪的光景，（下24a1）

43-19 yaya qi bolgo saikan,

任何 從 乾净 美麗

比諸樣的都清雅，（下24a1-2）

43-20 or ar[1] se-mbi,

大聲喊叫貌 助-現

紛紛的印着，（下24a2）

---

1 or ar：據漢文部份，此處滿文或有誤。《新刊清文指要》（上53a4）作sor sar（簌簌下雪貌）。

43-21 abka na tumen jaka gemu der se-me xeyen o-ho，

天 地 萬 物 都 雪白貌 助-并 白 成爲-完

天地萬物都煞曰[1]了，（下24a2-3）

43-22 tuwa-hai aimaka ele yende-fi，

看-持 好像 愈發 興盛-順

看着益發高興了，（下24a4）

43-23 sain de guri-re endebuku be hala-ra doro be gisure-hei，

好 位 遷移-未 過錯 賓 改-未 道理 賓 説-持

講論遷善改過的道理，（下24a4）

43-24 yamji buda je-fi，

晚 飯 吃-順

直到吃了晚飯，（下24a5）

43-25 dengjan dabu-ha manggi teni faqa-ha。

燈 點火-完 以後 纔 散-完

點上燈纔散了。（下24a5-6）

第44條

44-1[A] simbe tuwa-qi bai angga qanggi，

你們.賓 看-條 衹是 口 僅是

看起你來只是寡嘴，（下24a7）

44-2 oilo getuken gese bi-qibe，

表面 明白 一樣 有-讓

外面雖像明白，（下24a7-24b1）

---

1 曰：《新刊清文指要》（24a2-3）作“白”，此處當爲誤字。

44-3 dolo surgvn akv,

心 明確 **否**

心裏不豁亮，（下24b1）

44-4 tere sinde latu-nji-ra-kv oqi,

他 你.**與** 靠近-來-**未**-**否** 若是

他不尋趁你來，（下24b1-2）

44-5 uthai sini jabxan[1] kai,

就 你.**屬** 幸運 啊

就是你的便宜，（下24b2）

44-6 si terebe neqi-fi aina-mbi,

你 他.**賓** 招惹-**順** 做什麽-**現**

你惹他作什麽呢，（下24b2-3）

44-7 sain gisun be umai donji-ra-kv,

好 話語 **賓** 全然 聽-**未**-**否**

總不聽好話，（下24b3）

44-8 aimaka qargi-qi tokoxo-ro adali,

好像 對面-**從** 刺戳-**未** 一樣

倒像神鬼指使的一樣，（下24b4）

44-9 muri-me gene-fi,

勉强-**并** 去-**順**

牛强着去了，（下24b4）

44-10 naranggi giruqun tuwa-bu-ha-bi,

終須 羞耻 看-**被**-**完**-**現**

1 jabxan：雙峰閣本作jabka。

倒底受了辱磨了，（下24b4-5）

44-11 tere xakxan be,

那 狡猾人 賓

那個刁頭，（下24b5）

44-12 si we se-mbi ja akv,

你 誰 想-現 容易 否

你説他是誰不非輕，（下24b5-6）

44-13 gebungge nimequke niyalma kai,

有名的 厲害 人 啊

有名的利害人啊，（下24b6）

44-14 atanggi niyalma de ba bu-mbihe,

幾時 人 與 地方 給-過

從幾時給人留分兒來着，（下24b6-7）

44-15 tede daljakv[1] baita o-qi o-mbi,

他.與 無涉 事情 成爲-條 可以-現

與他無沙[2]的則可，（下24b7-25a1）

44-16 majige uxa-bu-re tata-bu-re ba bi-qi,

稍微 連累-被-未 拉-被-未 地方 有-條

有一點妨碍的去處，（下25a1）

44-17 yaya we de seme ba bu-ra-kv kai,

凡是 誰 與 雖然 地方 給-未-否 啊

不拘誰不給留分兒啊，（下25a1-2）

1 daljakv：雙峰閣本作akv。

2 沙：雙峰閣本作“涉”。

44-18 fakjila-hai[1] urunakv giyan be ejele-fi,

依靠-持 必定 道理 賓 占據-順

叠着勁兒必要占住理，（下25a2-3）

44-19 jabxa-ha manggi teni naka-mbi,

得便宜-完 之後 纔 停止-現

得了便宜纔休歇，（下25a3）

44-20 je ere kai,

是 這 啊

這不是麽，（下25a4）

44-21 jiduji dedu-he tasha be dekde-bu nakv,

究竟 卧-完 老虎 賓 醒-使.祈 之後

倒底把卧着的老虎哄起來，（下25a4-5）

44-22 kangsiri fori-bu-fi,

鼻根 打擊-被-順

磞了釘子，（下25a5）

44-23 munahvn -i amasi ji-he,

無精打采 工 返回 來-完

敗興回來了，（下25a5）

44-24 ere ai yokto,

這 什麽 目的

這是什麽趣兒呢，（下25a6）

44-25 teifu-ngge tuhe-ra-kv,

拄杖-名 跌倒-未-否

1 fakjilahai：雙峰閣本作fakjihai。

可是説的有拐棍不跌跤，（下25a6）

44-26 gebungge ufara-ra-kv se-he-bi,

有名 失敗-未-否 説-完-現

有名望不失着，（下25a6-7）

44-27 sini emhun sa-ha teile o-qi aibi-de isina-mbi,

你.屬 一人 知道-完 衹是 成爲-條 哪裏-與 到達-現

光你一個人知道能到那裏呢，（下25a7-25b1）

44-28 ai o-qibe,

什麽 成爲-讓

任憑怎麽樣，（下25b1）

44-29 bi sinqi lakqa-fi udu se ahvn kai,

我 你.從 出衆-順 幾 歲 兄長 啊

我比你長着好幾歲，（下25b1-2）

44-30 unenggi yabu-re giyan oqi,

確實 做-未 道理 若是

要果然該行的，（下25b2-3）

44-31 sini gvnin de kimqi-me giyangna-ra-kv o-ki seme,

你.屬 心 位 斟酌-并 講解-未-否 成爲-祈 雖然

就是你心裏不要講究，（下25b3-4）

44-32 bi hono jombu-me haqihiya-me gene se-mbi-kai,

我 還 建議-并 勸諫-并 去.祈 説-現-啊

我還提撥催着你去呢，（下25b4）

44-33 fudarame ilibu-re kouli bi-u?

反倒 勸止-未 理由 有-疑

豈有倒攔阻你的規矩嗎？（下25b5）

第45條

45-1[A] we ini baru ere tere se-he,

誰 他.屬 向 這個 那個 說-完

誰望着他講長講短了，（下25b6）

45-2 ini gisun de boxo-bu-fi mimbe gisure-bu-mbi-kai,

他.屬 話語 與 催促-被-順 我.賓 說-使-現-啊

被他的話逼着叫我說呀，（下25b6-7）

45-3 gvwa be dalda-qi o-joro dabala,

別人 賓 隱瞞-條 可以-未 而已

蒙蔽得別人罷咧，（下25b7-26a1）

45-4 sinde gida-qi o-mbi-u?

你.與 隱瞞-條 可以-現-疑

瞞藏得你嗎？（下26a1）

45-5 aniya ara-ha qi ebsi,

年 過-完 從 以來

從過年以來，（下26a1）

45-6 i aika alban de yabu-ha ba-bi-u?

他 什麼 公務 與 行走-完 地方-有-疑

還走了什麼差事了嗎？（下26a2）

45-7 enenggi aibi-deri omi-fi jiu nakv dosi-nji-me jaka,

今天 哪裏-經 喝-順 來.祈 之後 進入-來-并 剛剛

今日起那裏吃了酒剛一進來，（下26a2-3）

45-8 ara bi ainu teni simbe sabu-mbi se-mbi,

哎呀 我 爲什麼 纔 你.賓 看見-現 助-現

說哎呀我怎麼纔見你啊，（下26a3-4）

45-9 tuttu oqi,

那樣 若是

要是那樣，（下26a4）

45-10 bi toukan akv

我 停留 否

我不脱空的，（下26a4-5）

45-11 daruhai biyala-me sini funde alban de dangna-ha-ngge,

經常 槼月-并 你.屬 代替 公務 位 充當-完-名

成月家的常替你當差的，（下26a5-6）

45-12 elemangga waka baha,

反而 錯誤 得到.完

倒得了不是了，（下26a6）

45-13 ere gisun de,

這個 話 位

這個話上，（下26a6）

45-14 mini jili uthai monggon -i da deri o-ho,

我.屬 怒氣 就 脖子 屬 根源 經 成爲-完

我的性子就到了脖梗兒上了，（下26a7）

45-15 enenggi aiseme gisure-mbi,

今天 什麽 説-現

今日説甚麽，（下26b1）

45-16 qimari jai bolgo-ki。

明天 再 決勝負-祈

明日再決勝負罷。（下26b1）

45-17[B] age si ainu ini gese sasa temxendu-mbi,

阿哥 你 爲什麽 他.屬 一樣 一起 競争-現

阿哥你怎麽望他一般一配的争啊，（下26b1-2）

45-18 tere tuttu yobodo-me taqi-ha be,

他 那樣 開玩笑-并 習慣-完 賓

他那樣頑慣了的，（下26b2-3）

45-19 si aika sar-kv ni-u?

你 難道 知道.未-否 呢-疑

你有什麽不知道的呢？（下26b3-4）

45-20 gvni-qi, geli suihu-me omi-ha,

想-條 又 醉-并 喝-完

想來又是喝的撒酒瘋了，（下26b4）

45-21 damu sabu-ha-kv donji-ha-kv ton o-kini。

衹是 看見-完-否 聽-完-否 數 成爲-祈

只當是没看見没聽見是呢。（下26b4-5）

45-22[A] aiseme gisure-mbi,

什麽 説-現

説什麽，（下26b5）

45-23 age si sar-kv,

阿哥 你 知道.未-否

阿哥你不知道，（下26b5-6）

45-24 ere gese ja de ja,

這 樣子 容易 與 容易

像這樣丁是丁，（下26b6-7）

45-25 mangga de mangga se-re niyalma de ba bu-qi,
强 **與** 强 **助-未** 人 **與** 地方 給-**條**
卯是卯的人要給他留個分兒,(下26b7)

45-26 i huwekiye-mbi,
他 興奮-**現**
他就高興了,(下26b7-27a1)

45-27 si ine mene[1] bi yobodo-mbi,
你 乾脆 誠然 我 開玩笑-**現**
你率性説我是頑,(下27a1)

45-28 herqun akv de gisun okjosla-ha se-qi,
理睬 **否** **位** 話語 冒失-**完** **助-條**
不覺的話冒失了,(下27a1-2)

45-29 niyalma embiqi waliya-me gama-mbi dere,
人 或者 寬容-**并** 寬恕-**現** 罷了
人或者撩的開手罷咧,(下27a2-3)

45-30 qira fuhun unenggile-mbi kai,
臉色 怒火 竭誠-**現** 啊
一臉怒氣認真的説呀,(下27a3)

45-31 we inde o-mbi。
誰 彼.**與** 合得來-**現**
誰合他過的去呢。(下27a3-4)

45-32[B] age si ume fanqa-ra,
阿哥 你 不要 生氣-**未**

1 ine mene:此爲固定用法,意爲“乾脆”。

阿哥你别生氣，（下27a4）

45-33 bi ere suihutu be dalda[1] ba-de gama-fi,

我 這個 醉鬼 **賓** 隱蔽 地方-**與** 拿去-**順**

我把這醉行次帶在僻静處，（下27a4-5）

45-34 yasa kori-me emu jergi giru-bu-me beqe-fi,

眼睛 挖-**并** 一 次 羞耻-**使-并** 責備-**順**

剜着眼睛辱磨他一番，（下27a5-6）

45-35 sinde ki fulha-ki。

你.**與** 怒氣 發洩-**祈**

給你出氣罷。（下27a6）

第46條

46-1[A] tuktan imbe aqa-ha de,

最初 他.**賓** 遇見-**完** **位**

起初見了他，（下27a7）

46-2 niyalma-i baru dembei habqihiyan kvwalar se-mbi,

人-**屬** 向 極爲 親熱 正直 **助-現**

望着人很親熱響快，（下27a7-27b1）

46-3 terei beye eldengge fiyangga,

他.**屬** 身體 光彩 軒昂

他的相貌軒昂，（下27b1）

46-4 angga senqehe daqun sain,

口 言辭 鋭利 好

1 dalda：雙峰閣本作daniyan。

口齒利便，（下27b1-2）

46-5 mujakv buye-me tuwa-ha,

非常 愛慕-并 看-完

看着很羡慕了，（下27b2）

46-6 adarame baha-fi ini baru guqule-re[1] se-me,

怎樣 得到-順 他.屬 向 交流-未 助-并

想着怎麽合他相與呢，（下27b2-3）

46-7 angga qi tuhebu-ra-kv makta-mbihe,

口 從 離開-未-否 贊揚-過

不住嘴的誇獎來着，（下27b3）

46-8 amala feliye-fi emu ba-de fumere-hei,

後來 走-順 一 地方-位 摻和-持

後走上了一處混混着，（下27b4）

46-9 ini yabu-ha ele baita be kimqi-qi,

他.屬 做-完 所有 事情 賓 審查-條

細體察他所行的事情，（下27b4-5）

46-10 dule emu tondokon niyalma waka bi-he-ni,

原來 一 忠直 人 不是 有-完-呢

原来不是一個正經人，（下27b5-6）

46-11 fiyanara-ra mangga holo qanggi,

説謊-未 善於 謊言 全是

駕虛弄空，（下27b6）

46-12 terei yargiyan taxan be aibi-deri na-mbu-mbi,

他.屬 真實 虛僞 賓 哪裏-經 捕捉-使-現

1 guqulere：雙峰閣本作buqulere。

他的真假那裏撈得着呢，（下27b6-7）

46-13 tuttu bime gvnin butemji,

那樣 而且 心 陰險

而且心裏陰險，（下27b7-28a1）

46-14 niyalma de sain jugvn baha-bu-ra-kv,

人 與 好 路 得到-被-未-否

不給人好道兒走，（下28a1）

46-15 angga-i ergi-de sini baru banji-re sain se-re gojime,

口-屬 方面-位 你.屬 向 生活-未 好 助-未 雖然

口裏雖説是向你好，（下28a2-3）

46-16 enggiqi ba-de tuhe-bu-re-ngge ja akv,

背後 地方-位 跌倒-使-未-名 輕鬆 否

背地裏陷害的不輕，（下28a3-4）

46-17 terei hvbin de dosi-ka se-he-de,

他.屬 計略 與 進入-完 説-完-位

要人[1]在他的圈套兒裏，（下28a4）

46-18 sarbatala o-mbi,

向上仰 成爲-現

就是一個仰面筋斗，（下28a5）

46-19 te bi-qibe ini gala de joqi-bu-ha niyalma,

現在 有-讓 他.屬 手 與 破敗-被-完 人

即如在他手裏坑害的人，（下28a5-6）

46-20 aika komso se-mbi-u?

難道 少 助-現-疑

---

1 人：《新刊清文指要》（上565b5-6）作“入”，此處當爲誤字。

還少麽？（下28a6）

46-21 simhun bukda-fi tolo-qi waji-ra-kv kai,

指頭 屈折-順 算-條 完結-未-否 啊

指不勝屈啊，（下28a6-7）

46-22 ede guqu-se imbe jondo-mbihe-de,

這.位 朋友-複 他.賓 想起-過-位

因此朋友們提起他来，（下28a7-28b1）

46-23 gemu emekei se-me uju finta-ra-kv-ngge akv,

都 可怕 助-并 頭 疼-未-否-名 否

都説是可怕呀，無有不頭疼的，（下28b1-2）

46-24 yarha -i boqo oilo,

豹 屬 臉 表面

豹的顔色在浮皮，（下28b2）

46-25 niyalma-i boqo dolo se-he-ngge,

人-屬 臉 裏面 説-完-名

人的成色在内裏的話，（下28b3）

46-26 qohome ere gese niyalma be hendu-he-bi,

特意 這 一樣 人 賓 説-完-現

特説的是這樣的人啊，（下28b3-4）

46-27 yala mini jabxan,

真是 我.屬 幸運

實在是我的僥幸，（下28b4）

46-28 gvnin werixe-fi aldangga o-bu-ra-kv se-qi,

心 確認-順 遠 成爲-使-未-否 助-條

要不留心遠着他，（下28b5）

46-29 ini geuden de tuhene-ra-kv bi-he-u?
他.**屬** 奸計 **位** 陷入-**未-否** 有-**完-疑**
有不落在他的局騙裹頭的嗎?（下28b5-6）

第47條

47-1[A] tumen jaka qi umesi wesihun ningge be niyalma se-mbi,
萬 物 **從** 更 寶貴 東西 **賓** 人 說-**現**
比萬物最尊貴的叫作是人,（下28b7-29a1）

47-2 niyalma o-qi sain ehe be ilga-ra-kv,
人 成爲-**條** 善 惡 **賓** 區別-**未-否**
爲人要不辨好歹,（下29a1-2）

47-3 doro giyan be faksala-ra-kv oqi,
道理 規則 **賓** 區分-**未-否** 若是
不分道理,（下29a2）

47-4 ulha qi ai enqu,
畜牲 **從** 什麽 異樣
與畜類何異,（下29a3）

47-5 ne bi-qibe guqu-se-i doro,
現在 有-**讓** 朋友-**複-屬** 道理
即如朋友們的道理,（下29a3-4）

47-6 si bi ishunde kundule-qi sain akv-n?
你 我 互相 尊敬-**條** 好 **否-疑**
你我彼此相敬豈不好麽?（下29a4-5）

47-7 jaqi o-ho-de aidahaxa-me latu-nju nakv,
很 成爲-**完-位** 逞凶-**并** 靠近-來.**祈** 之後

動不動的尋了来發豪横，（下29a5）

47-8 dere ura be tuwa-ra-kv,

臉 屁股 **賓** 看-**未**-**否**

不顧頭尾，（下29a6）

47-9 angga-i iqi balai lasihida-me tou-re-ngge,

口-**屬** 順應 輕慢 摔打-**并** 罵-**未**-**名**

混摔掇信口兒罵，（下29a6-7）

47-10 beye-i bengsen ara-mbi-u?

自己-**屬** 本事 算-**現**-**疑**

算了自己的本事了嗎？（下29a7-29b1）

47-11 adarame banji-ha demun be tuwa-qina,

怎麽 生長-**完** 詭計 **賓** 看-**祈**

是怎麽的啊看那長的怪樣兒是呢，（下29b1）

47-12 hefeli wakjahvn fuhali beliyen waji-ha bi-me,

肚子 下垂 竟然 痴人 完結-**完** 有-**并**

臌着個大肚子竟是呆人，（下29b2）

47-13 xuqile-me taqi nakv,

假裝知道-**并** 學.**祈** 之後

又學充懂文脉，（下29b3）

47-14 absi niyalma be yali mada-bu-mbi,

真是 人 **賓** 肉 腫脹-**使**-**現**

好叫人肉麻呀，（下29b3-4）

47-15 indahvn -i gese ger se-re be,

狗 **屬** 一様 相争貌 助-**未** **賓**

像狗呲着牙叫的一様，（下29b4）

47-16 niyalma gemu ek se-fi donji-ra-kv o-ho kai,

人 都 厭煩貌 助-順 聽-未-否 成爲-完 啊

人都厭煩不聽了，（下29b5）

47-17 majige niyalma-i gvnin bi-qi,

稍微 人-屬 心 有-條

要略有人心的，（下29b6）

47-18 inu sere-qi aqa-mbihe,

也 發覺-條 應該-過

也該知覺來着，（下29b6-7）

47-19 kemuni jilerxe-me,

還 恬然做-并

還恬不知耻，（下29b7）

47-20 aimaka we imbe saixa-ha adali,

好像 誰 他.賓 賞贊-完 一樣

倒像誰誇他的一樣，（下29b7-30a1）

47-21 ele huwekiye-he-ngge ainu,

越發 發奮-完-名 爲什麽

益發興頭起來是怎麽説呢，（下30a1）

47-22 ere-i ama inu emu jalan -i haha se-me yabu-mbihe kai,

這-屬 父親 也 一 代 屬 男人 助-并 做-過 啊

他的老子也是一輩子行走的漢子來着，（下30a1-2）

47-23 aide sui ara-fi,

爲什麽 罪 做-順

那上頭作了孽，（下30a3）

47-24 ere gese fusi banji-ha,

這 一樣 下賤 出生-完

養了這樣的賤貨,(下30a3)

47-25 ai waliya-ha,

哎 拋棄-完

可嘆啊撩了的了,(下30a4)

47-26 hvturi gemu ini ama-i fayangga gama-ha,

福 都 他.屬 父親-屬 靈魂 拿走-完

福分都叫他老子的魂靈兒帶了去了,(下30a4-5)

47-27 ere uthai ini dube o-ho kai,

這 就 他.屬 末端 成爲-完 啊

這也就是他的盡頭處了,(下30a5)

47-28 geli wesi-ki mukde-ki se-qi ainahai mute-re。

又 上升-祈 爬上-祈 想-條 未必 可以-未

再要想升騰未必能了。(下30a6)

第48條

48-1[A] musei dolo kai,

咱們.屬 裏面 啊

咱們裏頭,(下30a7)

48-2 si aika gurun gvwa-u?

你 難道 國家 別的-疑

你還是外人麽?(下30a7)

48-3 mimbe tuwa-nji-qi,

我.賓 看-來-條

瞧我，（下30b1）

48-4 uthai xuwe dosi-mbi dere,

就 徑直 進入-**現** 吧

就直進來，（下30b1）

48-5 geli hafum-bu-re de ai gana-ha,

又 通曉-**使**-**未** **與** 什麼 去取-**完**

又何必通報呢，（下30b2）

48-6 duka de isinju nakv,

門 **與** 到來.**祈** 之後

既到門口，（下30b2-3）

48-7 uthai amasi gene-he-ngge,

就 返回 去-**完**-**名**

就回去的，（下30b3）

48-8 bou-i niyalama mimbe bou-de akv se-he gisun de

家-**屬** 人 我.**賓** 家-**位** **否** 説-**完** 話語 **位**

家裏人説我不在家的話上，（下30b3-4）

48-9 usha-ha-u aina-ha-u?

發怒-**完**-**疑** 怎麼樣-**完**-**疑**

惱了嗎是怎麼樣呢？（下30b5）

48-10 turgun be tuqi-bu-me ala-ra-kv oqi,

原因 **與** 學-**使**-**并** 告訴-**未**-**否** 若是

若不告訴出緣故來，（下30b5-6）

48-11 ainambaha-fi sa-ra,

怎麼得-**順** 知道-**未**

怎麼得知道呢，（下30b6）

48-12 ere uquri musei tere emu feniyen age-sa,

這 時候 咱們 那 一 群 阿哥-複

這一向咱們那一群阿哥們，（下30b6-7）

48-13 dahv-me aqa-fi jiha efi-re falan nei-he-bi,

重複-并 集合-順 錢 要-未 地方 開-完-現

合着伙兒開了要錢場兒了，（下30b7-31a1）

48-14 jakan ji-fi gashvme gari-me,

剛纔 來-順 起誓 發誓-并

方纔來起誓發願的，（下30a1-2）

48-15 mimbe inu urunakv gene se-mbi,

我.賓 也 必定 去.祈 助-現

也必定叫我去，（下31a2）

48-16 mini beye xolo akv be si sar-kv ai-bi,

我.屬 自己 空閑 否 地方 你 知道.未-否 什麽-有

你豈不知道我不得空兒，（下31a2-3）

48-17 teike teike alban isinji-re be ai boljon,

一會 一會 公務 到來-未 賓 什麽 定準

一會一會兒的有差事如何定得呢，（下31a4）

48-18 jai fafun xajin umesi qira,

再 禁令 法律 非常 嚴格

再王法很緊，（下31a5）

48-19 talude emu baita tuqi-nji-qi,

偶然 一 事 出-來-條

偶然出來一件事，（下31a5-6）

48-20 dere be absi o-bu-mbi,

臉 賓 怎樣 成爲-使-現

把臉放在那裏呢,(下31a6)

48-21 uttu ofi usha-qi hvi usha-kini,

這樣 因此 抱怨-條 任憑 抱怨-祈

因此惱就憑他惱去罷,(下31a7)

48-22 bi jiduji gene-he-kv,

我 到底 去-完-否

我到底没去,(下31a7-31b1)

48-23 bou-i urse de hendu-he-ngge,

家-屬 人們 與 説-完-名

説給家裏人們,(下31b1)

48-24 yaya we mimbe baiha-ji-qi,

凡是 誰 我.賓 找-來-條

不拘誰來我[1]我,(下31b1-2)

48-25 bou-de akv se-me jabu se-he,

家-位 否 助-并 回答.祈 助-完

答應不在家,(下31b2)

48-26 gvni-ha-kv sini beye ji-he-de,

想-完-否 你.屬 自己 來-完-位

不想你來了,(下31b3)

48-27 dulba ahasi inu songkoi jabu-fi,

糊塗 僕人.複 也 沿襲 回答-順

---

1 我:雙峰閣本作“找”。

懵懂奴才們也照樣的答應，（下31b3-4）

48-28 unggi nakv,

差遣.祈 之後

打發去了，（下31b4）

48-29 teni dosi-fi minde ala-ha,

纔 進入-順 我.與 告訴-完

纔進來告訴了我，（下31b4-5）

48-30 tede bi ekxe-me niyalma takvra-fi amqabu-qi,

那.位 我 急忙-并 人 派遣-順 追趕-條

所以我急着差人去趕，（下31b5）

48-31 amqabu-ha-kv se-re-de,

趕得上-完-否 説-未-位

説没趕上，（下31b5-6）

48-32 mini dolo labsa,

我.屬 心 失望

我心裏着實失[1]望，（下31b6）

48-33 yala absi yabsi o-joro be sar-kv o-ho-bi。

確實 怎麽樣 好不 成爲-未 賓 知道.未-否 成爲-完-現

不知要怎麽樣的了。（下31b6-7）

第49條

49-1[A] si qananggi yafan de waliya-me gene-he bihe-u?

你 前幾天 園子 位 祭奠-并 去-完 過-疑

1 底本作“尖”，或爲衍字，酌改爲“失”。

你前日往園裏上墳去來着嗎？（下32a1）

49-2[B] inu。

是

是。（下32a1）

49-3[A] ainu enenggi teni ji-he?

爲什麽 今天 纔 來-**完**

怎麽今日纔來？（下32a2）

49-4[B] sandalabu-ha-ngge umesi goro,

相隔-**完**-**名** 非常 远

相隔的很遠，（下32a2）

49-5 ineku inenggi mudari amasi ji-qi mute-ra-kv ofi,

相同 日子 往返 返回 來-**條** 能够-**未**-**否** 因爲

因爲當日不能打來回，（下32a3）

49-6 tuba-de juwe dobori inde-he-bi,

那裏-**位** 二 過夜 住宿-**完**-**現**

在那裏歇了兩夜，（下32a4）

49-7 suqungga inenggi hoton -i duka nei-re ishun uthai jura-ka,

起初 日子 城 **屬** 門 開-**未** 向 就 出發-**完**

頭一日頂着城門就起了身，（下32a4-5）

49-8 yamji-tala yabu-fi teni isina-ha,

晚上-**至** 行走-**順** 纔 到達-**完**

直到晚上纔到去了，（下32a6）

49-9 sikse buda dobo-fi,

昨天 飯 供奉-**順**

昨日供了飯，（下32a6）

49-10 geli emu dobori inde-he,

又 一 过夜 住宿-**完**

又歇了一夜，（下32a7）

49-11 enenggi alin jakara-me uthai jura-fi amasi ji-he,

今天 明亮 開啓-**并** 就 出發-**順** 返回 來-**完**

今日東方明兒就起身回來了，（下32a7-32b1）

49-12 jugvn de udele-re-qi tulgiyen,

道途 **位** 吃飯-**未-從** 以外

路上除了打尖，（下32b1-2）

49-13 majige teye-he ba inu akv,

稍微 休息-**完** 地方 也 **否**

也總没歇息，（下32b2）

49-14 arkan se-me hoton -i duka be amqabu-ha。

將將 **助-并** 城 **屬** 門 **賓** 追趕-**完**

剛剛的趕上城門了。（下32b2-3）

49-15[A] age gorokon ba-de umebu-me sinda-ha-ngge,

阿哥 稍遠 地方-**位** 掩埋-**并** 入葬-**完-名**

阿哥在遠些的地方葬埋，（下32b3-4）

49-16 udu sain baita bi-qibe,

儘管 好 事情 有-**讓**

雖是好事，（下32b4）

49-17 juse omosi de enqehen akv oqi,

子輩.**複** 孫輩.**複** **位** 才能 **否** 若是

要是子孫没力量，（下32b5）

49-18 erin de aqabu-me faliya-ra de mangga,
時候 位 集合-并 祭奠-未 位 難
難按着時候上墳啊，（下32b5-6）

49-19 eiqi aina-ra,
到底 如何做-未
可怎麽樣呢，（下32b6）

49-20 fe yafan de fuhali ba akv o-ho,
舊 園子 位 完全 地方 否 成爲-完
舊園子總没地方了，（下32b6-7）

49-21 fengsi tuwa-ra urse jakade,
風水 看-未 人們 因爲
看[1]風水的人們，（下32b7-33a1）

49-22 gemu tere ba-be sain se-re,
全都 那個 地方-賓 好 説-未
都説那個地方好的上頭，（下33a1）

49-23 teni tuba-de eifu kvwaran ilibu-ha,
纔 那裏-位 墳墓 土地 建立-完
纔在那裏立了墳院，（下33a2）

49-24 eitereqibe,
總之
總説了罷，（下33a2）

49-25 muse bi-qi, bi-sire doro,
咱們 有-條 有-未 道理

1 看：雙峰閣本作“着”。

咱們有呢是有的道理，（下33a3）

49-26 akv o-qi，akv -i doro，

否 成爲-條 否 屬 道理

没有呢是没的道理，（下33a3-4）

49-27 ai haqin -i hafirahvn suilashvn se-he seme，

什麼 種類 屬 狹窄 貧困 助-完 儘管

憑他怎麼樣窄累，（下33a4-5）

49-28 yafan de gene-fi inu emu hvntahan arki hisala-mbi dere，

徒步 位 去-順 也 一 杯 酒 祭酒-現 吧

也往園裏去奠一鍾酒啊，（下33a5-6）

49-29 juse omosi de isina-ha manggi，

子輩.複 孫輩.複 與 到達-完 以後

到了子孫們跟前，（下33a6-7）

49-30 damu terei dekji-re dekji-ra-kv be hendu-re dabala，

衹是 他.屬 成長-未 成長-未-否 賓 説-未 而已

只論有出息没出息罷咧，（下33a7-33b1）

49-31 aika tere gese gete-ra-kv juse banji-ha se-he-de，

如果 那個 樣子 長進-未-否 子輩.複 生長-完 助-完-位

要是養了那樣不長進的兒子，（下33b1-2）

49-32 ini beye uthai yafan de te-kini，

他.屬 身體 就 園子 位 住-祈

他的身子就住在園裏，（下33b2-3）

49-33 hono ainahai emu afaha houxan jiha deiji-mbi-ni。

還 未必 一 枚 紙 錢 燒-現-呢

還未必燒一張紙錢呢啊。（下33b3-4）

第50條

50-1[A] ara, ere gese amba aga de aibi-de gene-he bihe,

哎呀 這 樣子 大 雨 **位** 哪裏-**與** 去-**完** **過**

哎呀這樣大雨往那裏去來着，（下33b5-6）

50-2 hvdun dosi。

快 進來.**祈**

快進去。（下33b6）

50-3[B] mini emu guqu akv o-ho,

我.**屬** 一 朋友 **否** 成爲-**完**

我的一個朋友不在了，（下33b6）

50-4 giran behe-fi ji-he,

遺體 送-**順** 來-**完**

送了殯來了，（下33b7）

50-5 eqimari abka tulhuxe-meliyan aga-ra muru bi-qibe,

今天早上 天 陰天-**弱** 下雨-**未** 模樣 有-**讓**

今日早晨天陰陰的雖有下雨的光景，（下33b7-34a1）

50-6 inenggi dulin de isina-fi,

白天 正中 **與** 到達-**順**

到了晌午，（下34a1）

50-7 gehun gahvn -i gala-ka-bi,

明朗 明亮 **工** 放晴-**完**-**現**

很晴明了，（下34a1-2）

50-8 amasi mari-fi yabu-re de tuwa-qi,

返回 反轉-**順** 行走-**未** **位** 看-**條**

回來走着看，（下34a2）

50-9 tugi geli bombono-fi yur se-me sekte-he,

雲 又 堆積-順 細水長流貌 助-并 鋪-完

又一片一片的鋪開稠雲了，（下34a3）

50-10 tede bi bou-i urse -i baru

那.位 我 家-屬 人們 屬 向

那上頭我望着家裏人説，（下34a3-4）

50-11 ere abka faijuma,

這個 天 怪異

這天氣不妥當，（下34a4）

50-12 hasa yabu,

快 行走.祈

快走，（下34a5）

50-13 akvqi muse tokto-fi aga de amaqa-bu-mbi kai。

否則 咱們 確定-順 雨 與 踩-被-現 啊

不然咱們一定要着雨啊。（下34a5-6）

50-14 se-me hendu-tele,

助-并 説-至

正説着，（下34a6）

50-15 uthai xor se-me aga-me deribu-he,

就 瀟瀟貌 助-并 下雨-并 開始-完

就刷刷的下起雨来了，（下34a6-7）

50-16 age si hendu,

阿哥 你 説.祈

阿哥你説，（下34a7）

50-17 xehun bigan de kai,
空曠 原野 **位** 啊
在漫荒地裏，（下34a7-34b1）

50-18 aibi-de jaila-na-mbi,
哪裏-**位** 躲避-去-**現**
往那裏去躲，（下34b1）

50-19 nerku jangqi etu-me jabdu-ha-kv de,
油雨衣 氈衣 穿-**并** 來得及-**完**-**否** **位**
雨衣[1]毡褂子没穿叠當，（下34b1-2）

50-20 beye-i gubqi xeke-tele usihi-bu-he。
身體-**屬** 整體 淋透-**至** 濕-**被**-**完**
渾身濕透了。（下34b2）

50-21[A] hvwanggiya-ra-kv,
妨礙-**未**-**否**
不妨，（下34b3）

50-22 mini etuku bi,
我.**屬** 衣服 有
有我的衣裳，（下34b3）

50-23 tuqi-bu-fi si hala,
出-**使**-**順** 你 换.**祈**
拿出来你换，（下34b3）

50-24 abka inu yamji-ha,
天 也 天黑-**完**
天也晚了，（下34b4）

---

1 衣：雙峰閣本作“表”。

50-25 qimari jai hoton dosi,

明天 再 城 進入.祈

明日再進城去，（下34b4-5）

50-26 meni ere koqo wai yafan de sain jaka akv bi-qibe,

我們.屬 這個 幽僻 彎曲 園子 位 好 東西 否 有-讓

我們這個幽僻彎曲的園子裏雖然没有好東西，（下34b5-6）

50-27 bou-de uji-he mikan niungniyaha,

家-位 養-完 小猪 鵝

家裏養的小猪兒鵝，（下34b6）

50-28 kemuni udu fali bi,

還 幾 個 有

還有幾個，（下34b6-7）

50-29 emu juwe wa-fi sinde ulebu-re。

一 二 殺-順 你.與 款待-未

宰一兩個給你吃罷。（下34b7-35a1）

50-30[B] je-tere be ai-se-mbi,

吃-未 賓 什麽-説-現

别説是吃，（下35a1）

50-31 damu ere gese beye-be tomo-ro sain ba baha-qi,

但是 這 樣子 身體-賓 休息-未 好 地方 得到-條

但得這樣的好地方栖身子，（下35a1-2）

50-32 uthai jabxan kai,

就 幸運 啊

就是便宜了，（下35a2-3）

50-33 akvqi aga be funtu-me yabu-ra-kv,

否則 雨 賓 頂-并 行走-未-否

不然不冒着雨走，（下35a3）

50-34 aika fa bi-u?

什麽 方法 有-疑

還有法兒嗎？（下35a3-4）

漢文詞彙索引

N

P

Q

R

S

T

北京大學中國語言學研究中心

早期北京話珍稀文獻集成

主編 劉雲

清代滿漢合璧文獻萃編

漢文主編 劉雲 陳曉
滿文主編 王碩 [日]竹越孝

卷二

清文指要

[日]竹越孝 陳曉 校注

国家出版基金项目
NATIONAL PUBLICATION FOUNDATION

北京大學出版社
PEKING UNIVERSITY PRESS

影印本

清文指要

嘉慶十四年夏重刻

三槐堂藏版

ᠮᠠᠨᠵᡠ ᡤᡳᠰᡠᠨ ᡳ ᠣᠶᠣᠩᡤᠣ ᠵᠣᡵᡳᠨ ᡳ ᠪᡳᡨᡥᡝ

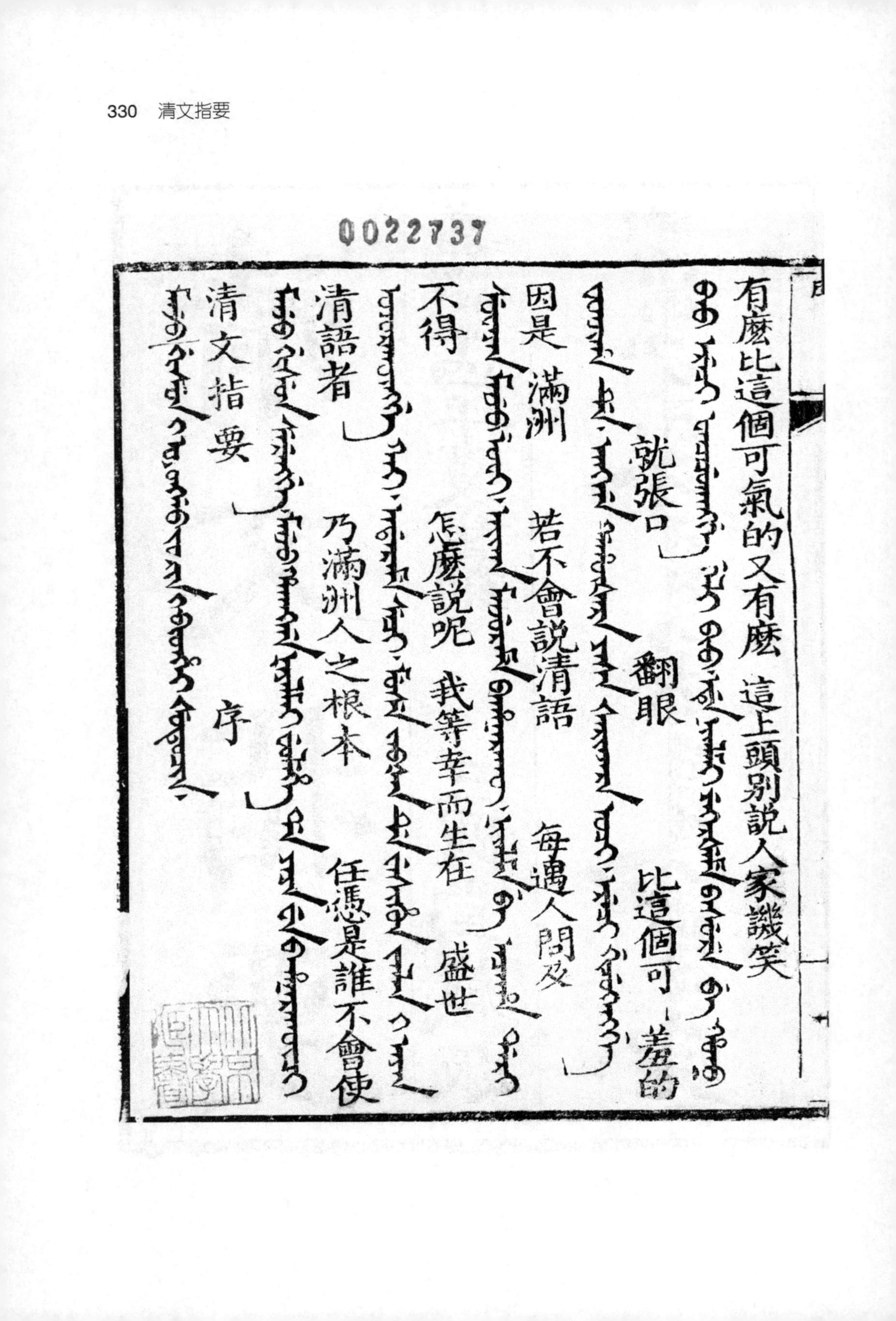

有麽比這個可氣的又有麽 這上頭別說人家譏笑

就張口 翻眼 比這個可羞的

因是滿洲 若不會說清語 每遇人問及

不得 怎麽說呢 我等幸而生在 盛世

清語者 乃滿洲人之根本 任憑是誰不會使

清文指要 序

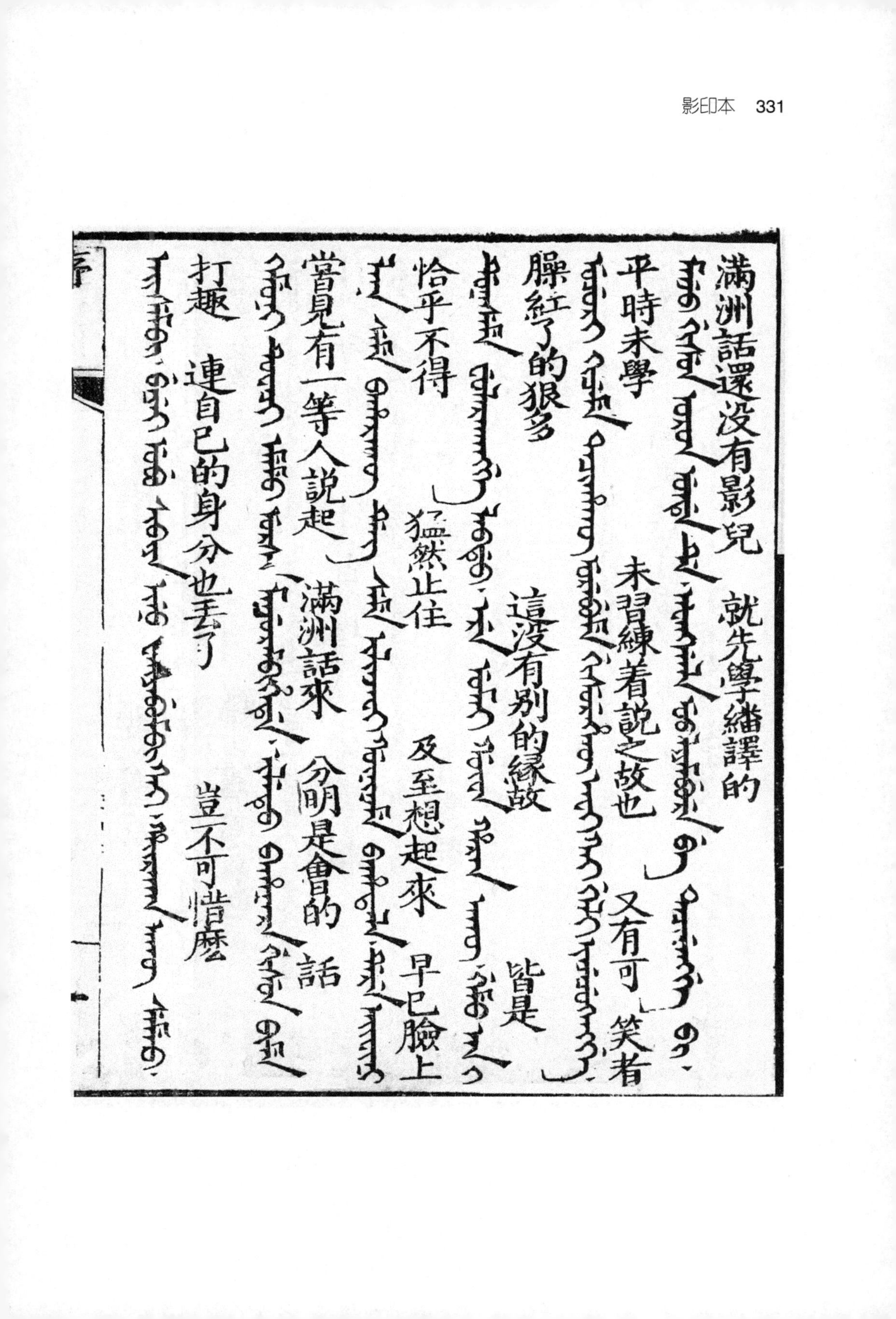

滿洲話還沒有影兒　就先學繙譯的
平時未學　未習練着說之故也　又有可笑者
臊紅了的狠多　這沒有別的緣故　皆是
恰乎不得　猛然止住　及至想起來　早已臉上
嘗見有一等人說起　滿洲話來　分明是會的話
打趣　連自己的身分也丟了　豈不可惜麽

粗比 即如蓋房 若鋲
雖學至老 難免庸愚名色
清語短少 不合卯榫 不成套數
漢文怎麽精奥 下筆時 奈何
煮沙 要飯者乎 任憑
這等人 何異北轅越粵

全行誦讀 幾時是了 因此 我在裡頭走的

偺清語甚緊 初學之人

以前 當知先學清語 爲要

成房之理呀 即此看來 未學繙譯

人們叫來 拏什麼做呢 惟有束手觀望而已 無有

柁柱甎瓦 等項 獨把 匠

說清語的方法 雖不周旋 大概眼

此內 貫串 落脚 各樣

以書名曰 清文指要

條 教我族中子弟 共集百

一句一句的集凑着

寬 將老輩傳說 並我學記的

向甚多 又恐讀者抄寫 但此書學

又何愁不會呢

運用 任憑怎樣說去無有不成話的

反覆熟習 久之 自能 隨意

學者 果能專心 致志

前應用最緊要者俱備

在初學未必無小補云

雖無益於通家

凡我等好清語的朋友公於同好

費力

故此付匠役刊刻

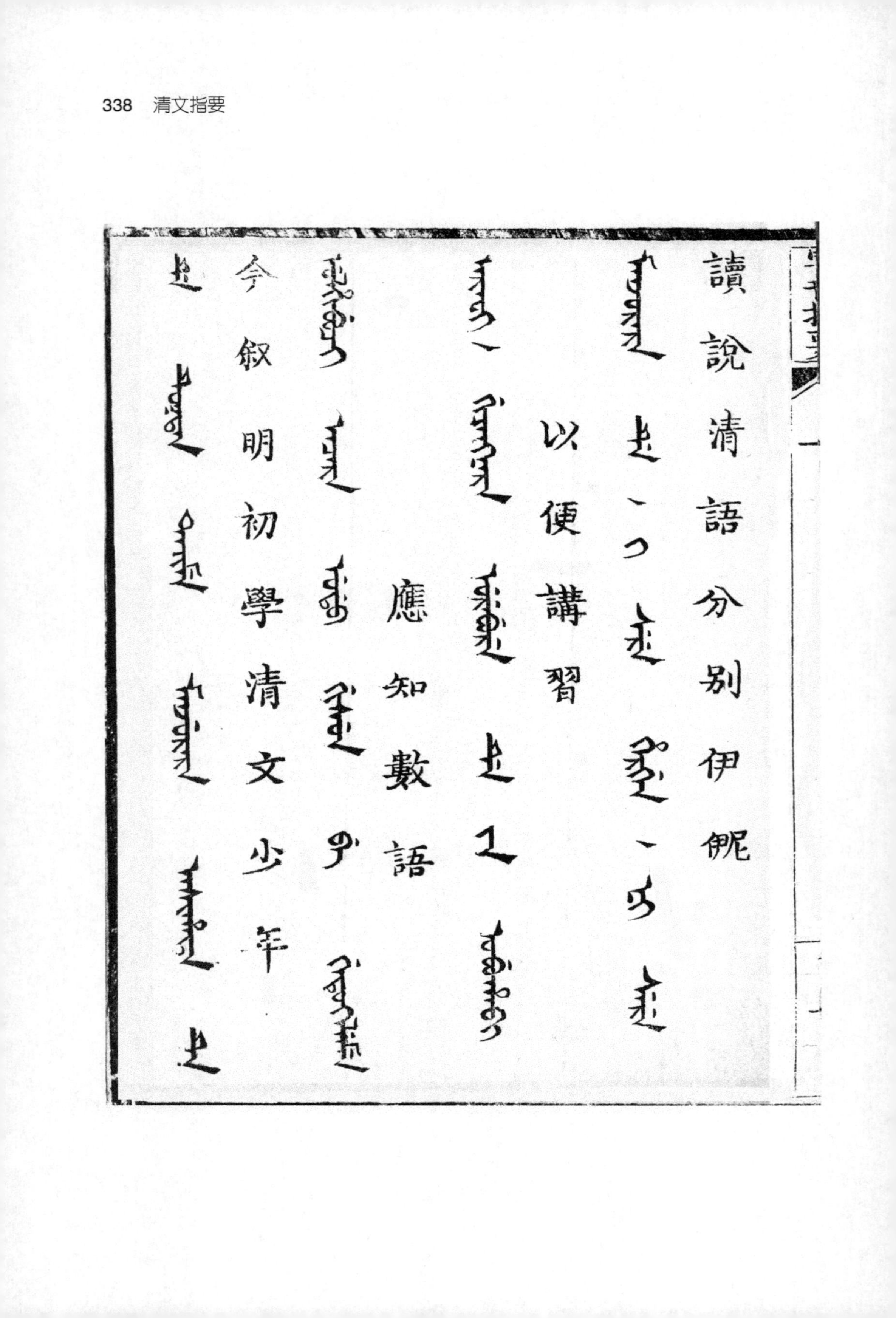

讀說清語分別伊伲

以便講習

應知數語

今敘明初學清文少年

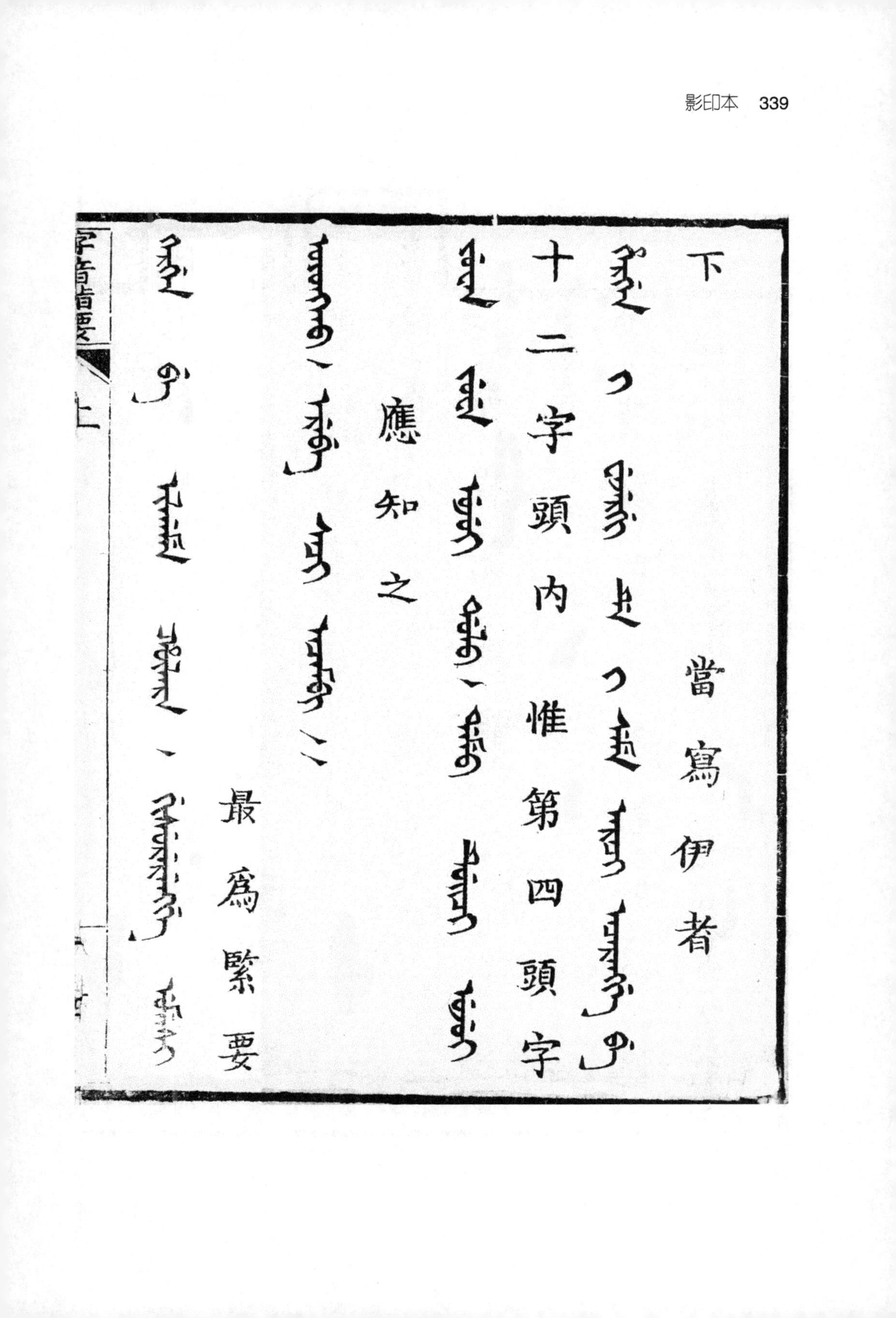

下當寫伊者

十二字頭內惟第四頭字

應知之

最爲緊要

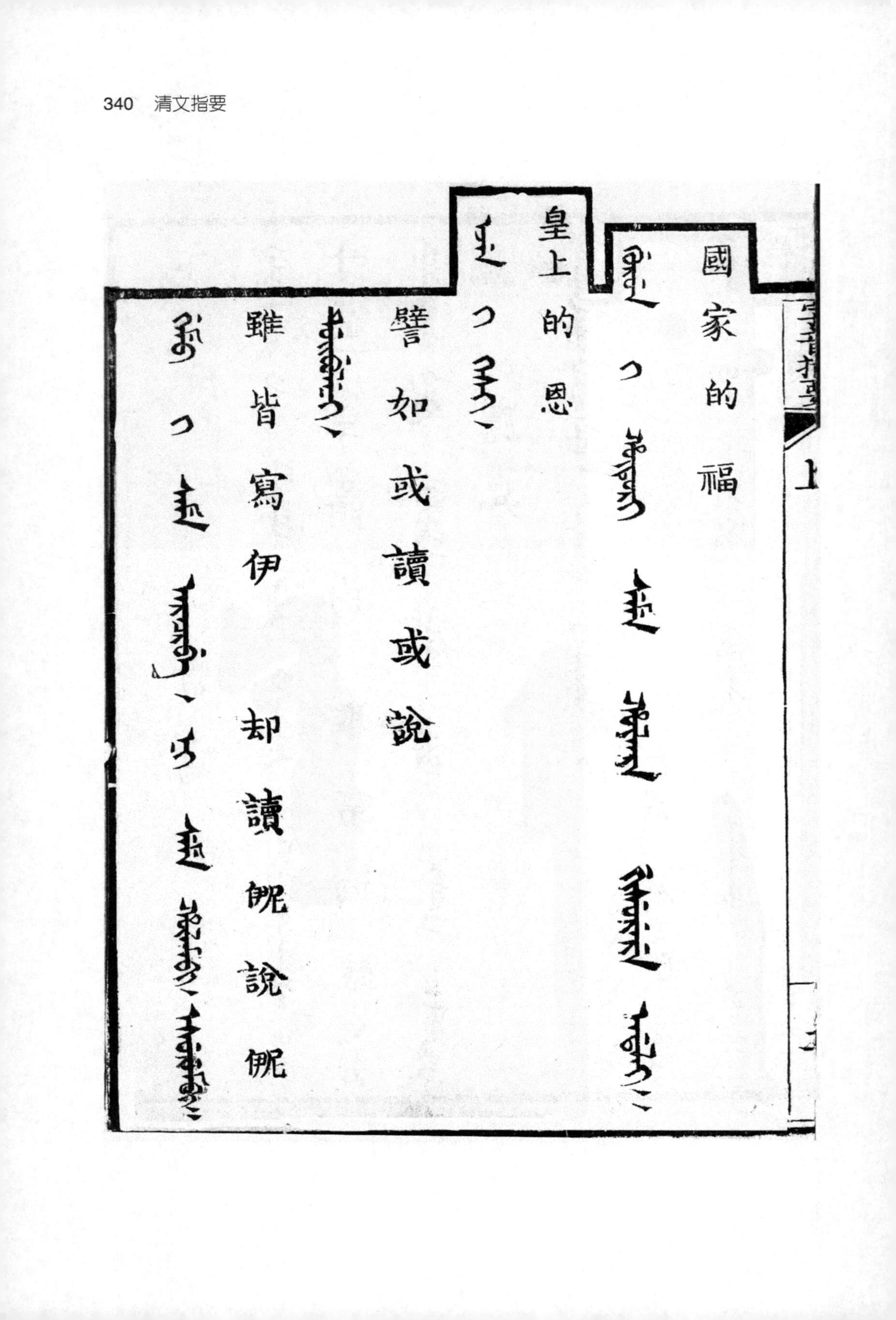

國家的福

皇上的恩

譬如或讀或說

雖皆寫伊却讀伲說伲

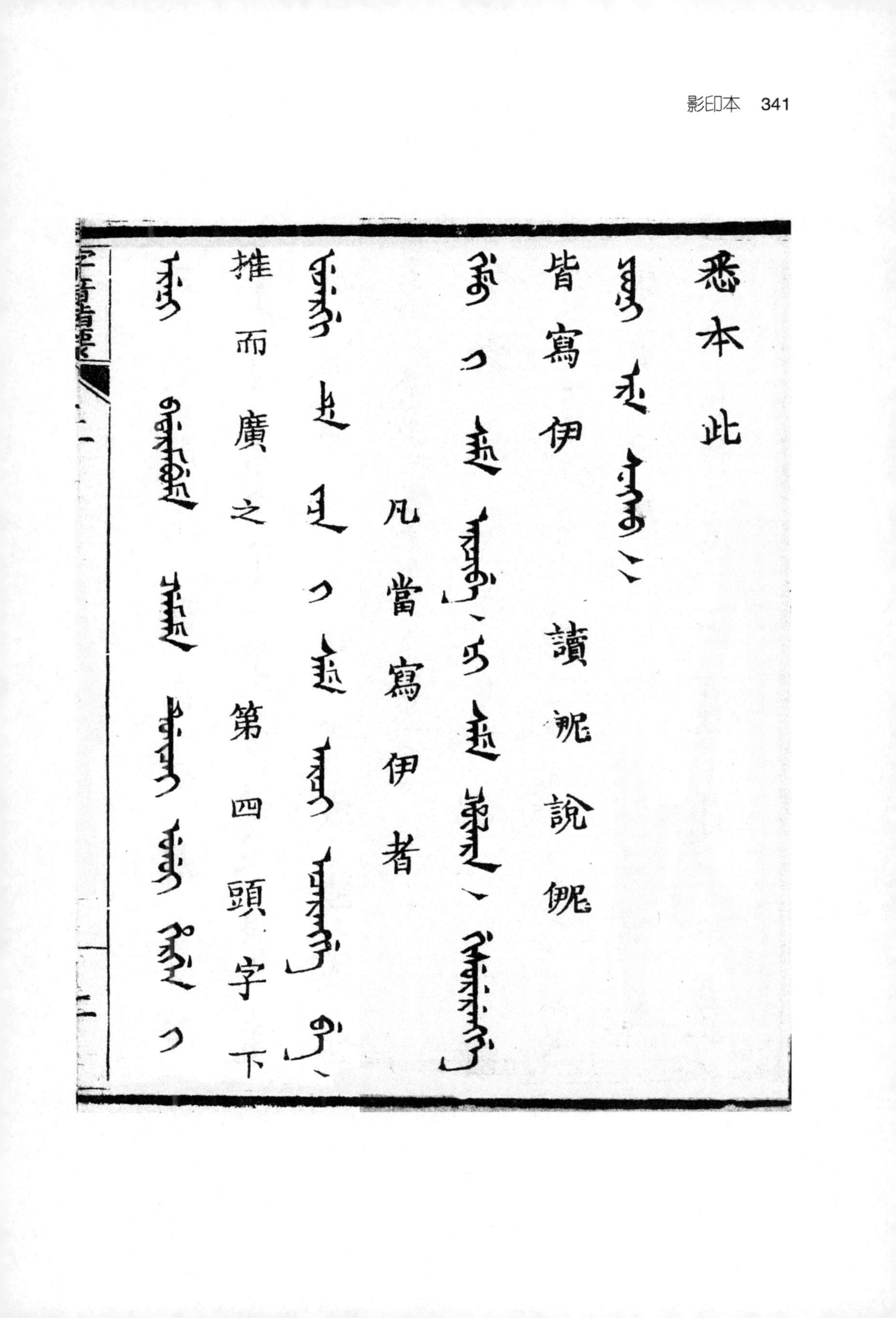

悉本此

皆寫伊　讀⿰那尼說⿰伊尼

凡當寫伊者

推而廣之第四頭字下

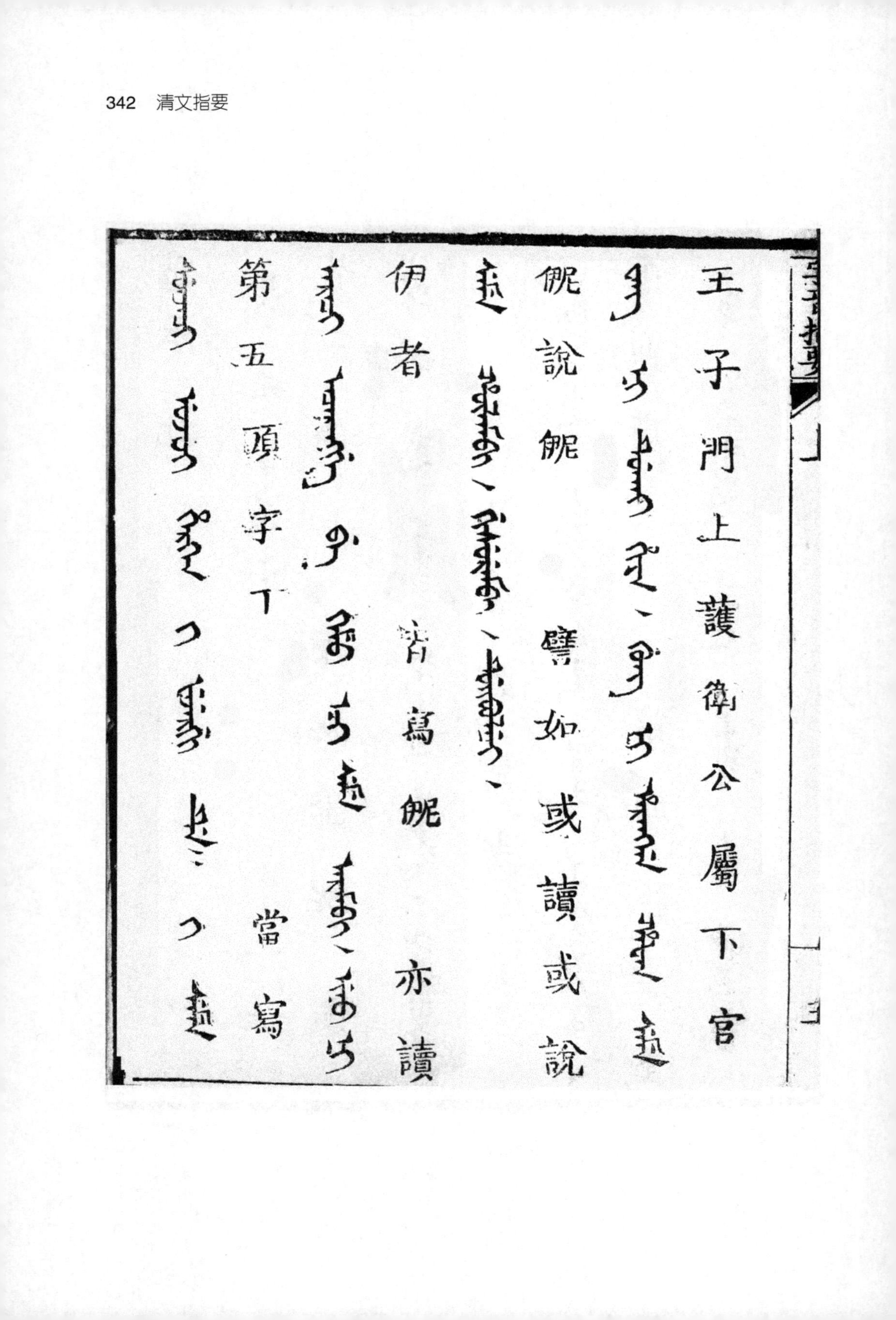

王子門上護衛公屬下官

伲說伲　譬如或讀或說

伊者　清寫伲亦讀

第五頭字下　當寫

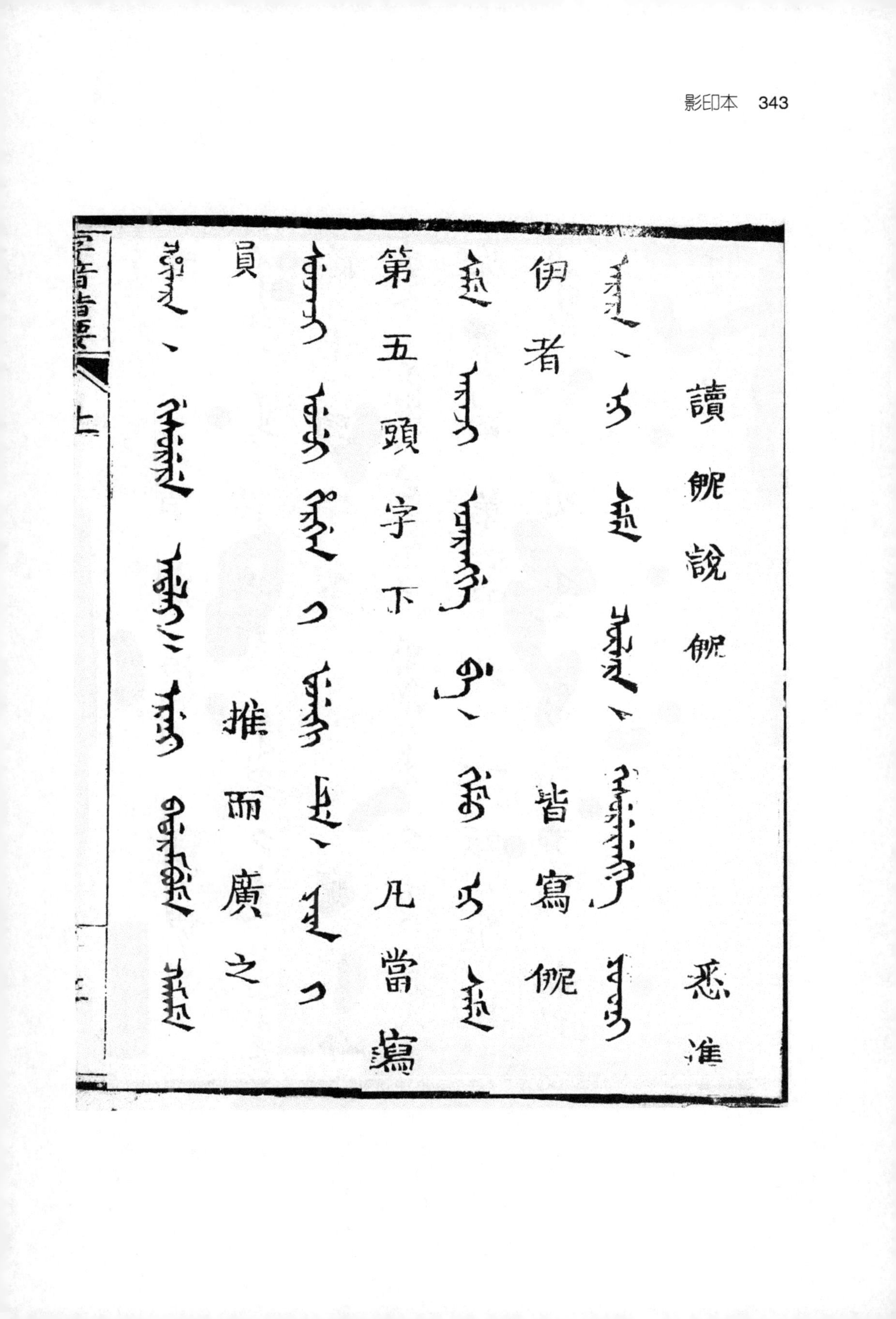

讀伲說伲　　悉準
伊者　　皆寫伲
第五頭字下　　凡當寫
員　　推而廣之

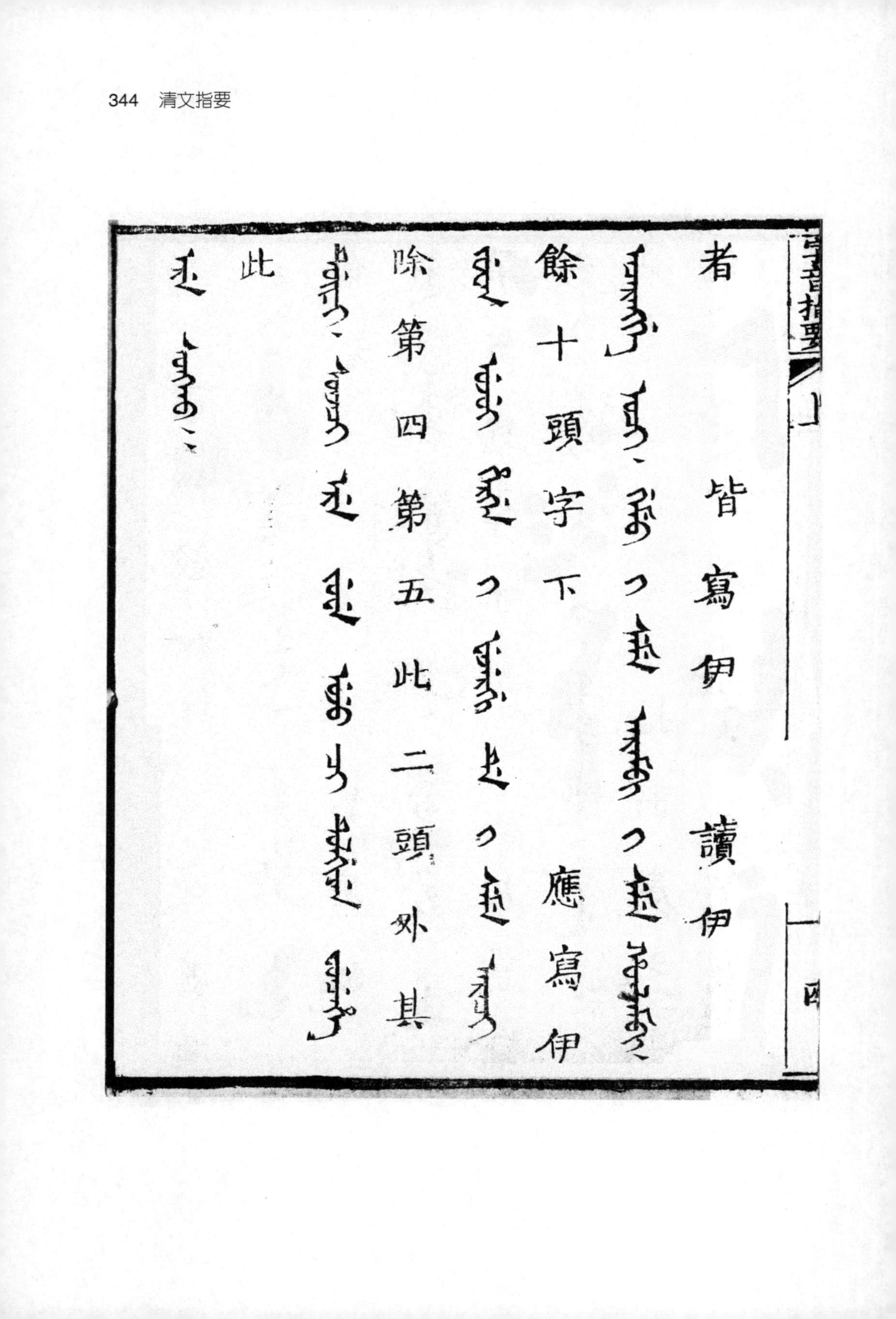

者皆寫伊讀伊

餘十頭字下應寫伊

除第四第五此二頭外其

此

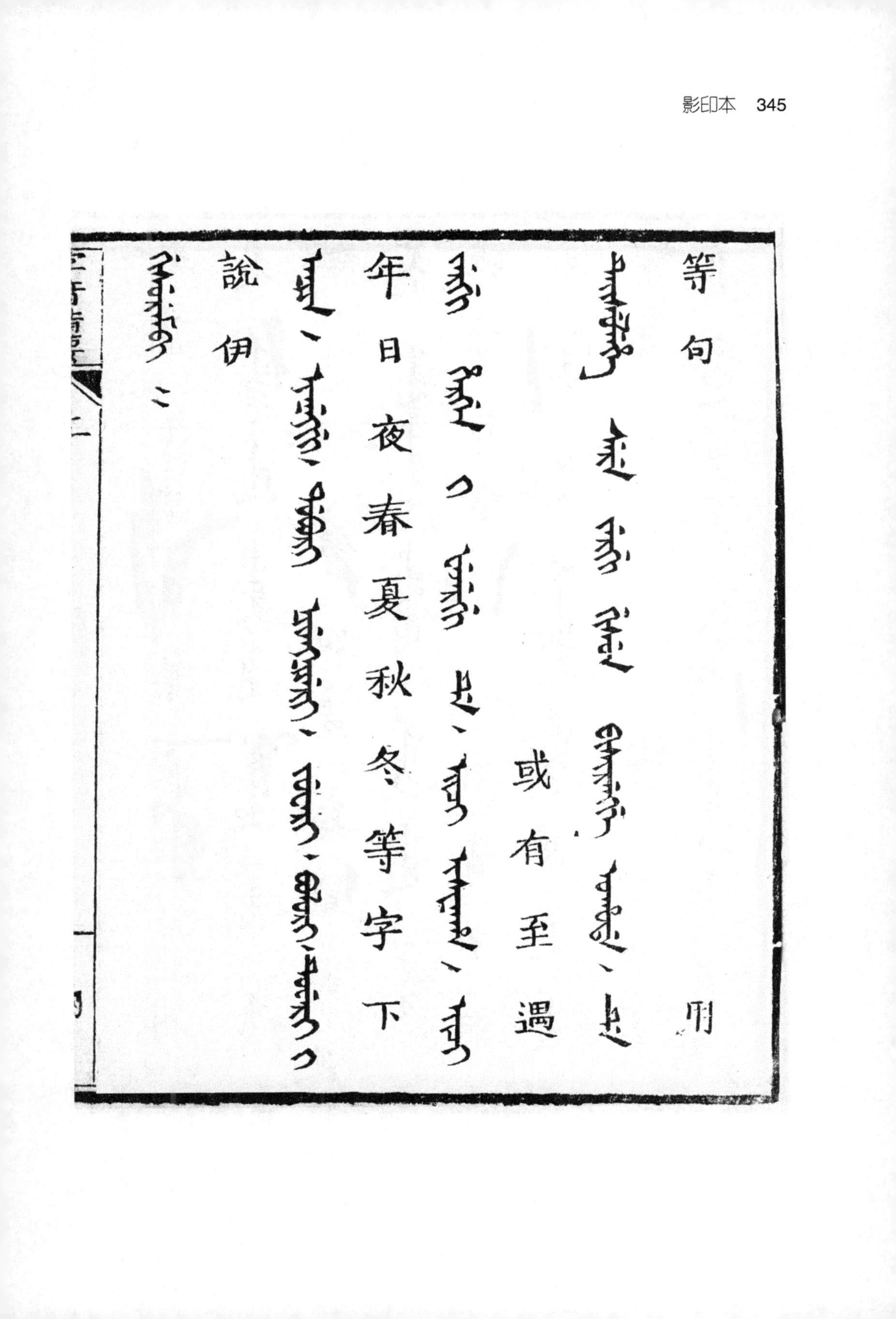

等句　用

或有至遇

年日夜春夏秋冬等字下

說伊

至某年某日某夜　再

額德　譬如或寫或說俟

遇等句者　皆不用

額德外　其餘無至

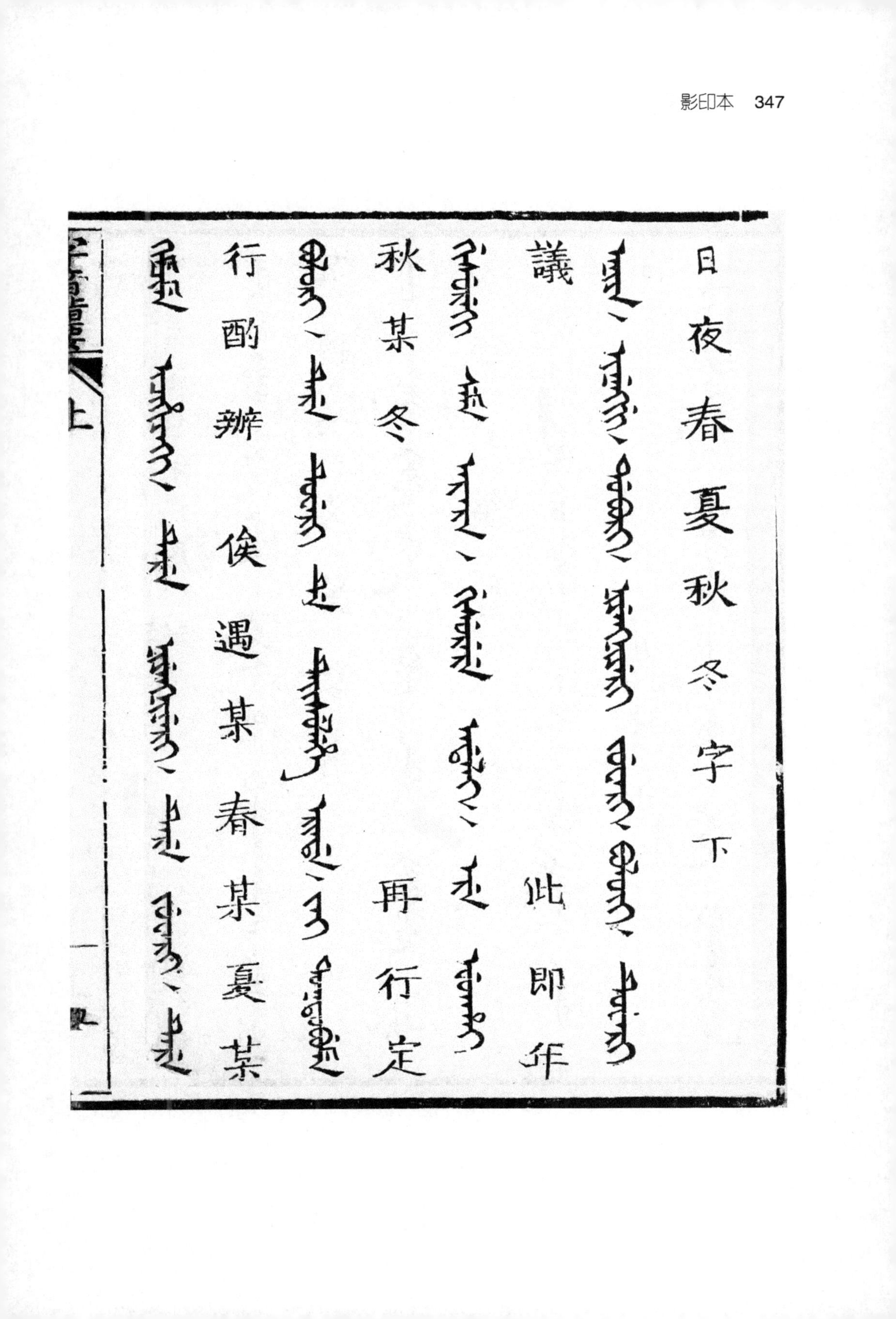

日夜春夏秋冬字下

此即年

議

秋某冬再行定

行酌辦俟遇某春某夏某

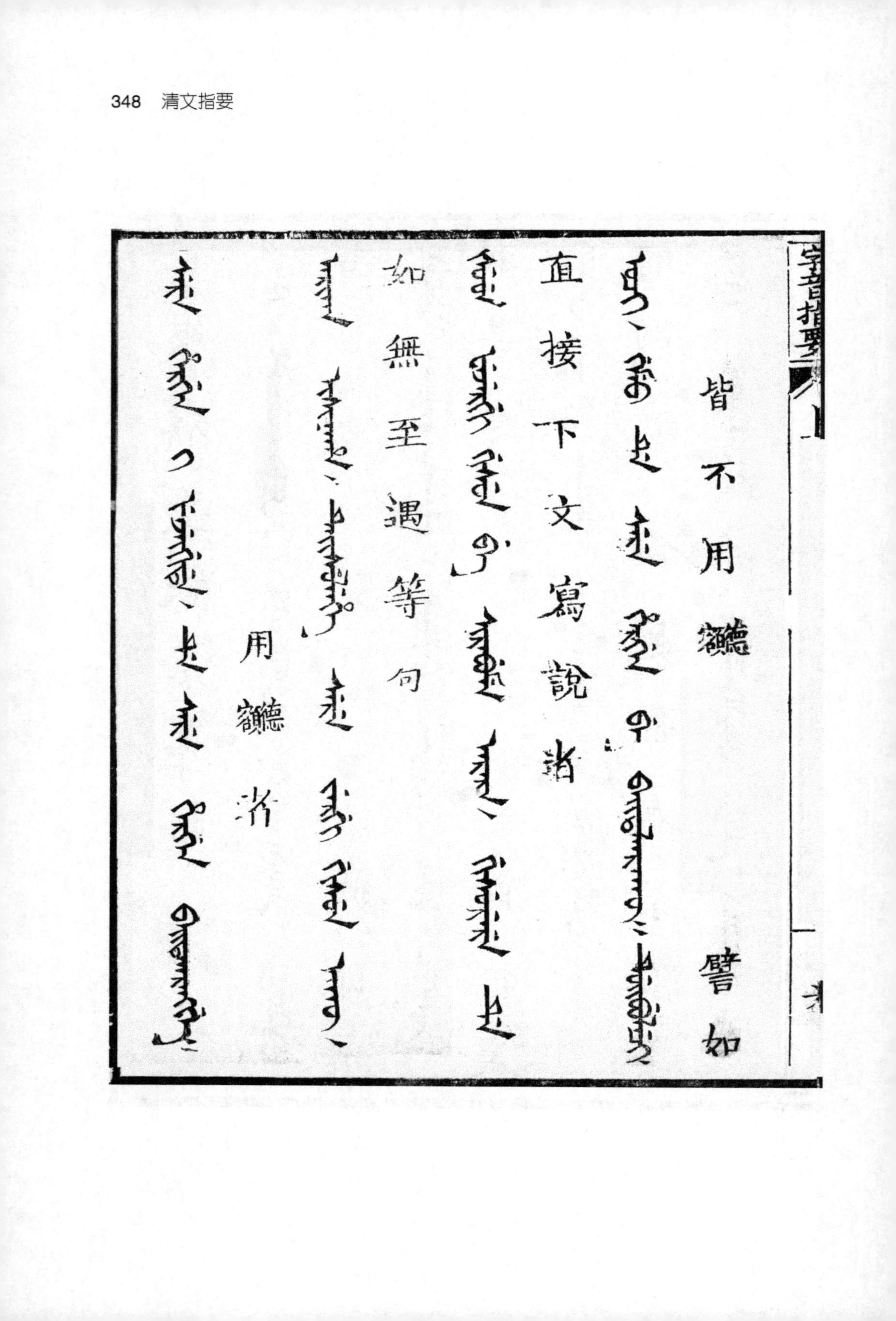

皆不用額德 譬如

[illegible]

直接下文寫說者

[illegible]

[illegible]

如無至遇等句

用額德者

[illegible]

[illegible]

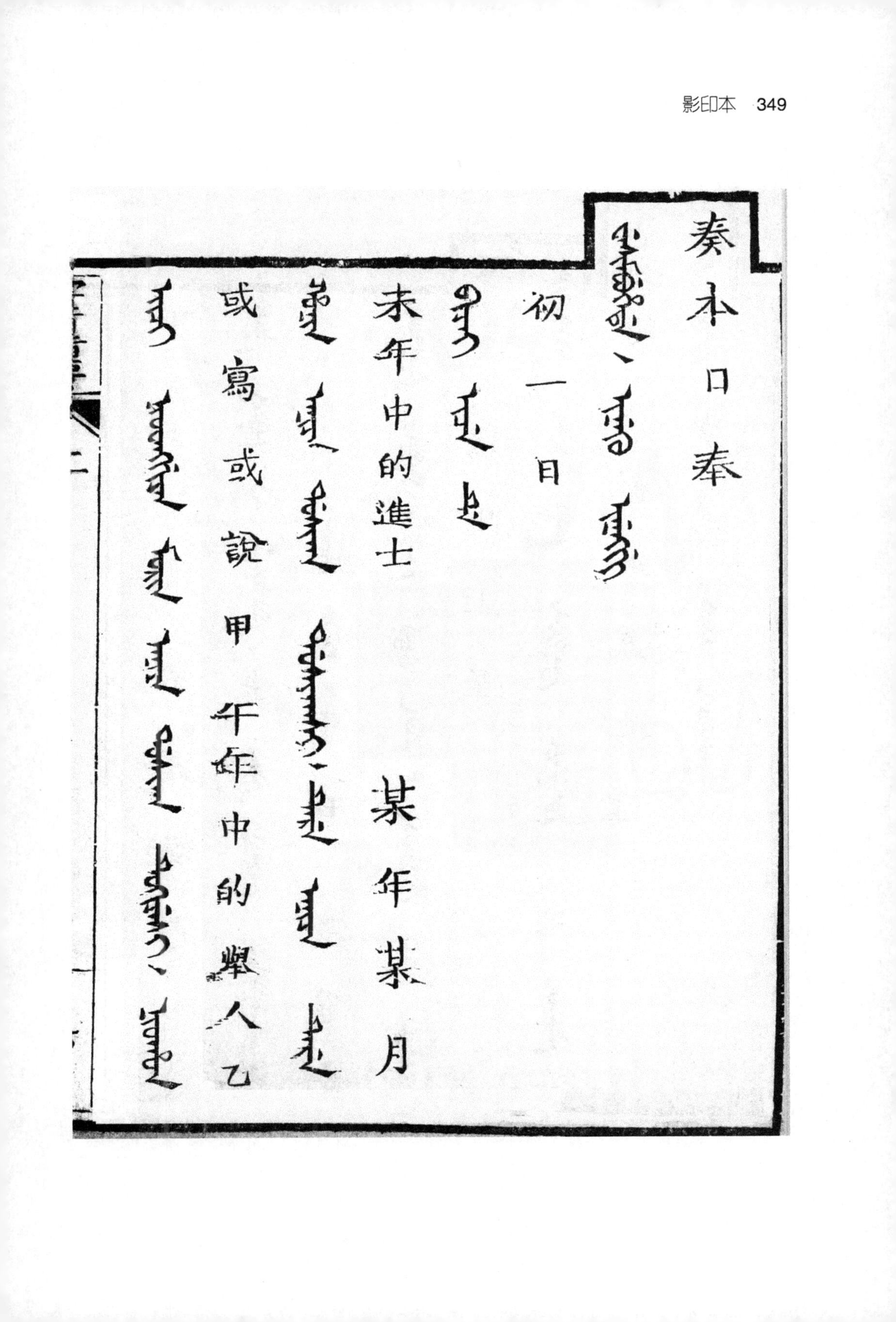

奏本口奏

初一日

末年中的進士　某年某月

或寫或說甲午年中的舉人乙

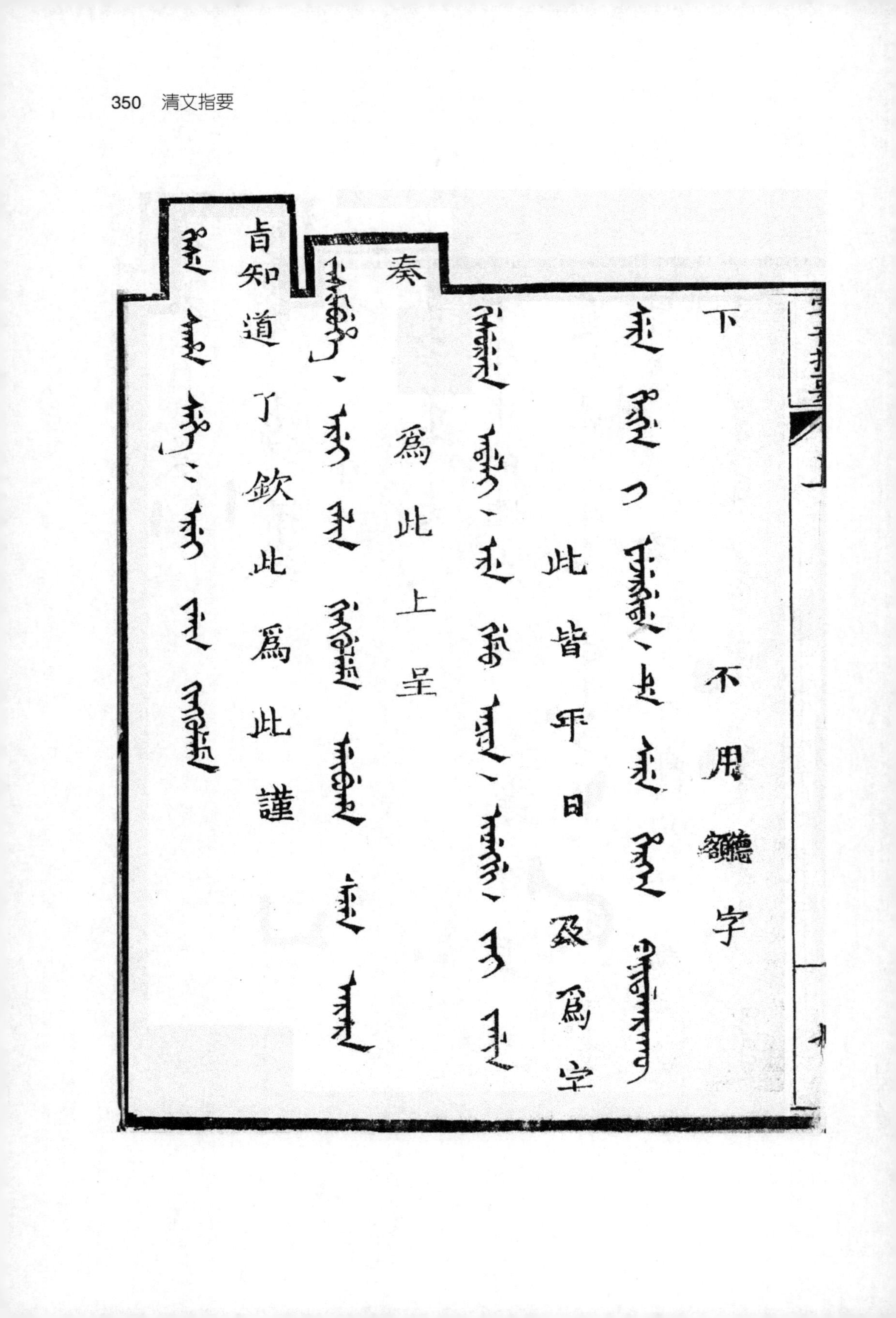

下 不用額聽字

此皆平日及爲字

奏

爲此上呈

旨

知道了欽此爲此謹

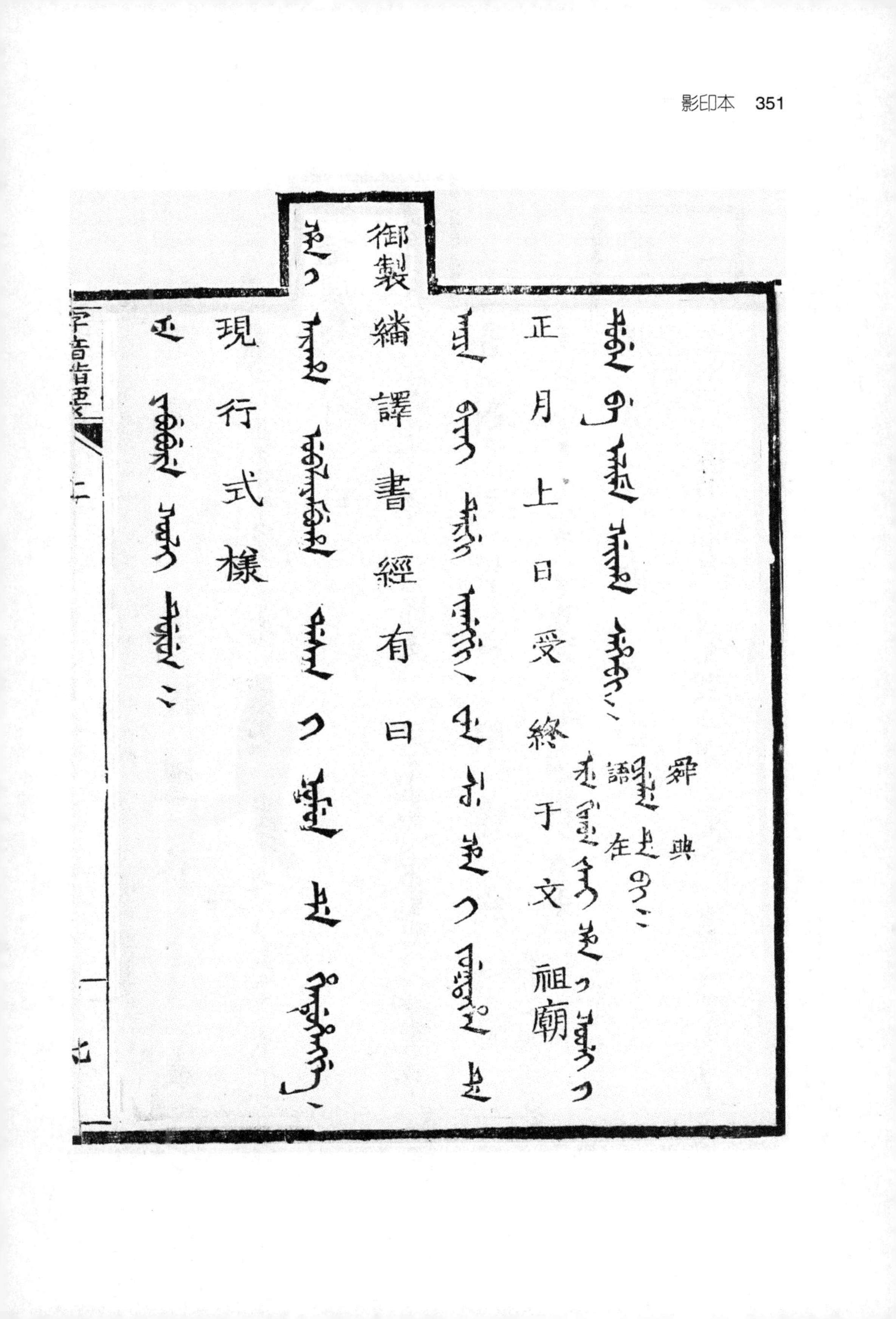

舜典

正月上日受終于文祖廟

諱在

御製繙譯書經有曰

現行式樣

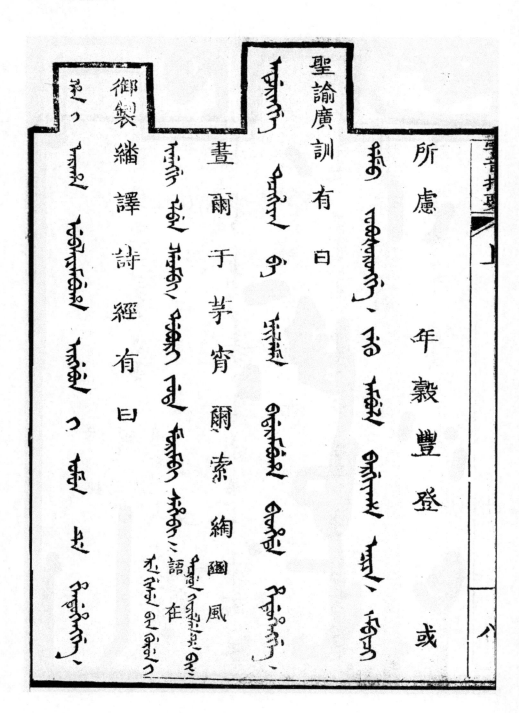

所慮　年穀豐登或

聖諭廣訓有曰

晝爾于茅宵爾索綯豳風

語在

御製繙譯詩經有曰

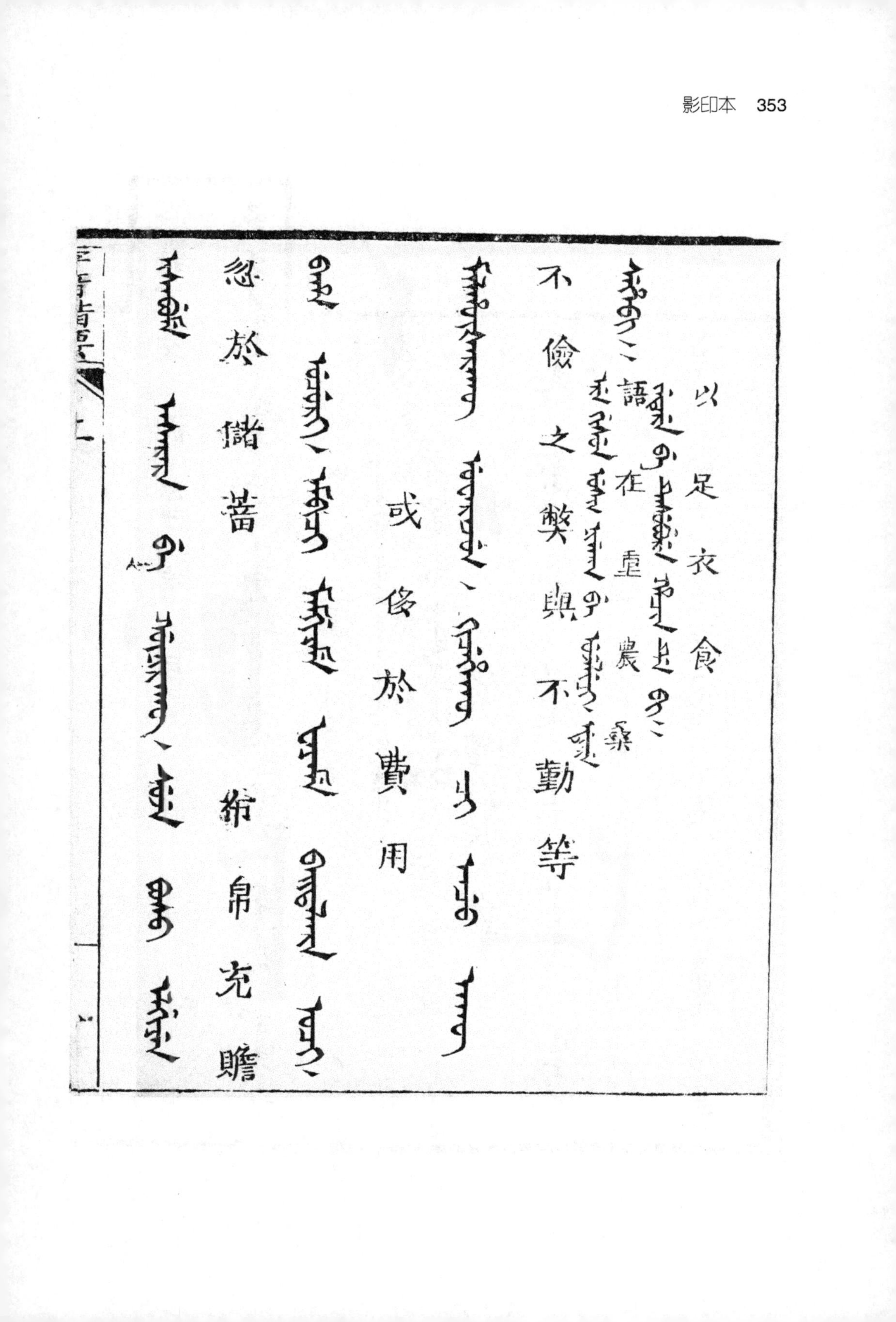

以足衣食

語在重農桑

不儉之弊與不勤等

或侈於費用

忽於儲蓄　紵帛充贍

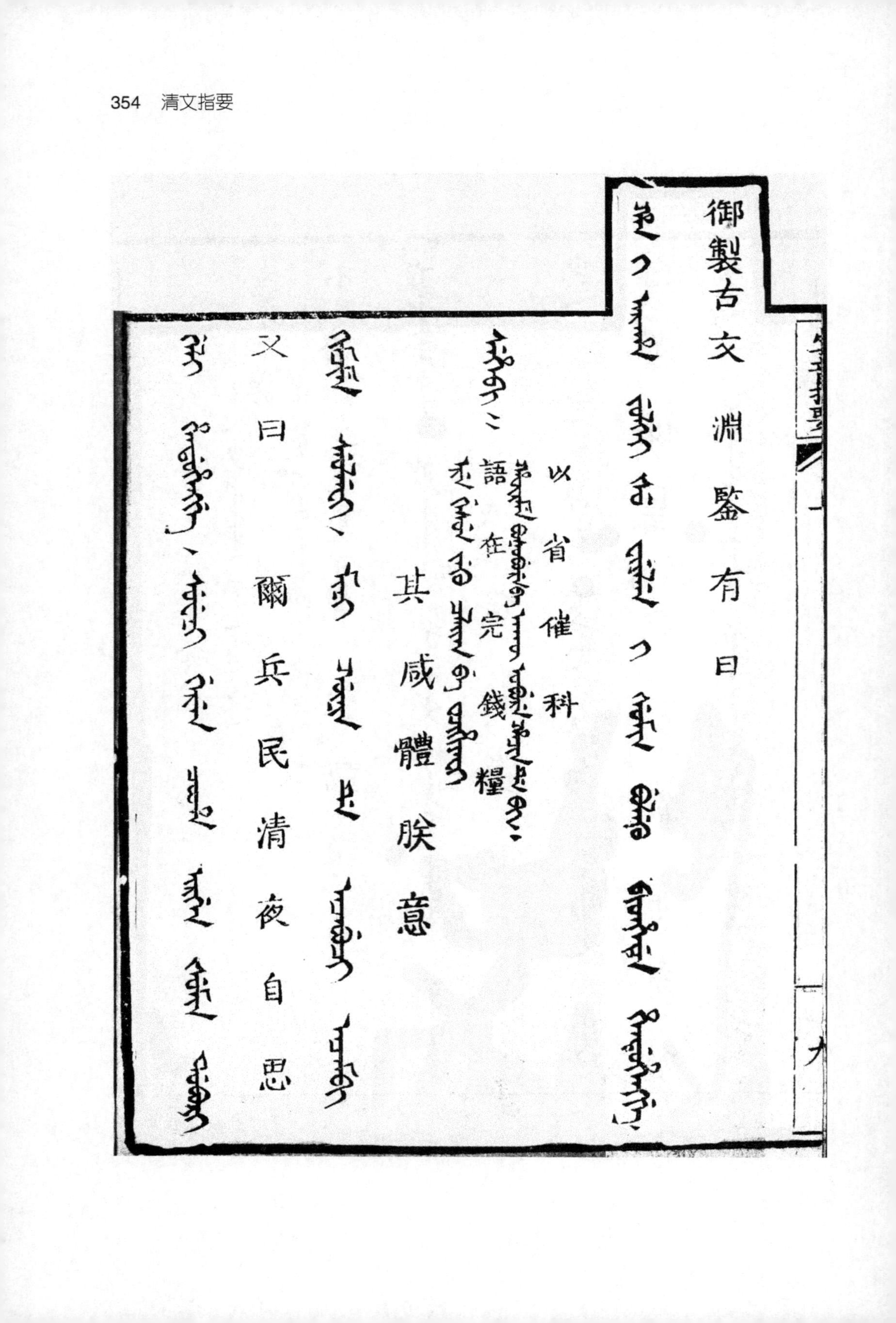

御製古文淵鑒有曰

以省催科

語在完錢糧

其咸體朕意

又曰爾兵民清夜自思

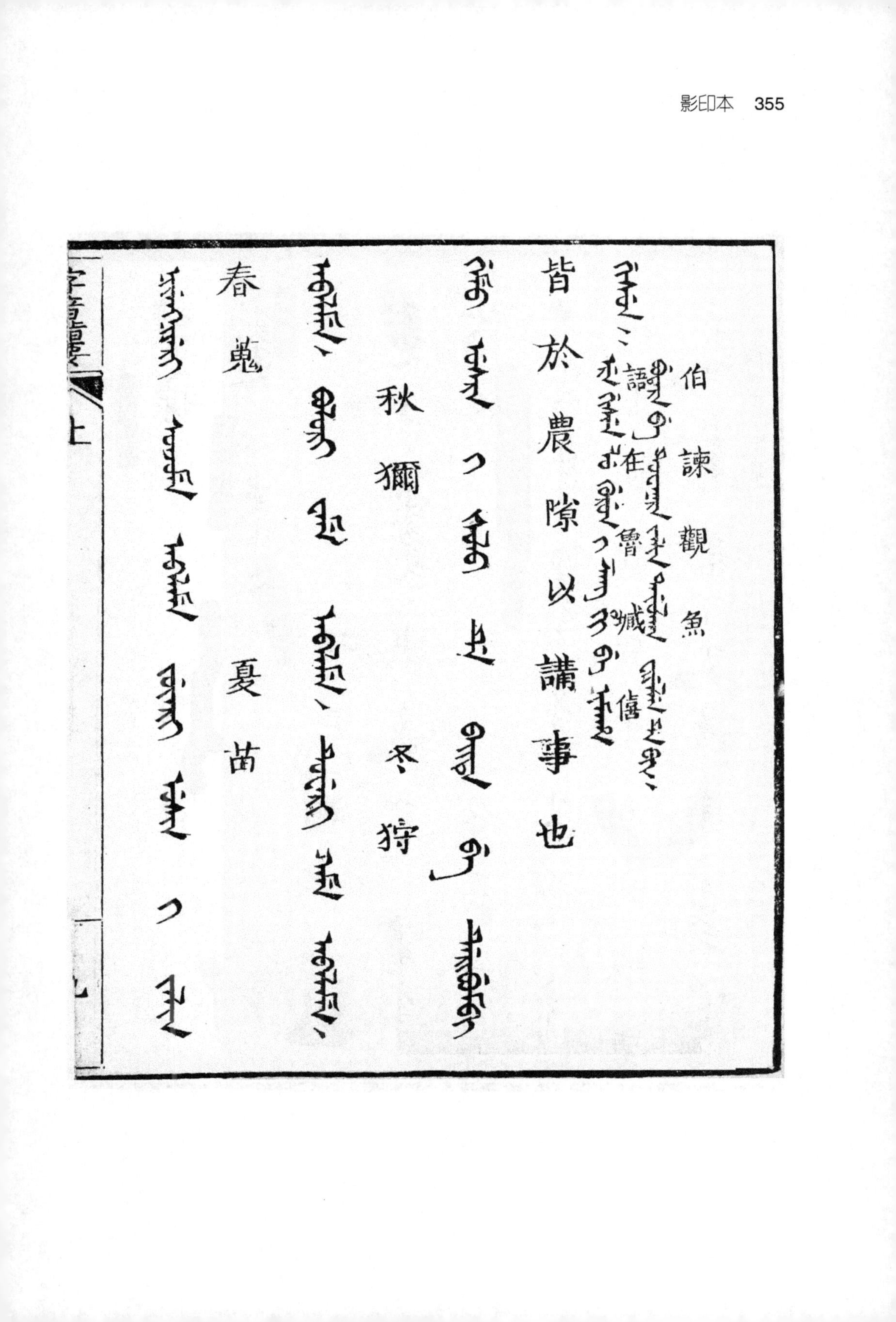

伯諫觀魚

語在魯臧僖

皆於農隙以講事也

秋獮　冬狩

春蒐　夏苗

上

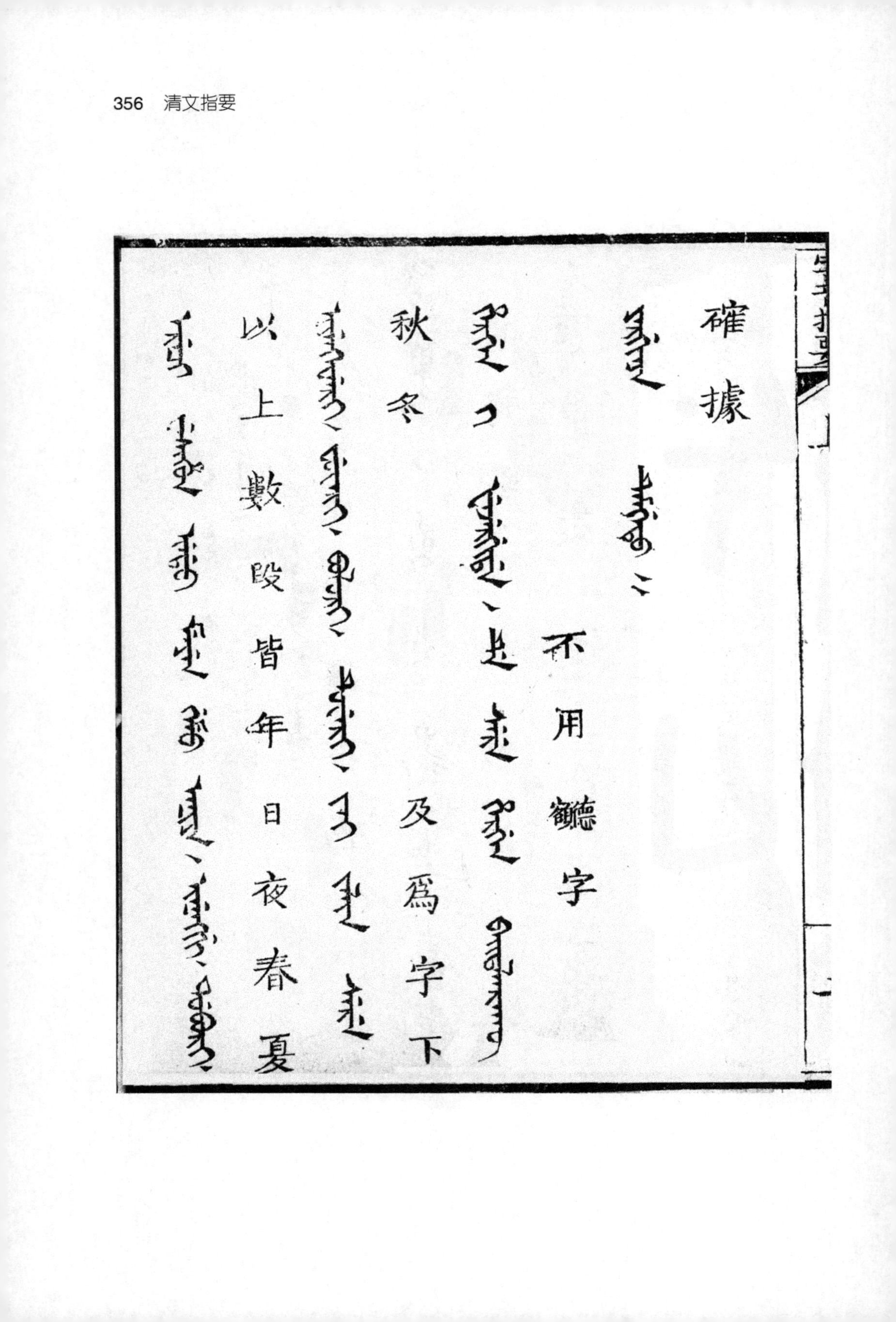

確據

二

不用額德字

秋冬

及爲字下

以上數段皆年日夜春夏

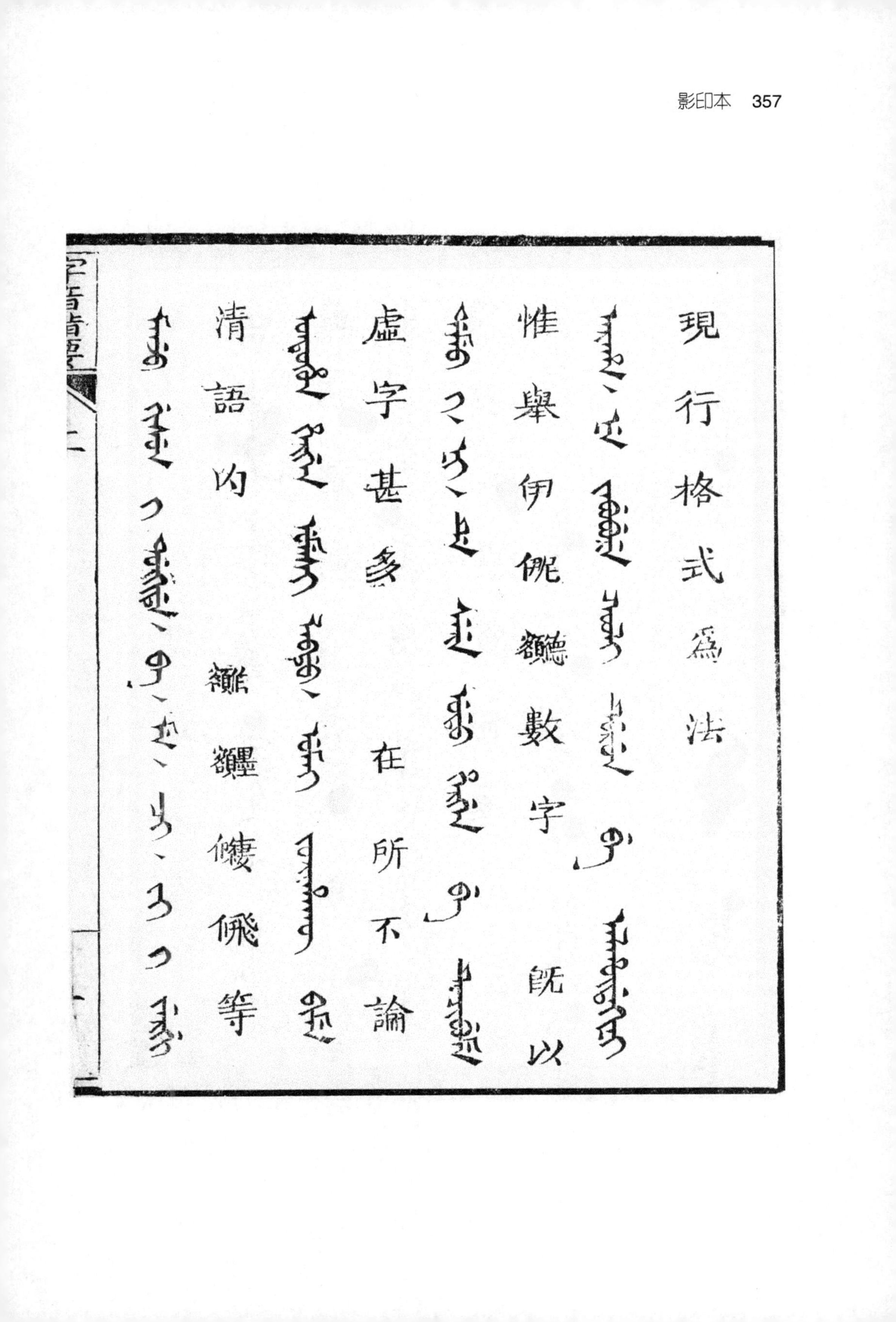

現行格式爲法

[illegible]

惟舉伊⿰伊尼⿰額德數字旣以

[illegible]

虛字甚多　在所不論

[illegible]

清語內　⿰額能　⿰額疊　⿰伊婁　⿰伊飛　等

[illegible]

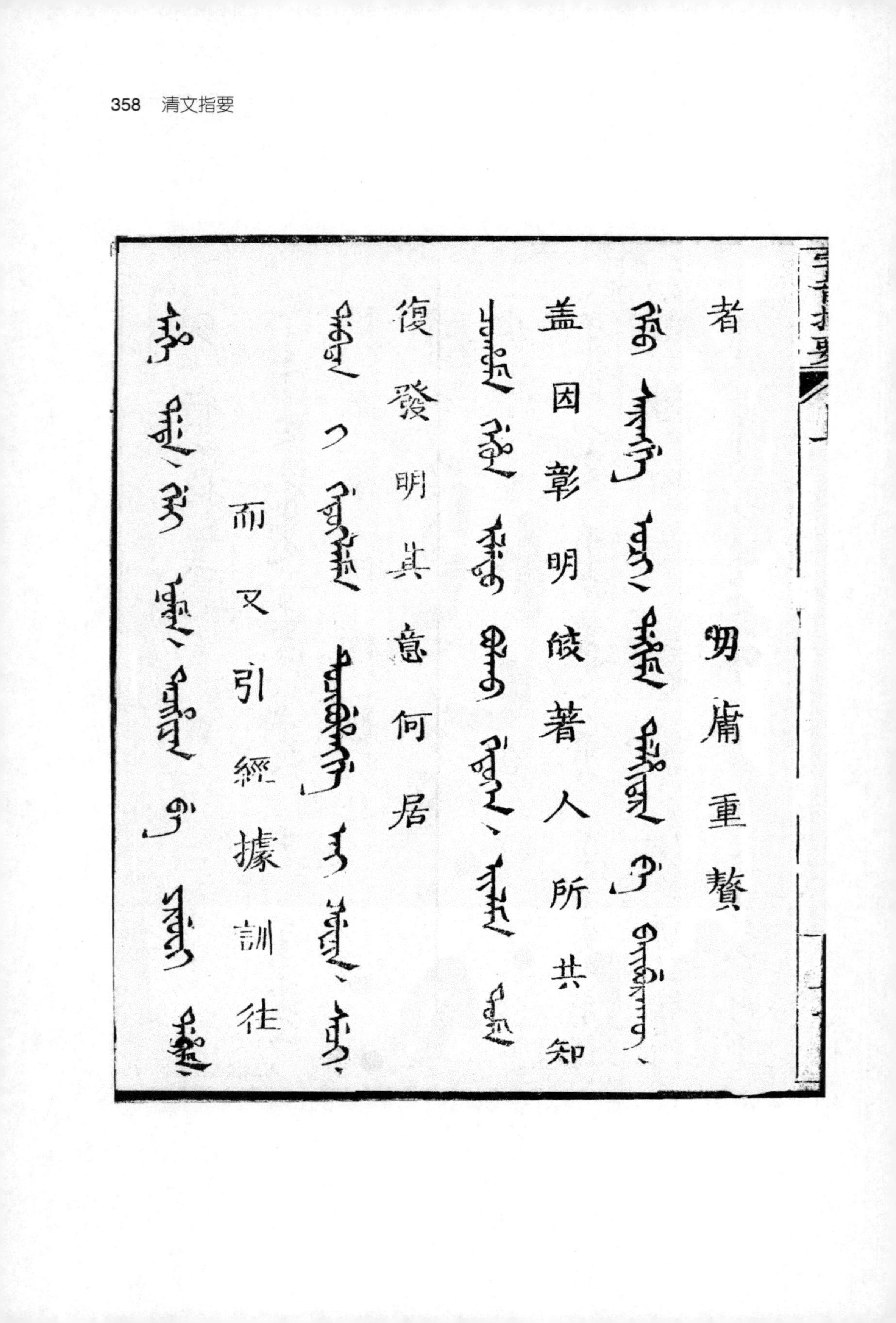

者

毋庸重贅

蓋因彰明皎著人所共知

復發明其意何居

而又引經據訓往

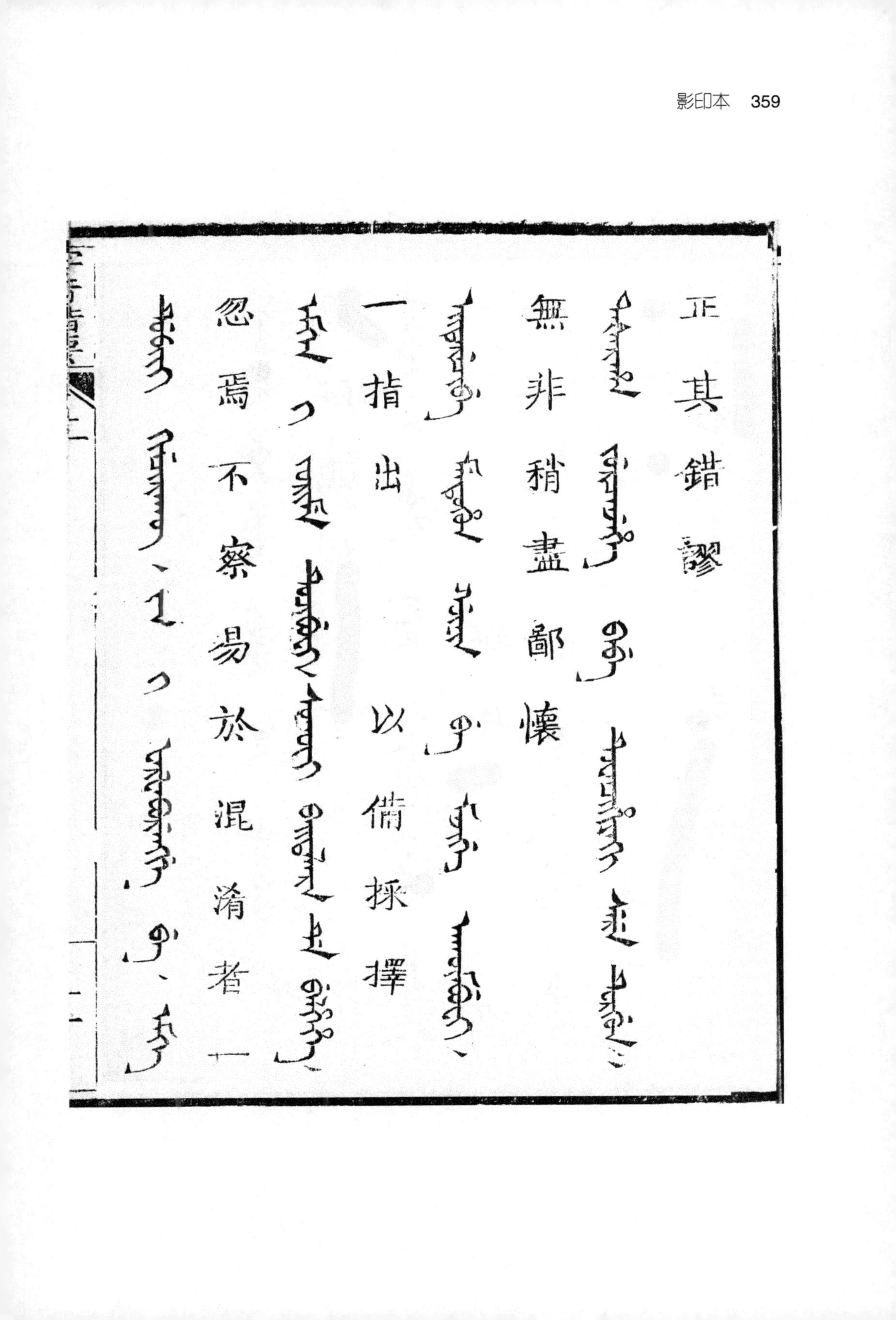

正其錯謬

無非稍盡鄙懷

一揹出 以備採擇

忽焉不察易於混淆者一

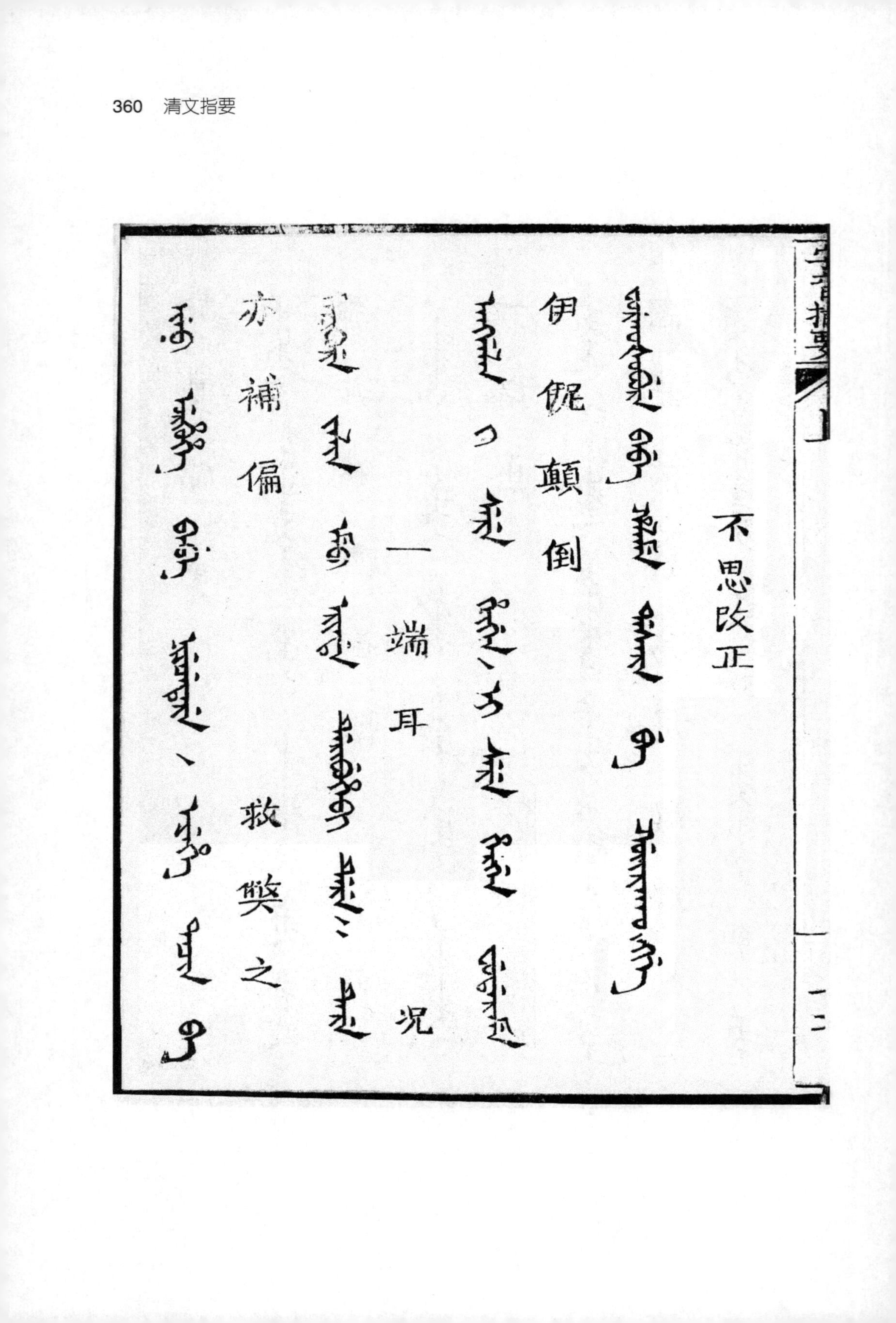

亦補偏救弊之一端耳。况伊倪顛倒，不思改正

精通 旣能清語

清語帶疵 亦難望其

有瑕 不得謂之完璧

尤爲清語之疵 即如美玉

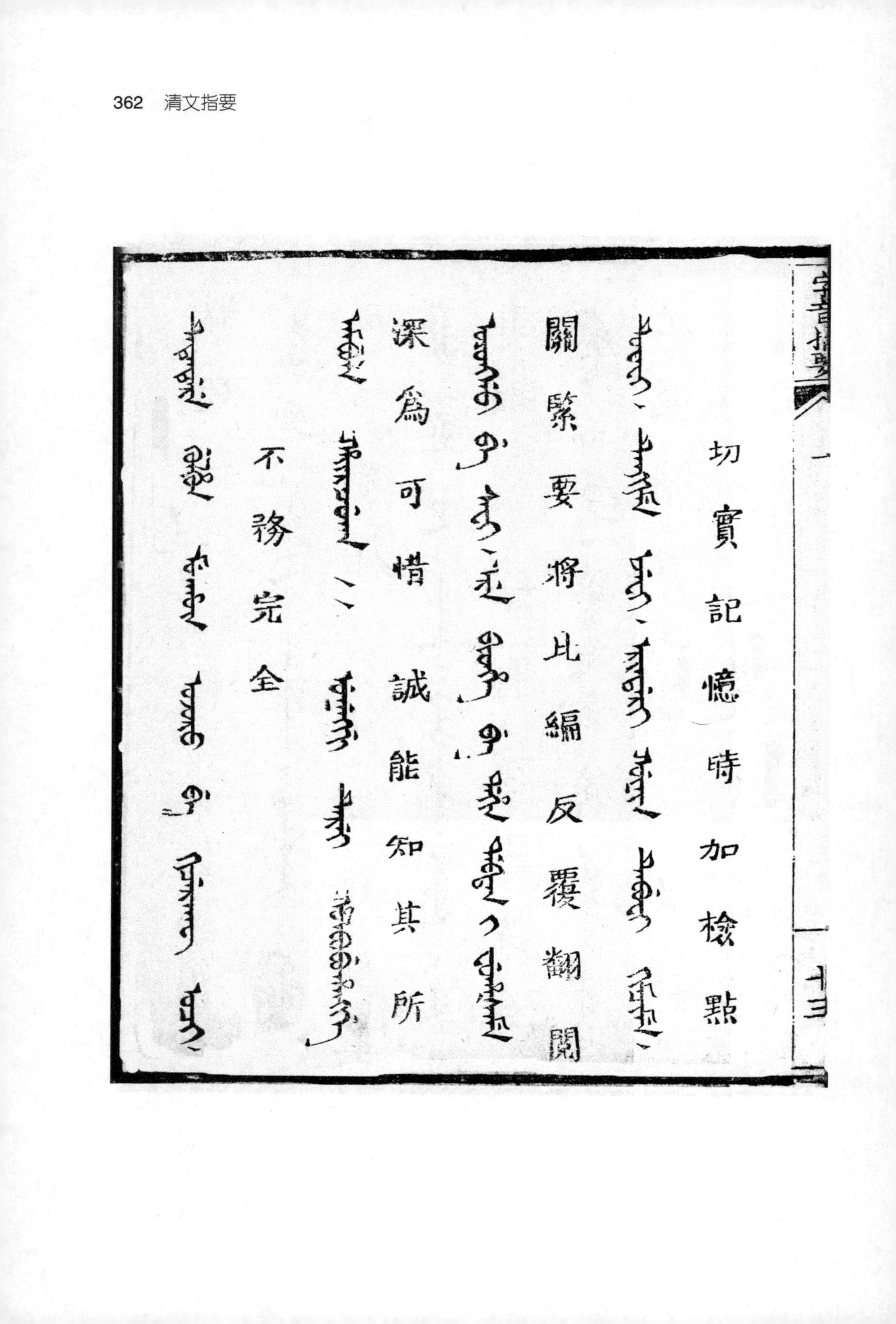

切實記憶時加檢點

關繫要將此編反覆翻閱

深爲可惜誠能知其所

不務完全

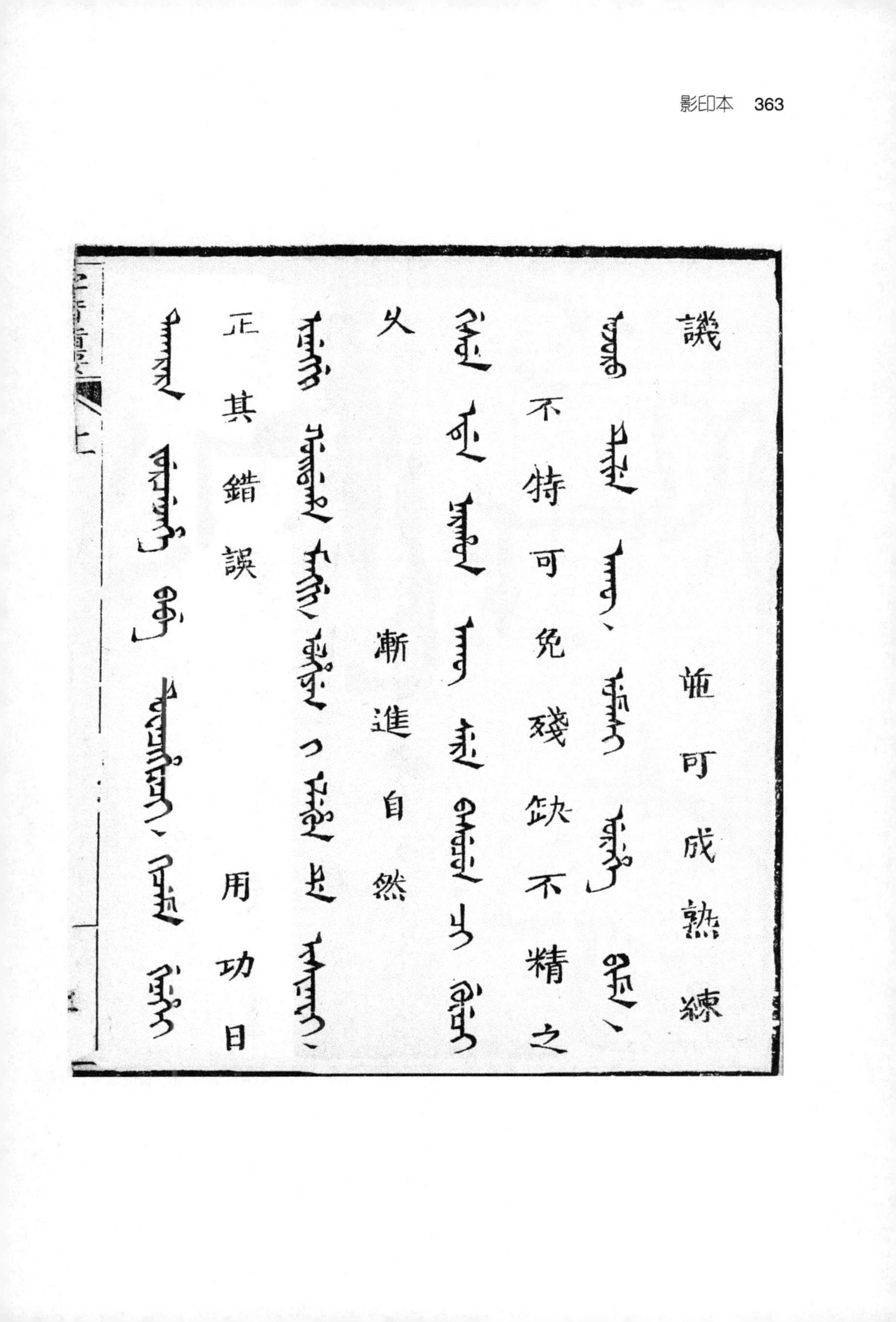

議　循可成熟練

不特可免殘缺不精之

久　漸進自然

正其錯誤　用功日

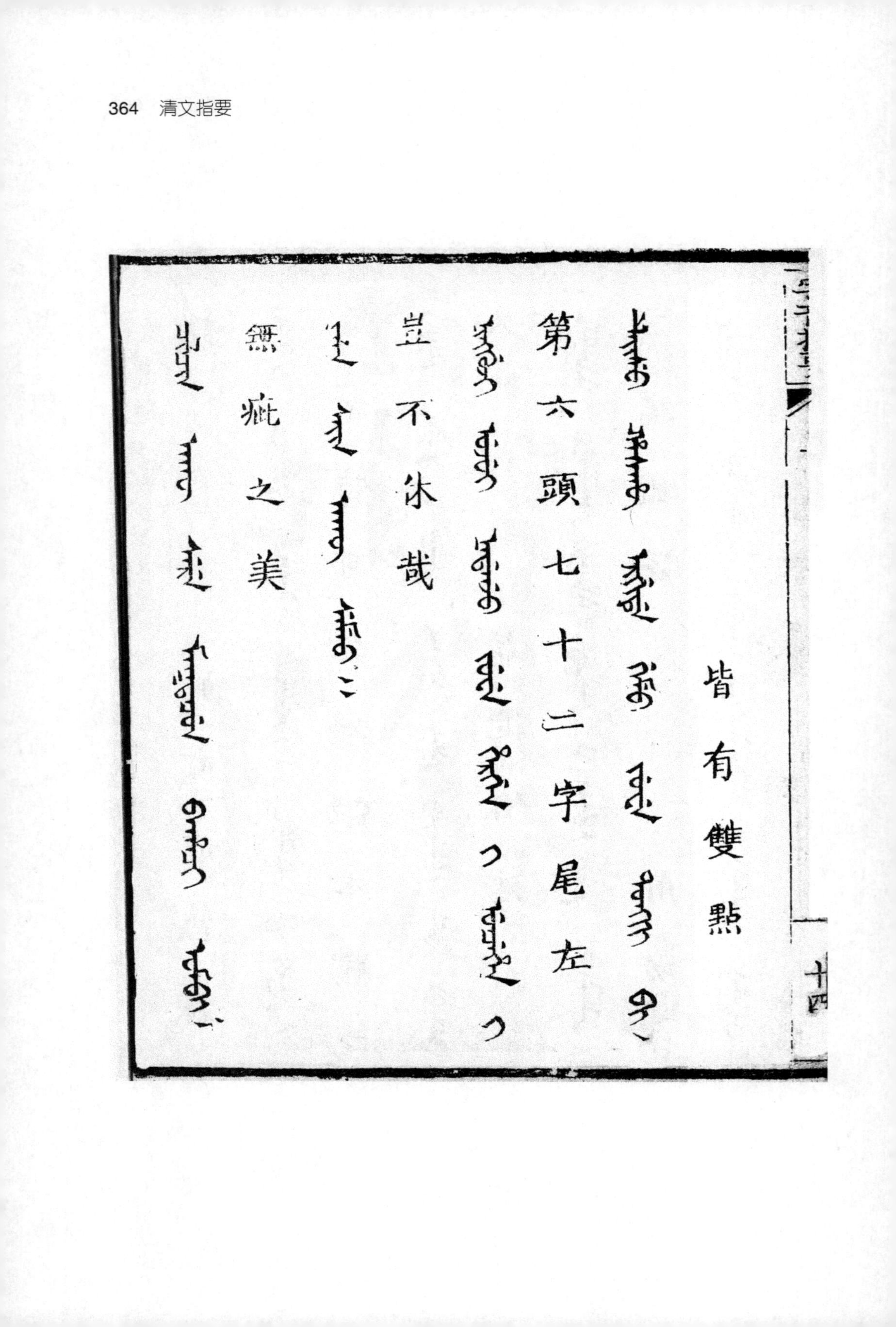

皆有雙點

第六頭七十二字尾左

豈不休哉

無疵之美

是以編作七言六句

寫者二十字殊難記憶

關係清語不時書

又有無此雙點四十字内

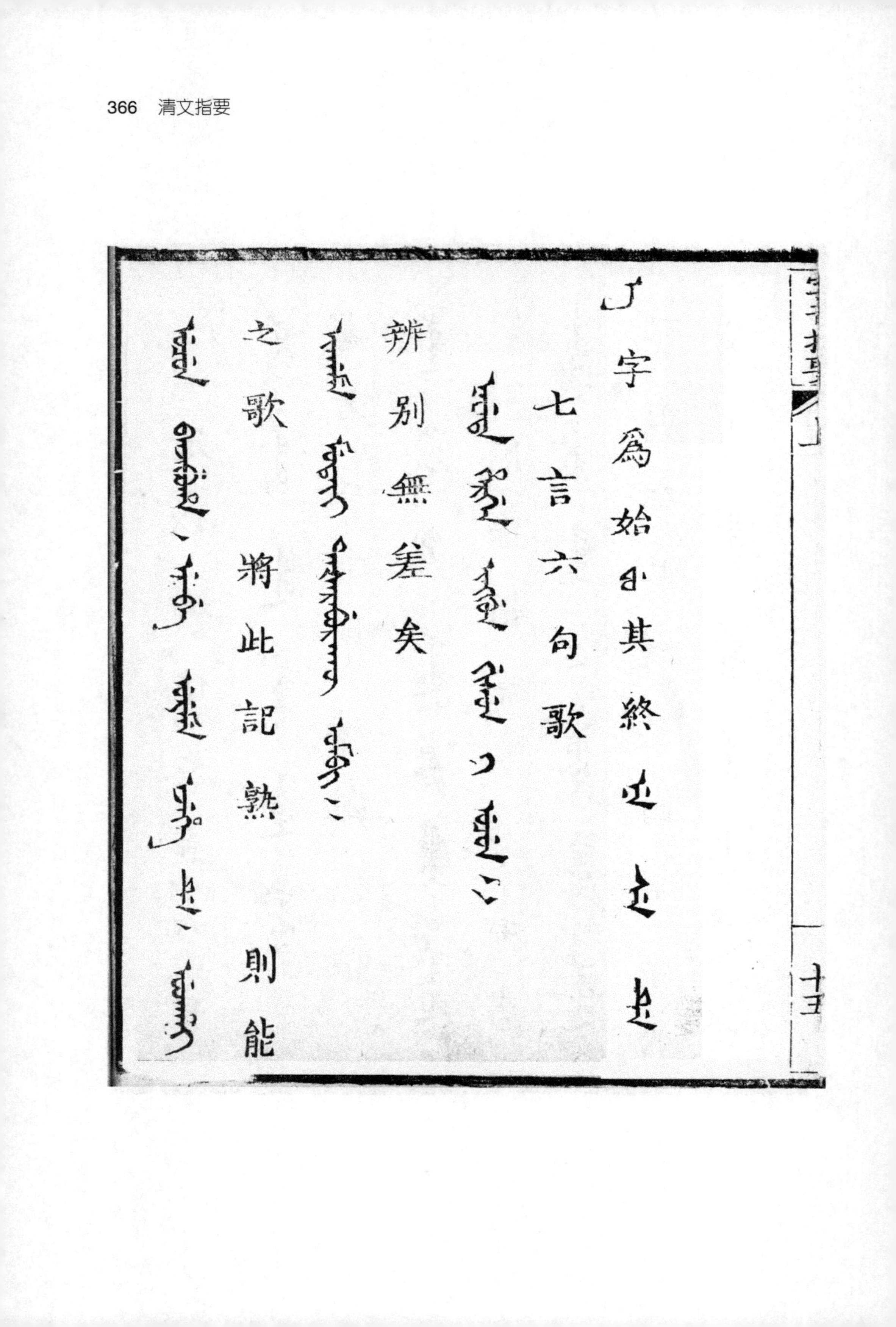

字爲始　其終

七言六句歌

辨別無差矣

之歌　將此記熟　則能

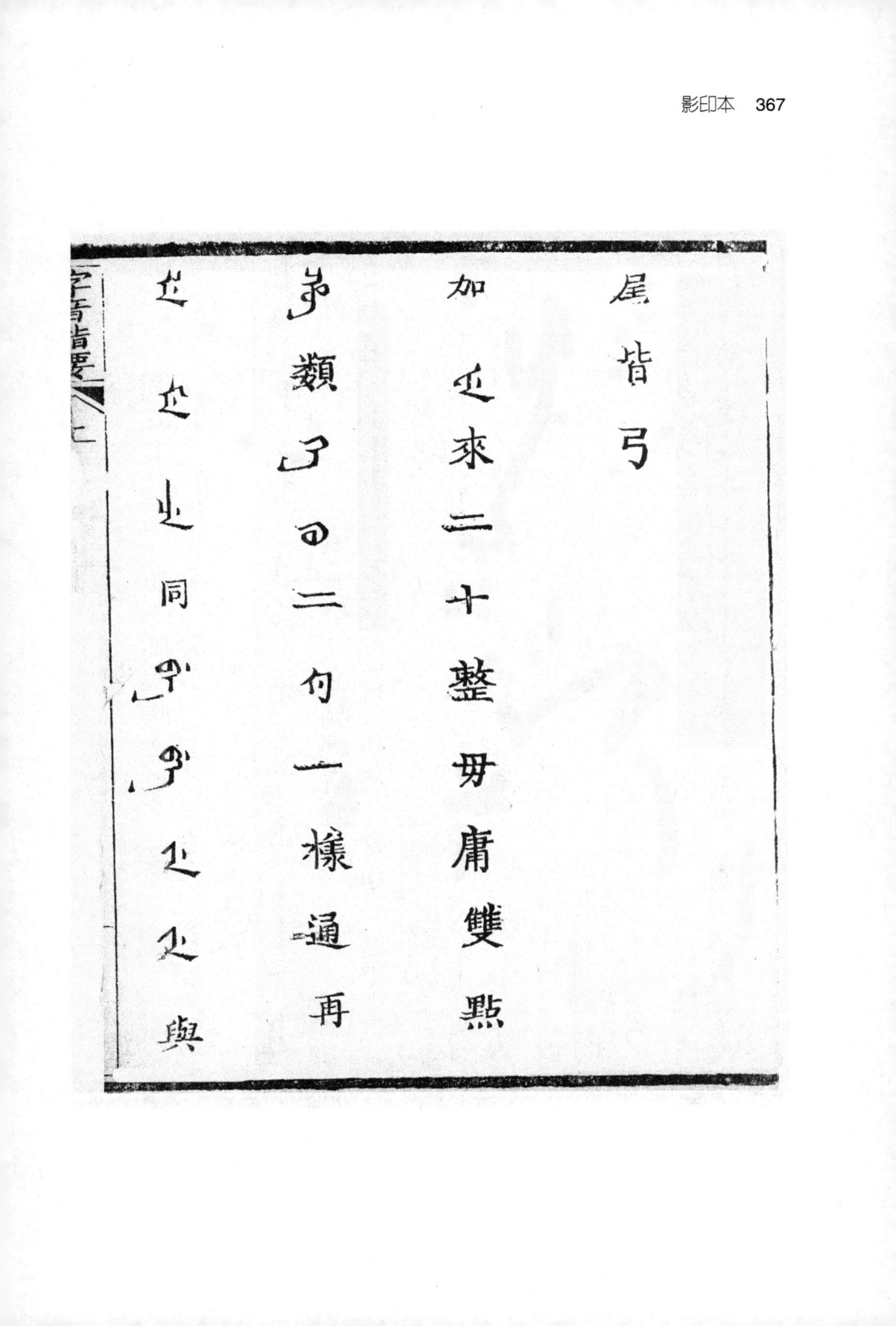

屋皆弓
加[illegible]來二十整毋庸雙點
[illegible]類[illegible][illegible]二句一樣通再
[illegible][illegible][illegible]同[illegible][illegible][illegible][illegible]與

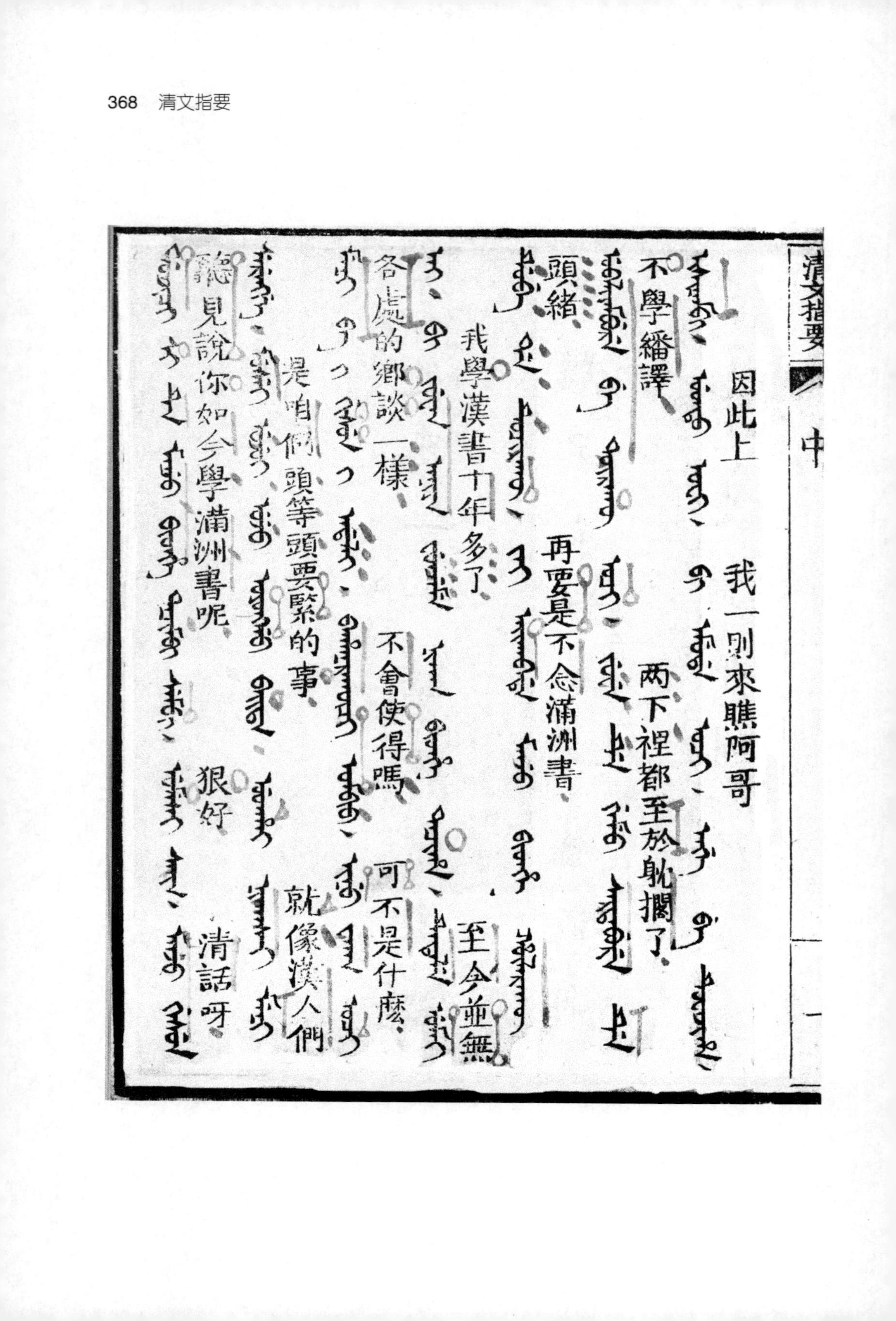

因此上　我一則來瞧阿哥

不學繙譯　兩下裡都至於躭擱了

頭緒　再要是不念滿洲書

我學漢書十年多了　至今並無

各處的鄉談一樣　不會使得嗎　可不是什麼

是咱們頭等頭要緊的事　就像漢人們

總見說你如今學滿洲書呢　狠好　清話呀

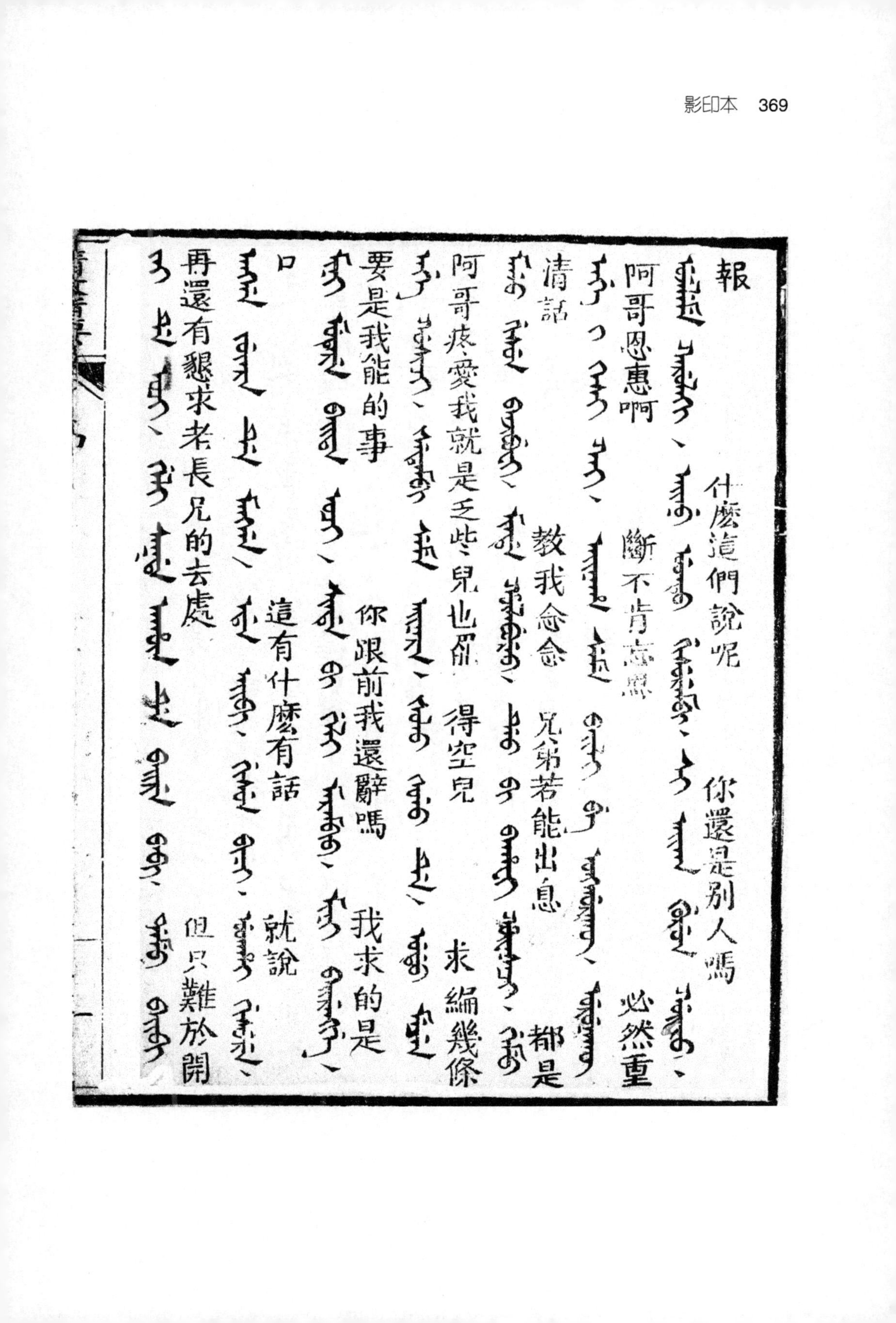

報　什麽這們說呢　你還是別人嗎

阿哥恩惠啊　斷不肯忘　必然重

清話　教我念念　兄弟若能出息　都是

阿哥疼愛我就是乏些兒也罷　得空兒　求編幾條

要是我能的事　你跟前我還辭嗎　我求的是

口　這有什麽有話　就說

再還有懇求老長兄的去處　但只難於開

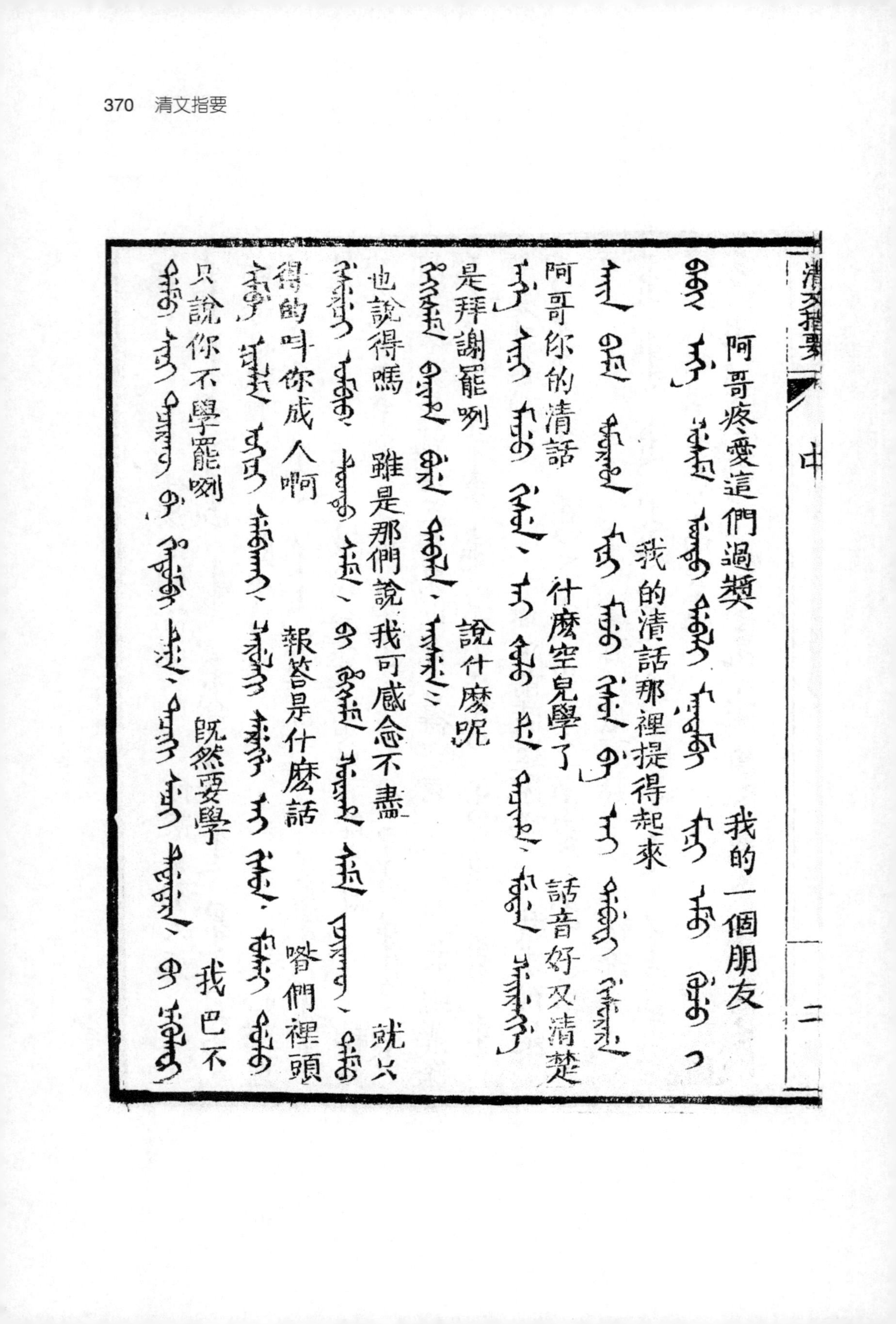

阿哥疼愛這們過獎　我的一個朋友

我的清話那裡提得起來

阿哥你的清話　什麼空兒學了　話音好又清楚

是拜謝罷咧　說什麼呢

也說得嗎　雖是那們說我可感念不盡　就只

得的叫你成人啊　報答是什麼話　咱們裡頭

只說你不學罷咧　既然要學　我巴不

他 實在難 阿哥你這個話 不錯了

住口的念 不離手的看 要趕

他學的深 會的多 好讀書 至今還不

對兒 天地懸隔 什麽緣故呢

他比你如何 我如何比得他 總不是他的

了 而且聽見的老話又多 那才算得精

清話好 明白又快 一點蠻音沒有 狠熟

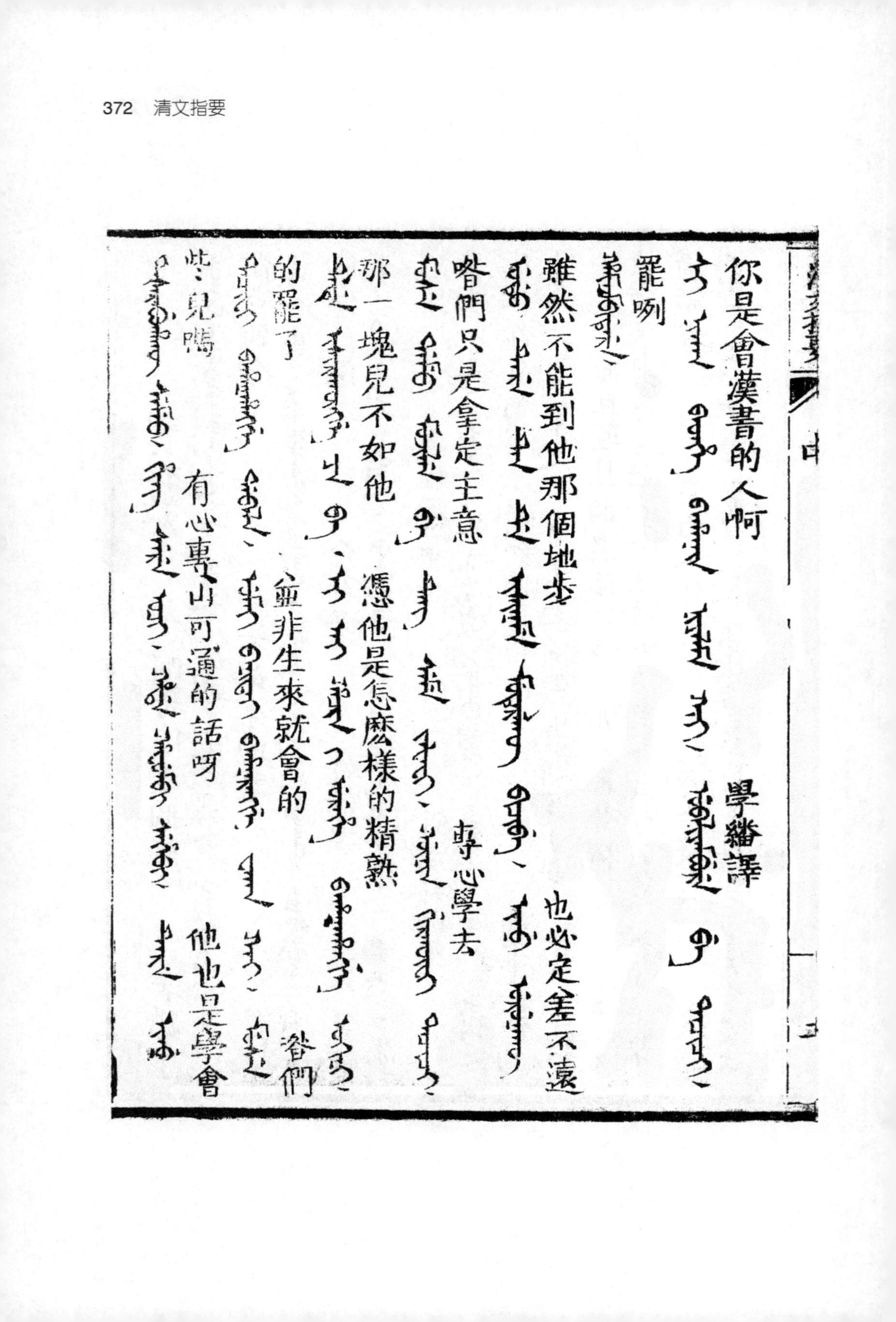

你是會漢書的人啊 學繙譯

罷咧

雖然不能到他那個地步 也必定差不遠

咱們只是拿定主意 專心學去

那一塊兒不如他 憑他是怎麼樣的精熟 咱們

的罷了 並非生來就會的

些兒嗎 有心專山可通的話呀 他也是學會

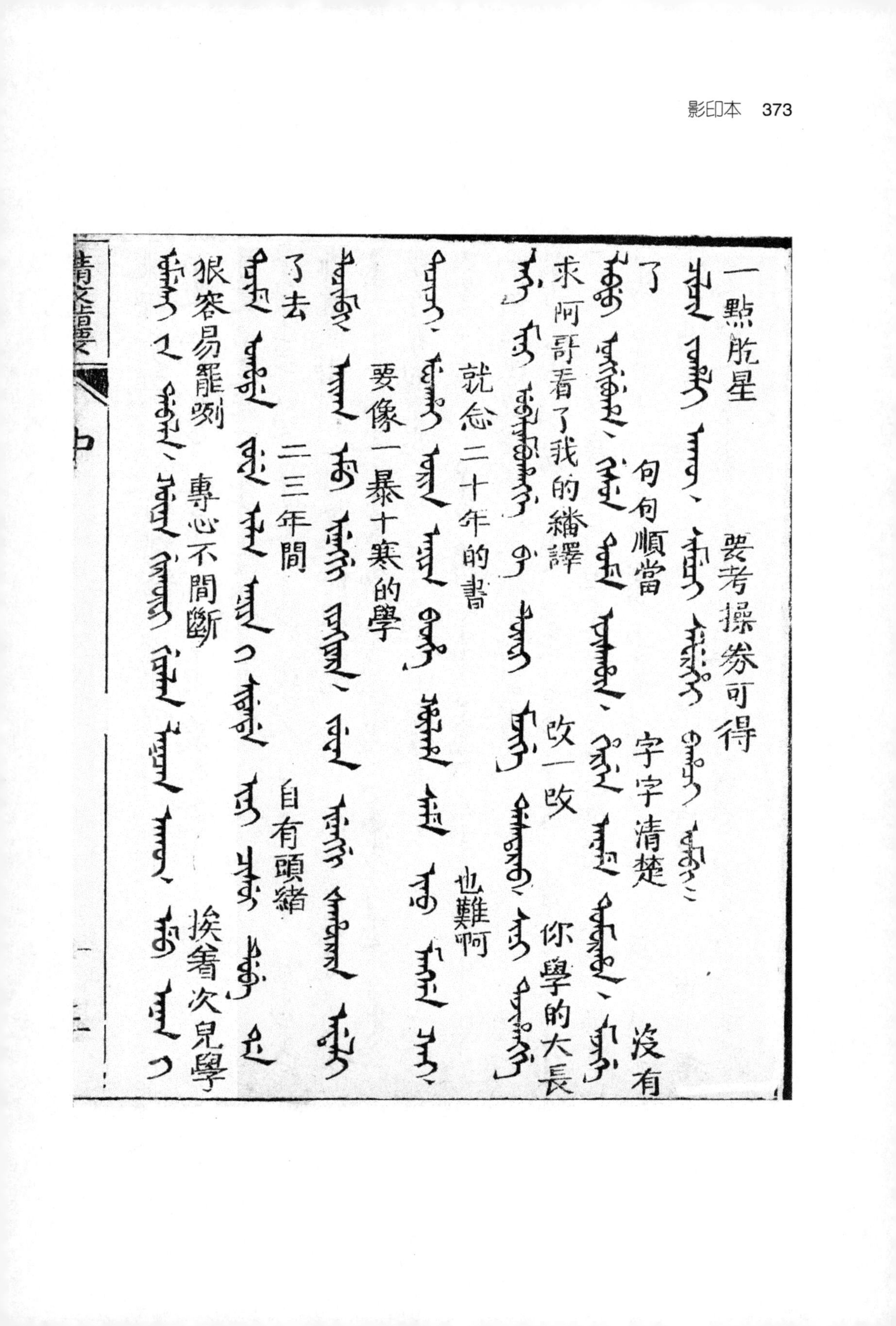

一點肮星 要考操券可得 沒有

了 句句順當 字字清楚

求阿哥看了我的繙譯 改一改 你學的大長

就念二十年的書 也難啊

要像一暴十寒的學

了去 二三年間 自有頭緒

狠容易罷咧 專心不間斷 挨着次兒學

快行名字 別錯過了機會啊

你兄弟這個空兒才上緊念清書呢

都還使得 秀才何用說呢 因為考得

准你考的理嗎 況且義學生 有獨不

的例呢像你這樣的八旗的都許考

自然好麼 但是文秀才未必使得 那格

這一次考繙譯 遮了名字了沒有 要考得

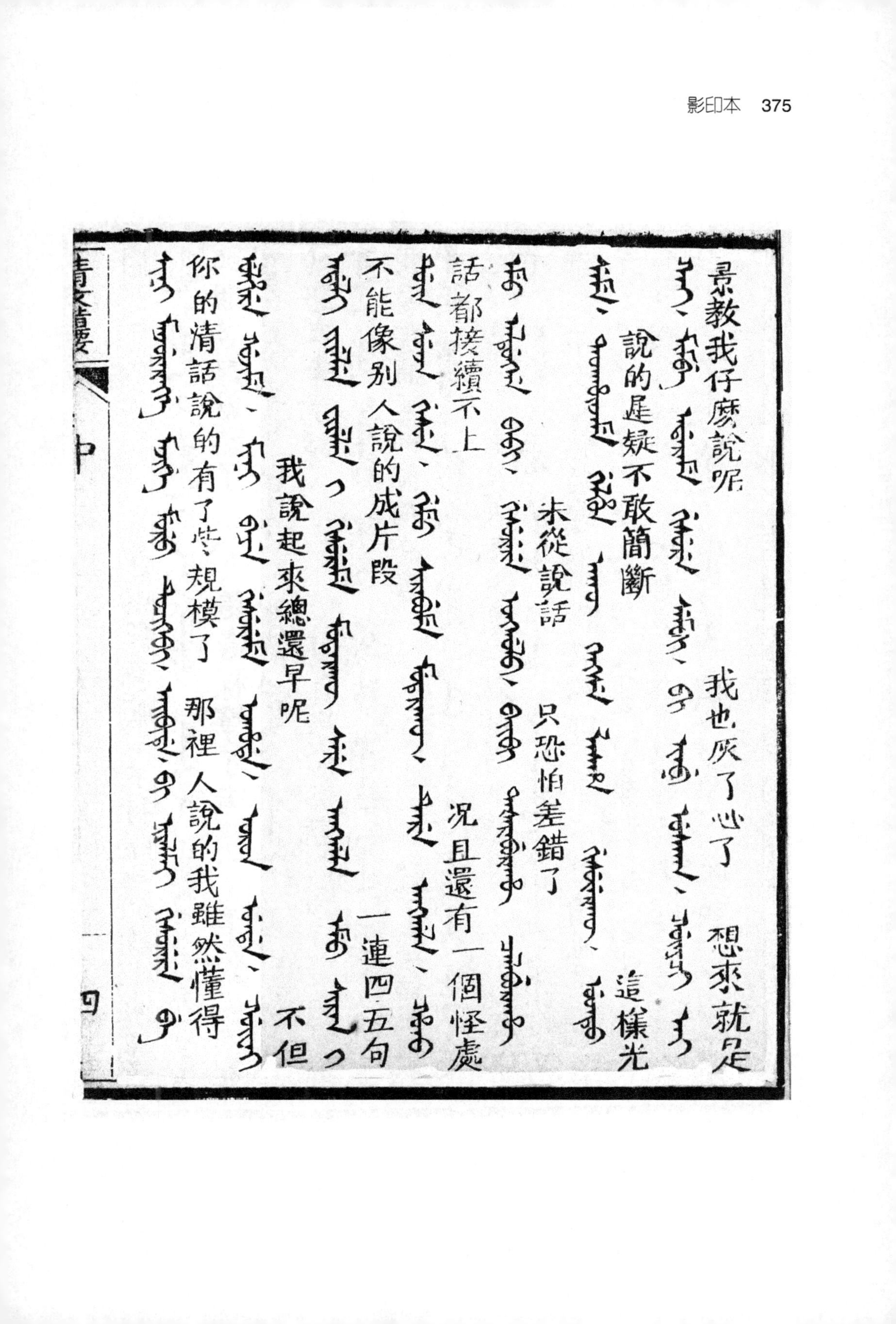

景教我仔麽說呢 我也灰了心了 想來就是

說的遲疑不敢簡斷 這樣光

未從說話 只恐怕差錯了

話都接續不上 況且還有一個怪處

不能像别人說的成片段 一連四五句

我說起來總還早呢 不但

你的清話說的有了些規模了 那裡人說的我雖然懂得

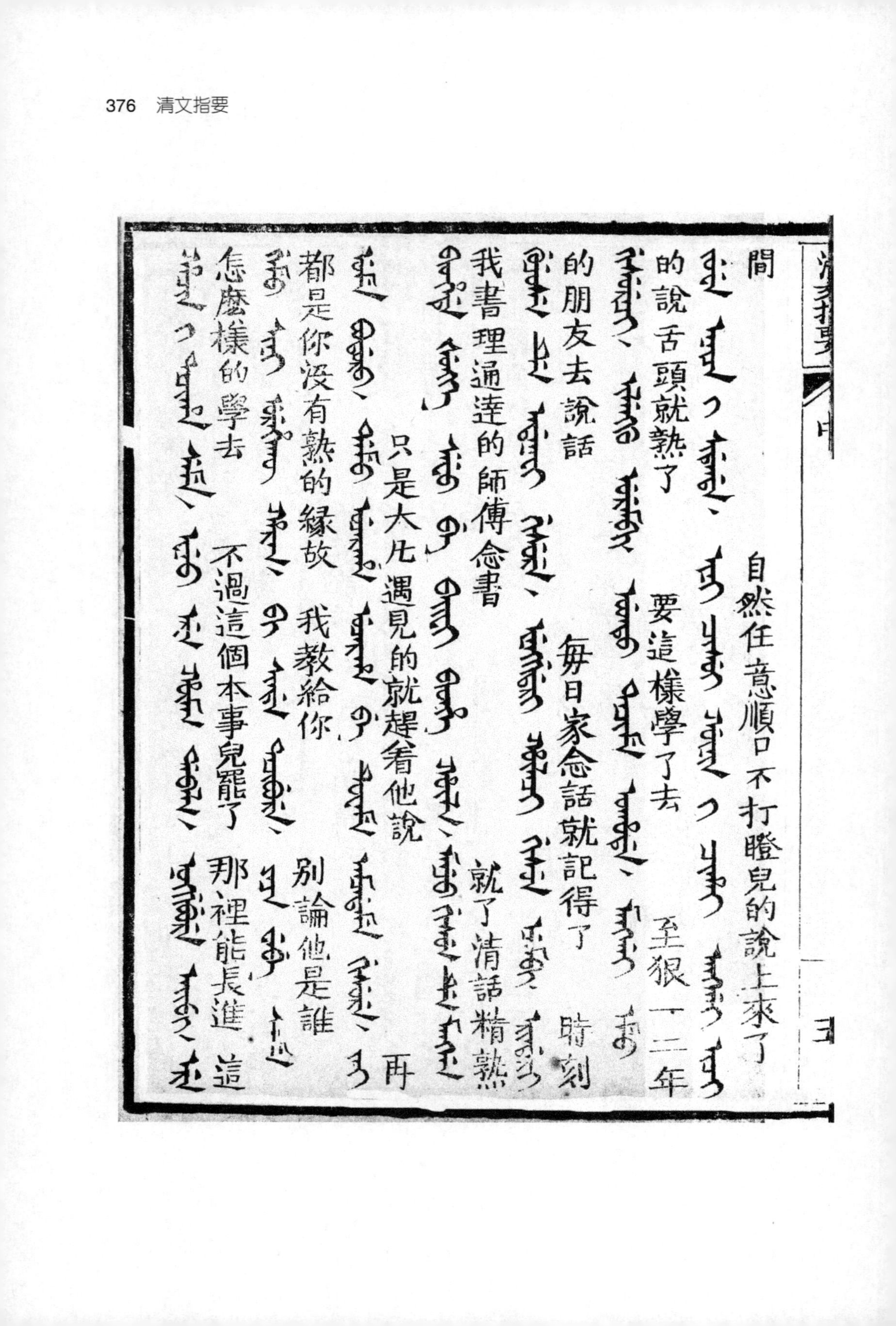

間 自然任意順口不打瞪兒的說上來了

的說舌頭就熟了 要這樣學了去 至狠一二年

的朋友去說話 每日家念話就記得了 時刻

我書理通達的師傅念書 就了清話精熟

只是大凡遇見的就趕着看他說 再

都是你沒有熟的緣故 我教給你 別論他是誰

怎麼樣的學去 不過這個本事兒罷了 那裡能長進 這

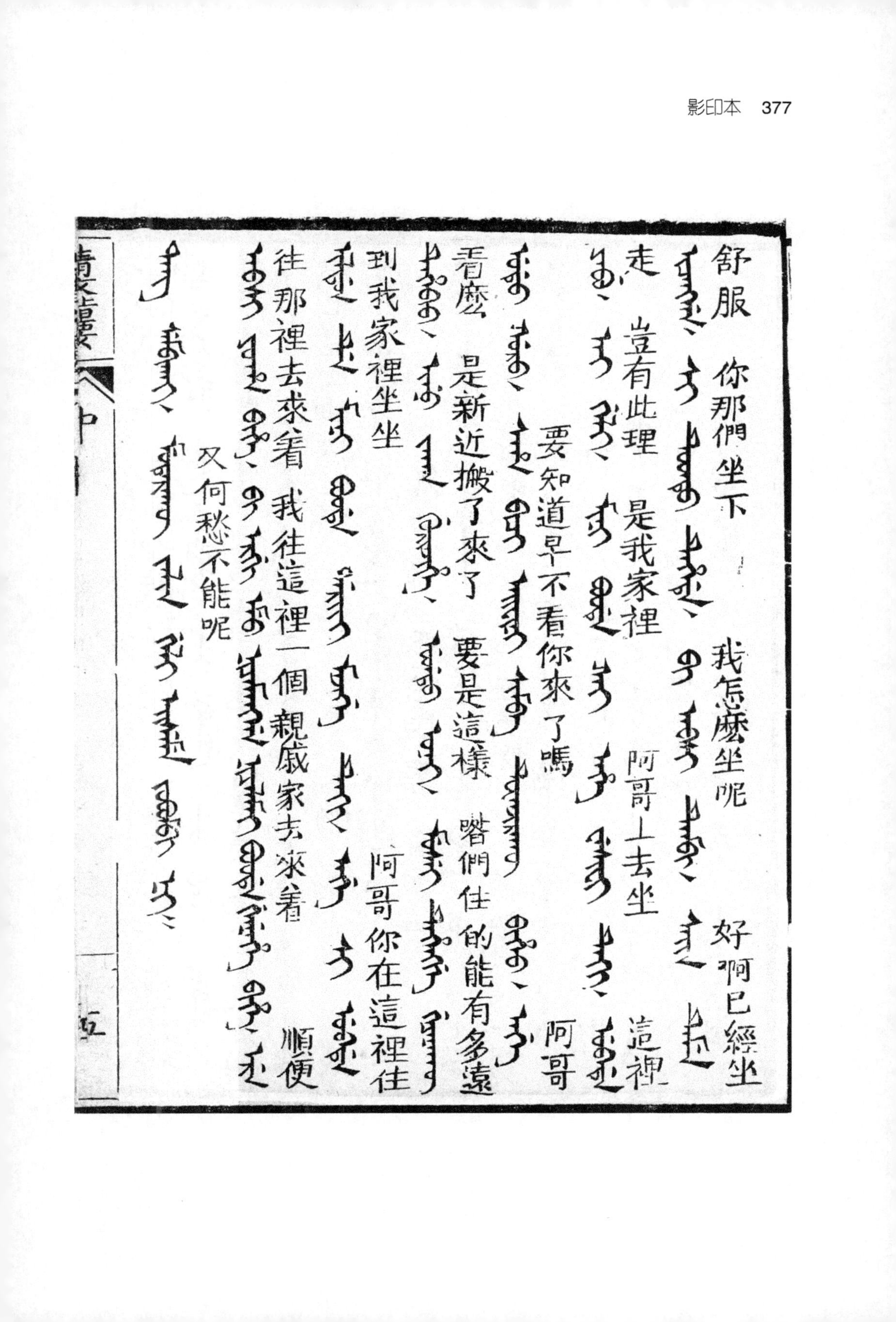

舒服 你那們坐下 我怎麼坐呢 好啊已經坐

走 豈有此理 是我家裡 阿哥上去坐 這裡

要知道早不看你來了嗎 阿哥

看麼 是新近搬了來了 要是這樣 咱們住的能有多遠

到我家裡坐坐 阿哥你在這裡住

往那裡去來着 我往這裡一個親戚家去來着 順便

又何愁不能呢

倆的 喫點去是呢 罷呀 一遭認得

還要往別處去呢 怎麼了 現成的又不是為你預

說把現成的快送來 不啊 阿哥別 我

無妨 瞭一瞭罷 咢 看飯去

去 阿哥請茶 咢 好熱呀 要熱呌揚一揚

阿哥我不喫烟 長了口瘡了 要是那樣 取茶

下了 這裡有個靠頭帋 家裡人呢 拿火來

書啊不呢 如今天短 沒有寫字的空兒

祇有清語指要 還教你們清字楷

沒有別的書 眼前零星話 附

不是念清書嗎 是 如今念些甚麼書啊

阿哥你終日從這們走 都是往那裡去念書去

說一天的話兒罷

你家了 另日特來 坐着

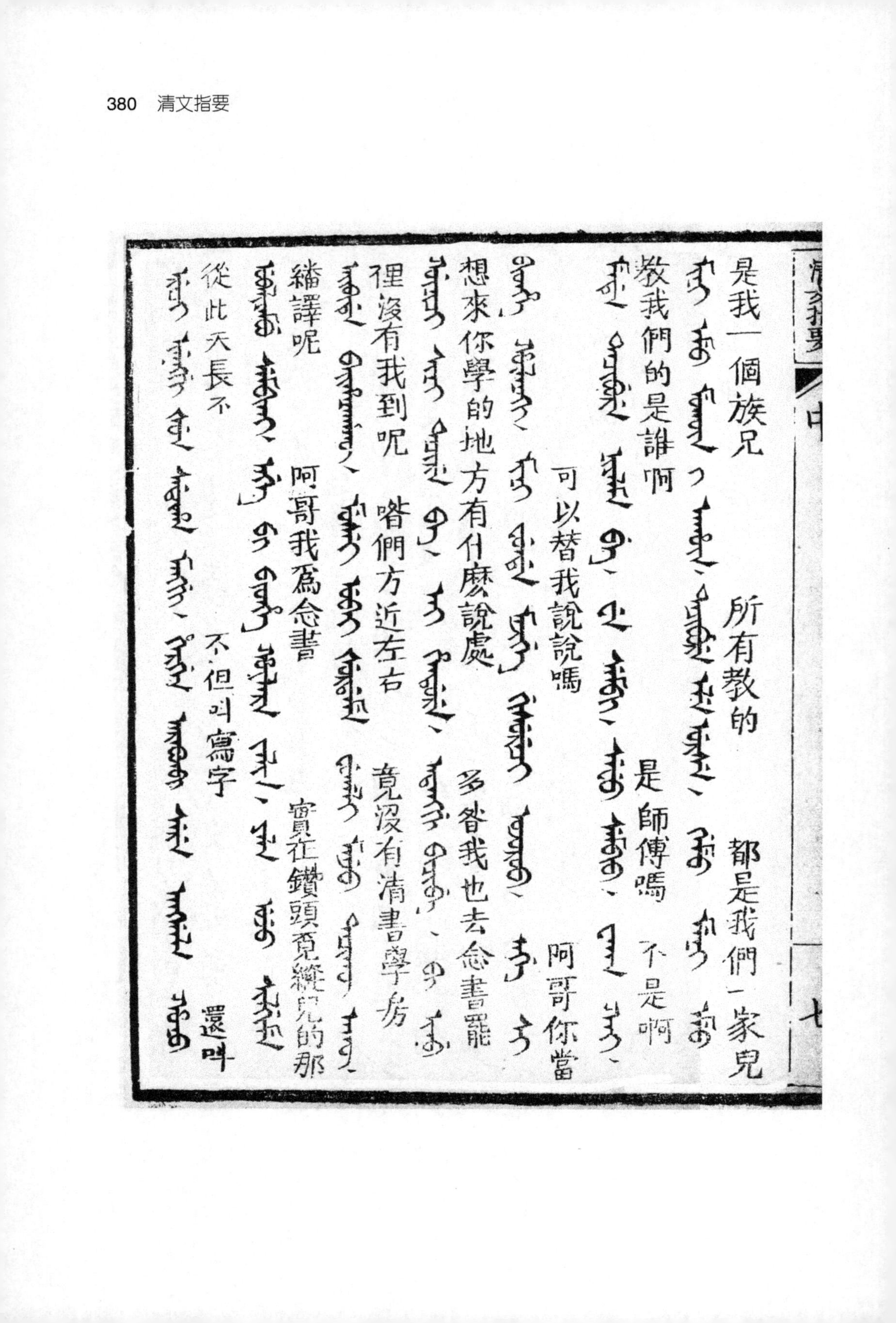

是我一個族兄 所有教的 都是我們一家兒
教我們的是誰啊 是師傅嗎 不是啊
可以替我說說嗎 阿哥你當
想來你學的地方有什麼說處 多咎我也去念書罷
哩沒有我到呢 喈們方近左右 竟沒有清書學房
繙譯呢 阿哥我爲念書 實在鑽頭覓縫兒的那
從此天長不 不但叫寫字 還叫

那個阿哥 是咱們舊街坊啊 看着長大的孩子

了我什麼了呢

好事罷咧 替你說一說 又幫

空兒教我們 要不是 阿哥要念書去

也是我們早晚看去的上頭 不得已 勻着

仔麼說呢 我阿哥終日上衙門 不得閒

的子弟 再是親戚 並無別人

成人的孩子來了 樸實又良善 好學問

也是他的老家兒有餘蔭 才生出這個樣的

不假呀 阿哥的話是 雖是那們說

者 事竟成 不在年紀的話

後來間朋友們 果然看起這個來 有志

了官了 起初我還半信半疑的來着

隔了能有幾年 如今聽見說着實出息作

阿哥騎着 我躲了你了 乏乏的又下來作什麼

必有餘慶的話 相合了

總不沾染 這個正與積善之家

小心謹慎 所得的去處

一步兒也不肯走 況且公事上

紀 素常在家裡 看書罷咧 混賬路

馬步箭 大凡漢子的本事他那博學的身分不對他的年

這個書房甚乾淨 怎麼看怎麼順

想頭甚巧 層層都有款致

多金魚 山子石堆壘的也好

坐坐罷 嗳吆 栽了這些各種的花木 又養着許

坐嗎 是啊 喒們許久不見了 我進去咯

了 有騎過去的理嗎 阿哥不進家裡坐

甚麼話呢 若沒有看見怎麼樣呢我老遠的就看見了你

人生在世　頭等頭　是爲學要緊
豈有　厭煩的理呢
果然要來　我有幸罷咧　還愁請不到呢
如何　若是那樣　與我有益了
這有何難　你要不厭煩　我來給你作伴
我沒有什麽朋友　獨自念書　甚冷落
正是咱們該讀書的地方　但所恨的

讀書啊 特為明義理 學的義理明

白了 在家孝親 作官給

國家出力 諸事自然成就

即如 果然學的有本事 不拘到那裡

不但人尊敬 自已走着也豪爽

有一宗人 不念書 不修品

只是以鑽幹逢迎為本事

就是一個沒有出息的東西罷了細想起這個來爲

不能榮耀增光罷咧

及到叫受人的咒駡

爲人子的

豈能答報萬一

都是要駡的呢

阿哥你白想着瞧

父母的恩

品

人家連他的父母

替他愧恨

這們樣子的豈但辱身壞

不知他心裡要怎嗎

我眞

往那裡去沒有留下話　估量着你走

了好幾次　你家裡人們說你坐了車出去了

我要和你商量一句話　打發人去請

又搭着給晚飯喫所以遲了些

友去來着　他們住的遠　在西城根底下

昨日往誰家去了　來的那樣遲　看我一個朋

豈可不讀書　不修品呢

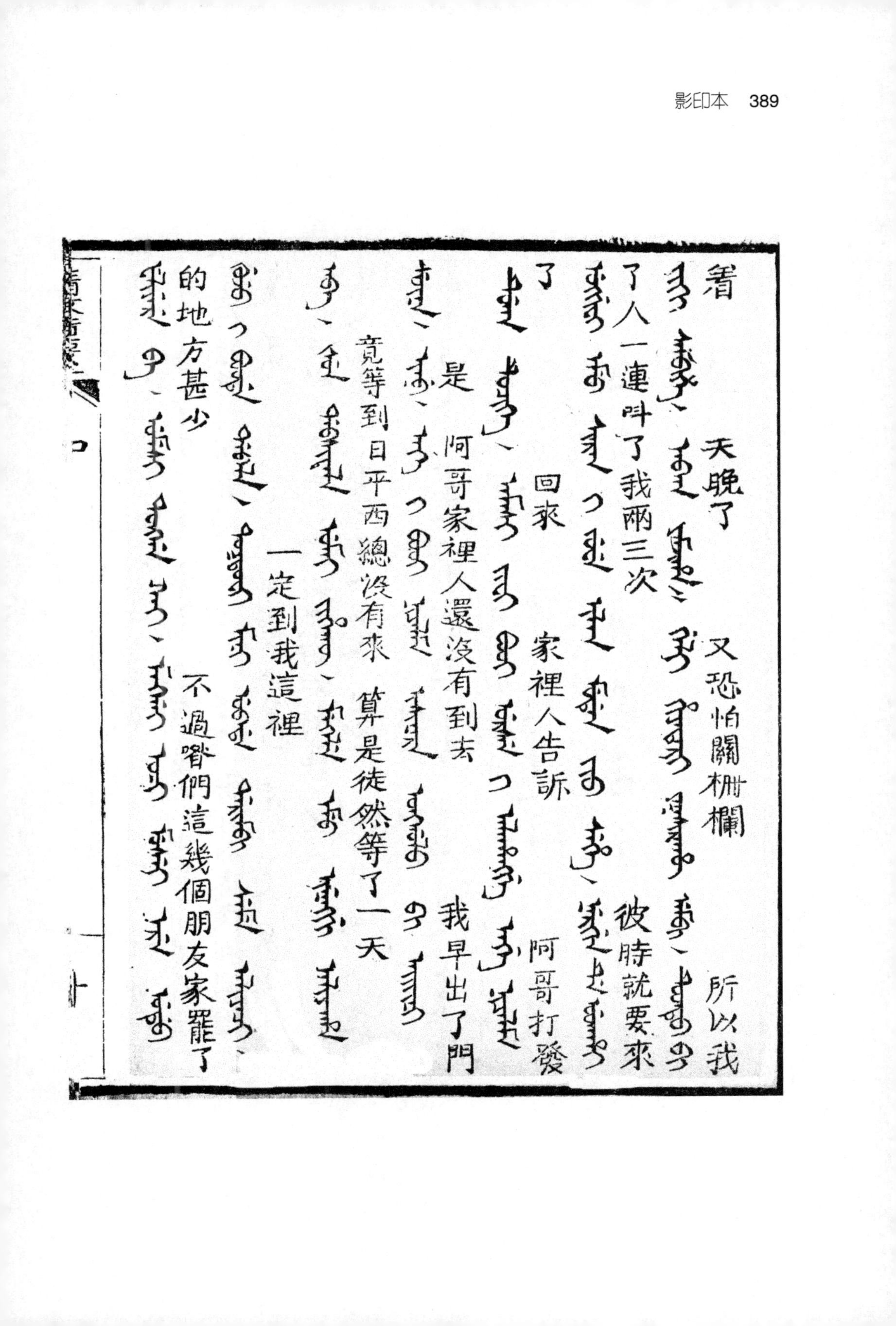

着 天晚了 又恐怕關柵欄 所以我
了人一連叫了我兩三次 彼時就要來
了 回來 家裡人告訴 阿哥打發
是 阿哥家裡人還沒有到去 我早出了門
竟等到日平西總沒有來 算是徒然等了一天
一定到我這裡
的地方甚少 不過咱們這幾個朋友家罷了

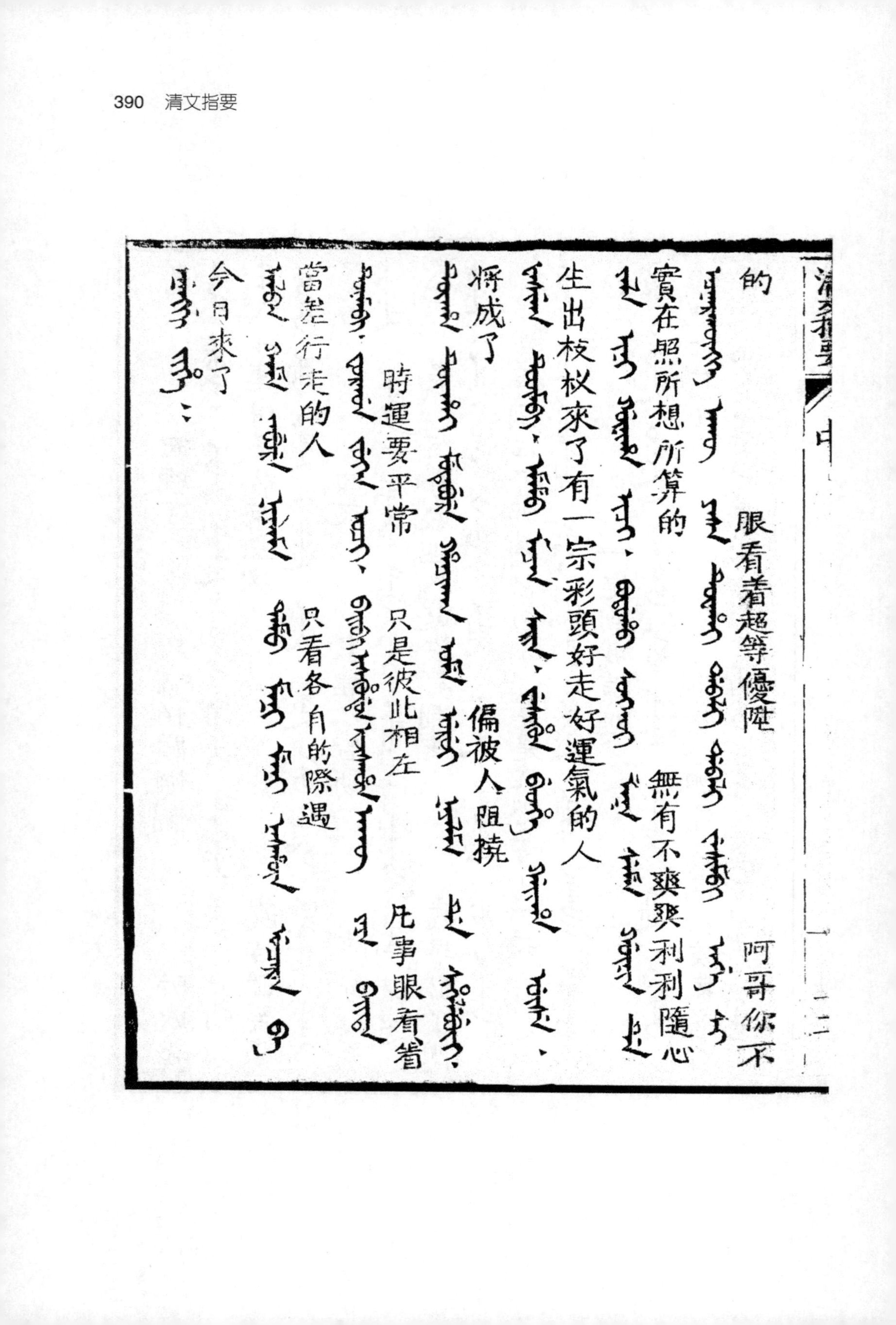

今日來了

當差行走的人 只看各自的際遇

時運要平常 只是彼此相左 凡事眼看着 將成了 偏被人阻撓 生出枝杈來了

有一宗彩頭好走好運氣的人 無有不爽爽利利隨心 的 實在照所想所算的 眼看着超等優陞

阿哥你不

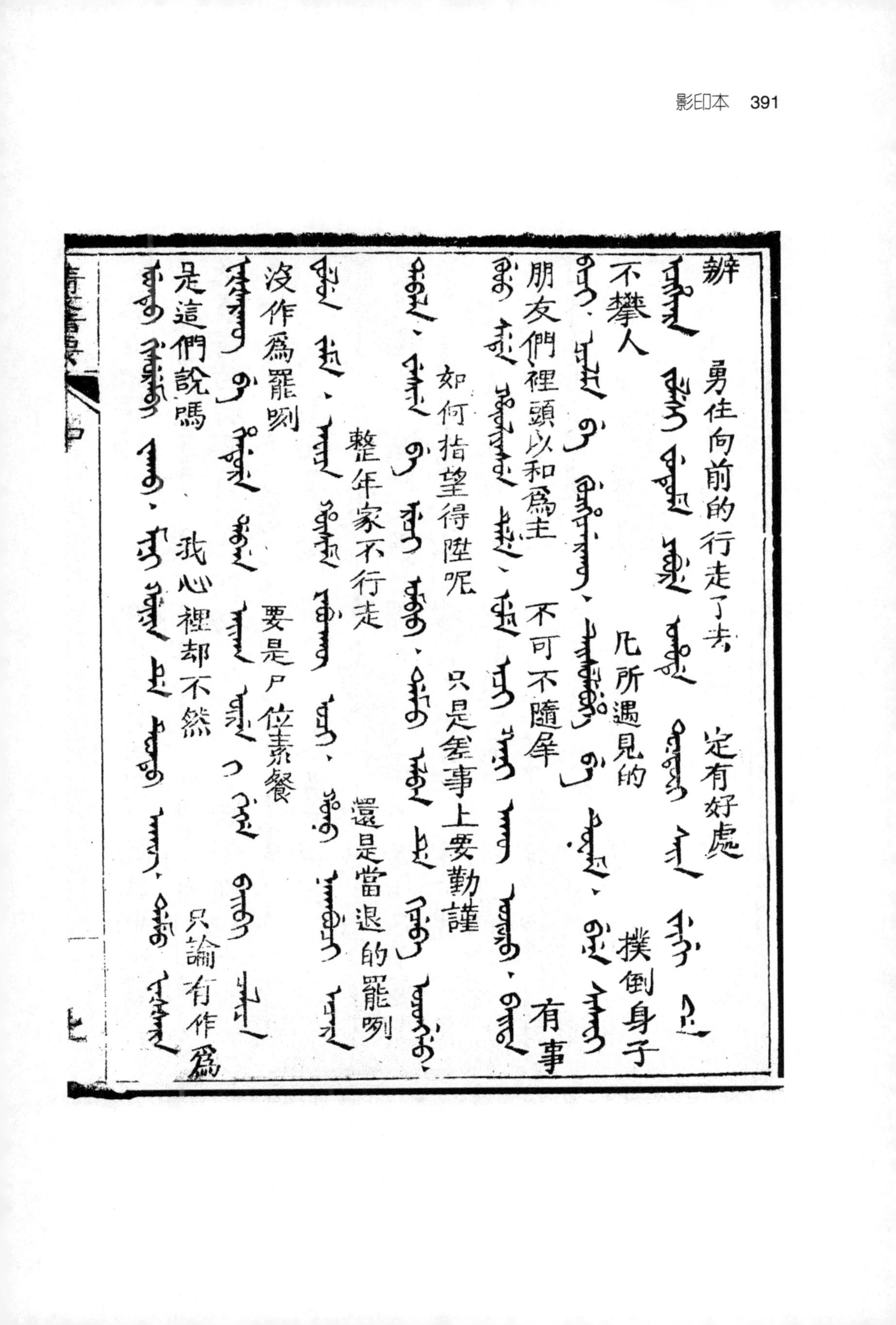

辦 勇往向前的行走了去 定有好處

不攀人 凡所遇見的 撲倒身子

朋友們裡頭以和爲主 不可不隨羣 有事

如何指望得陞呢 只是衙事上要勤謹

整年家不行走 還是當退的罷咧

沒作爲罷咧 要是尸位素餐

是這們說嗎 我心裡却不然 只論有作爲

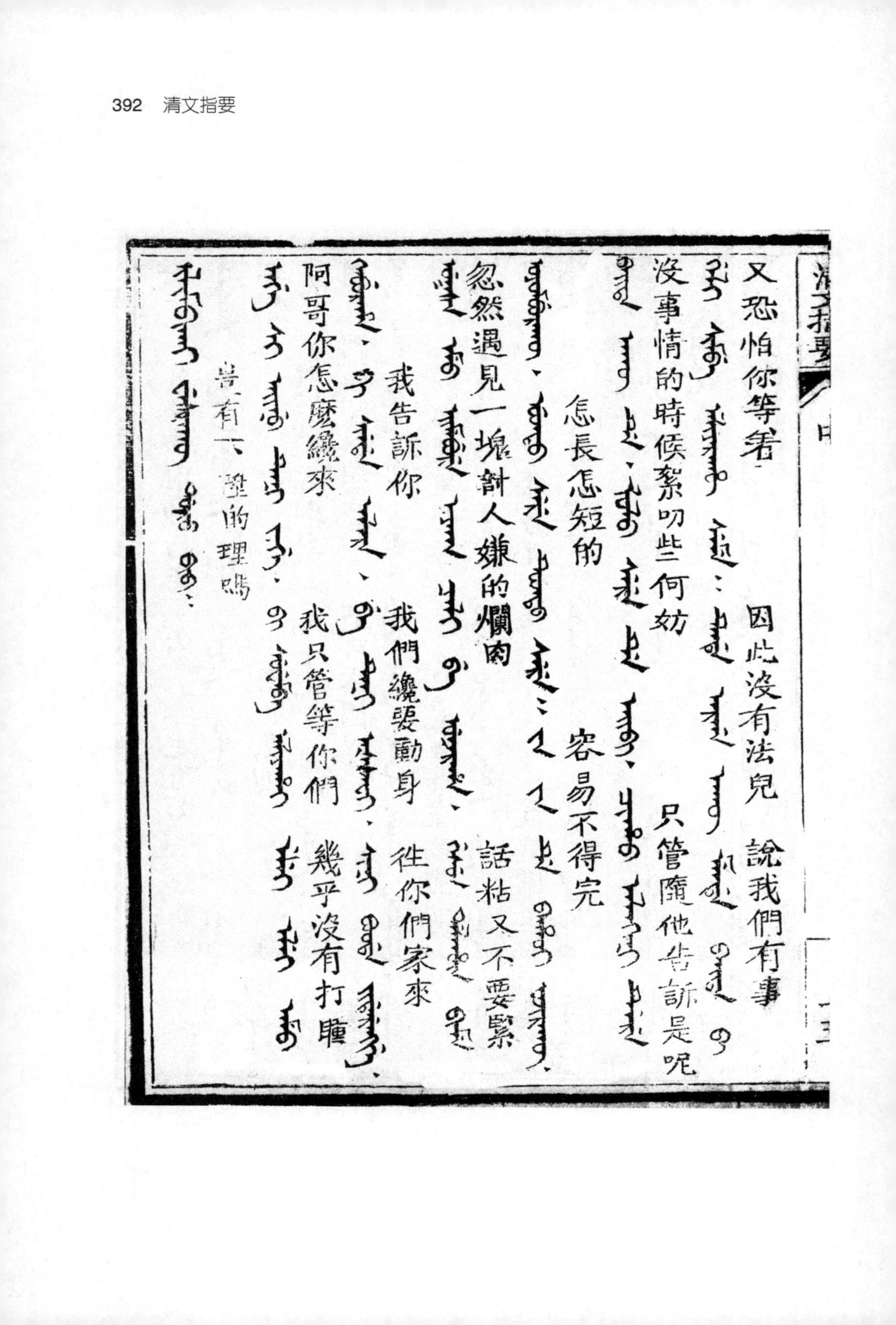

又恐怕你等着 因此沒有法兒 說我們有事

沒事情的時候絮叨些何妨 只管隨他告訴是呢

怎長怎短的 容易不得完

忽然遇見一塊討人嫌的爛肉 話粘又不要緊

我告訴你 我們纔要動身 往你們家來

阿哥你怎麼纔來 我只管等你們 幾乎沒有打睡

豈有不到的理嗎

契些些 你這樣盛設了麼 我們自然

不過是一點心 能有什麼好東西 阿哥們就看

這些些餚饌作什麼 把我們當客待嗎

阿哥你這是怎麼說有割的肉就完了 又要

想是老爺們都餓了 飯啊什麼都教簡決些

不然早來坐迭了 誰在那裡呢快放桌子

明日再說罷 竟是把他的話截斷來的

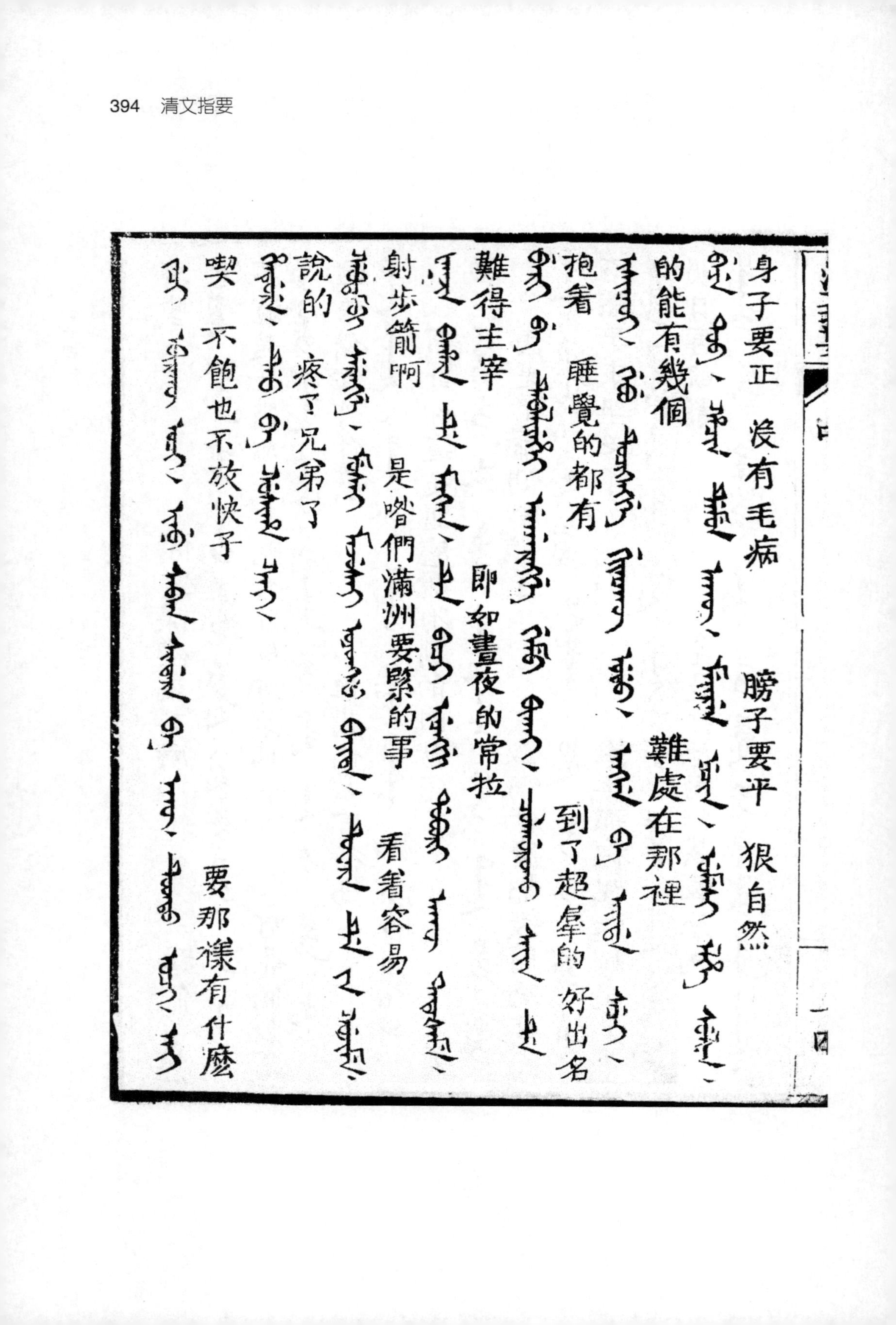

身子要正　沒有毛病　膀子要平　狠自然

的能有幾個　難處在那裡

抱着　睡覺的都有　到了超羣的　好出名

難得主宰　即如晝夜的常拉

射步箭啊　是咱們滿洲要緊的事　看着容易

說的　疼了兄弟了

喫　不飽也不放快子　要那樣有什麼

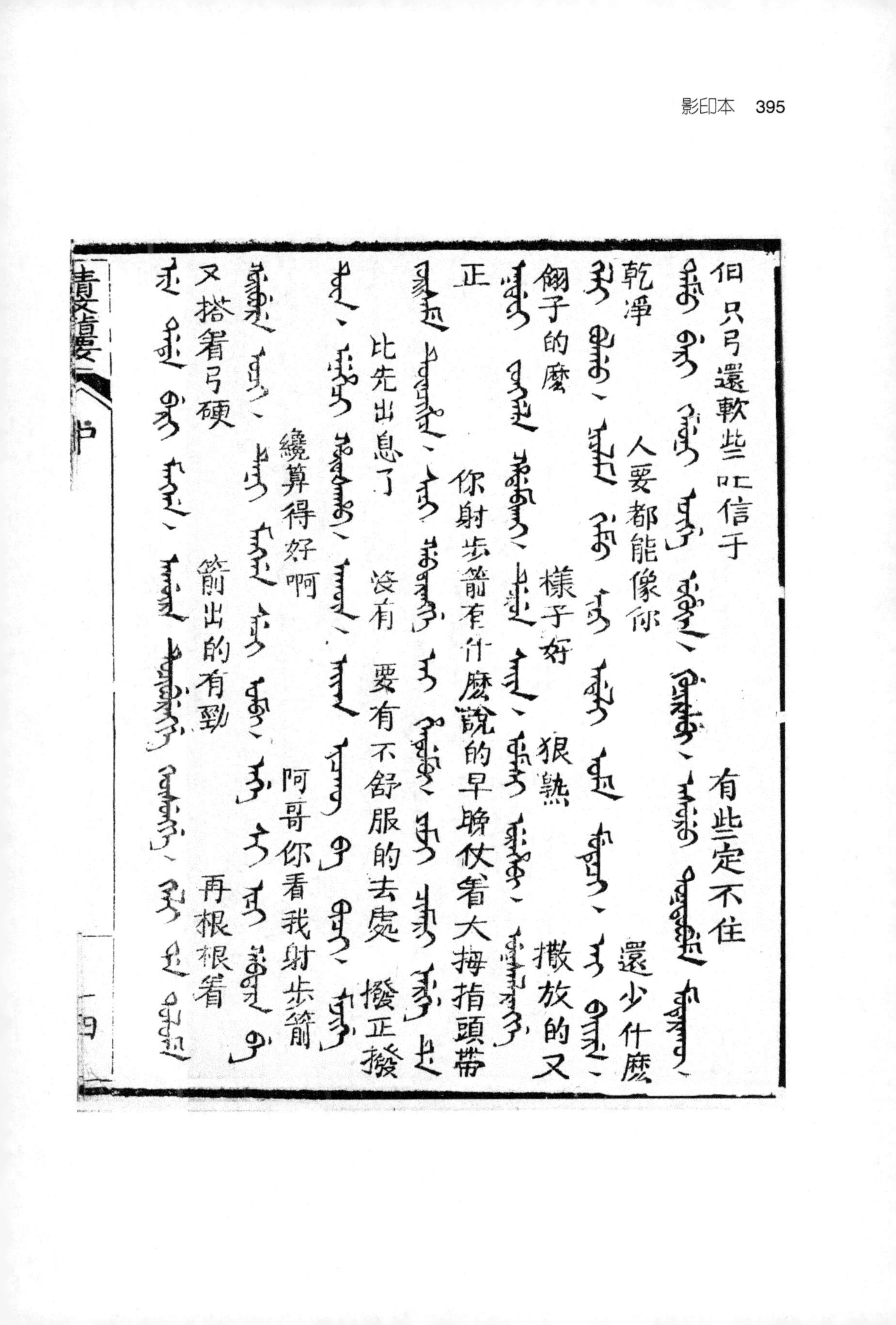

但只弓還軟些吐信于 有些定不住

乾淨 人要都能像你 還少什麽

翎子的麽 樣子好 狠熟 撒放的又

正 你射步箭有什麽說的早晚仗着大拇指頭帶

比先出息了 沒有 要有不舒服的去處 撥正撥

纔算得好啊 阿哥你看我射步箭

又搭着弓硬 箭出的有勁 再根根着

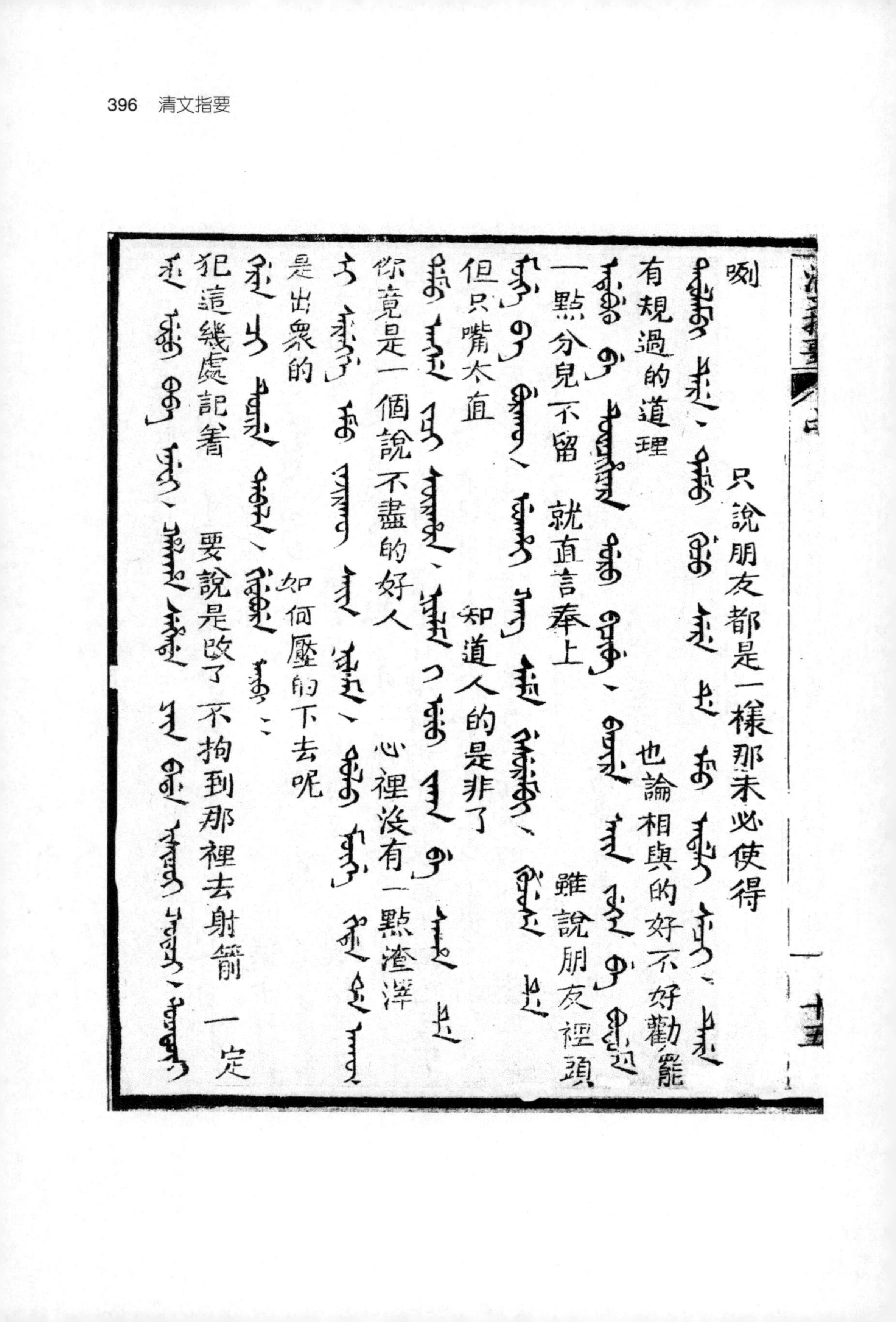

咧 只說朋友都是一樣那未必使得 也論相與的好不好勸能
有規過的道理 雖說朋友裡頭
一點分兒不留 就直言奉上
但只嘴太直 知道人的是非了
你竟是一個說不盡的好人 心裡沒有一點渣滓
是出衆的 如何壓的下去呢
犯這幾處記着 要說是改了 不拘到那裡去射箭 一定

嘴癢癢

有不可與言而與之言失言的話

但只是遇着這樣的事情

不由的

這竟是我的一宗病了

我豈不知道

阿哥的話

竟是治我的良藥

我心裡狠服

惑着說噯呀仔細啊恐怕是陷害我罷

心嗎

他心裡狠不舒服

白瞪着眼疑之

方纔這一段話

你說不是好

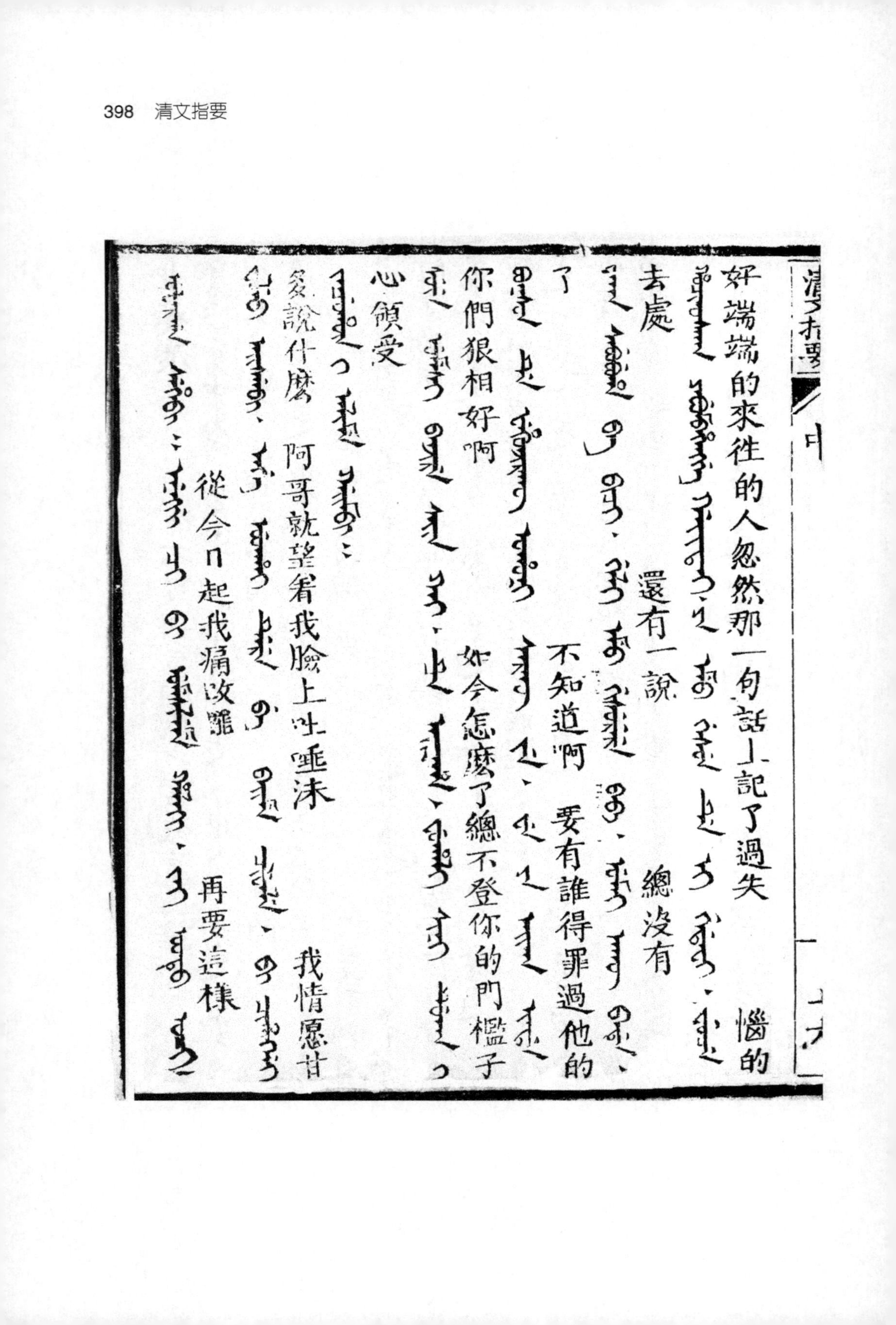

好端端的來往的人忽然那一句話上記了過失 惱的
去處 還有一說 總沒有
了 不知道啊 要有誰得罪過他的
你們狠相好啊 如今怎麼了總不登你的門檻子
心領受
多說什麼 阿哥就望看我臉上吐唾沫 我情愿甘
從今日起我痛改罷 再要這樣

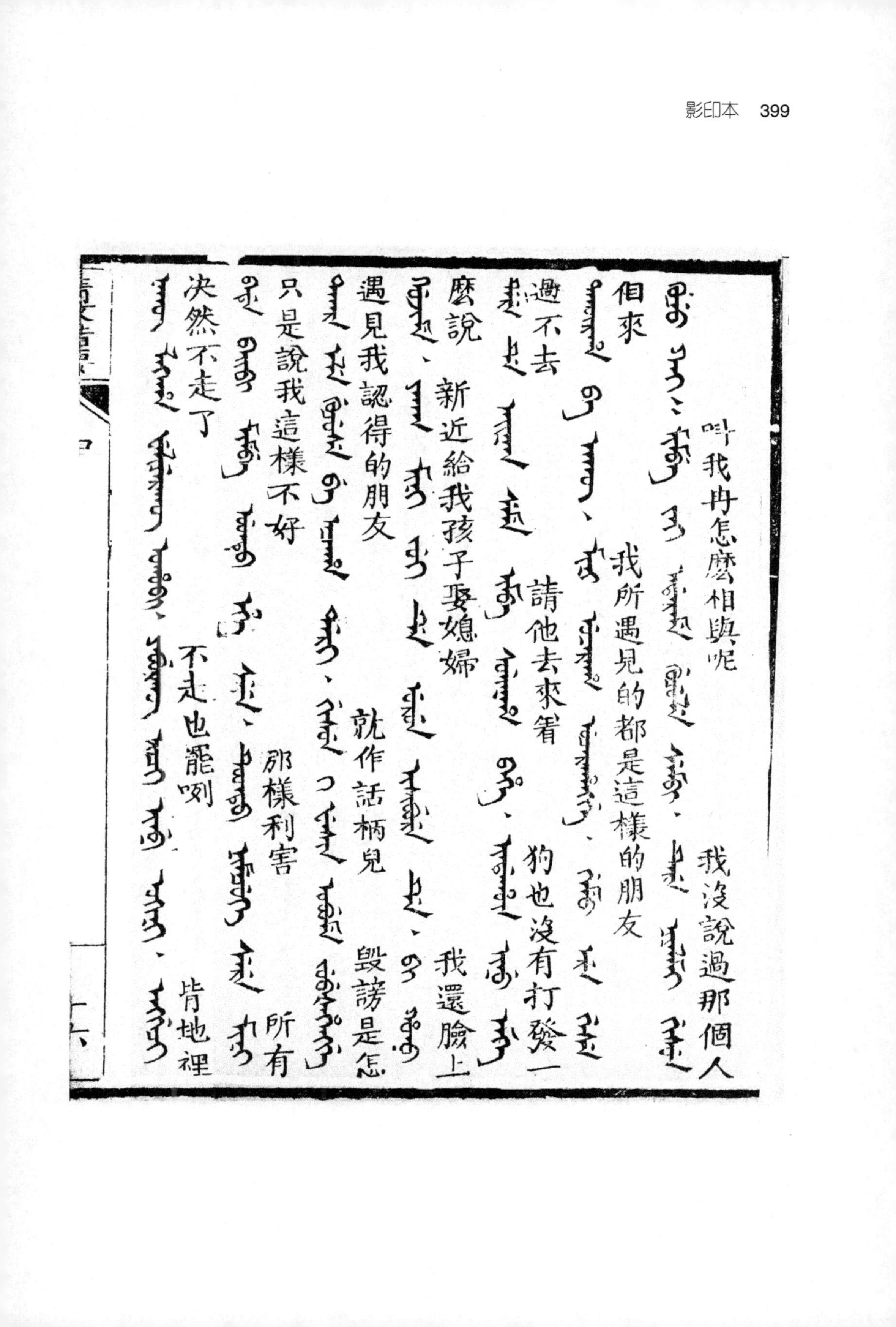

叫我再怎麼相與呢 我沒說過那個人

伺來 我所遇見的都是這樣的朋友

過不去 請他去來着 狗也沒有打發一

麼說 新近給我孩子娶媳婦 我還臉上

遇見我認得的朋友 就作話柄兒 毀謗是怎

只是說我這樣不好 那樣利害 所有

決然不走了 不走也罷咧 肯地裡

早要看阿哥來着　不想被一件旁不相干的事絆住

是呢　怎麼總不見你的面目　我

這一向　你又往那裡奔忙去了　間或到我這裡走走

一概都說得是狠好的朋友嗎

貌罷咧　心裡知何知道的透徹呢　不分好歹

還裡來着嗎　還著實有些不受用我來着　識人的面

語言品行虛假誇張不可信麼　彼時你

來勒只管騷擾阿哥　我心裡不安、

罷　現成的飯喫了去　我也不另收拾菜　但只

你也沒有什麼要緊的事　喒們坐着說一日話兒

來的甚好　正悶在這裡　想來

只管推托着說我有緊要的事將將的纔放了我了

嗎　要不是今日還脫不開來着

竟受了累了　終日怱忙還有空兒

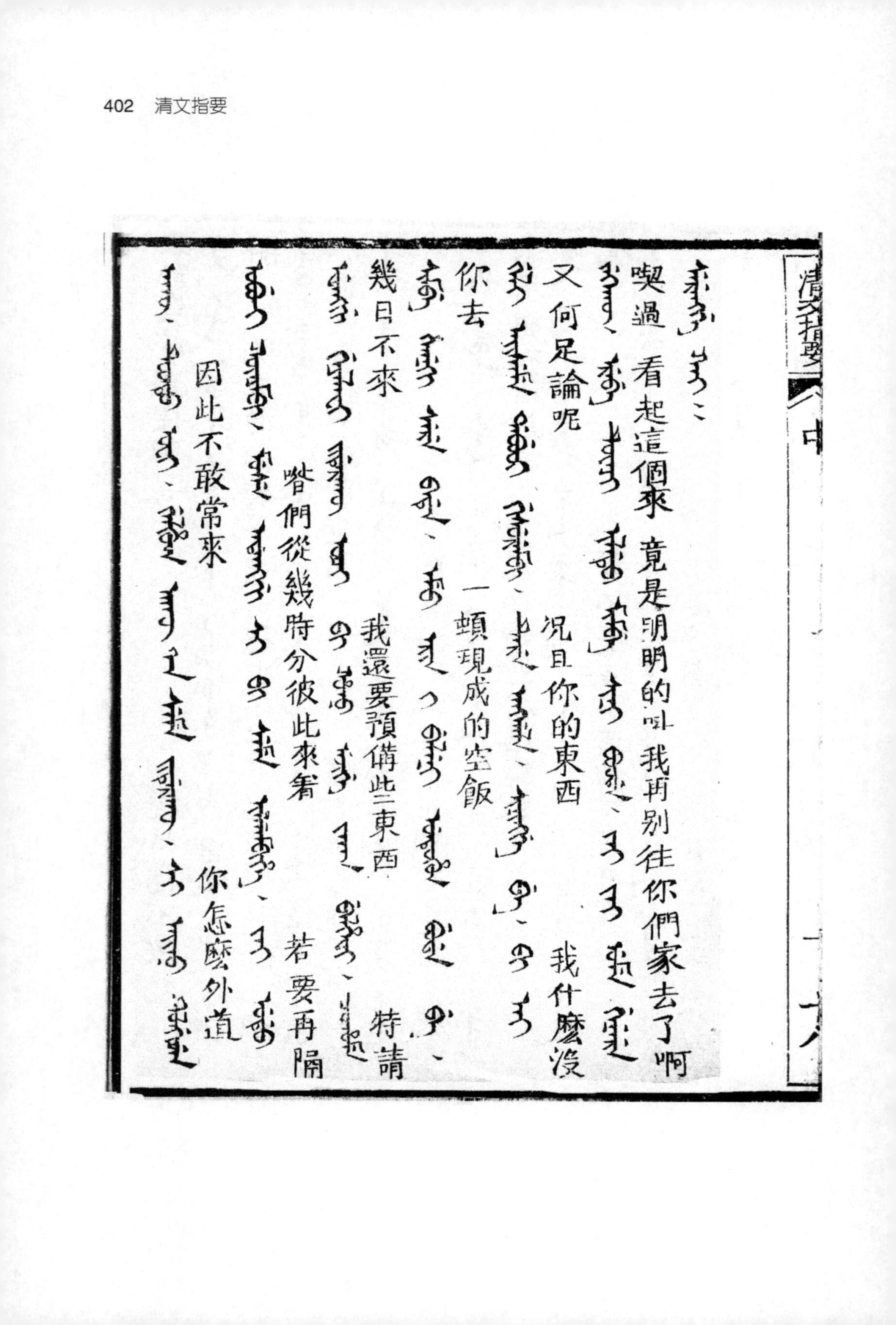

啊
喫過 看起這個來 竟是明明的叫 我再別往你們家去了啊
又何足論呢 況且你的東西 我什麽沒
你去 一頓現成的空飯
幾日不來 我還要預備些東西 特請
咱們從幾時分彼此來着 若要再隔
因此不敢常來 你怎麽外道

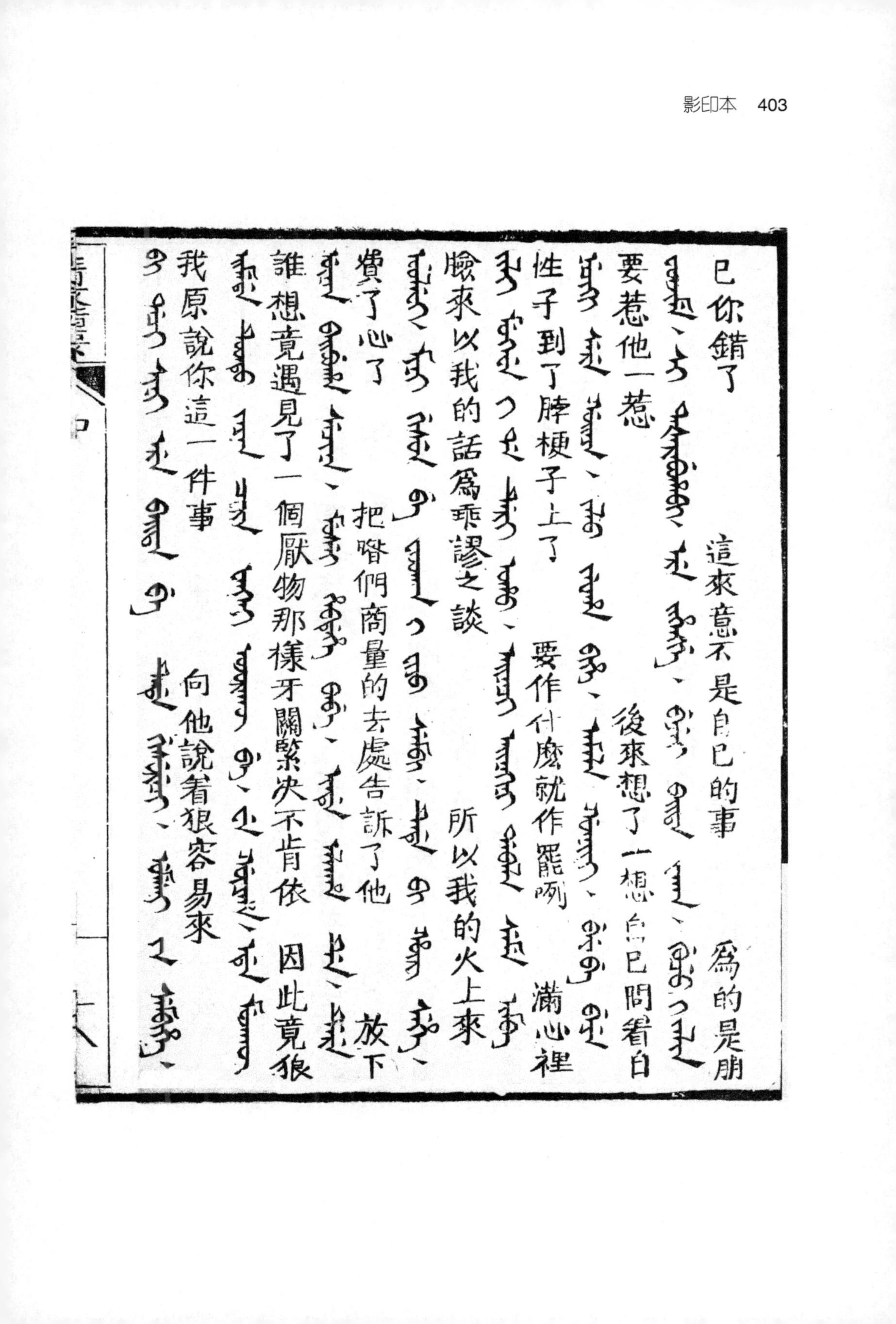

己你錯了 這來意不是自己的事 爲的是朋

要惹他一惹 後來想了一想自己問着自

性子到了脖梗子上了 要作什麼就作罷咧 滿心裡

臉來以我的話爲乖謬之談 所以我的火上來

貴了心了 把喒們商量的去處告訴了他 放下

誰想竟遇見了一個厭物那樣牙關緊決不肯依 因此竟狠

我原說你這一件事 向他說着狠容易來

昨日清早起來　屋裡很黑　我說想是天

當了嗎

瞧　我的性子要畧急些　你的事情不有些不妥

他慢慢的央求　剛剛的纔點了頭了　你想着

了　又坐了好一會　看他的光景　順着

的盡量猵責　二　二一聲也不哼　順順的領受

友啊　就畧容着他些　又費了什麽　所以忍着他

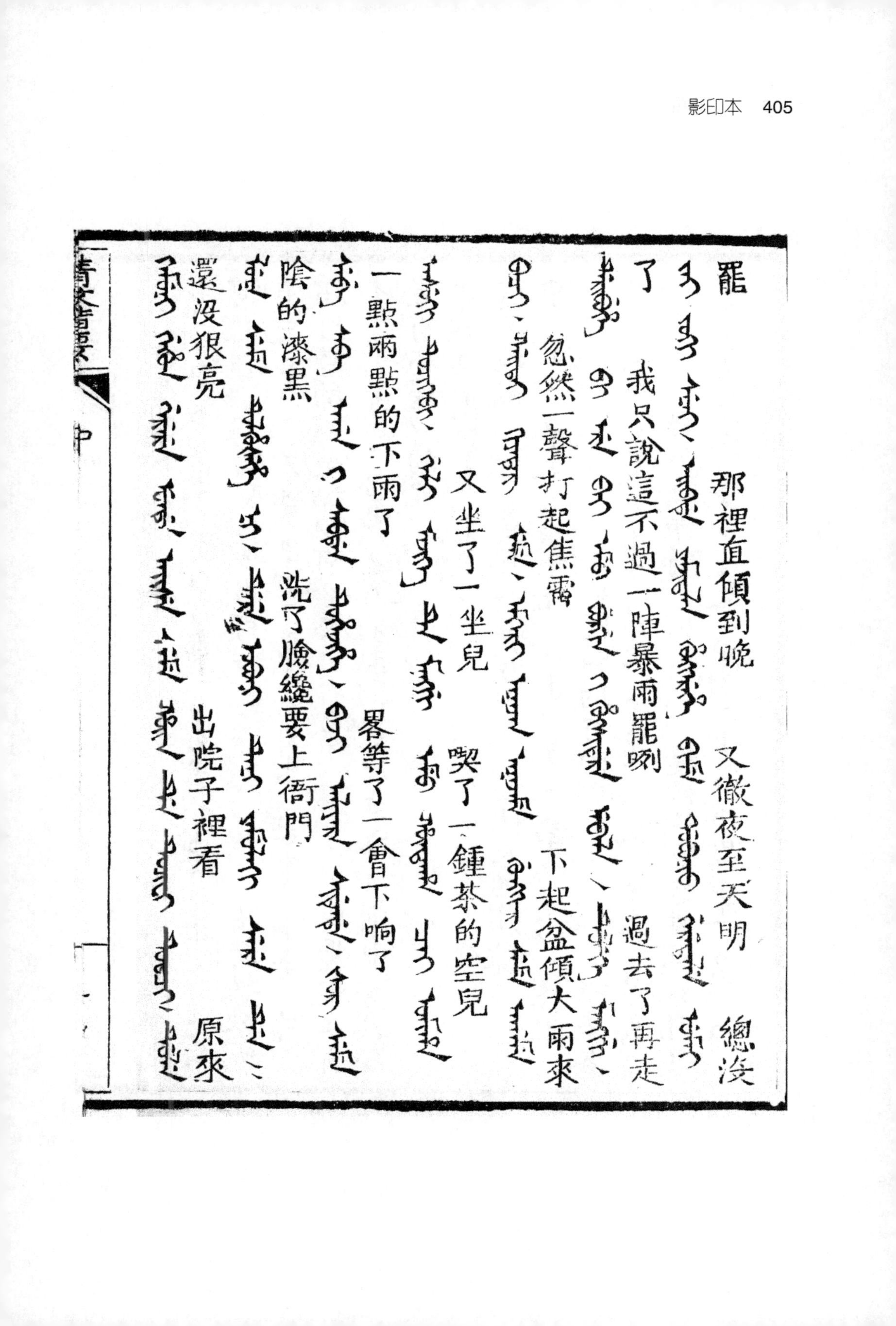

罷

那裡直傾到晚　又徹夜至天明　總沒

了

我只說這不過一陣暴雨罷咧　過去了再走

忽然一聲打起焦雷　下起盆傾大雨來

又坐了一坐兒　喫了一鍾茶的空兒

一點兩點的下雨了　畧等了一會下晌了

陰的漆黑　洗了臉纔要上衙門

還沒狠亮　出院子裡看　原來

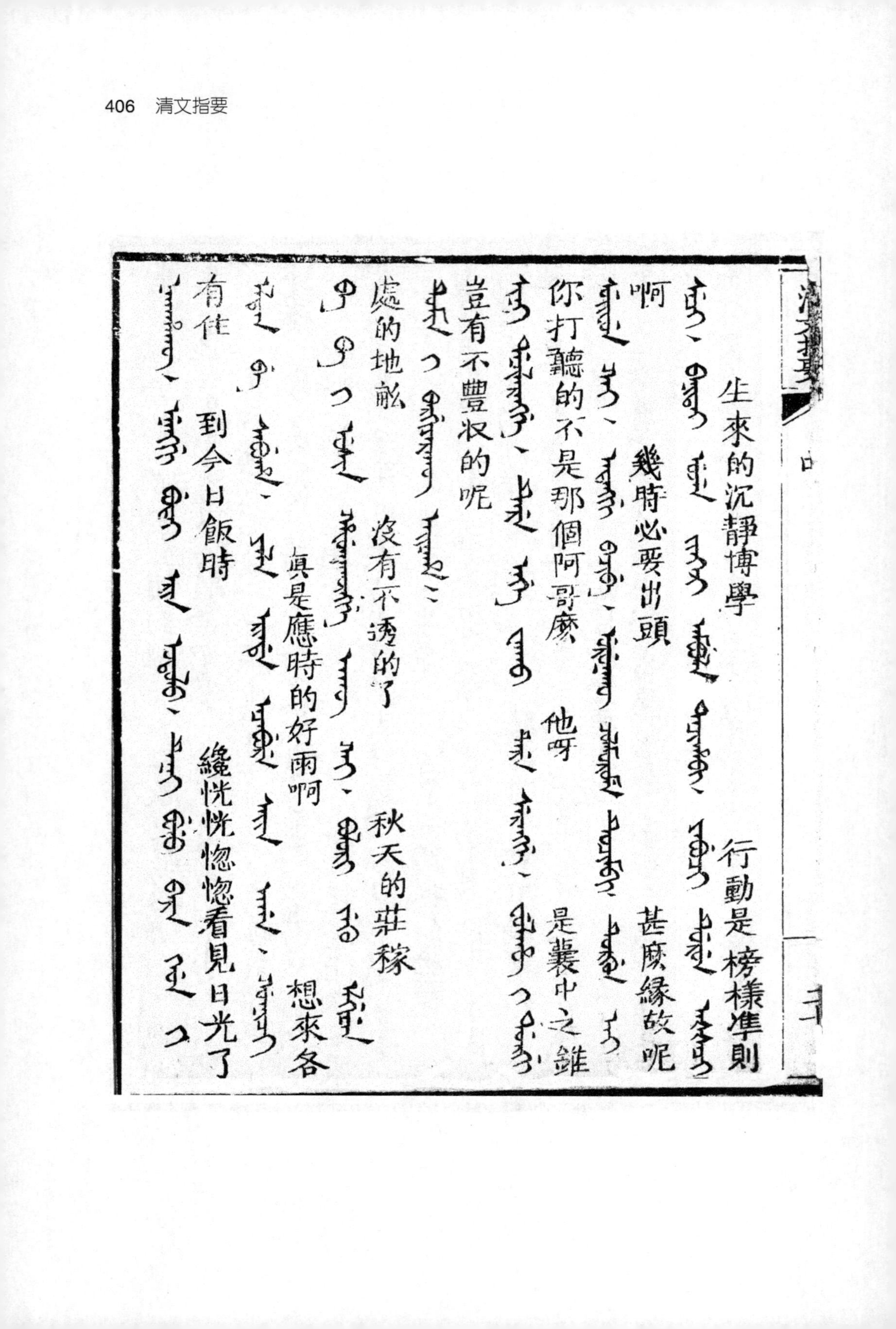

生來的沉靜博學　行動是榜樣準則啊　幾時必要出頭　甚麽緣故呢

你打聽的不是那個阿哥麽　他呀　是囊中之錐　豈有不豐収的呢

處的地畝　沒有不透的了　秋天的莊稼　真是應時的好雨啊　想來各

有件　到今日飯時　纔恍恍惚惚看見日光了

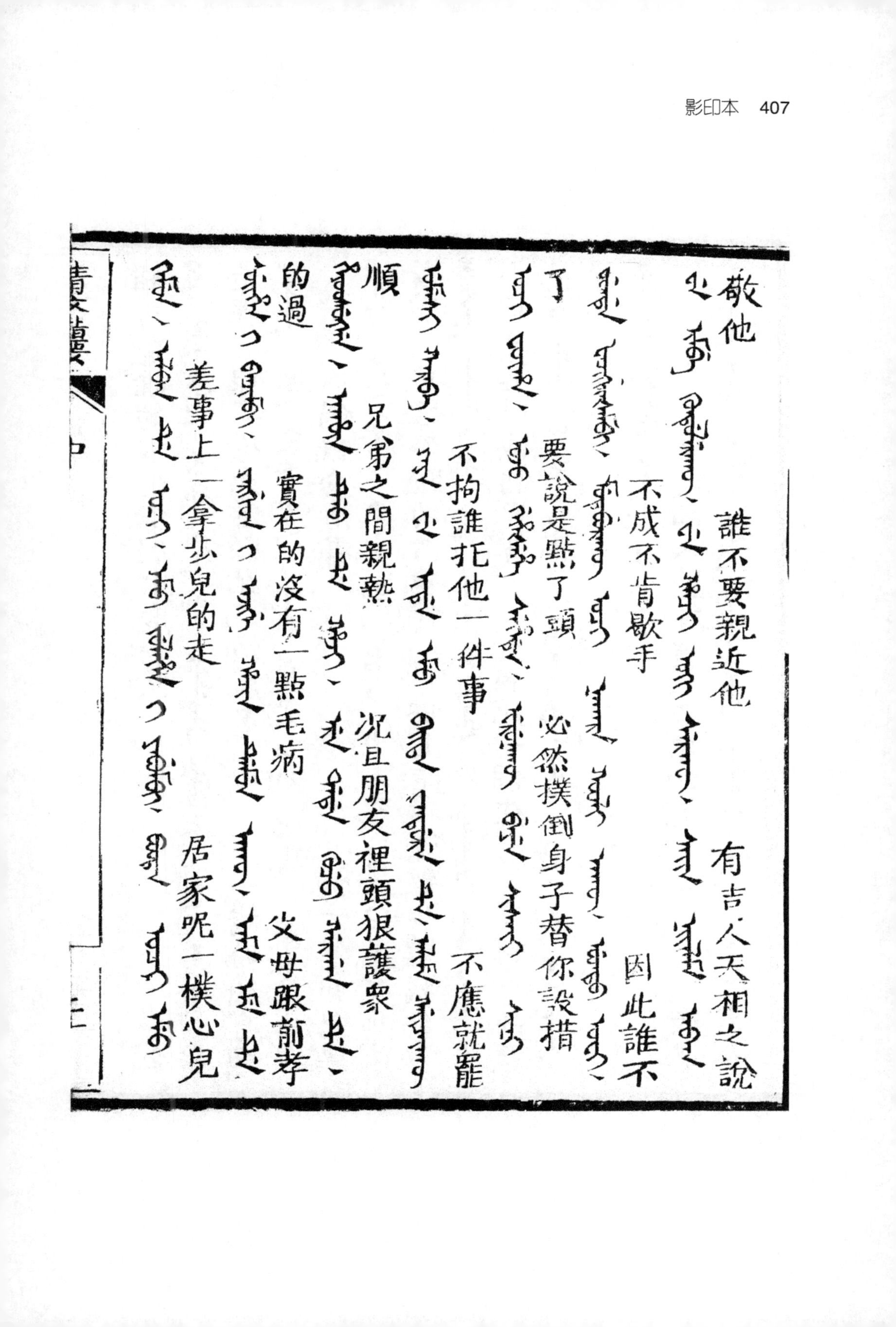

敬他

誰不要親近他

有吉人天相之說

不成不肯歇手

因此誰不

了

要說是點了頭

必然撲倒身子替你設措

不拘誰托他一件事

不應就罷

順

兄弟之間親熱

況且朋友裡頭狠護衆

的過

實在的沒有一點毛病

父母跟前孝

差事上一拿步兒的走

居家呢一樸心兒

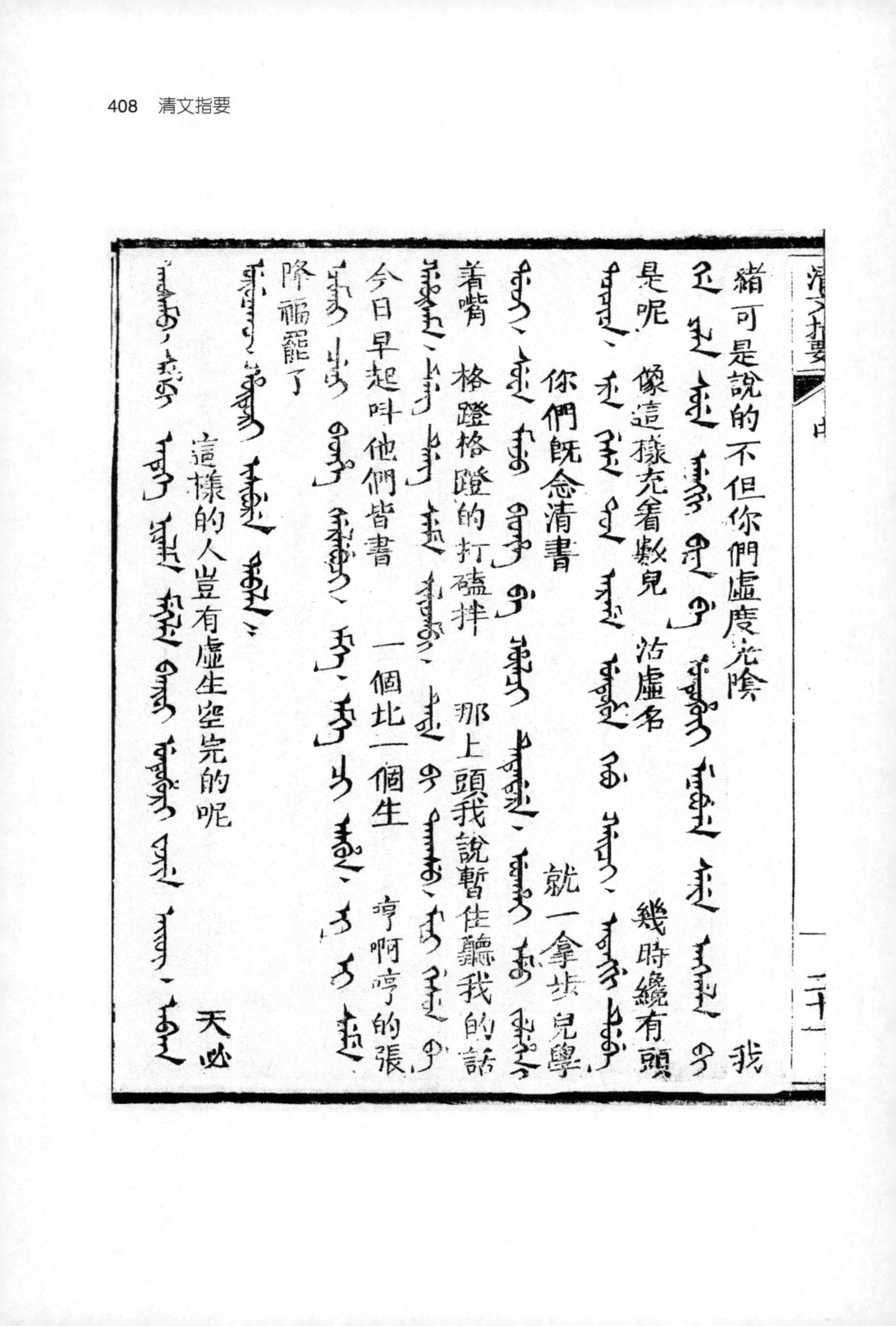

緒可是說的不但你們虛度光陰我是呢像這樣充着數兒沽虛名幾時纔有頭

你們既念清書就一拿步兒學着嘴格蹬格蹬的打磕拌那上頭我說暫住聽我的話

今日早起吽他們皆書一個比一個生亭啊亭的張

這樣的人豈有虛生空完的呢天必降福罷了

呢只管合你們這樣那樣的　為什麼呢也因為是骨

剩的空兒　受用受用何等的好

你們別說嘴碎　別說尋趁　即如我當了差

的光景　太皮臉了啊　把我這苦口的話

說着說着又這樣耳朶裡聽了　心裡廢棄

或是算我悞了你們呢　已成了壯年的大漢子

也是徒然費力啊　還算是你們自己悞了自己

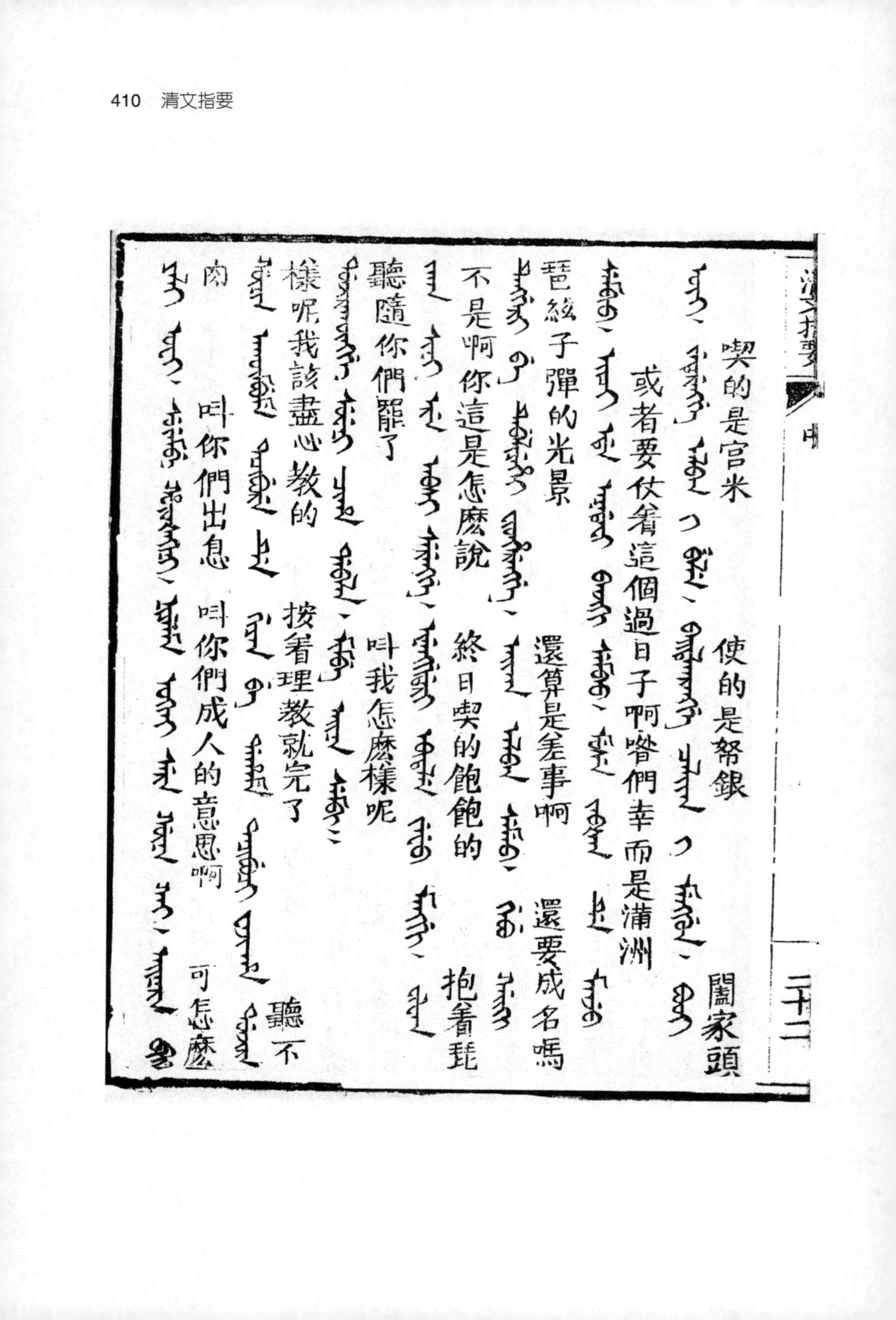

喫的是宫米 使的是帑銀 閒家頭

或者要仗着這個過日子啊 喒們幸而是滿洲

琵琶絃子彈的光景 還算是差事啊 還要成名嗎

不是啊你這是怎麽說 終日喫的飽飽的 抱着琵

聽隨你們罷了 叫我怎麽樣呢

樣呢我該盡心教的 挨着理教就完了 聽不

肉 叫你們出息 叫你們成人的意思啊 可怎麽

孝

不過供人的頑笑罷了　不能免下賤的名兒

有此一說　就學到怎樣精良地步

學唱的立門儜　學儒的坐對膝

與其將有用的心思費於無用之地　不如讀書啊

磨在這上頭專心去學　玷辱滿洲哩呀

的恩典得的不學本事　不當差效力

頂脚蹈的　都是拖着

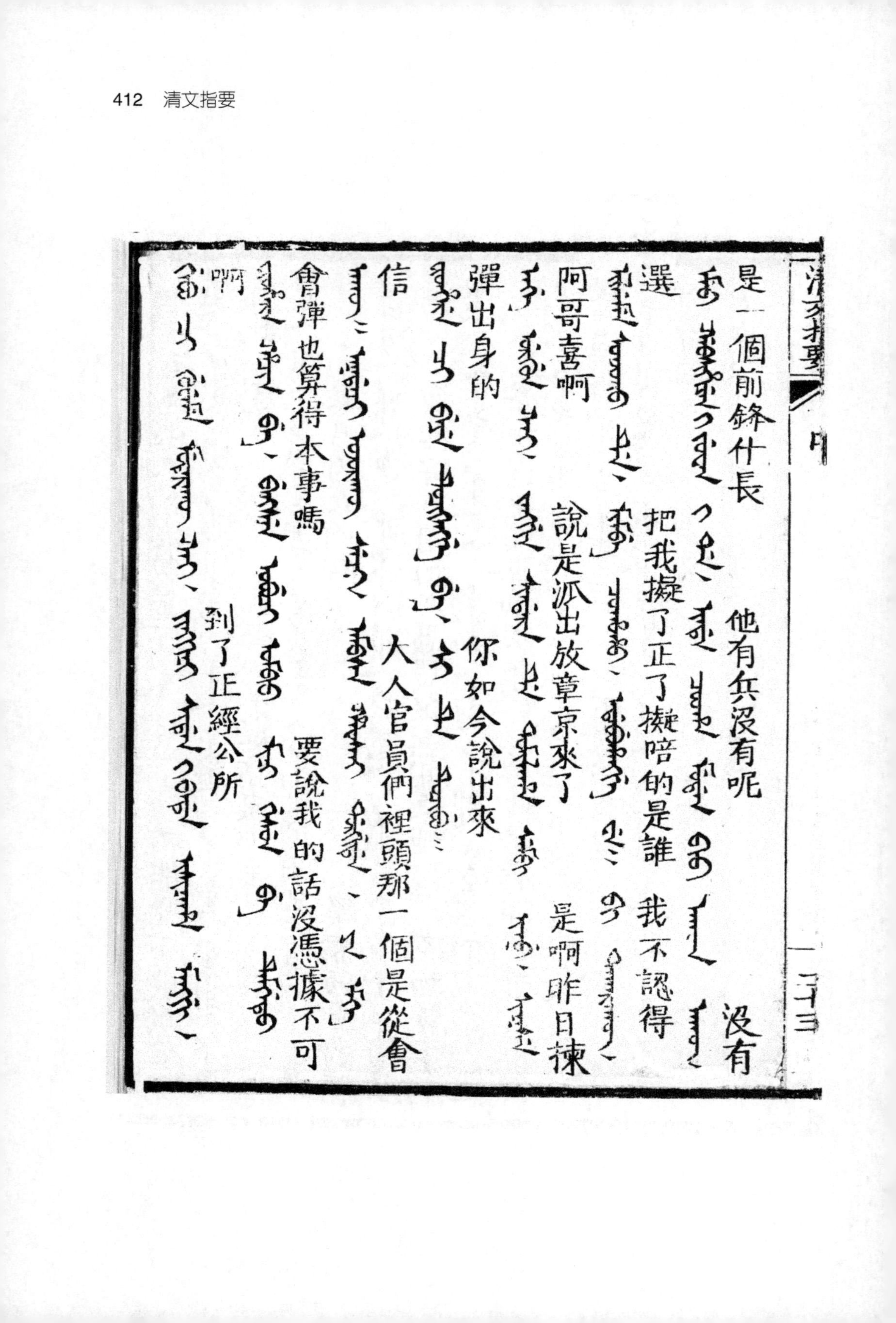

啊

到了正經公所

會彈也算得本事嗎

要說我的話沒憑據不可

信

大人官員們裡頭那一個是從會

彈出身的

你如今說出來

阿哥喜啊

說是派出放章京來了

是啊昨日揀

選

把我擬了正了擬陪的是誰

我不認得

是一個前鋒什長

他有兵沒有呢

沒有

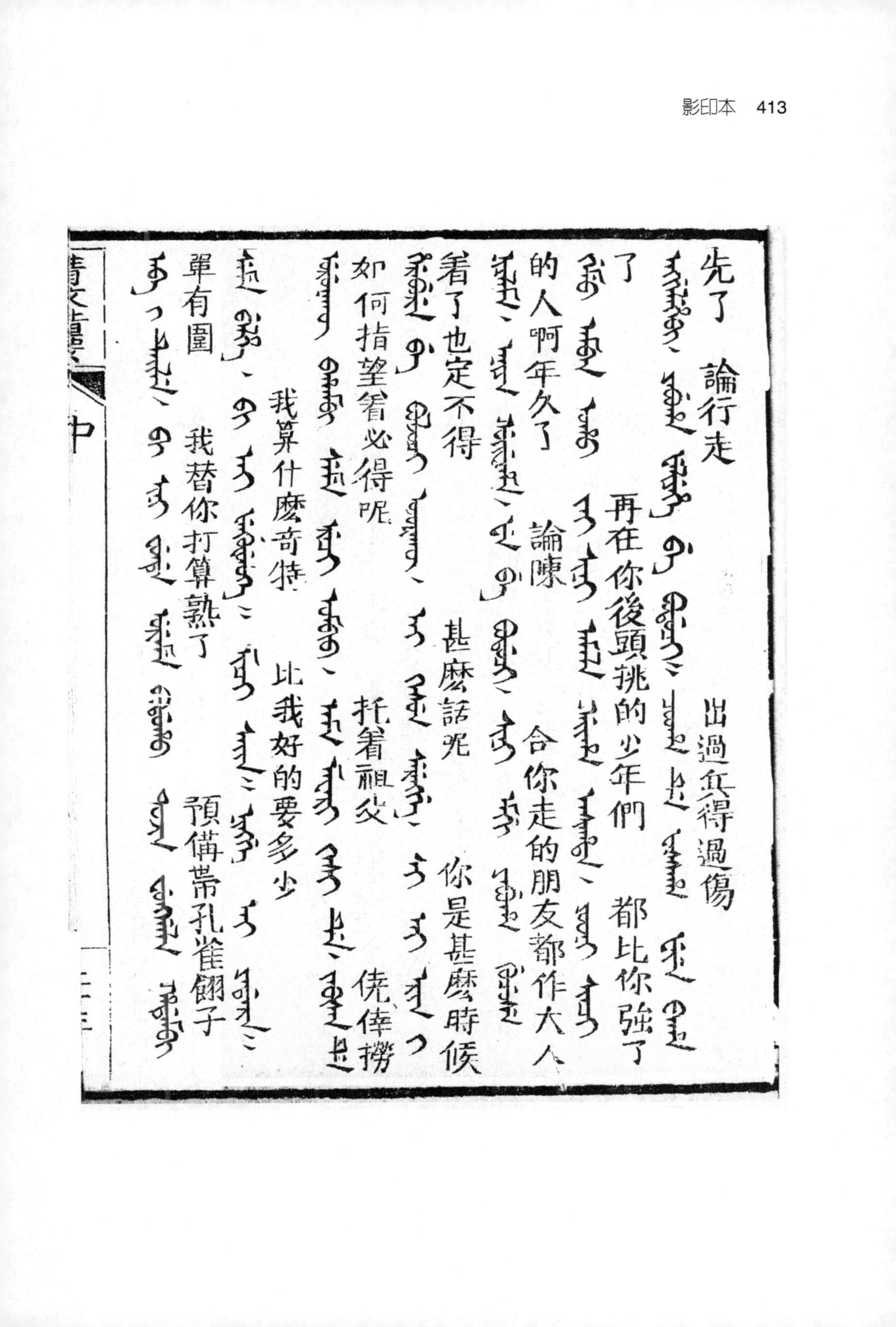

先了 論行走 出過痘得過傷

了 再在你後頭挑的少年們 都比你強了

的人啊年久了 論陳 合你走的朋友都作大人

着了也定不得 甚麼話呢 你是甚麼時候

如何指望着必得呢 托着祖父 僥倖撈

我算什麼奇特 比我好的要多少

單有圍 我替你打算熟了 預備帶孔雀翎子

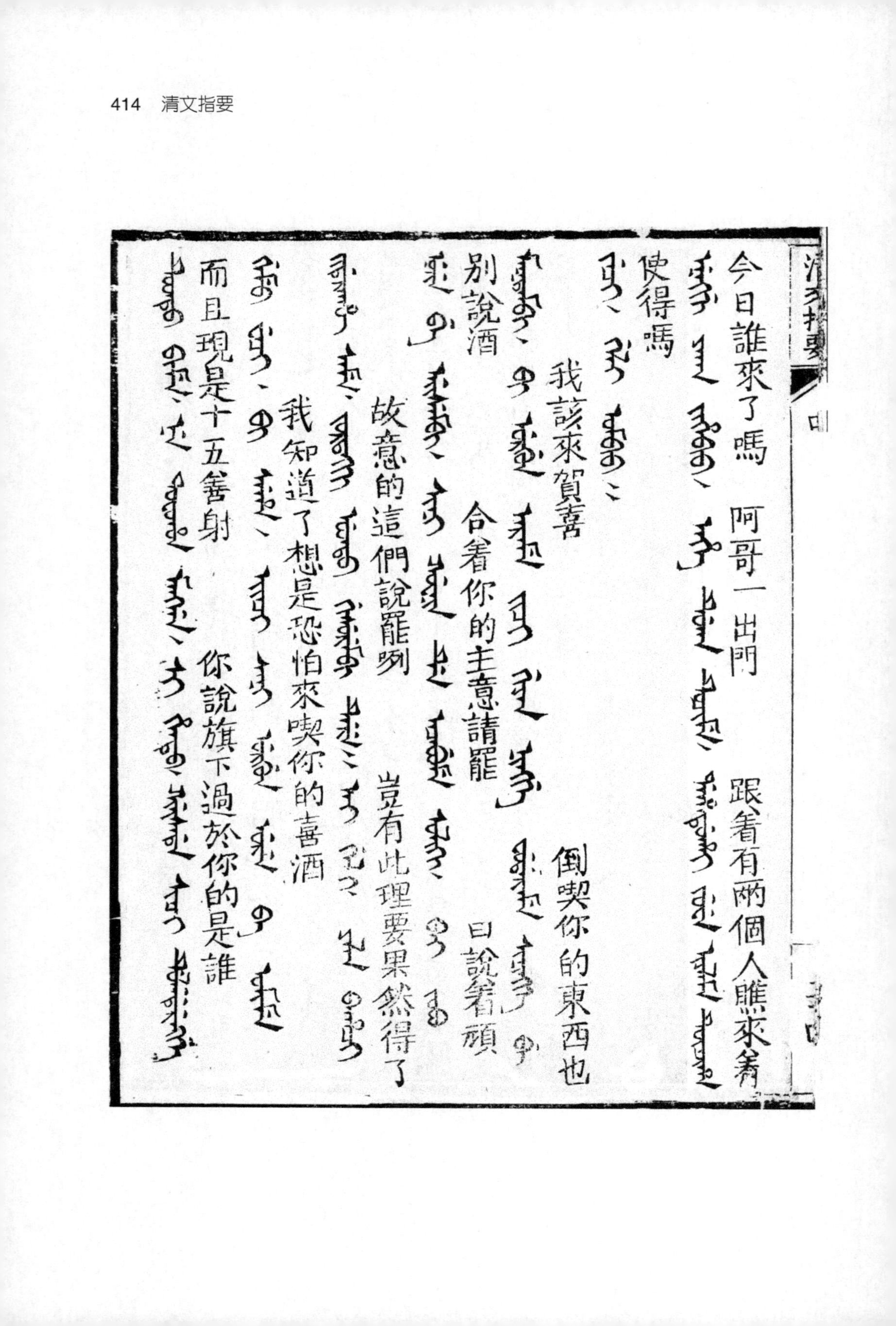

今日誰來了嗎　阿哥一出門　跟着有兩個人瞧來着

使得嗎

我該來賀喜　倒喫你的東西也

別說酒　合着你的主意請罷　白說着頑

故意的這們說罷咧　豈有此理要果然得了

我知道了想是恐怕來喫你的喜酒

而且現是十五善射　你說旗下過於你的是誰

一隻眼又邪着　瞖稠的麻子倒捲着的
眼　紫棠色　部一個眞可笑　臢的竟瞧不得
胖子　比阿哥畧猛些　勻溜身子連鬢鬍子　豹子
來　回去了　什麽樣的人啊　怎麽個長像兒一個
哥不在家　讓老爺們進去坐坐　斷不進
出去答應了　我在門口站着來着　我說我哥
說阿哥陞了　特來道喜　誰

提起他來　誰不知道　早有了名了　夙昔何等的
身量雖然歪邪　筆下好　有內囊
那裡來了你別說他不成林料　輕看了他
我拿來給阿哥看　哎呀這個孽障起
他們的姓來着　每人給我留了一個職名
來　那個胖子　我知道了這一個又是誰呢　我問
鬍子那個樣子望着我一說話　我幾乎沒有笑出

說現任小街裡頭西邊轉彎處住着呢

昨日順便　到他家問起來　搬去許久了

況來着　不畧被事絆住　總沒得工夫

兵的地方回來　就要我了他去　叙叙想念的情

因多少年沒得見　我從出

我們兩個人　原相好　如今又有好幾層親

攪混過的來着啊

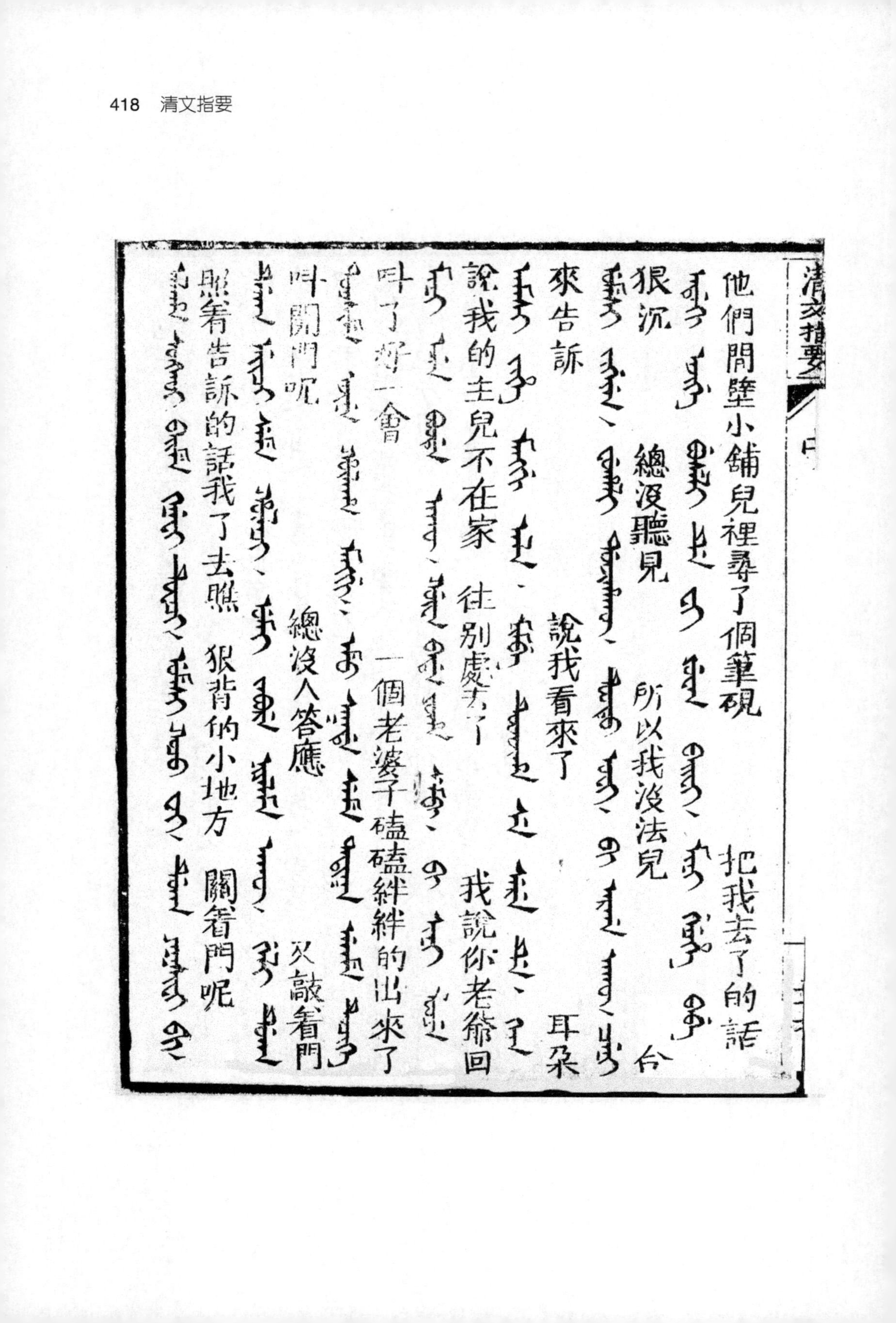

他們間壁小鋪兒裡尋了個筆硯　把我去了的話

合

狠沉　總沒聽見　所以我沒法兒

來告訴　說我看來了　耳朵

說我的主兒不在家　往別處去了　我說你老爺回

叫了好一會　一個老婆子磕磕絆絆的出來了

叫開門呢　總沒人答應　又敲着門

照着告訴的話我了去照　狠背的小地方　關着門呢

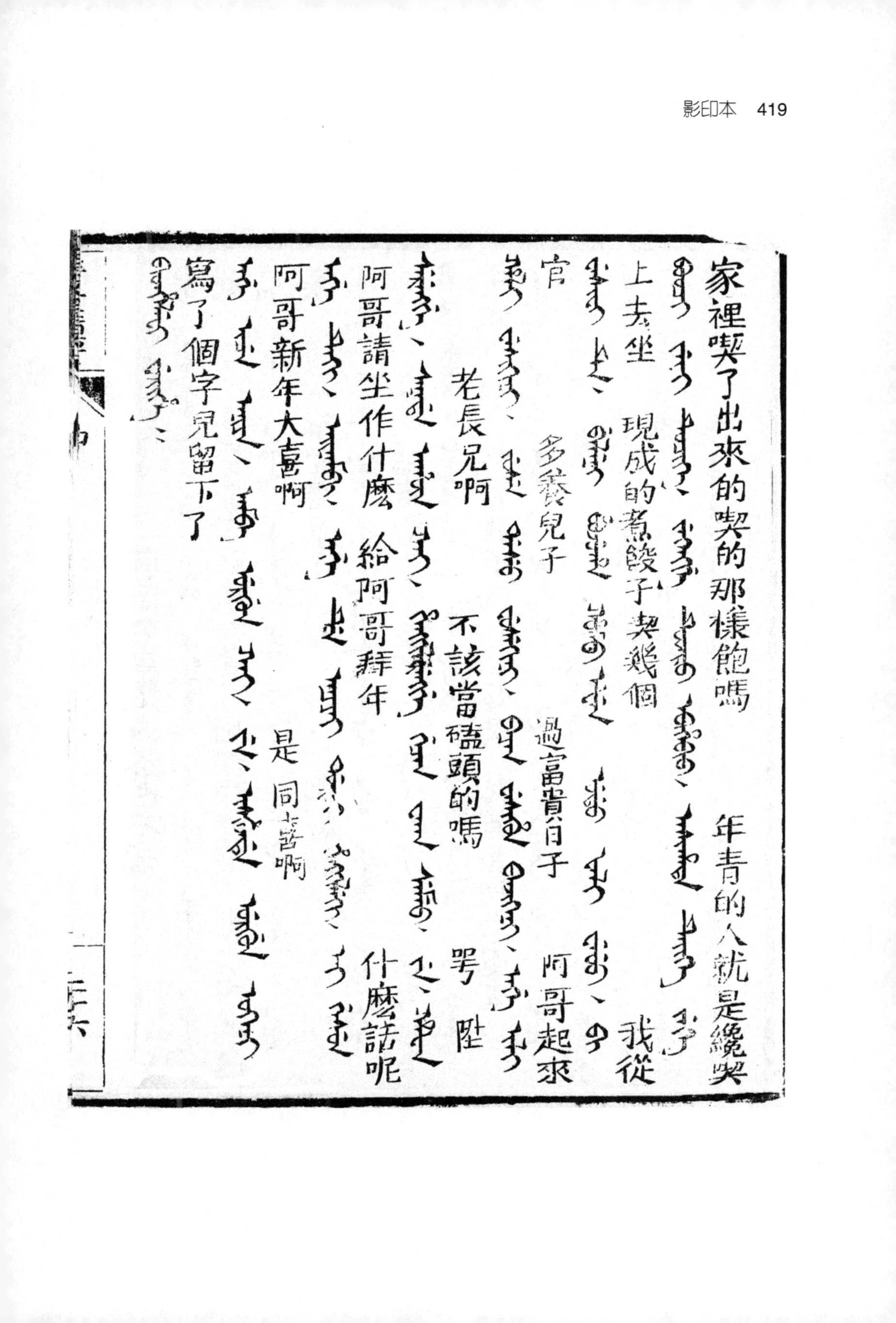

家裡喫了出來的喫的那樣飽嗎　年青的人就是纔喫

上去坐　現成的煮餑子喫幾個　我從

官　多餐兒子　過富貴日子　阿哥起來

老長兄啊　不該當磕頭的嗎　咢　陞

阿哥請坐作什麼　給阿哥拜年　什麼話呢

阿哥新年大喜啊　是　同喜啊

寫了個字兒留下了

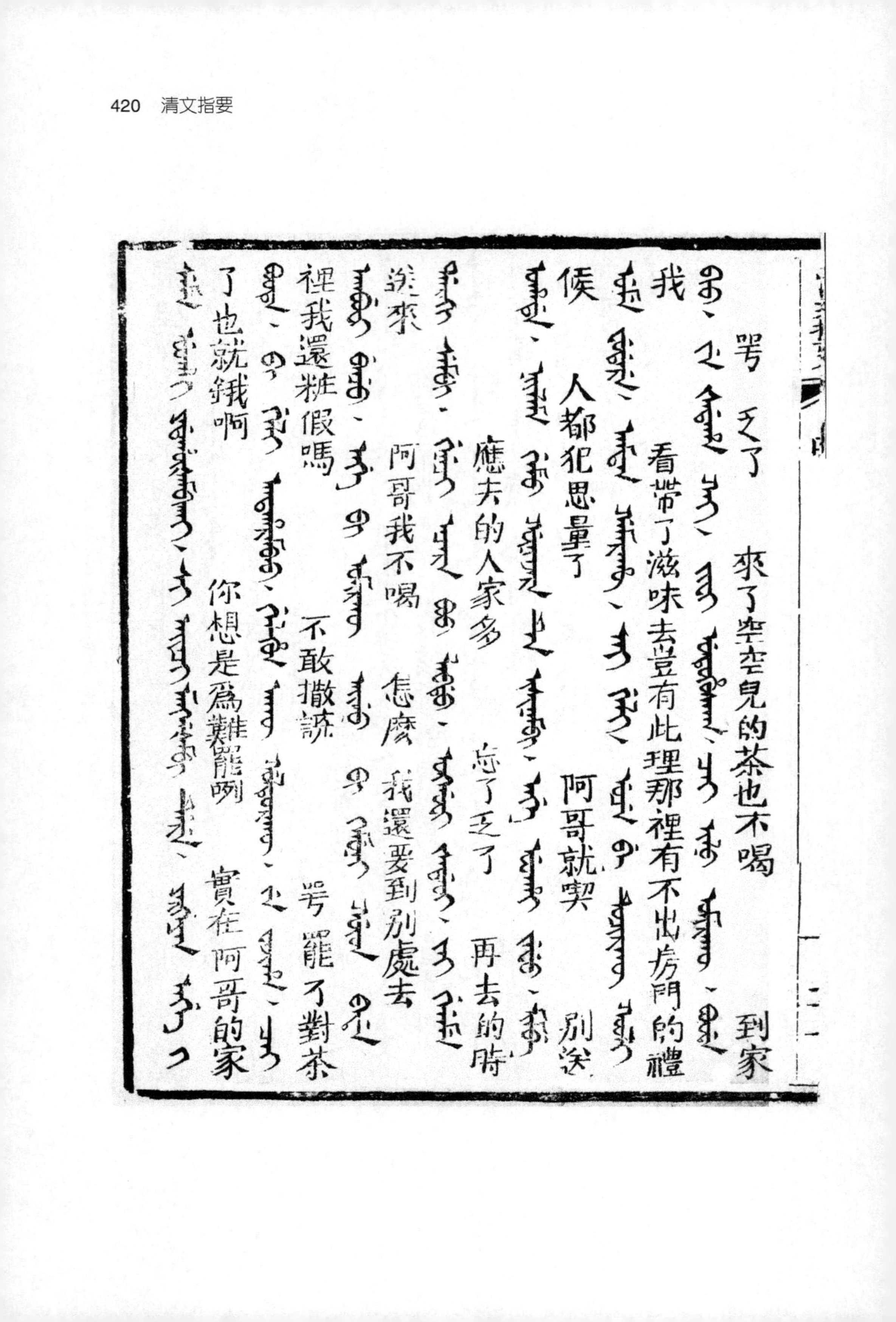

咢 乏了 來了坐坐兒的茶也不喝 到家

我 看帶了滋味去豈有此理那裡有不出房門的禮

候 人都犯思量了 阿哥就哭 別送

應去的人家多 忘了乏了 再去的時

送來 阿哥我不喝 怎麼 我還要到別處去

裡我還粧假嗎 不敢撒謊 咢 罷不對茶

了也就餓啊 你想是爲難罷咧 實在阿哥的家

裡說我問好了

喫素的遊天堂　殺牲的下地獄

就是神佛　也不便降福啊

喫素補路修橋　豈能解他的罪呢

比方說作惡的人　任憑怎樣的

在供神佛　齋僧道

類　並非全

作好事啊　說的是偺們當盡的孝弟忠信之

度日麽

要穿沒有穿的

誰養贍他們呢

喝風

的

靜靜的持齋

念經

就要喫沒有喫

遵着佛教

關着廟門

他們要不拏着怎長怎短的利害話

誑騙人

僧道借着餬口的托詞

豈可深信

各樣話

都是

的

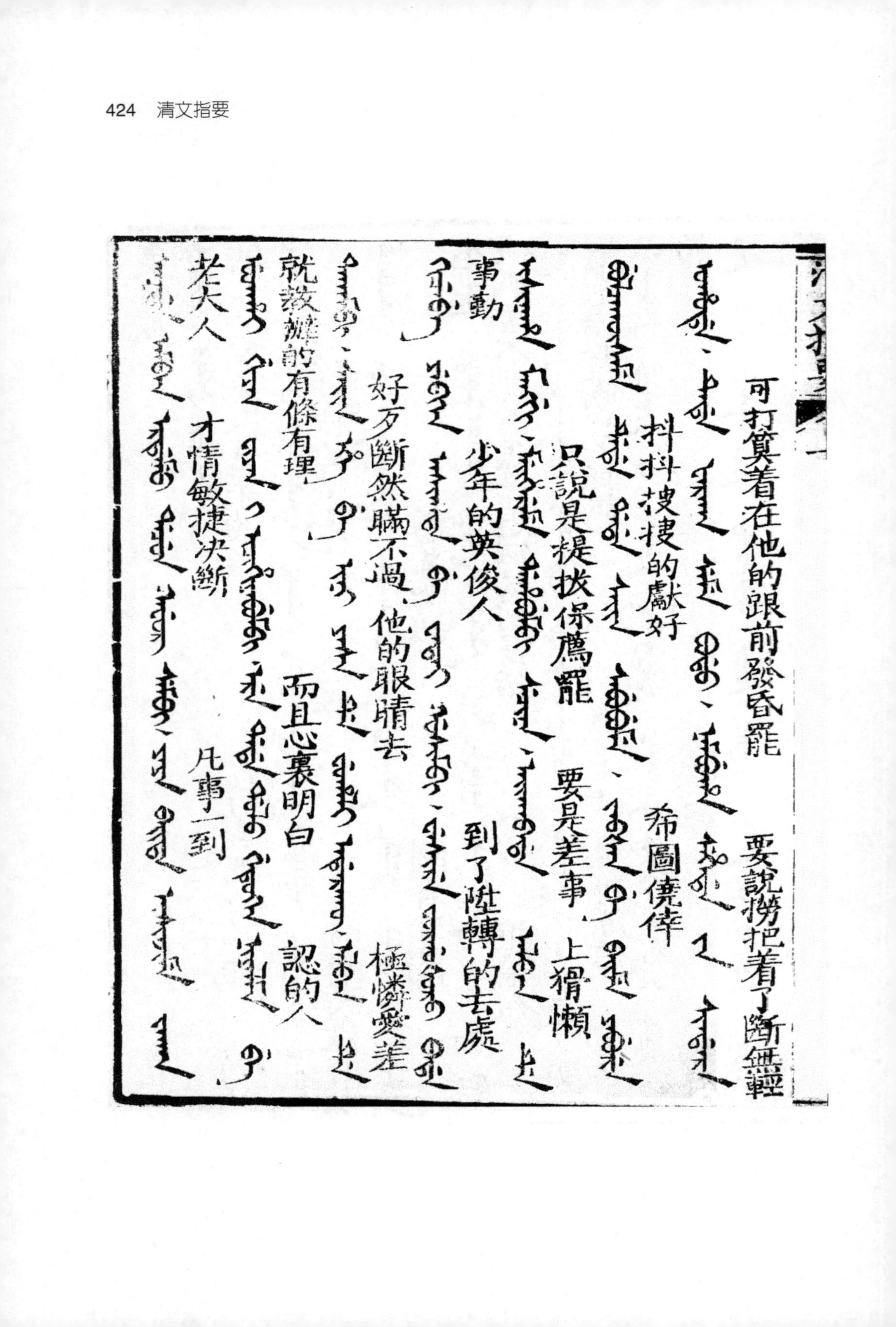

可打算着在他的跟前發昏罷 要說撈把着了斷無輕

抖抖搜搜的獻好 希圖僥倖

只說是提拔保鷹罷 要是差事上猾懶

事勤 少年的英俊人 到了陞轉的去處

好歹斷然瞞不過他的眼睛去 極儘愛差

就發辦的有條有理 而且心裏明白 認的人

老大人 才情敏捷決斷 凡事一到

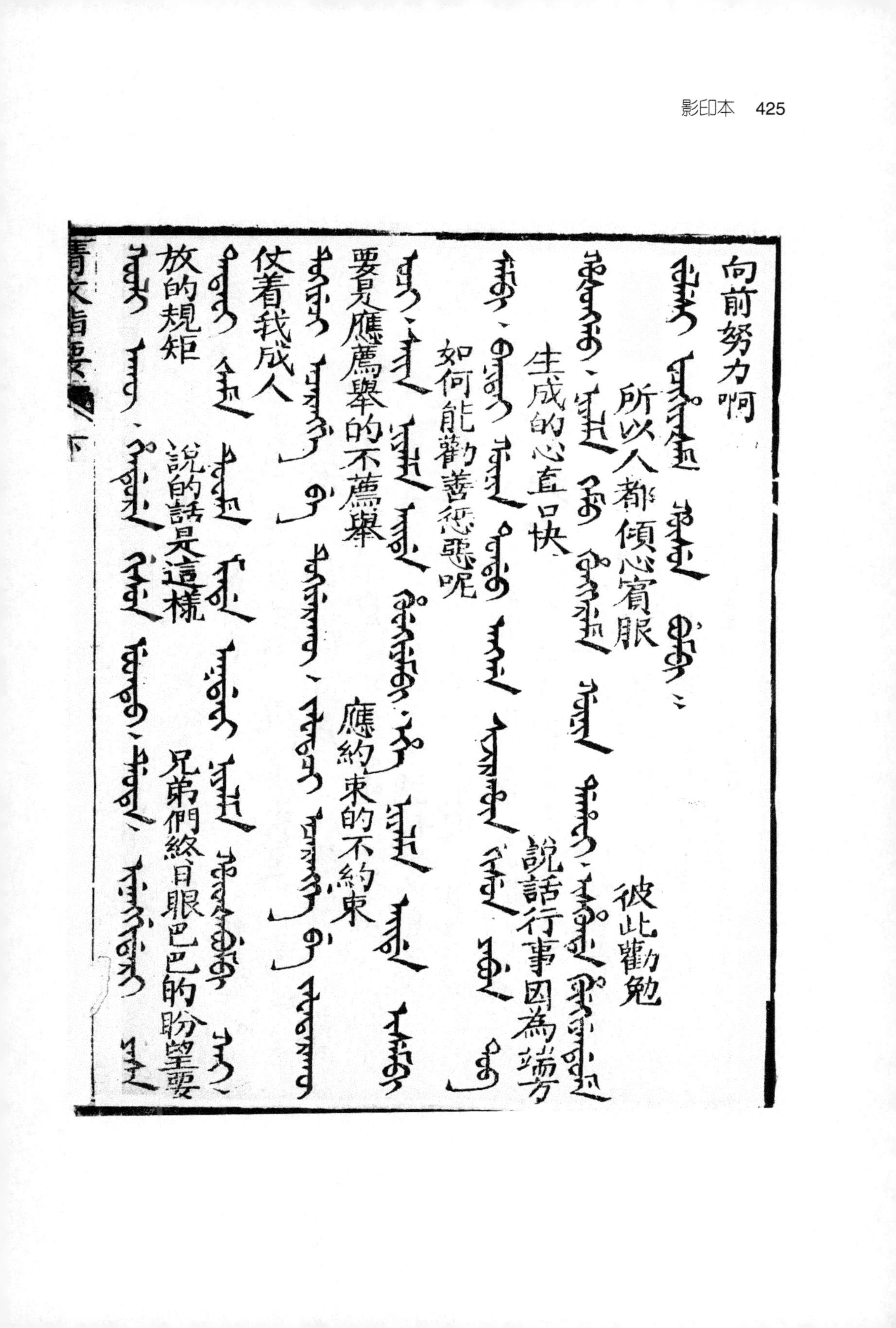

向前努力啊

所以人都傾心賓服

彼此勸勉

生成的心直口快

說話行事因為端方

如何能勸善懲惡呢

要是應薦舉的不薦舉

應約束的不約束

仗着我成人

放的規矩

說的話是這樣

兄弟們終日眼巴巴的盼望要

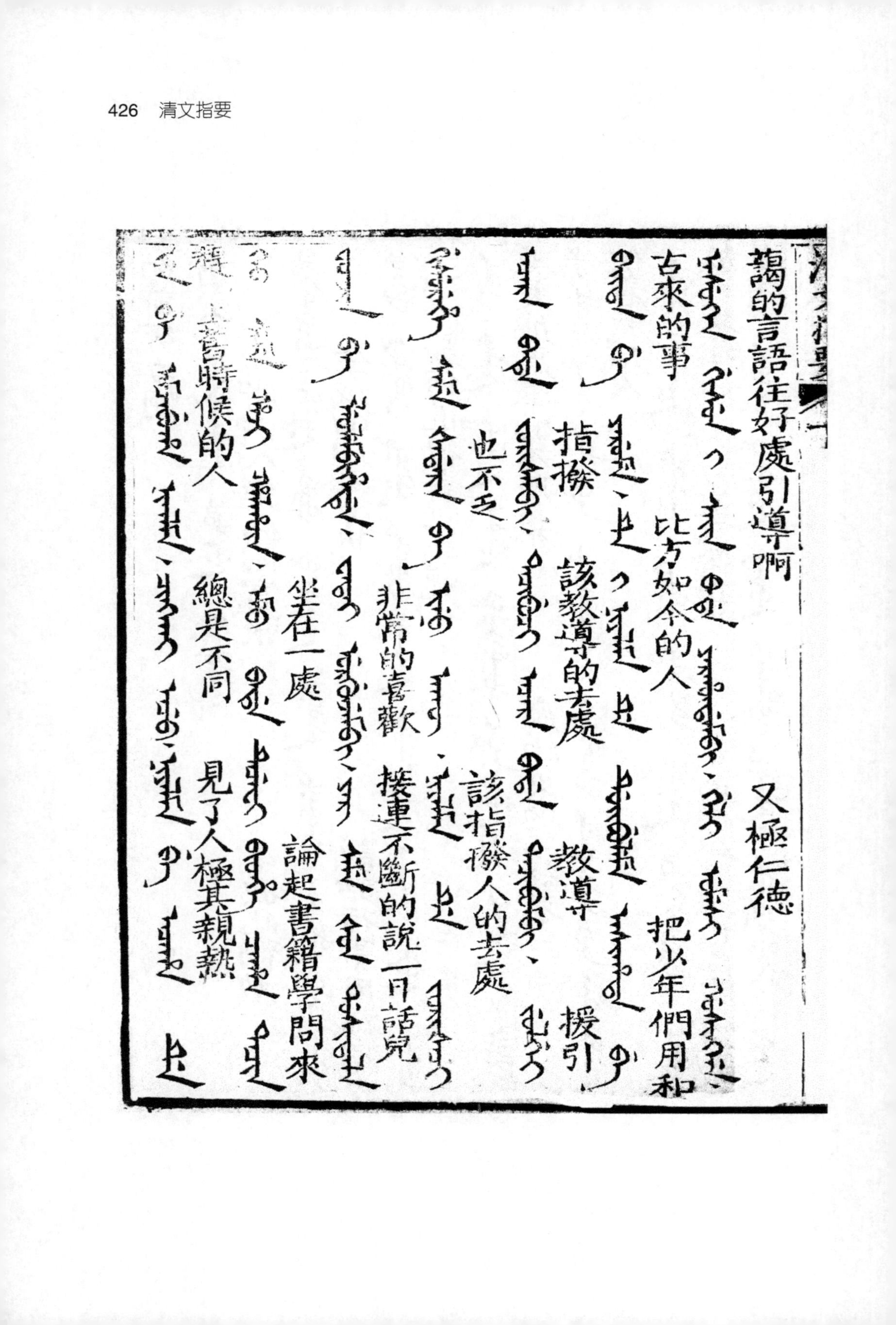

藹的言語往好處引導啊　又極仁德

古來的事　比方如今的人　把少年們用和

指撥　該教導的去處　教導　援引

也不乏　該指撥人的去處

非常的喜歡　接連不斷的說一月話兒

坐在一處　論起書籍學問來

稱舊時候的人　總是不同　見了人極其親熱

都是老人家行為

便當

子孫興旺

這樣家業

托戴滿屋

心裏只是不過意

俗語說的

一人有福

因此

要隔幾日不看去

實在竟是一位乾淨厚重積福的老人家啊

的一樣着急

必定儘力兒搭救看顧

很護衆

見了人的苦處

就像自己遭際

我明知道你沒有人
還等着請嗎

頭都不費手
因為那樣沒使人去

宰猪
收拾雜碎
那上

阿哥你是知道的有的沒的只這幾個奴才們

背燈的肉去作甚麼呢
方纔還要請阿哥去來着

昨日與過祭神的肉
也就能了
又送

的好報應啊

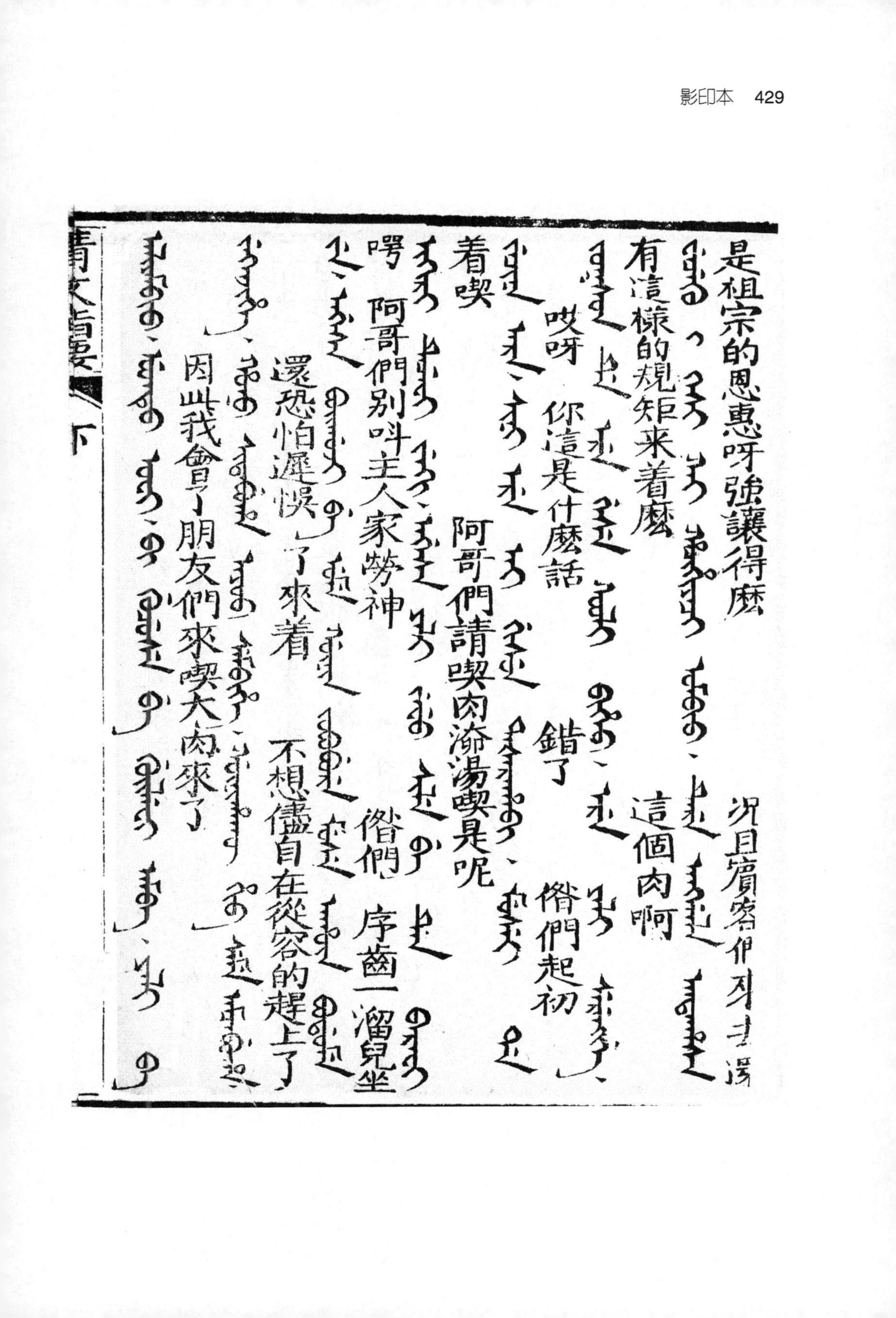

况且賓客們到齊湯

是祖宗的恩惠呀強讓得麽

這個肉啊

有這樣的規矩来着麽

咱們起初

哎呀 你這是什麽話

錯了

着喫

阿哥們請喫肉渰湯喫是呢

嘮 阿哥們別叫主人家勞神

咱們 序齒一溜兒坐

還恐怕遲悞了來着

不想儘自在從容的趕上了

因此我會了朋友們來喫大肉來了

爭家私

聽了傍人離間的話

都因惑於妻妾調唆的話

愛來看

長起來了漸漸的生分的緣故

大約

同頑

並沒彼此

何等的相親相

弟兄啊

是一個母親生出來的幼年間

同喫

起來

不忌諱嗎

不接送

像這樣讓

個

就像手足折了一隻

女人失閃了可以再娶

弟兄裡頭要說是傷一

想着瞧

產業完了可以再立

打架拌嘴

成了讐敵一樣了

裝滿了

一時不能忍的上頭

就至於

說呢

終日聽了這些讒言

心裡都

各自留心上

起的狠多

怎麼

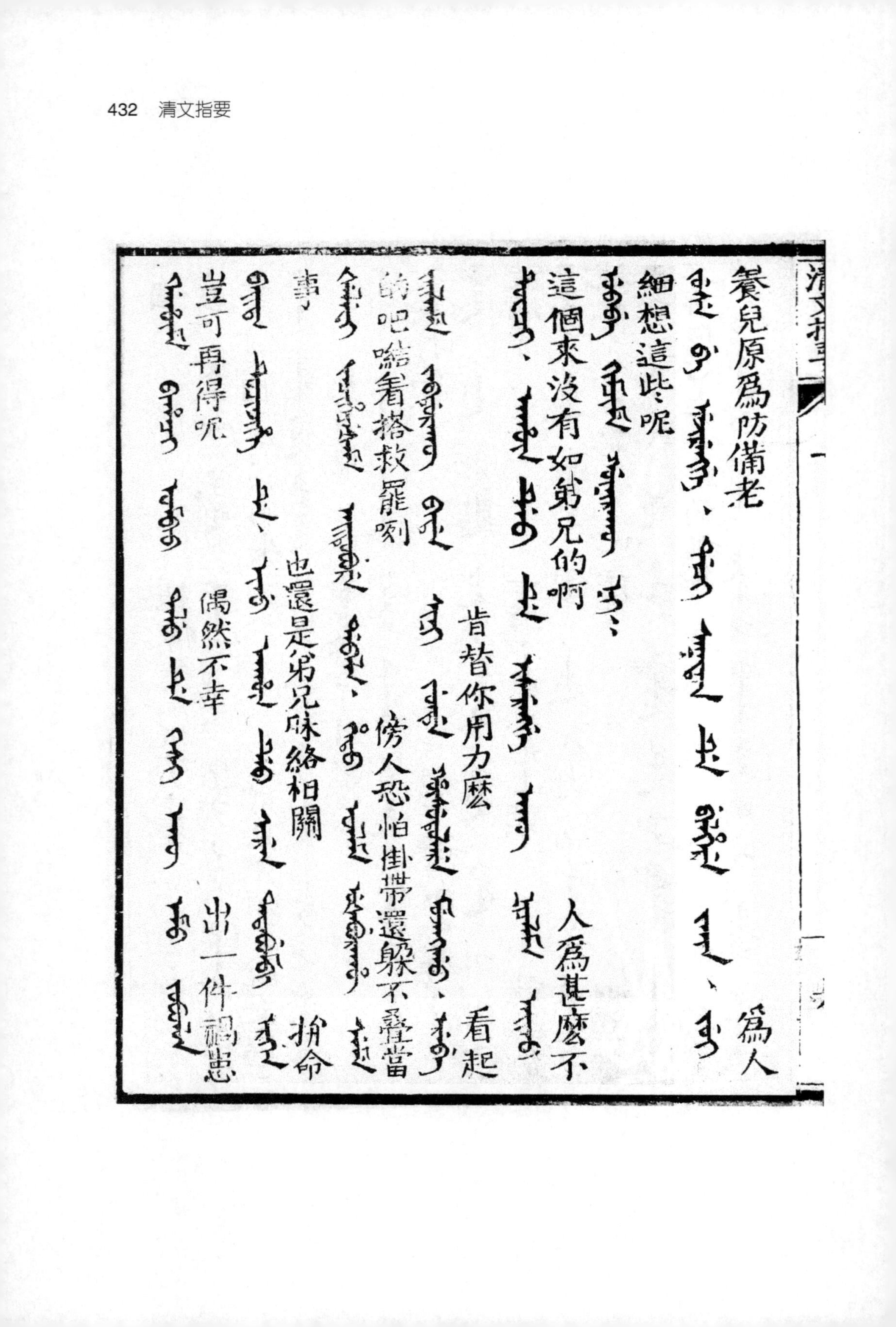

養兒原爲防備老 爲人
細想這些呢 人爲甚麼不
這個來沒有如弟兄的啊
肯替你用力麽 看起
的吧喘看搭救罷咧 傍人恐怕掛帶還躲不叠當
事 拚命
也還是弟兄脉絡相關
豈可再得呢 偶然不幸 出一件禍患

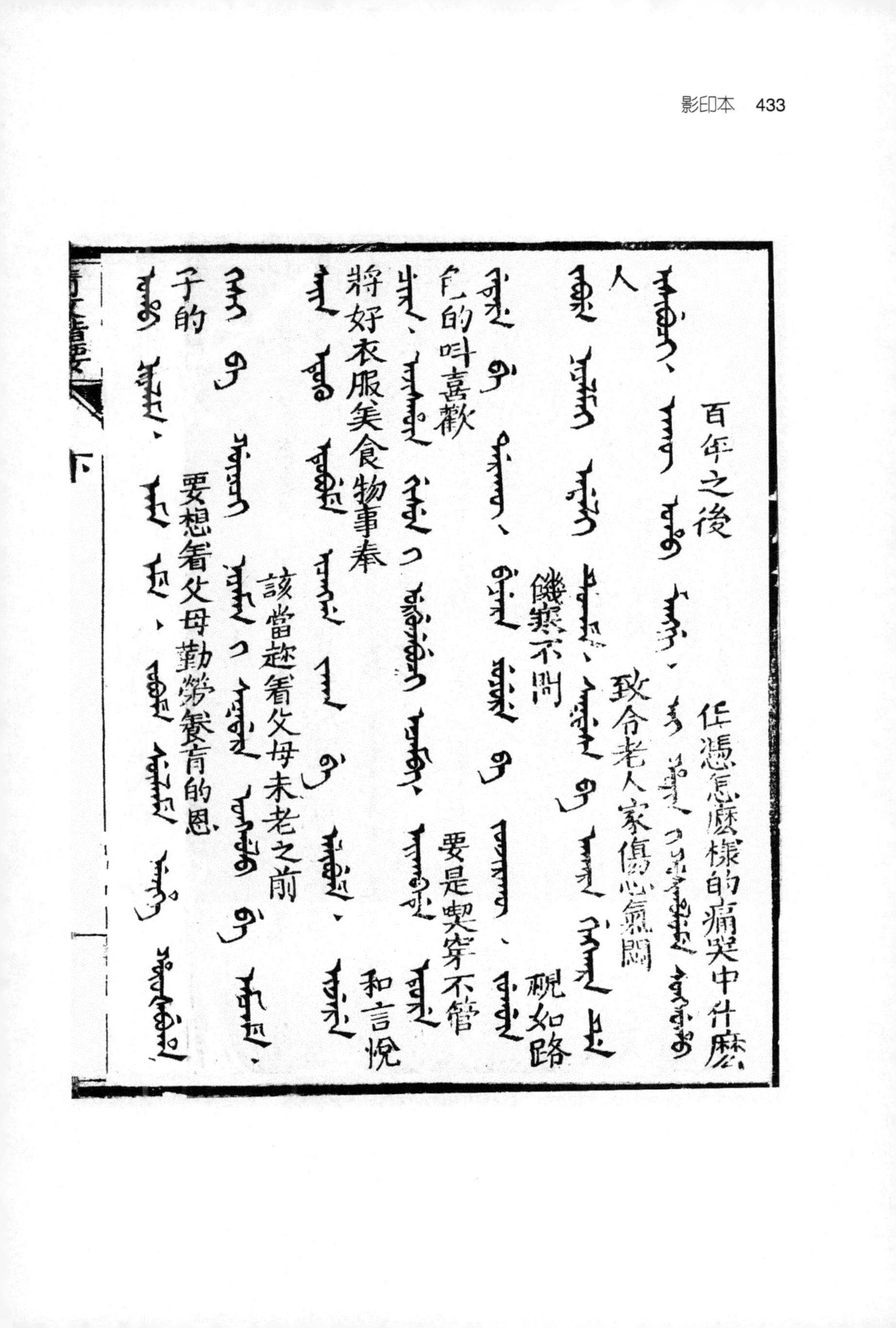

百年之後
任憑怎麽樣的痛哭中什麽
人
致令老人家傷心氣悶
饑寒不問
覷如路
人的叫喜歡
要是喫穿不管
將好衣服美食物事奉
和言悅
該當趁着父母未老之前
子的
要想着父母勤勞養育的恩

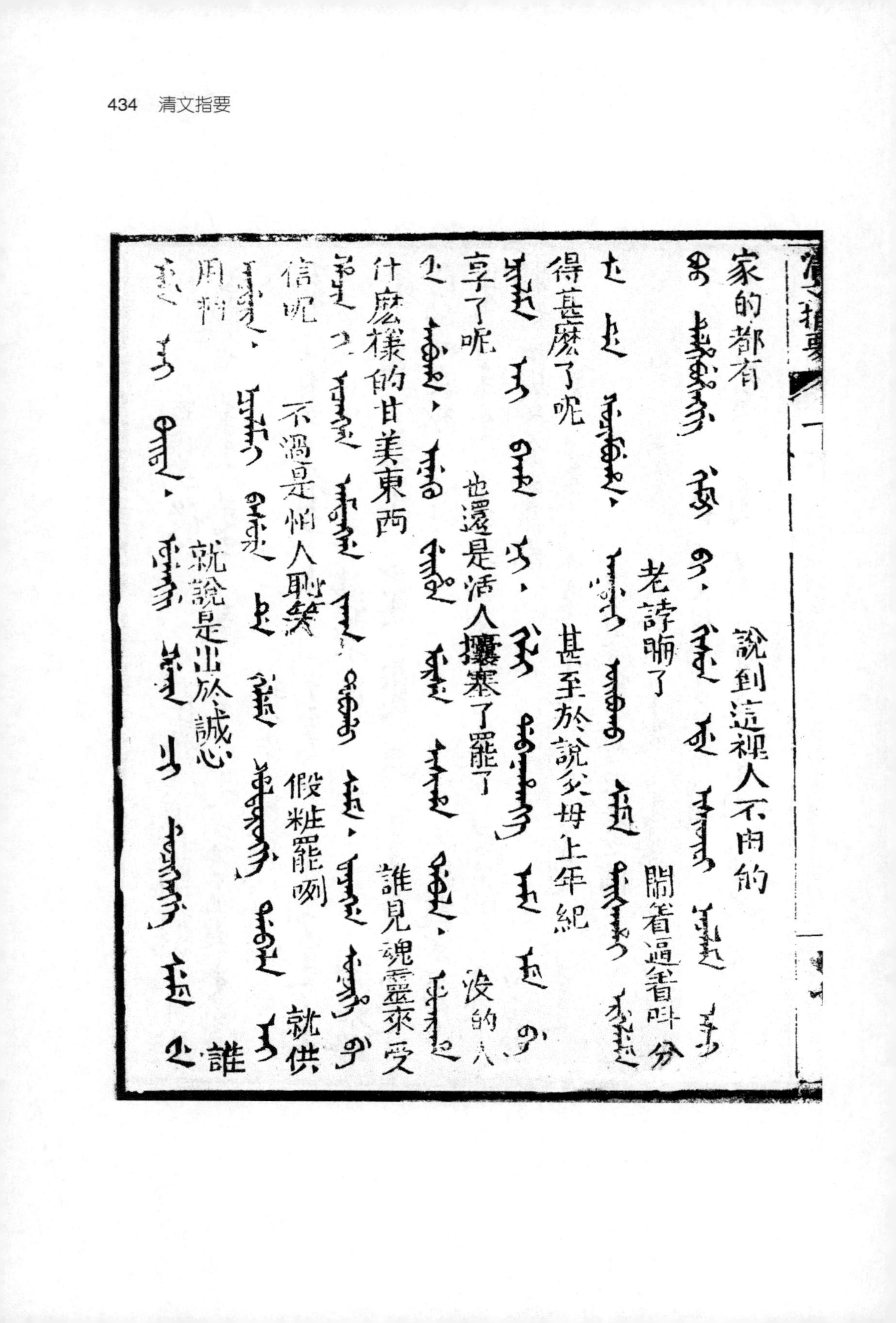

家的都有
說到這裡人不肉的
老誇呐了
開着逼着叫分
得甚麼了呢
甚至於說父母上年紀
享了呢
也還是活人攘塞了罷了
沒的人
什麼樣的甘美東西
誰見魂靈來受
信呢
不過是怕人恥笑
假粧罷咧
就供
用料
就說是出於誠心
誰

向人尋

太沒體面啊

人家今以上過不

什麼不得異樣的東西

毎遭見了只管絮煩

照樣的了

展眼之間

他的了孫也就跴着踪跡

善終呢

只靜靜的看着

如何能久

焉得

鬼神共恨

嗟嘆憤懣

這樣的人

天地不容

您心裡如何

昨日因爲是我

你不愛麽全不由你主張

澈底都要拿了去

比方就是你的東西

人要愛

性子摔掇人

大錯謬了罷咧

你是人情

不給是本分

糊倒使

壓派着全都要的

是何道理給

去

也給了你好些

心裡還不知足

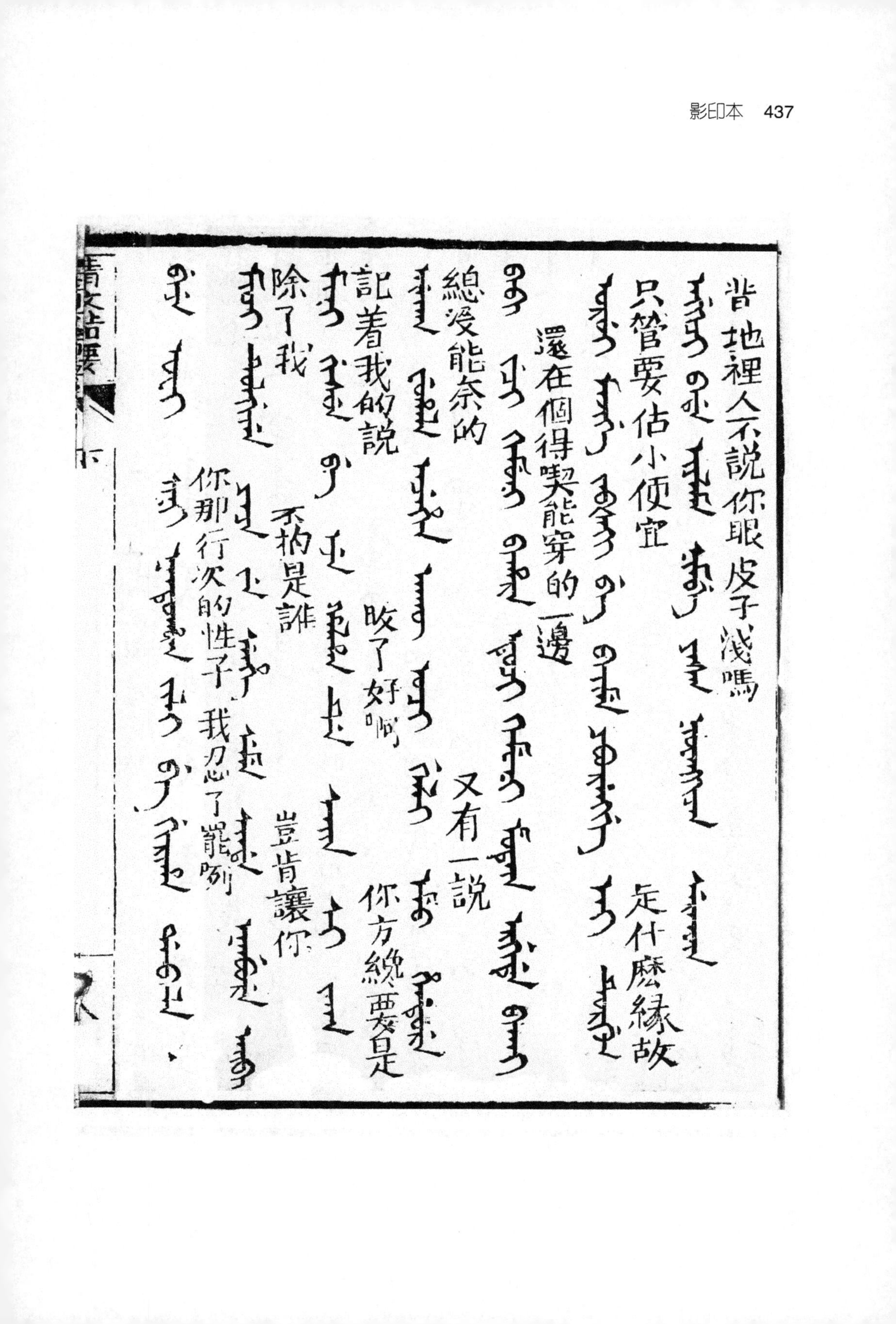

背地裡人不說你眼皮子淺嗎　是什麼緣故

只管要佔小便宜

還在個得喫能穿的一邊

總沒能奈的　又有一說　你方纔要是

記着我的說　敃了好啊

除了我　不拘是誰　豈肯讓你

你那行次的性子　我忍了罷咧

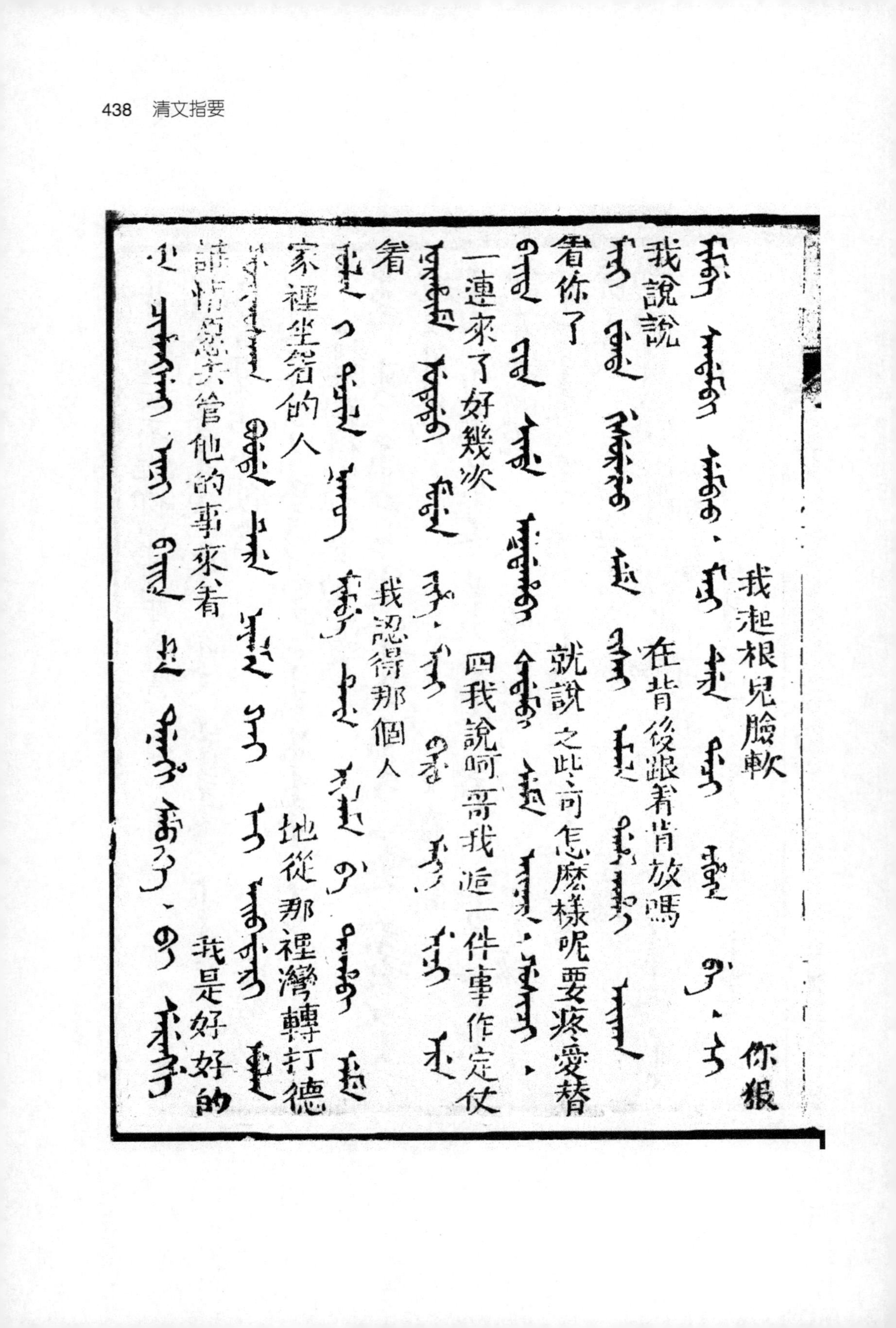

我起根兒臉軟　你狠

我說說　在背後跟着肯放嗎

看你了　就說之此；可怎麼樣呢要疼愛替

一連來了好幾次　四我說呵哥我這一件事作定仗

看着　我認得那個人

家裡坐着的人　地從那裡彎轉打德

誰情願意管他的事來着　我是好好的

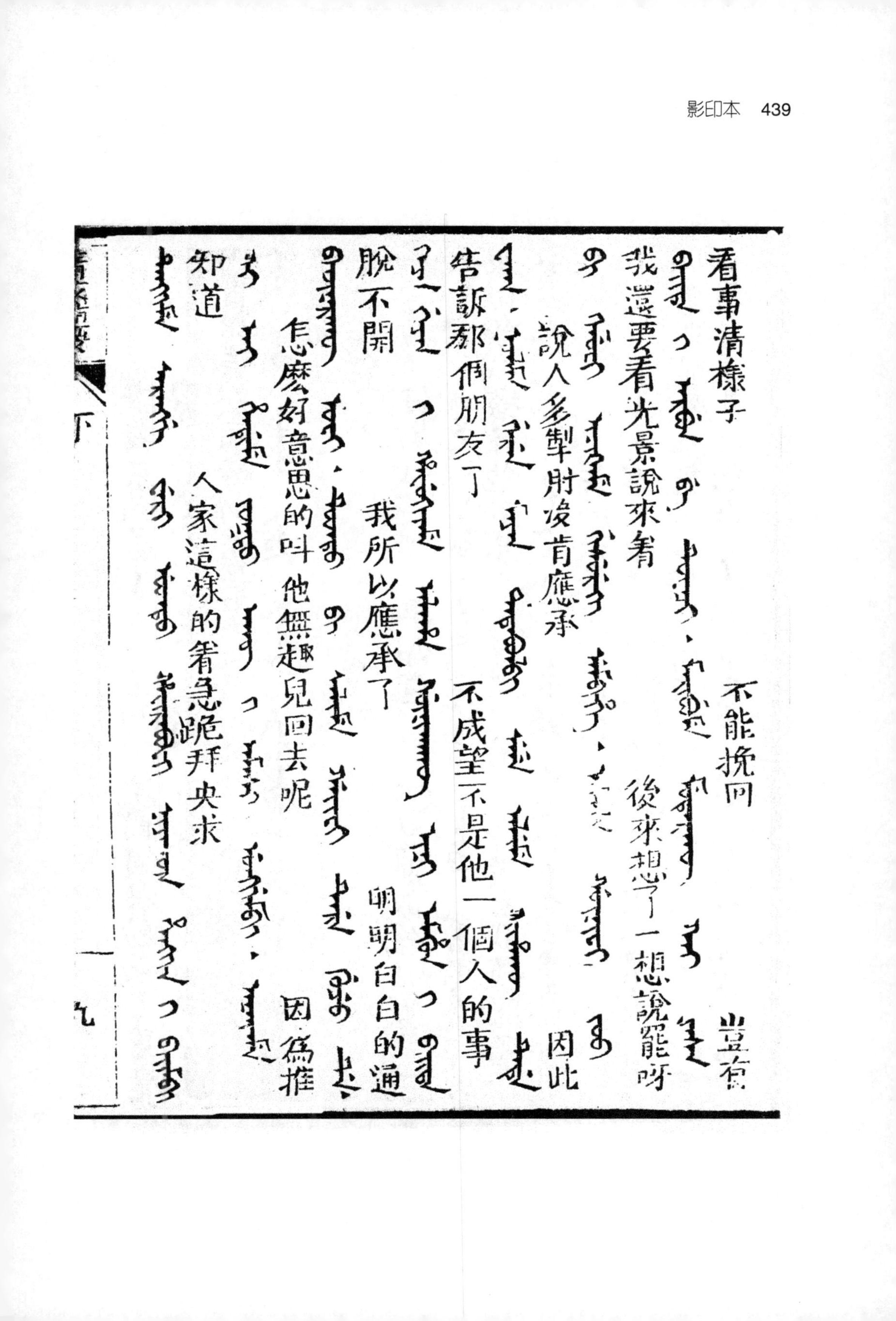

看事清橼子 不能挽回 豈肯

我還要看光景說來着 後來想了一想說罷呀

說人多掣肘後肯應承 因此

告訴那個朋友了 不成望不是他一個人的事

脫不開 我所以應承了 明明白白的通

怎麼好意思的叫 他無趣兒回去呢 因為推

知道 人家這樣的着急跪拜央求

閉着眼睛壓派着叫人應的理呢

故此 我回去告訴他個信

反倒說我壞了他的事 望着我撩臉子

好虧心 早知道 無緣無故爲什麽去說

來看呢

阿哥你這樣回辭的光景 我不勝駭然

說我來的遲了 這們個舉動嗎 還是

來的好東西　小什麼呢

也好啊　即如骨親戚送

是我不少　替你待待客

知道　常真的該預先來　雖說是有我不多

算是朋友呢　實在的總不知道　果然

的好日子　我倒不來　如何

怎麼樣兒素常尚且不時的行走　老家兒

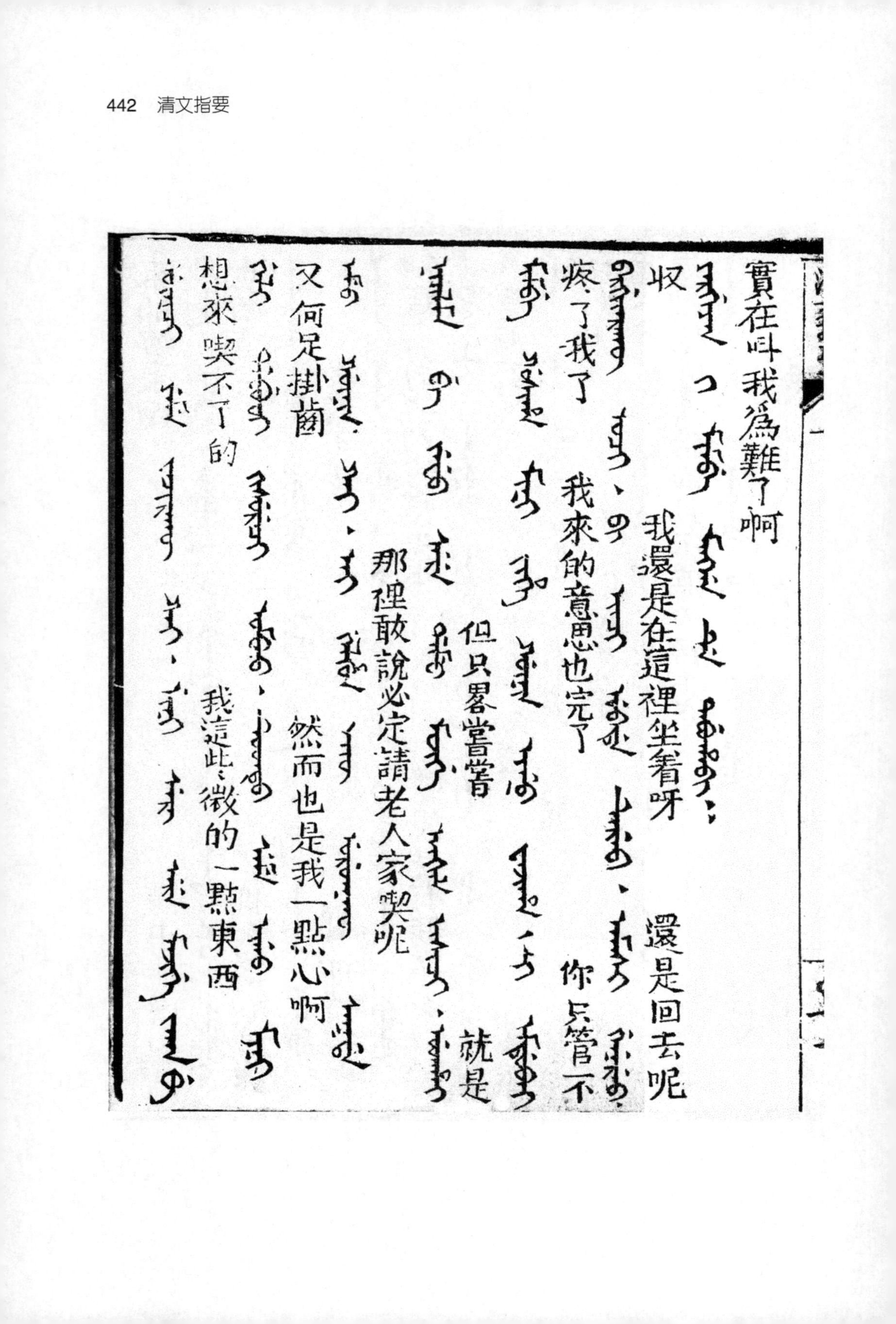

想來喫不了的

我這些微的一點東西

又何足掛齒

然而也是我一點心啊

那裡敢說必定請老人家喫呢

但只畧嘗嘗

就是

疼了我了

我來的意思也完了

你只管不

收

我還是在這裡坐着呀

還是回去呢

實在叫我爲難了啊

那一國的時候

中什麼用

人還要皮着臉念給人聽

人編的沒影兒的話

就是成千本的看了

心大有益啊

小說

都是

以不好的爲戒

於身

記得了古來的事情

以好的爲法

要看書看通鑑

長學問

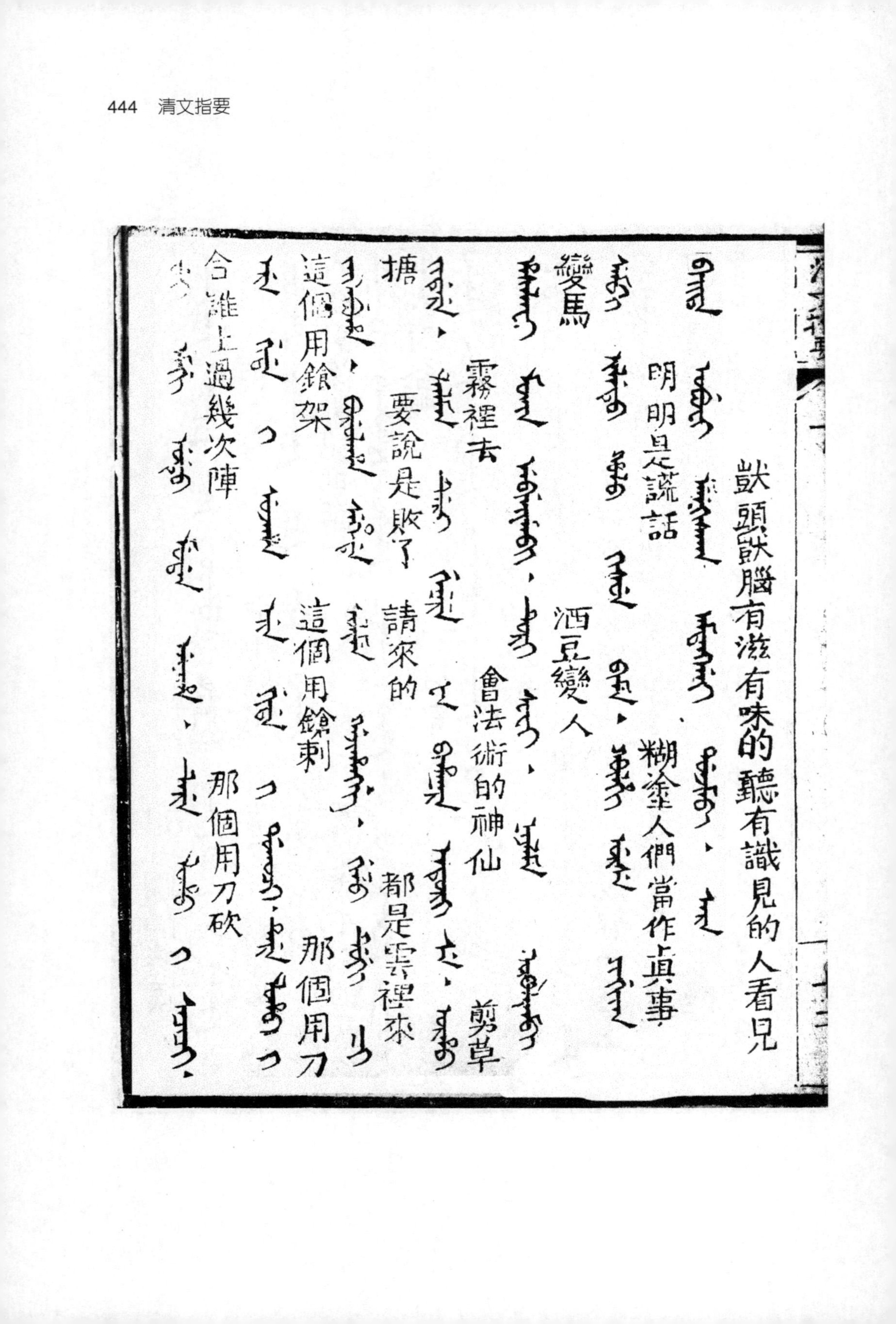

猷頭猷腦有滋有味的聽有識見的人看見

明明是謊話　糊塗人們當作眞事

變馬　洒豆變人

霧裡去　會法術的神仙　剪草

搪　要說是賍了　請來的　都是雲裡來

這個用鎗架　這個用鎗刺　那個用刀

合誰上過幾次陣　那個用刀砍

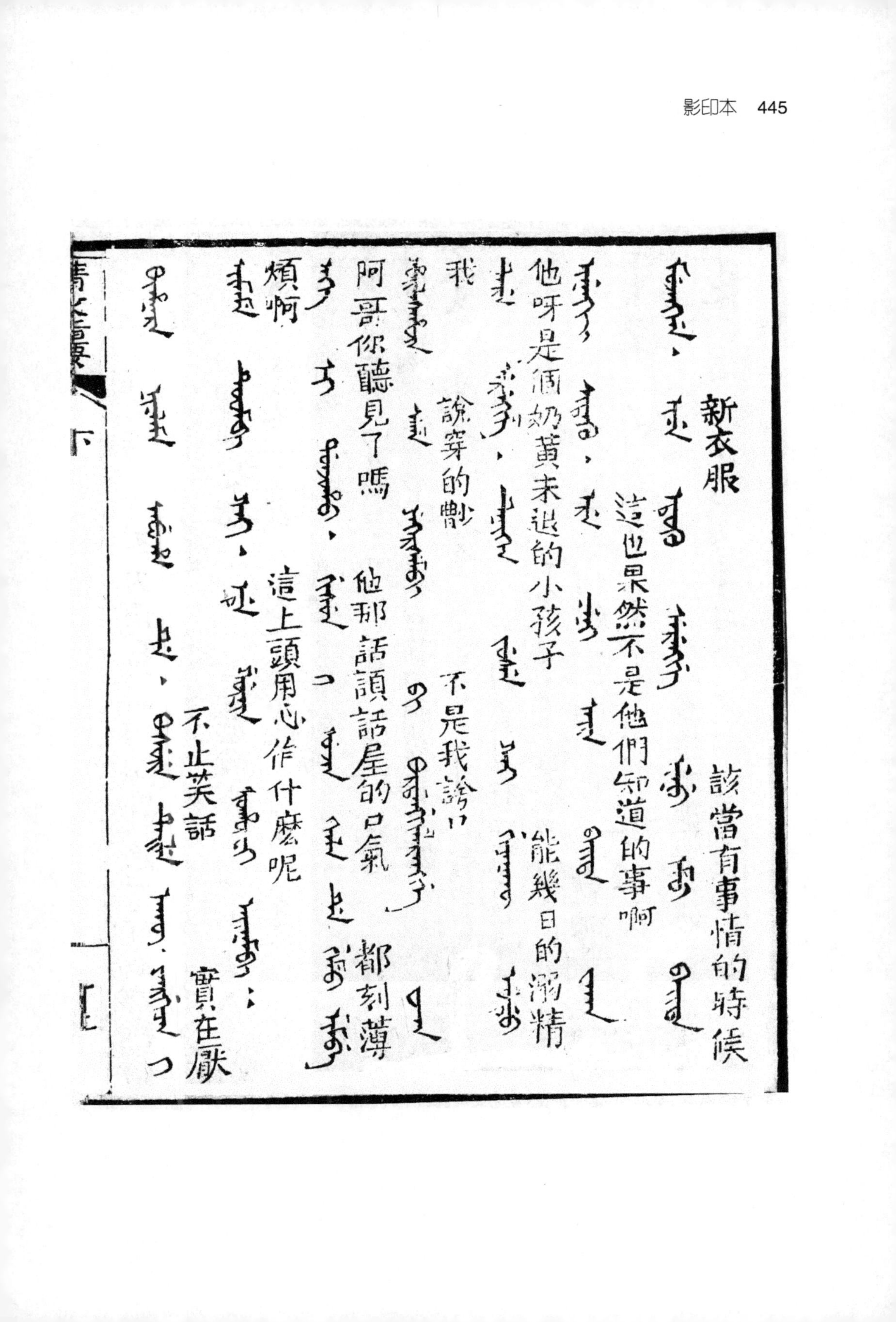

新衣服
該當有事情的時候
這也果然不是他們知道的事啊
他呀是個奶黃未退的小孩子
能幾日的溺精
我
說穿的斆
不是我誇口
阿哥你聽見了嗎
他那話頭話星的口氣
都刻薄
煩啊
這上頭用心作什麼呢
不止笑話
實在厭

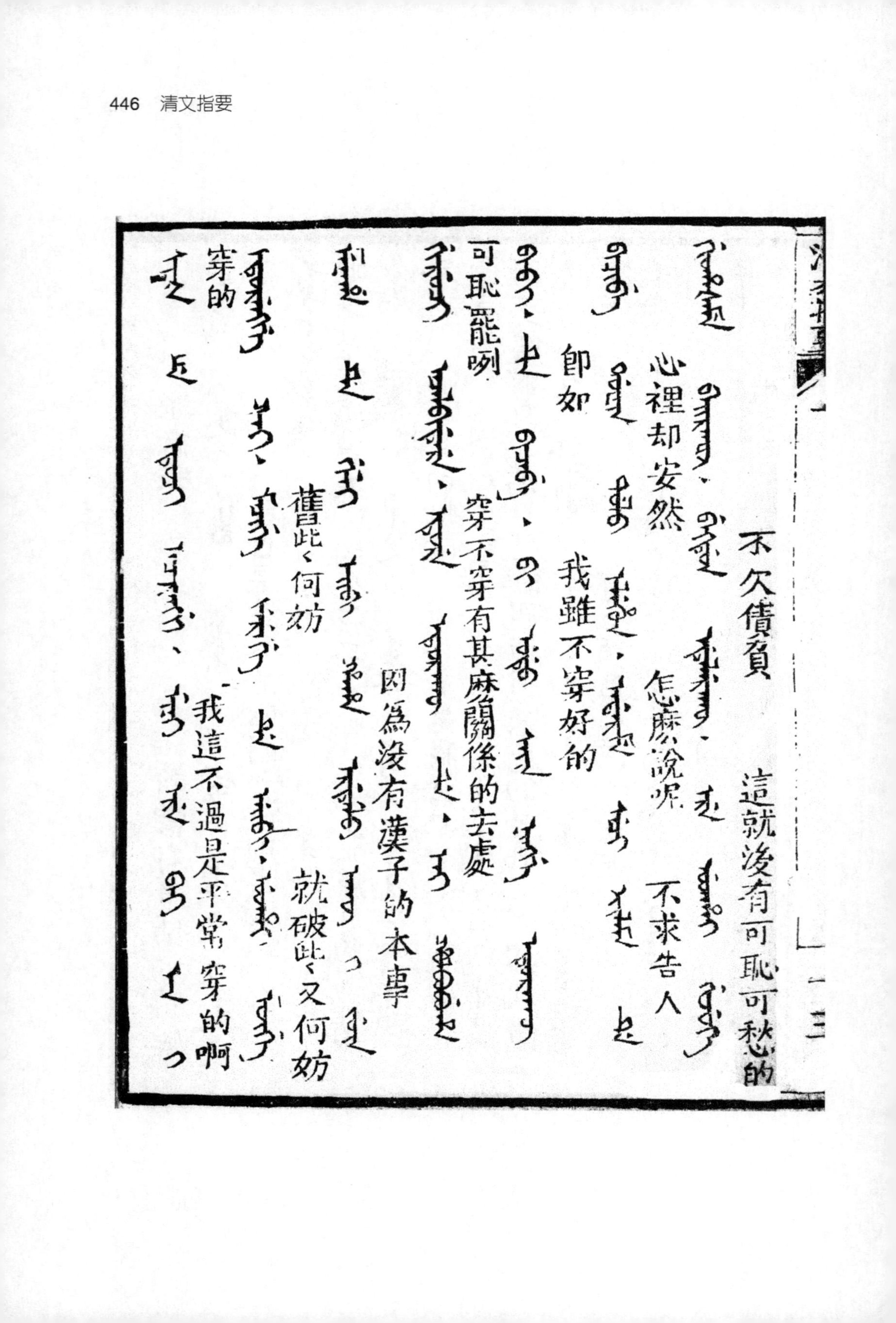

不欠債負 這就沒有可耻可愁的

心裡却安然 怎麽說呢 不求告人

卽如 我雖不穿好的

可耻罷咧 穿不穿有甚麽關係的去處

因爲沒有漢子的本事

舊此此何妨 就破此此又何妨

穿的 我這不過是平常穿的啊

體面尊貴 仰望着 罷了

沒眼珠兒的人們 胡說夢話的 樣說他

緞裏了 有什麽奇處 極下賤

知道學漢子的本事麽 那個樣子的就看蟒緞錦

穿着華麗衣服搖搖擺擺的充體面罷咧

戌眼脊角裡也不夾歹 只知道

去處 要像他們那樣少年

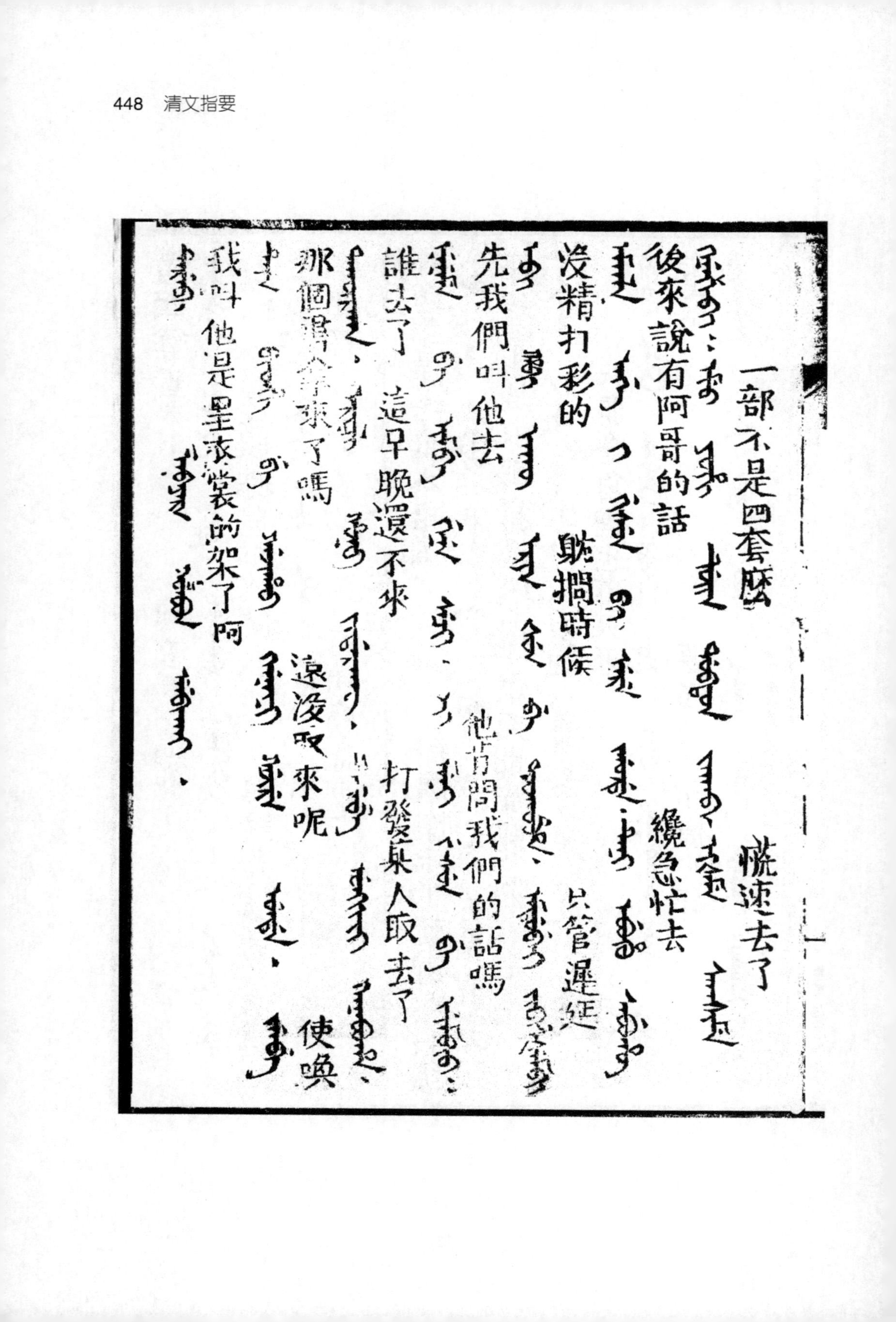

一部不是四套麽 慌速去了

後來說有阿哥的話 纔急忙去

沒精打彩的 躭擱時候 只管遲延

先我們叫他去 他肯問我們的話嗎

誰去了 這早晚還不來 打發某人取去了

那個得了拿來了嗎 還沒取來呢 使喚

我叫他是罣衣裳的架子阿

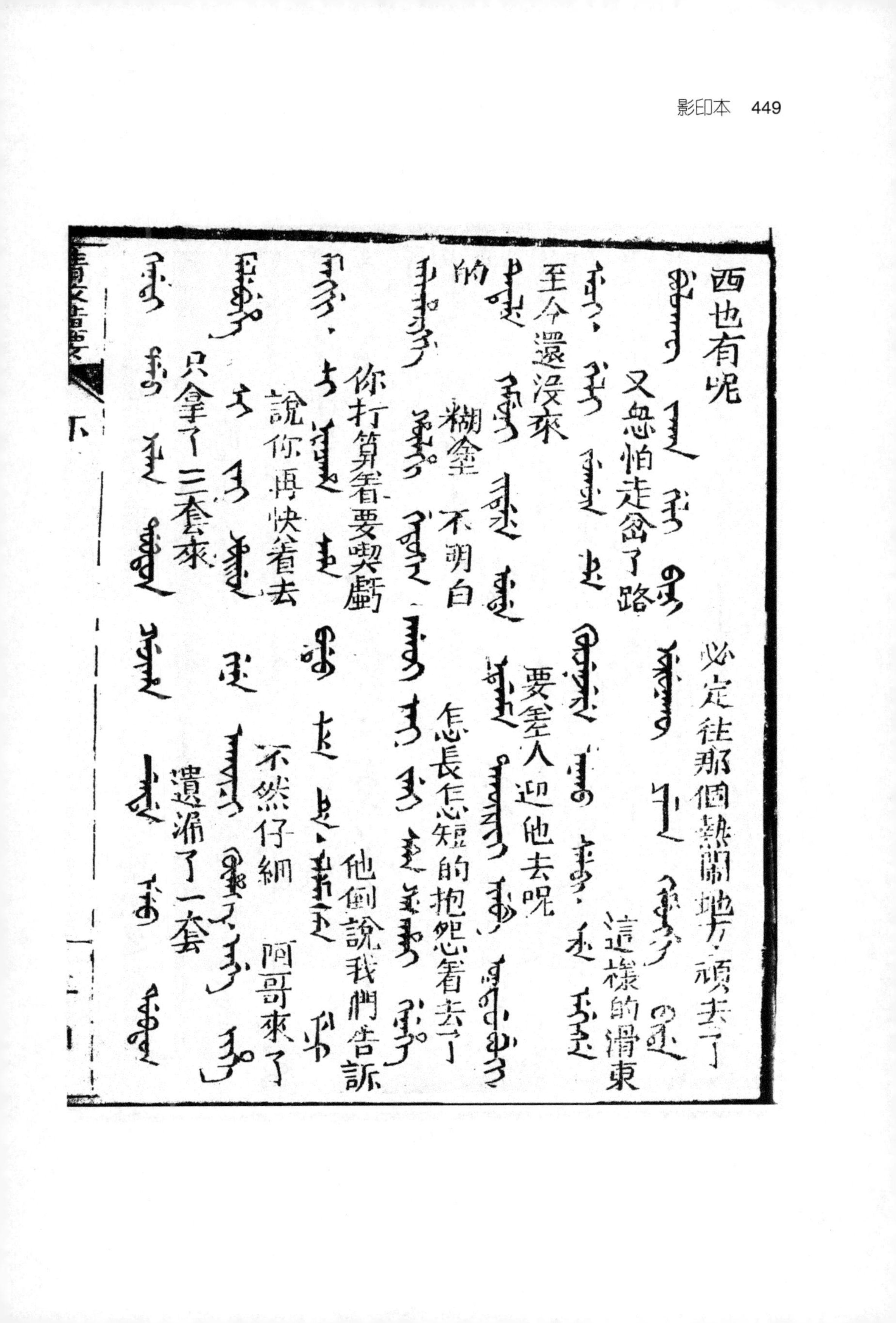

西也有呢
必定往那個熱鬧地方頑去了
又恐怕走岔了路
這樣的滑東
至今還沒來
要差人迎他去呢
的
糊塗 不明白
怎長怎短的抱怨着去了
你打算着要喫虧
他倒說我們告訴
說你再快着去
不然仔細
阿哥來了
只拿了三套來
遺漏了一套

只是不求你
除你之外
甚麽緣故呢
求的遭數太多了
託阿哥件事
只是難張口
了
頓
纔好
不然 慣了他就不堪
行
來了的時候捆起來屁股上重重的打一
罷咧
要不嚴嚴的管或
斷然

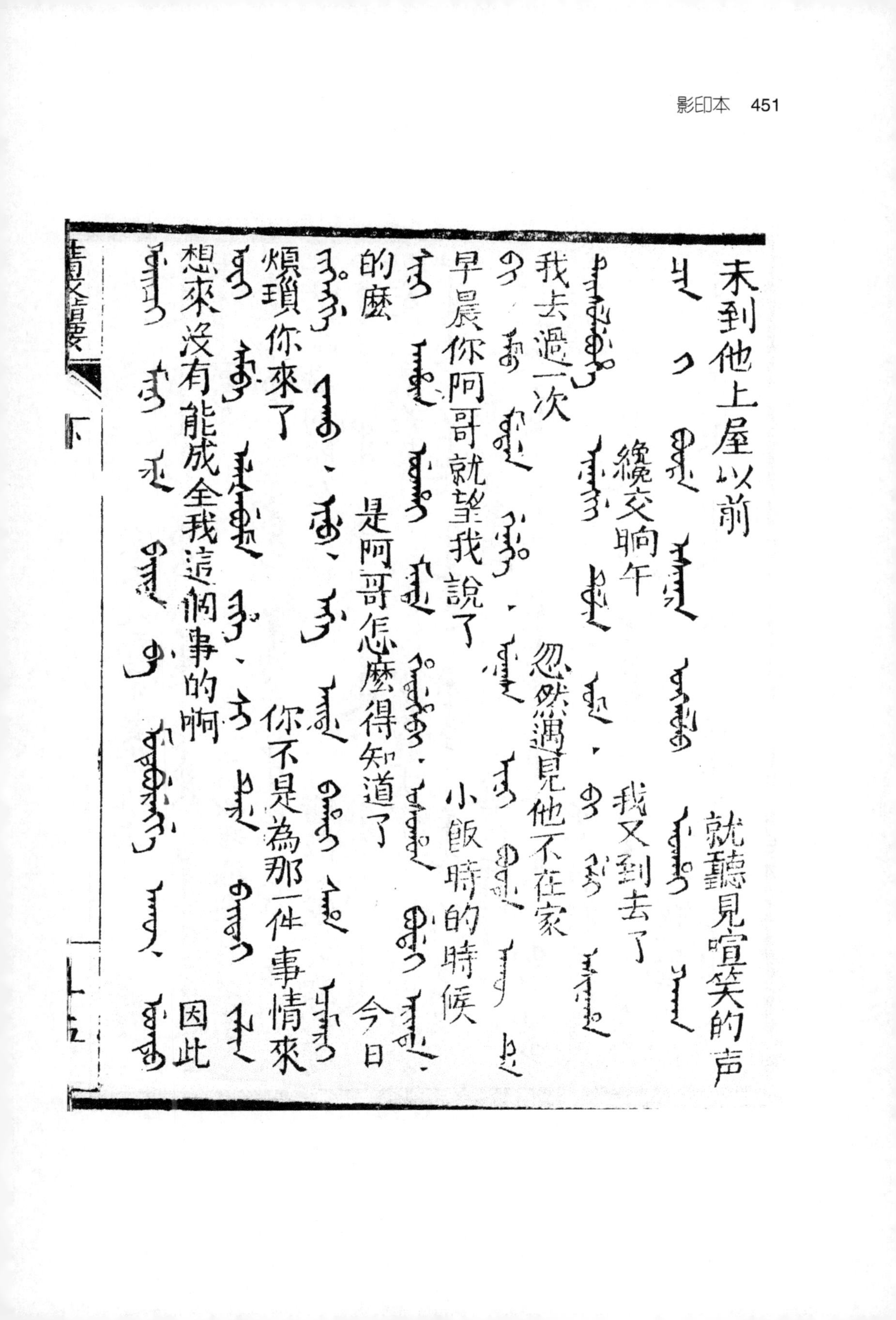

未到他上屋以前　就聽見喧笑的声
纔交晌午　我又到去了
我去過一次　忽然遇見他不在家
早晨你阿哥就望我說了　小飯時的時候
的麼　是阿哥怎麼得知道了　今日
煩瑣你來了　你不是為那一件事情來
想來沒有能成全我這個事的啊　因此

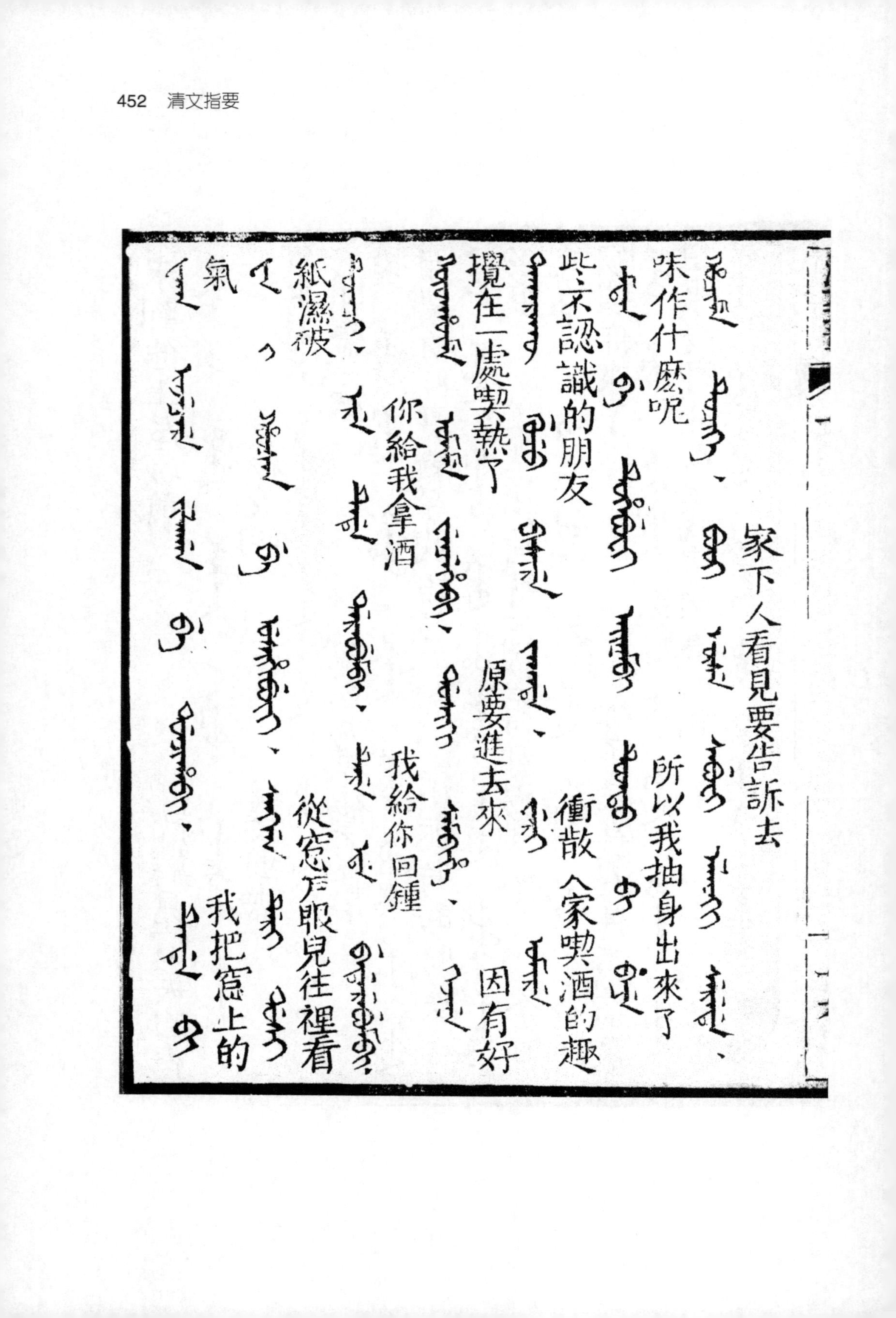

氣

我把窓上的紙濕破

從窓戶眼兒往裡看

你給我拿酒

我給你回鍾

攪在一處喫熱了

原要進去來

因有好些未認識的朋友

衝散人家喫酒的趣味作什麽呢

所以我抽身出來了

家下人看見要告訴去

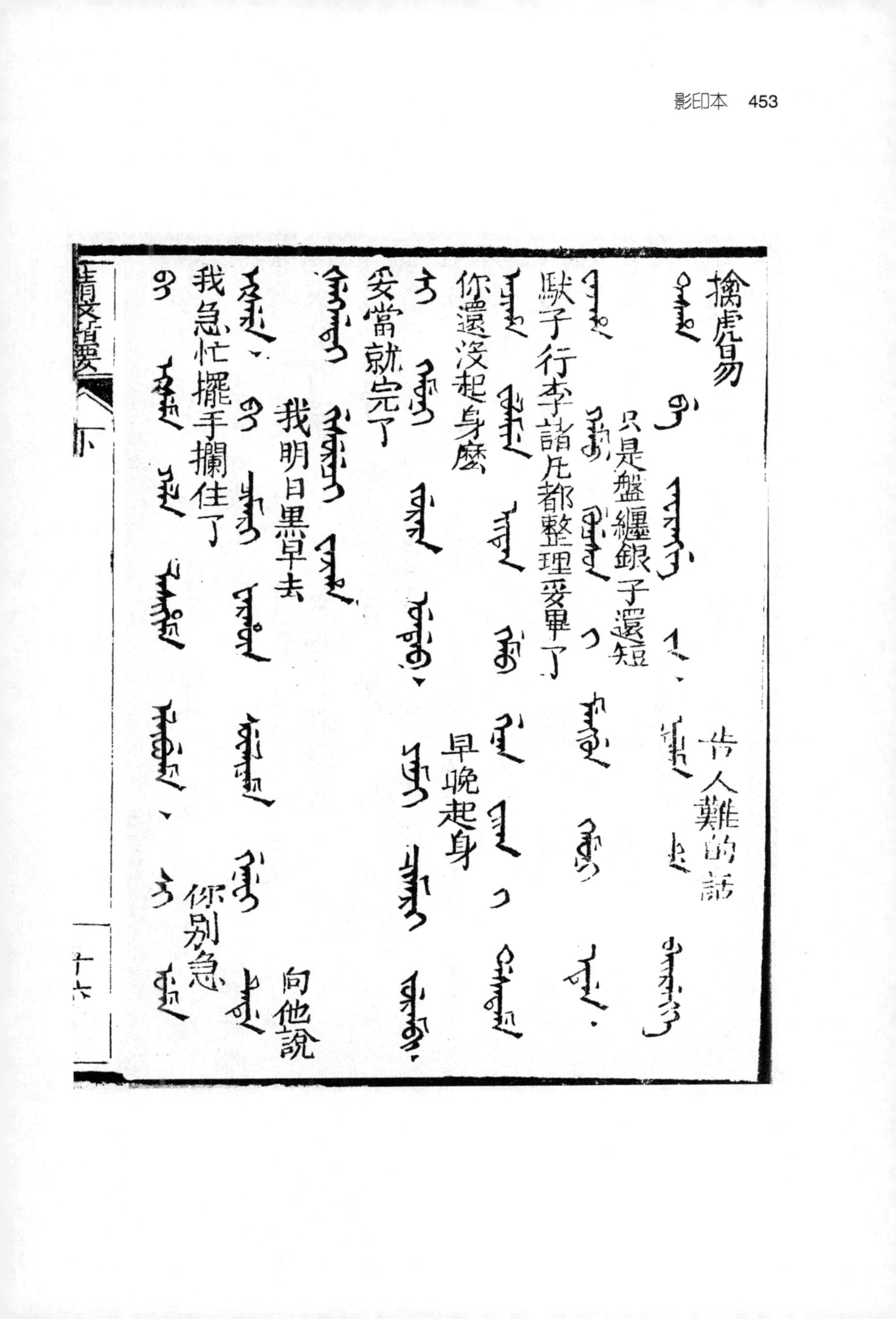

擒虎容易 告人難的話

只是盤纏銀子還短

馱子行李諸凡都整理妥畢了

你還沒起身麼 早晚起身

妥當就完了

我明日黑早去 向他說

我急忙擺手攔住了 你別急

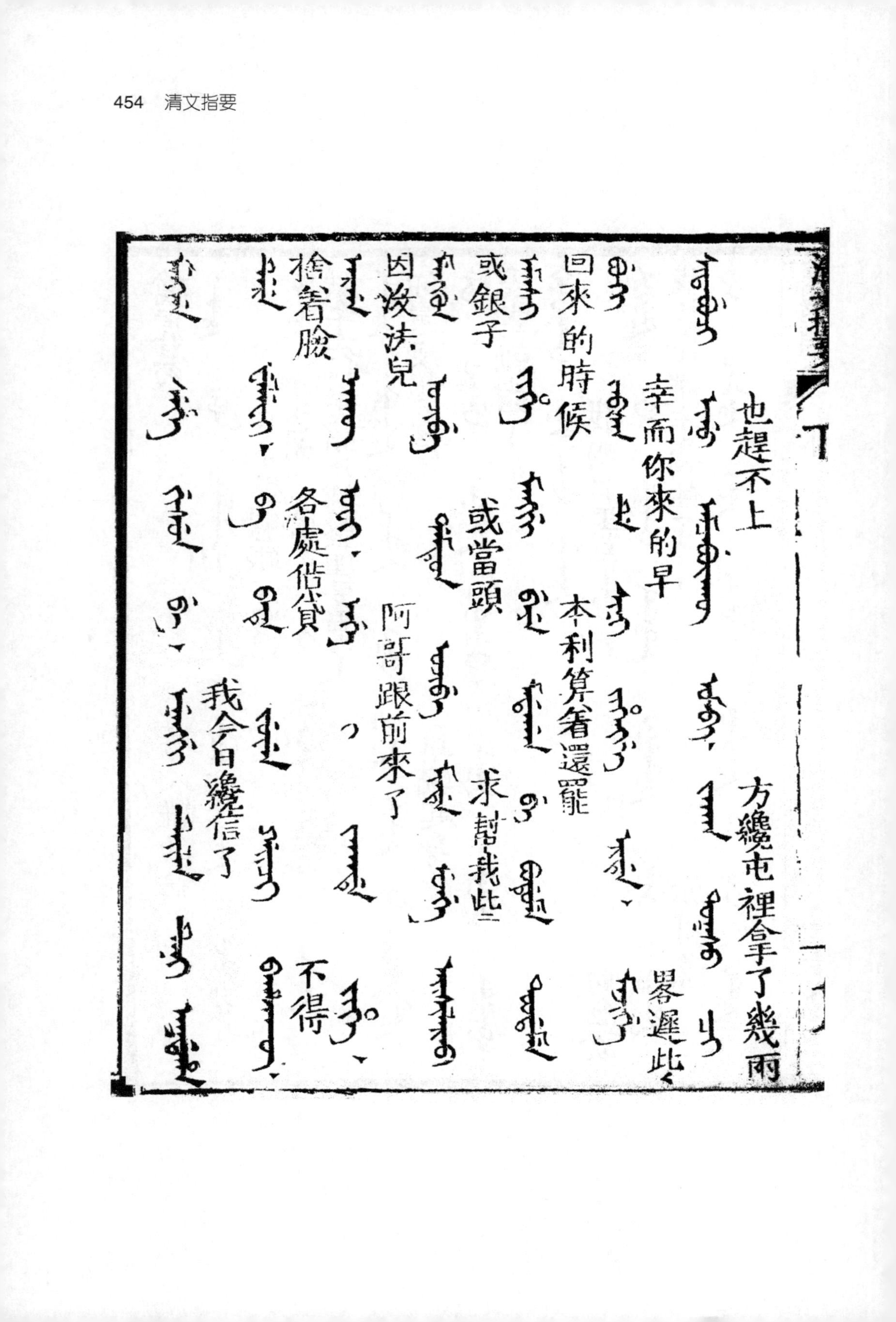

我今日纔信了

捨着臉
各處借貸
不得

因沒法兒
阿哥跟前來了

或銀子
或當頭
求幫我些

回來的時候
本利算着還罷

幸而你來的早
畧遲些

也趕不上
方纔屯裡拿了幾兩

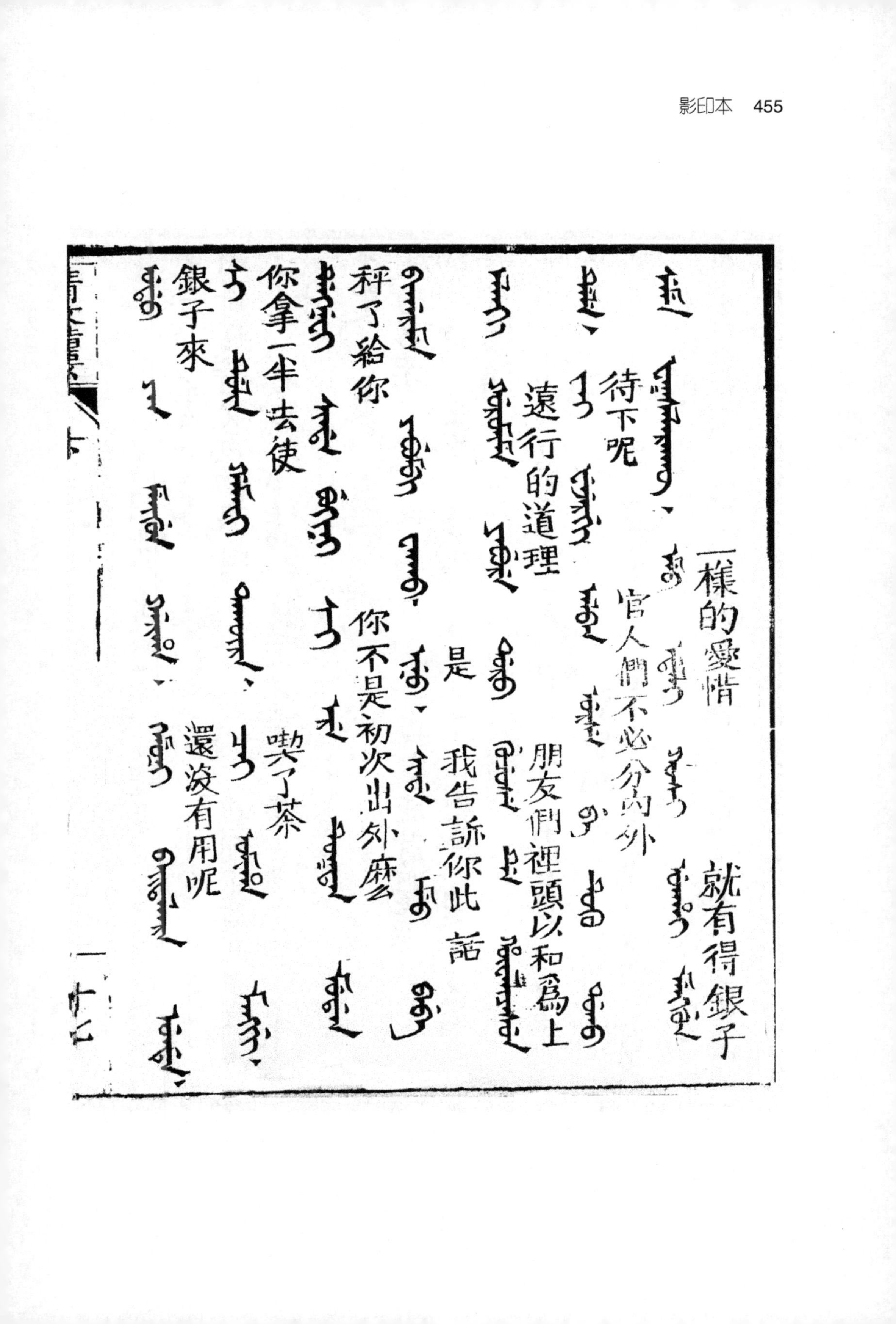

一樣的愛惜
就有得銀子
官人們不必分內外
待下呢
朋友們裡頭以和為上
遠行的道理
是
我告訴你此話
秤了給你
你不是初次出外麼
你拿一半去使
喫了茶
銀子來
還沒有用呢

阿哥來我總沒有聽見
阿哥幾時從屯裡來的
我到了好些日子
了
阿哥提撥的金玉一
樣的話呀
我牢託肘腸罷
於聲名
大有關係
要是那樣
別手長了
掙錢財的去處
臉面要緊

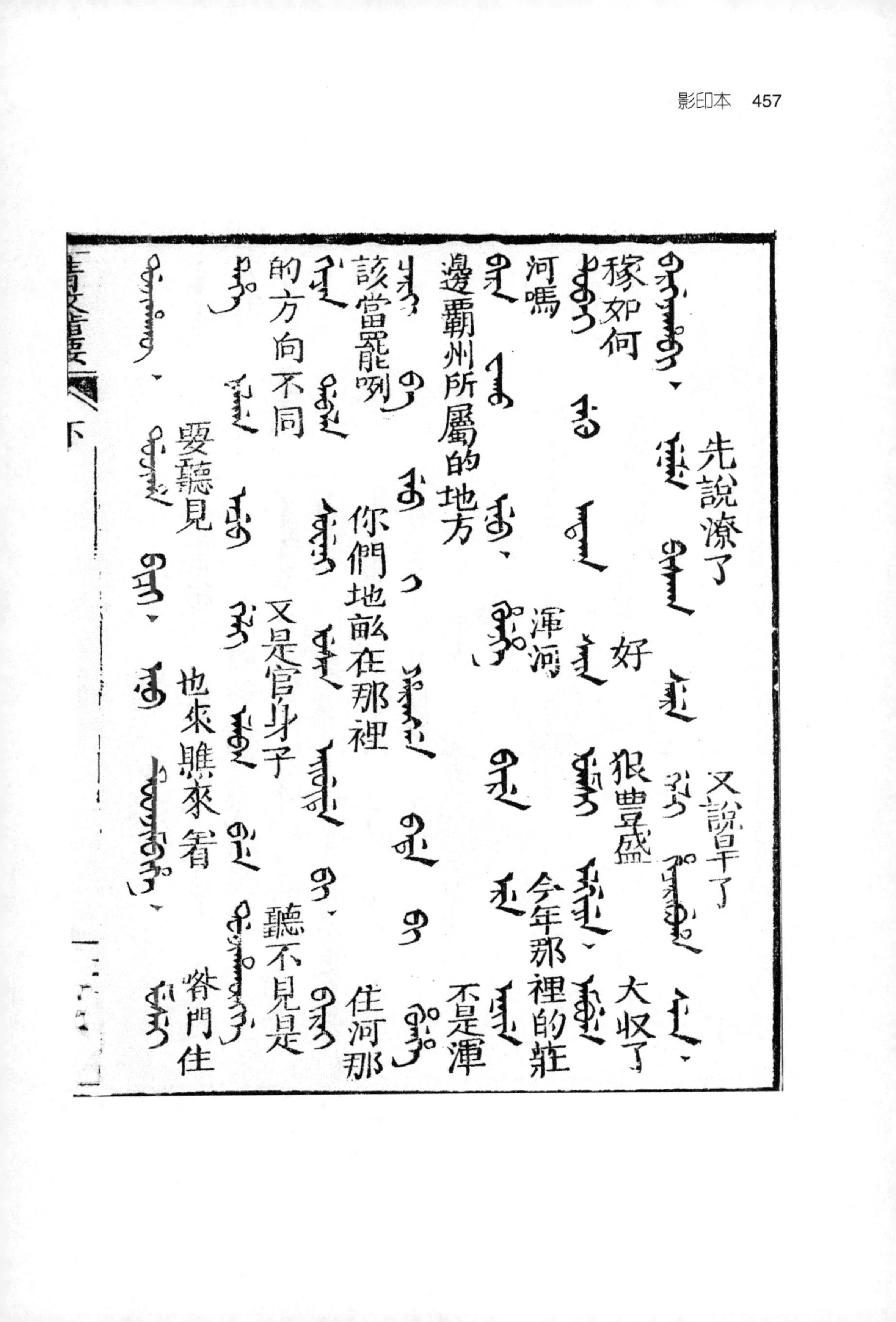

先說潦了
又說旱了

稼如何
好
狠豐盛
大收了

河嗎
渾河
今年那裡的莊

邊覇州所屬的地方
不是渾

該當罷咧
你們地畝在那裡
住河那

的方向不同
又是官身子
聽不見是

要聽見
也來瞧來看
咱們住

都是謊言　信不得　何必
說別的　黑豆只說着實賤罷
十幾個錢得 升
這些〻年也沒像這們樣的
真嗎　果然　阿哥再要使喚家裡
人去　因替我買幾石黑豆
折多少銀子

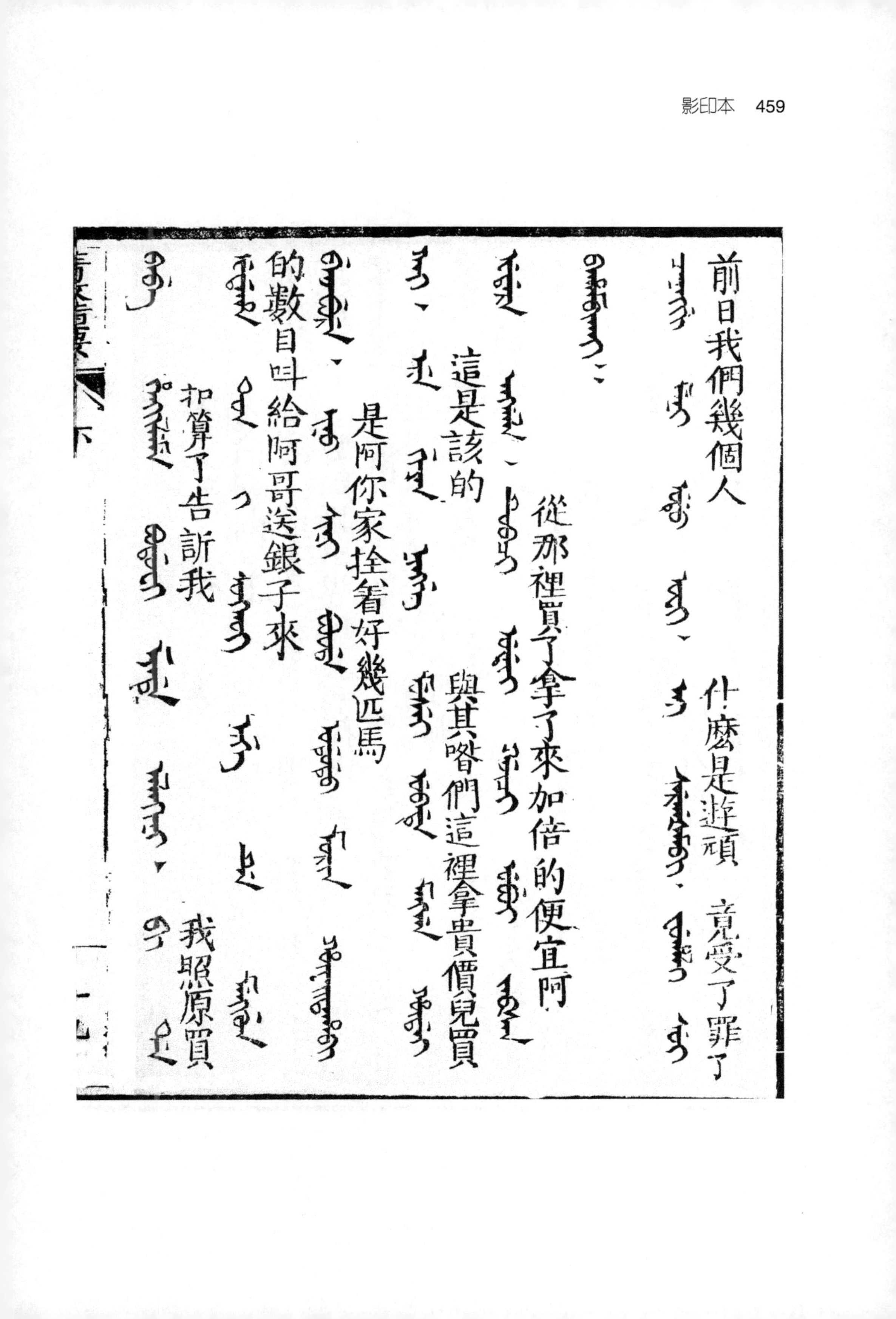

前日我們幾個人

什麼是遊頑

竟受了罪了

從那裡買了拿了來加倍的便宜阿

這是該的

與其咱們這裡拿貴價兒買

是阿你家拴着好幾匹馬

的數目叫給阿哥送銀子來

扣算了告訴我

我照原買

口平西了
纔喫完了飯
我就說阿哥
又回到閘口上
早已
着話
喫着酒
趕到東樂花園
口根前
就坐上船
彼此說
沿路問着
將將的到了閘
不知混繞到那裡去了
出了城
放着正經道路不走

都叫快趕

掩了一扇門了

城裡頭出來的人

恍惚看見月色了

廂裡

纔騎上馬

急着回來

到了關

動

後來見日頭將入了

遠

實排排的坐着

動也不

們走罷

喒們都是步行家裡人

離的又狠

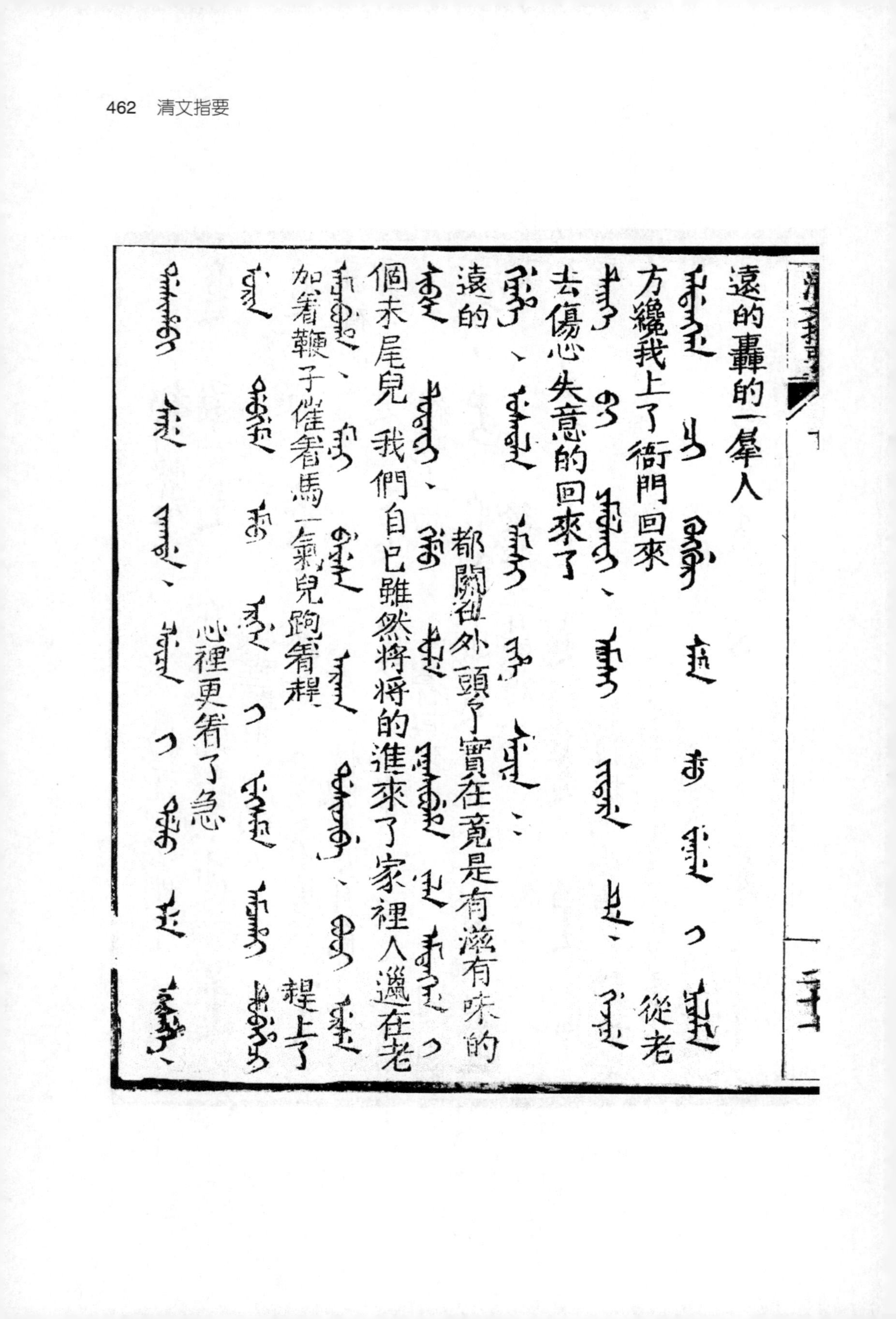

遠的轟的一羣人　從老

方纔我上了衙門回來

去傷心失意的回來了

遠的　都闖出外頭了實在竟是有滋有味的

個末尾兒　我們自已雖然將將的進來了家裡人邋在老

加着鞭子催着馬一氣兒跑着趕　趕上了

心裡更着了急

彼時我就要叫住

把臉往那們一扭　望着天過去了

看見我　問也不問

面貌軒昂　大胖了

肥馬輕裘

一認　是喒們的舊街坊某人穿的騎的好壯觀

騎着馬往這們來了　到了跟前　細認了

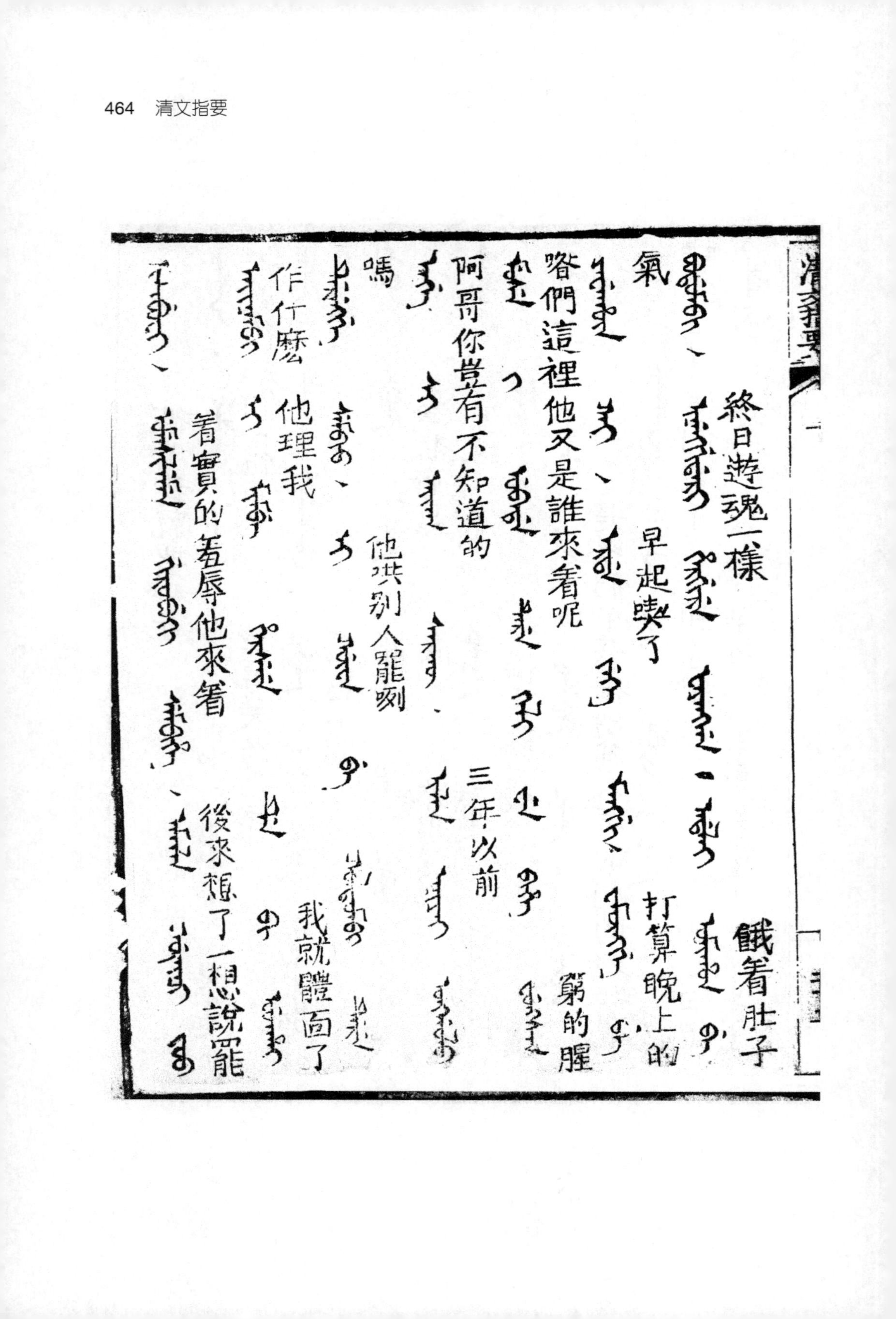

着實的羞辱他來着 後來想了一想說罷
作什麼 他理我
嗎 他哄別人罷咧 我就體面了
阿哥你豈有不知道的 三年以前
喒們這裡他又是誰來看呢 窮的腥
氣 早起喫了 打算晚上的
終日遊魂一樣 餓着肚子

舊了　　不是自己撂

說求不着入了　　一旦之間變的忘了

什麽沒喫過快子都咂明了　　如今

不是尋這個　　就是尋那個　　我的東西他

來我們家裡兩三遍

都是希罕的　　一日至少也

各處張羅　　拾着一根草

我想着這大片飄飄雪越下大了

喫了飯傍晌午的時候開了房門看原來白花花的下了大雪了

天一亮我急着起來

昨日夜裡好冷睡夢裡凍醒了

呢

舉自己

他那行次

誰人把他放在眼裡

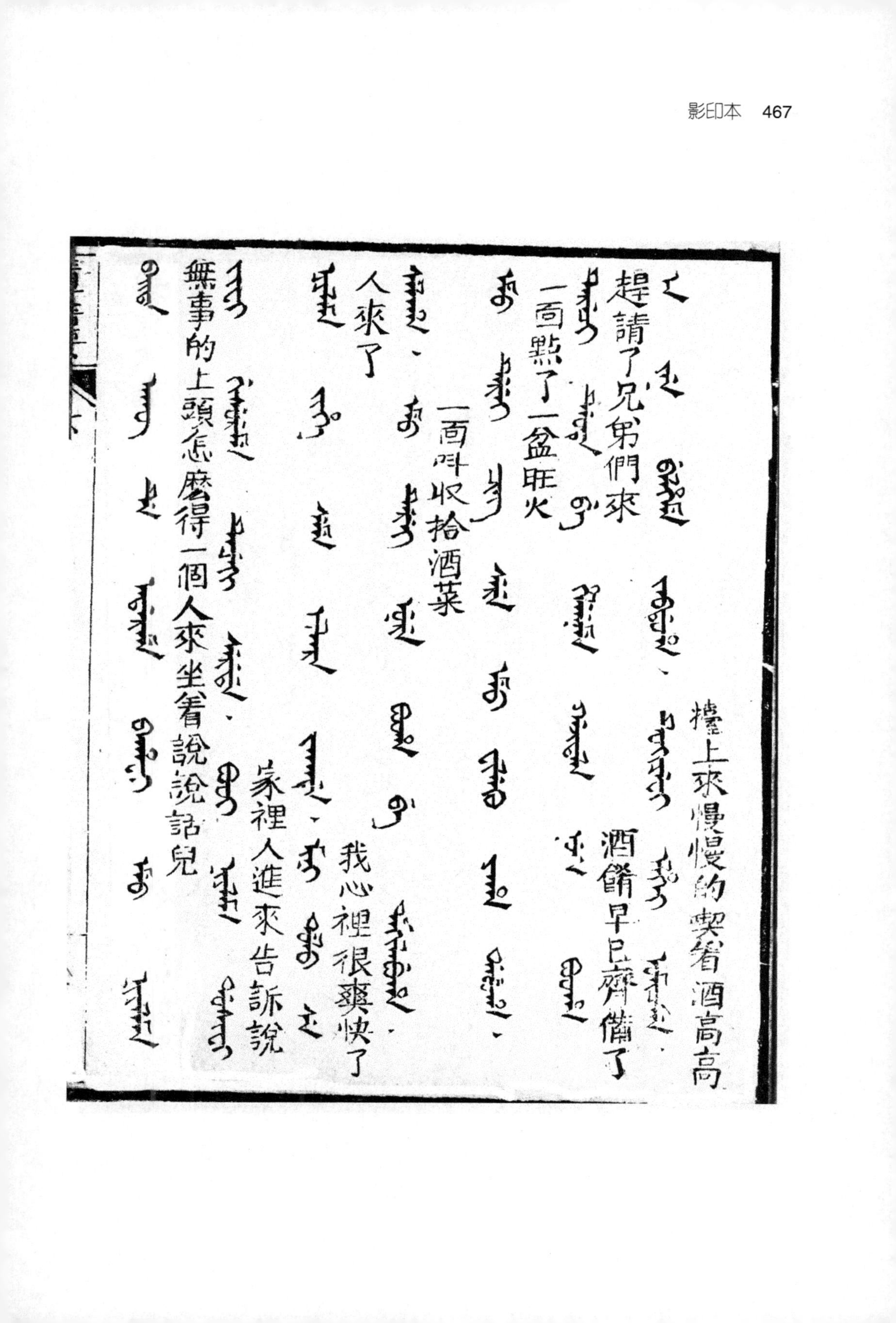

無事的上頭怎麼得一個人來坐着說說話兒

家裡人進來告訴說

人來了

我心裡很爽快了

一面叫收拾酒菜

一面點了一盆旺火

酒餚早已齊備了

趕請了兄弟們來

擡上來慢慢的喫着酒高高

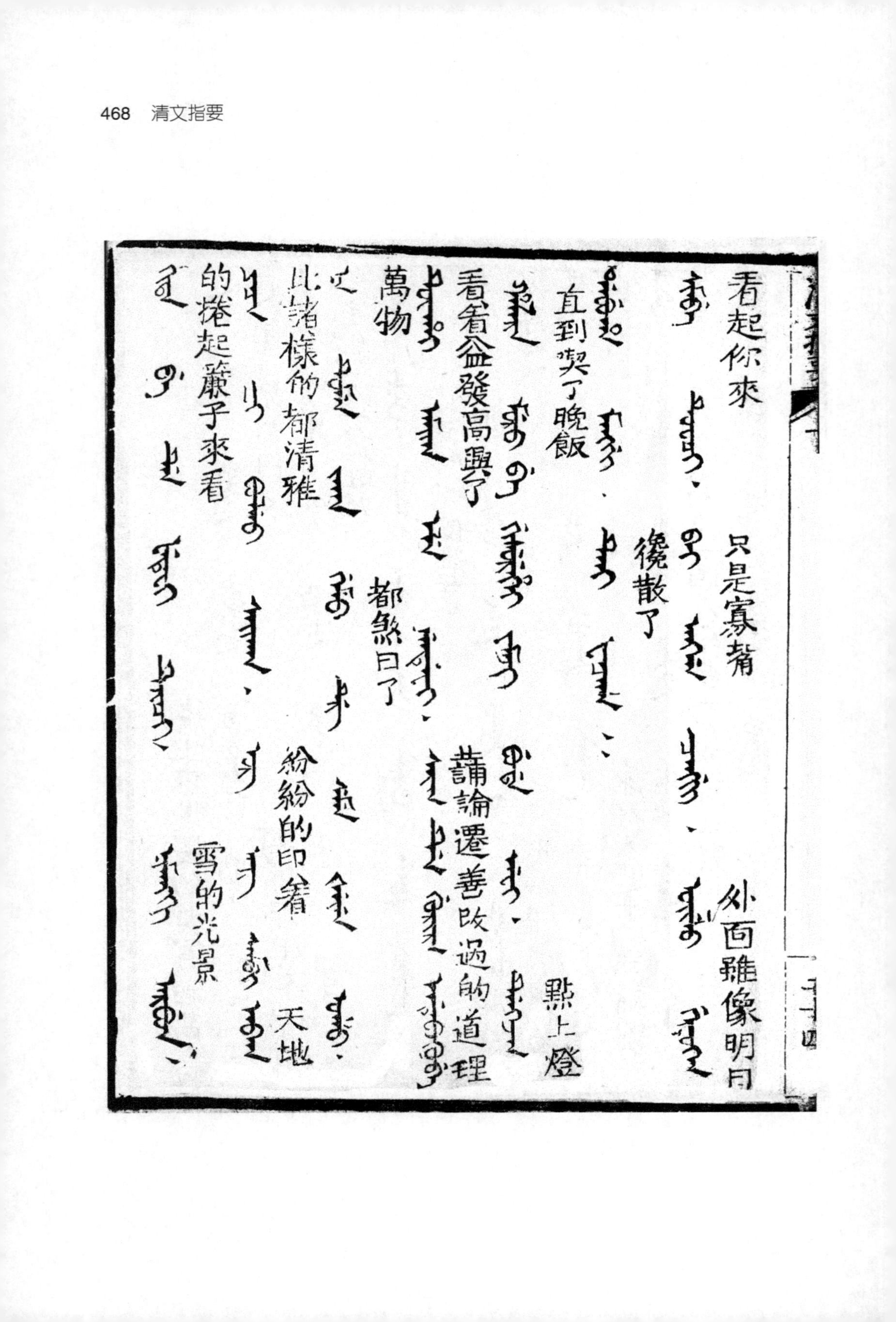

看起你來　只是寡着　外面雖像明月

纔散了

直到喫了晚飯　點上燈

看着益發高興了　講論遷善改過的道理

萬物　都煞白了

比諸樣的都清雅　紛紛的印着　天地

的捲起簾子來看　雪的光景

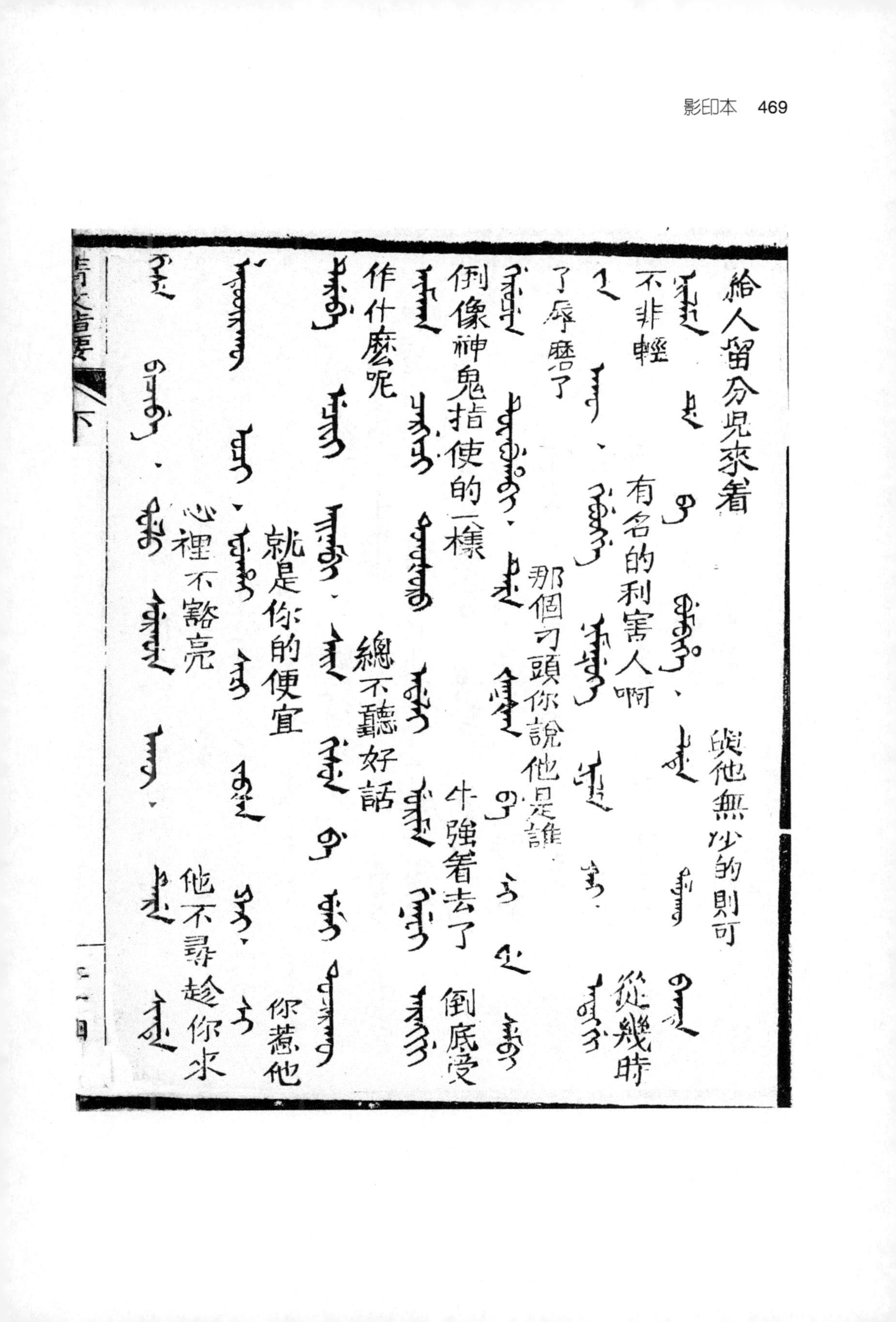

給人留分兒來着

與他無妨的則可

不非輕

有名的利害人啊

從幾時

了辱磨了

那個刁頭你說他是誰

倒像神鬼指使的一樣

牛強着去了

倒底受

作什麼呢

總不聽好話

就是你的便宜

你惹他

心裡不豁亮

他不尋趁你來

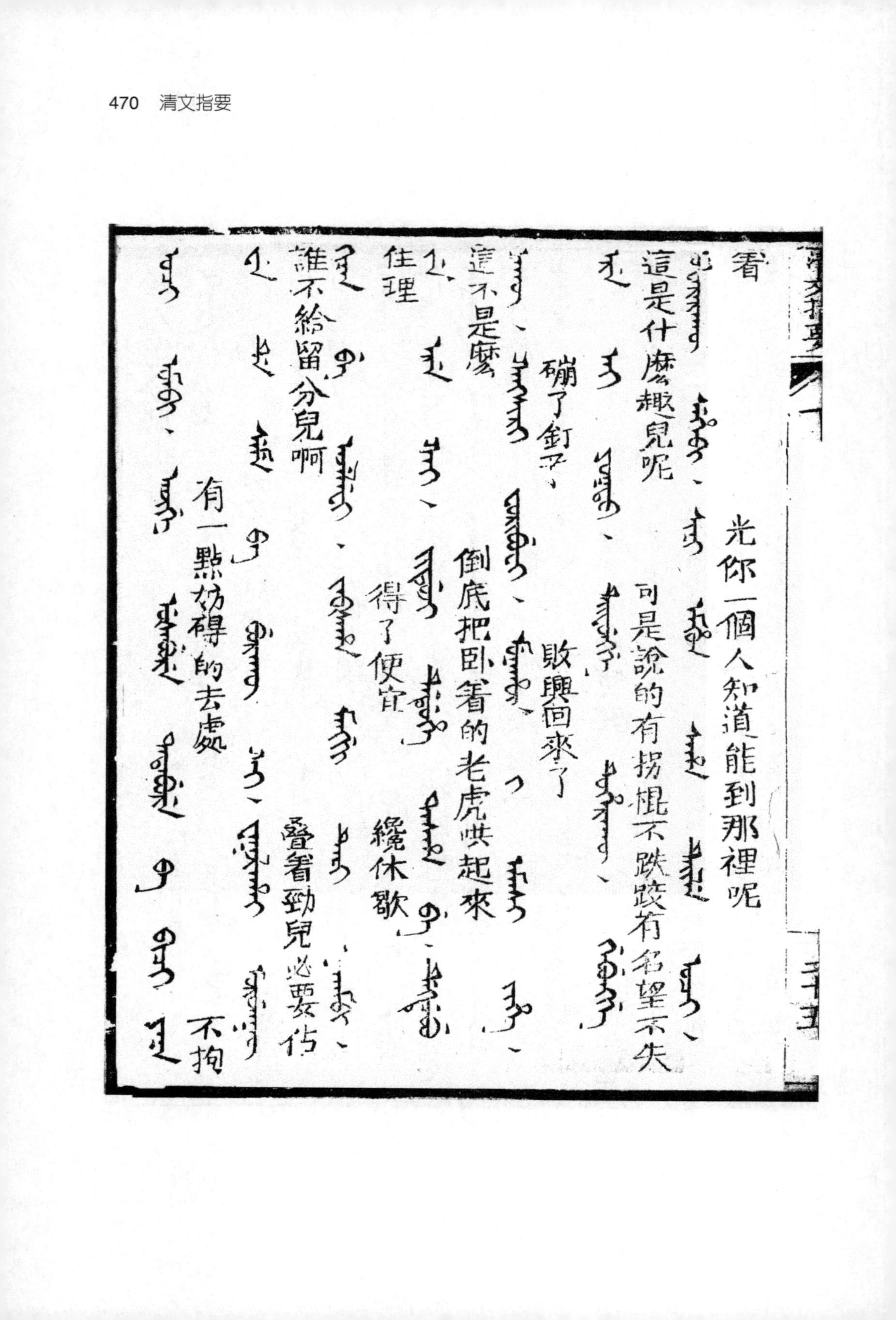

看

光你一個人知道能到那裡呢

這是什麼趣兒呢

可是說的有拐棍不跌跤有名望不失

磞了釘子

敗興回來了

這不是麼

倒底把卧着的老虎哄起來

住理

得了便宜

纔休歇

誰不給留分兒啊

疊着勁兒必要彷

有一點妨碍的去處

不拘

叫我說呀

豢徹得別人罷咧

被他的話逼着

誰望着他講長講短了

豈有倒攔阻你的規矩嗎

我還提撥催着你去呢

就是你心裡不要講究

要果然該行的

任憑怎麼樣我比你長着好幾歲

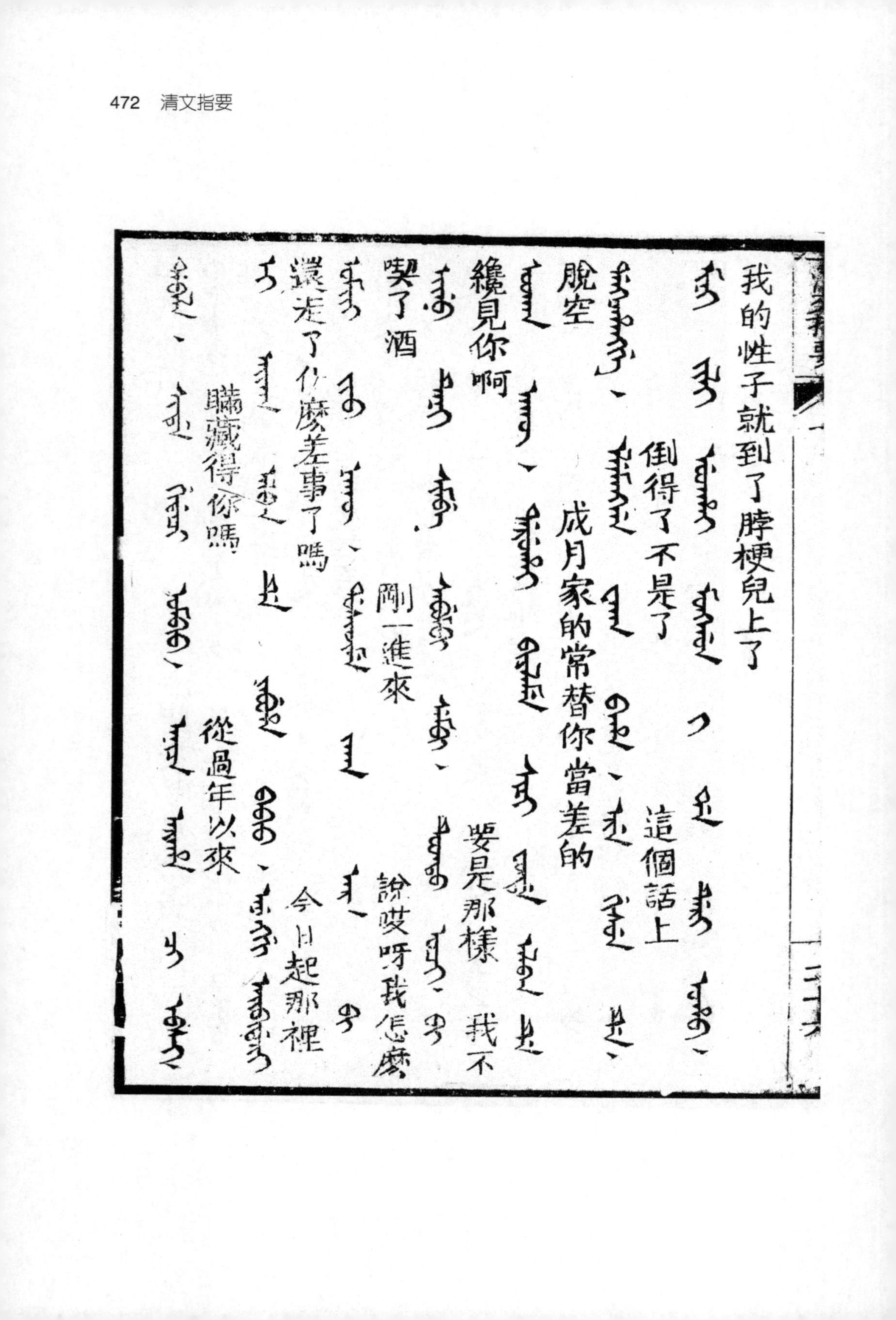

我的性子就到了脖梗兒上了

倒得了不是了　這個話上

脫空　成月家的常替你當差的

纔見你啊　要是那樣　我不

喫了酒　剛一進來　誇嘆呀我怎麼

還走了什麼差事了嗎　今日起那裡

瞞藏得你嗎　從過年以來

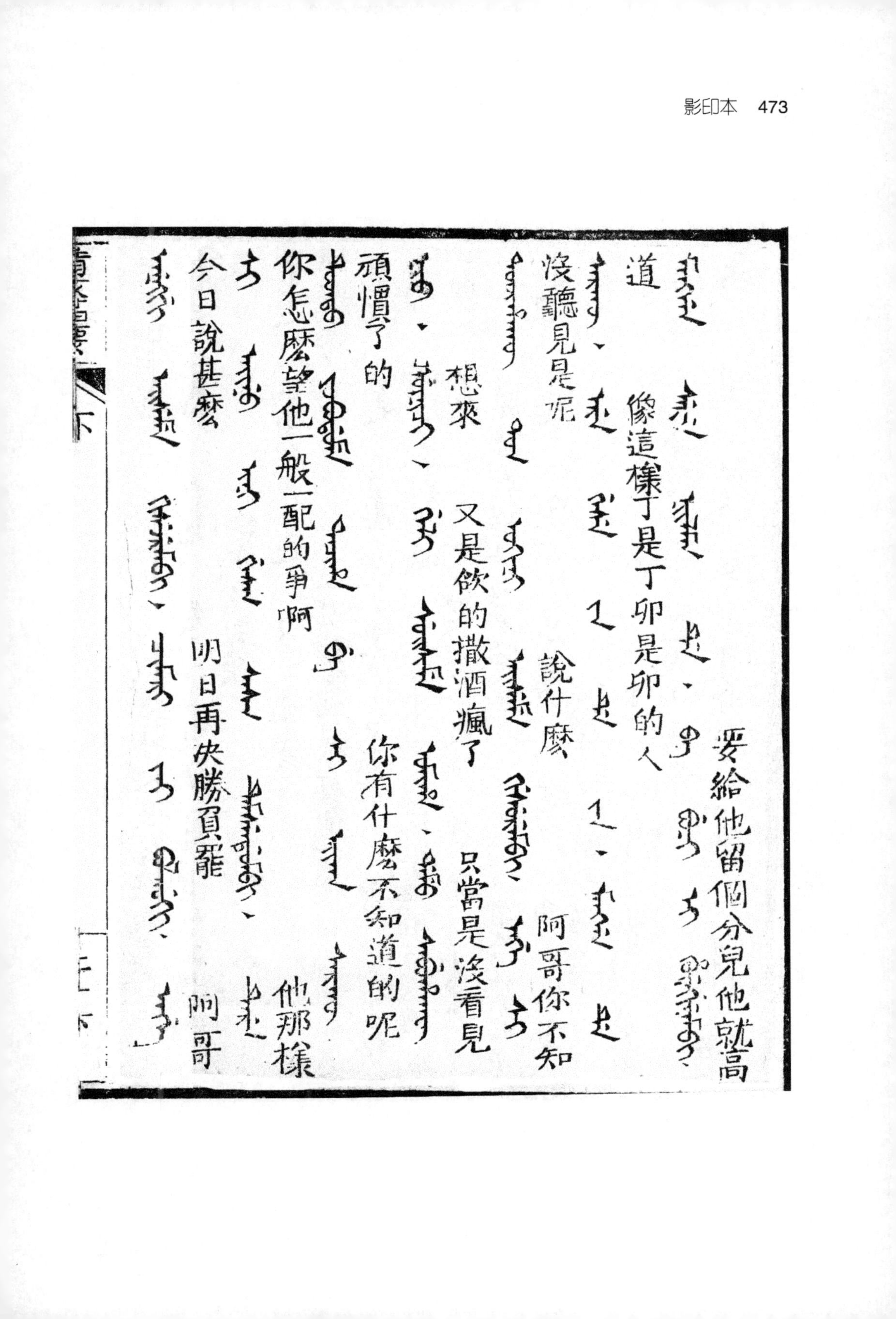

要給他留個分兒他就高
道
像這樣丁是丁卯是卯的人
沒聽見是呢
說什麼
阿哥你不知
想來
又是飲的撒酒瘋了
只當是沒看見
頑慣了的
你有什麼不知道的呢
你怎麼望他一般一配的爭啊
他那樣
今日說甚麼
明日再夾勝負罷
阿哥

起初見了他
瞧着人很親熱響快
給你出氣罷
僻靜處
刨着眼睛辱磨他一番
去呢
阿哥你別生氣
我把這醉行次帶在
臉怒氣認真的說呀
誰今他過的
人或者撩的開手罷咧
興了你率性說我是頑不覺的話冒失了

那裡撈得着呢 而且心裡陰險

馮虛弄空 原來不是一個正經人 他的真假

後走上了 一處混混着 細體察他所行的事情

呢 不住嘴的誇將來着

看着很羨慕了 想着怎麼合他相與

他的相貌軒昂 口齒利便

因此朋友們提起

指不勝屈啊

還少嗎

就是一個仰面觔斗即如在他手裡坑害的人

要人在他的圈套兒裡

背地裡陷害的不輕

口裡雖說是向你好

不給人好道兒走

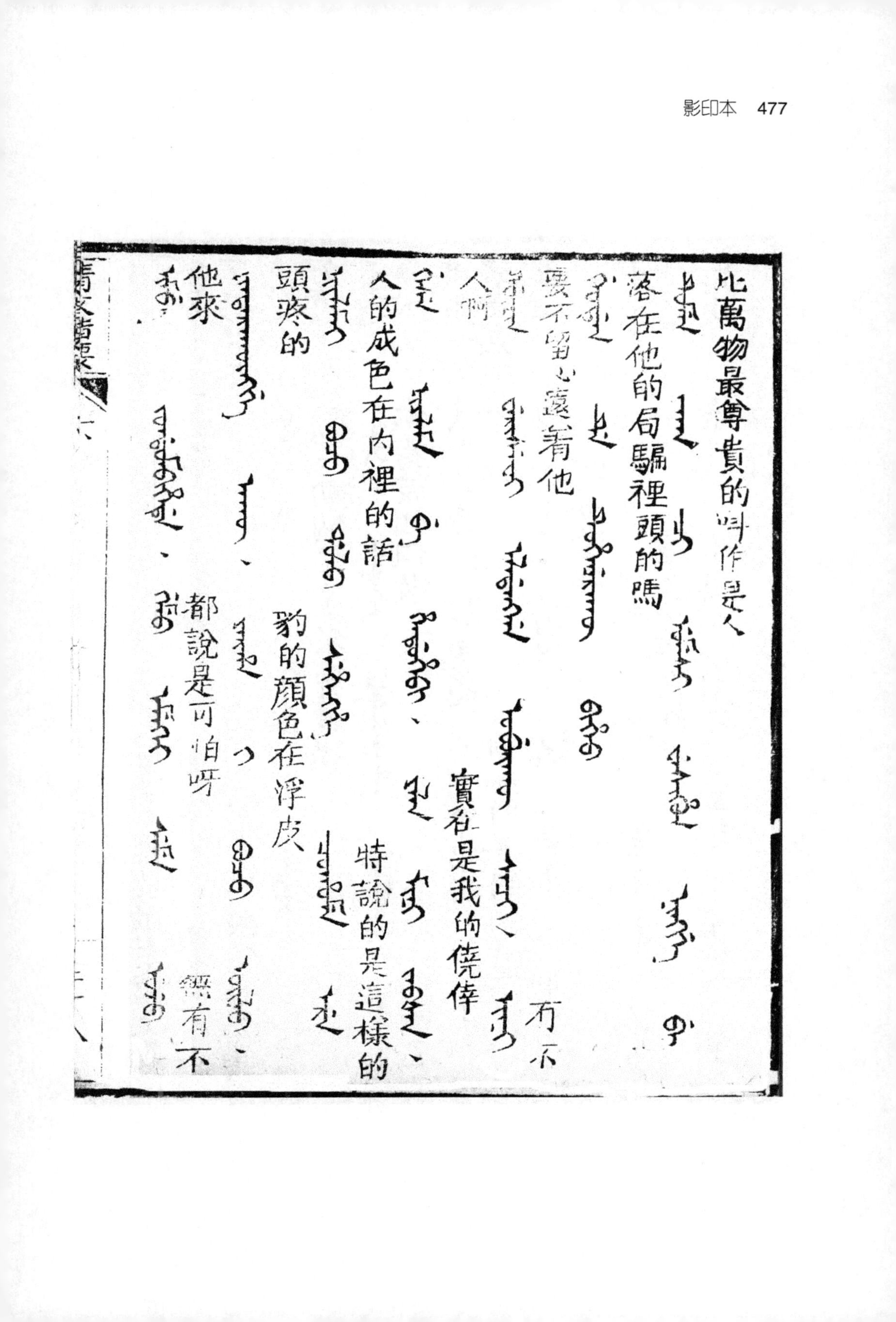

比萬物最尊貴的叫作是人

落在他的局騙裡頭的嗎

要不留心遠着他 不可

人們 實在是我的僥倖

人的成色在內裡的話 特說的是這樣的

頭疼的 豹的顏色在浮皮

他來 都說是可怕呀 無有不

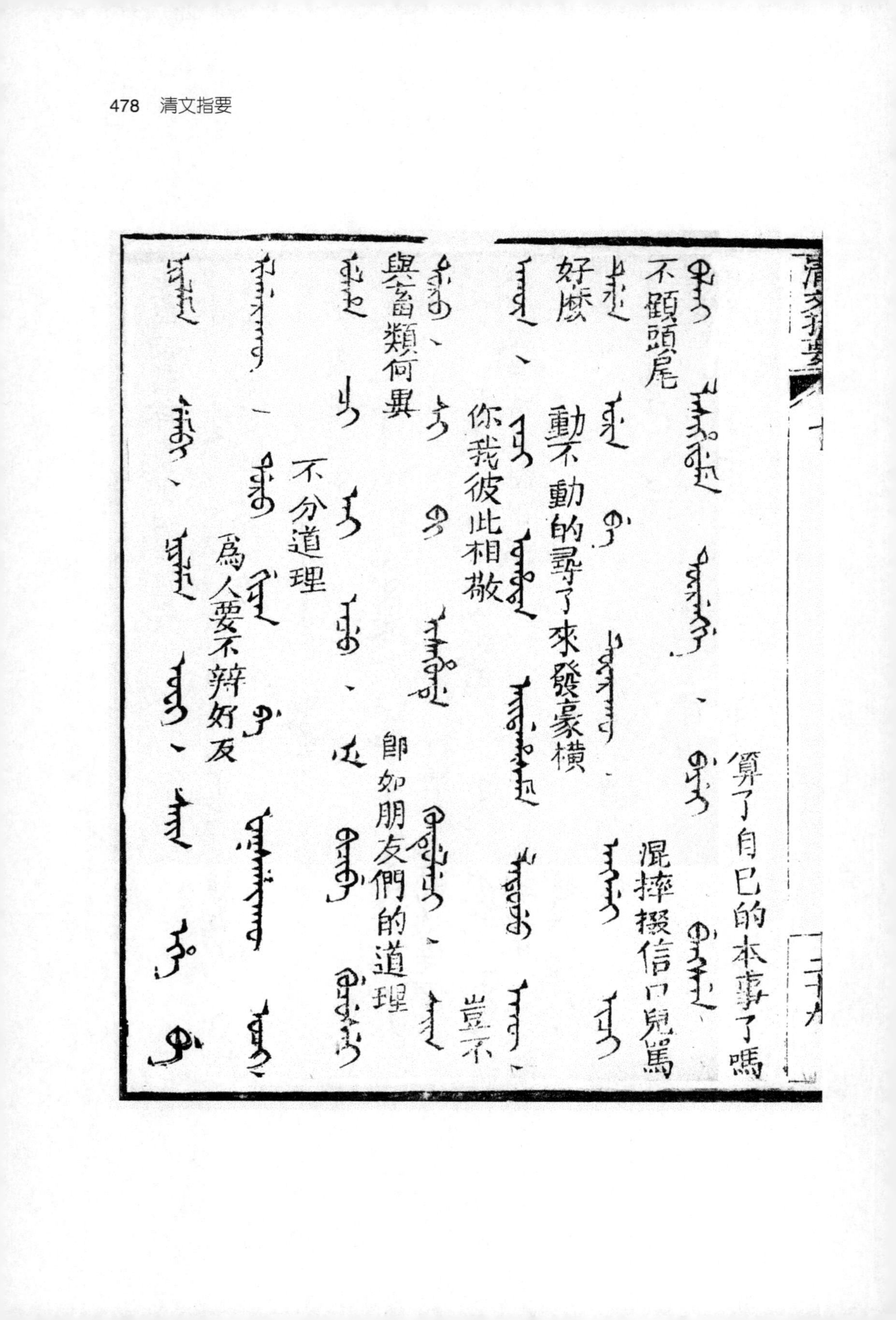

算了自己的本事了嗎

混摔掇信口兒罵

不顧頭尾

好麽

動不動的尋了來發豪横

豈不

你我彼此相敬

與畜類何異

即如朋友們的道理

不分道理

為人要不辯好歹

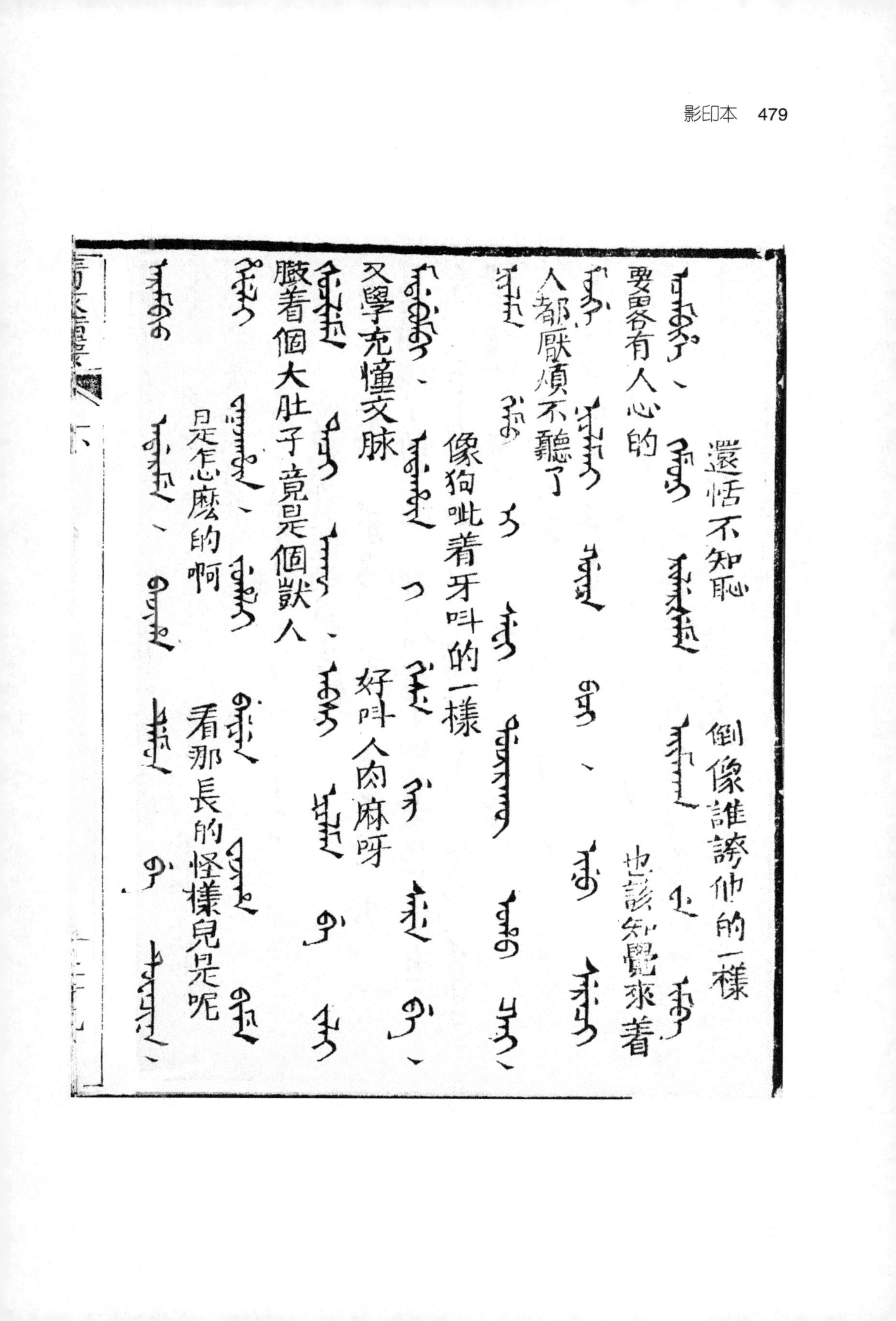

還恬不知恥
倒像誰誇你的一樣
也該知覺來着
要緊有人心的
人都厭煩不聽了
像狗呲着牙叫的一樣
又學充懂文脉
好叫人肉麻呀
臌着個大肚子竟是個獃人
是怎麼的啊
看那長的怪樣兒是呢

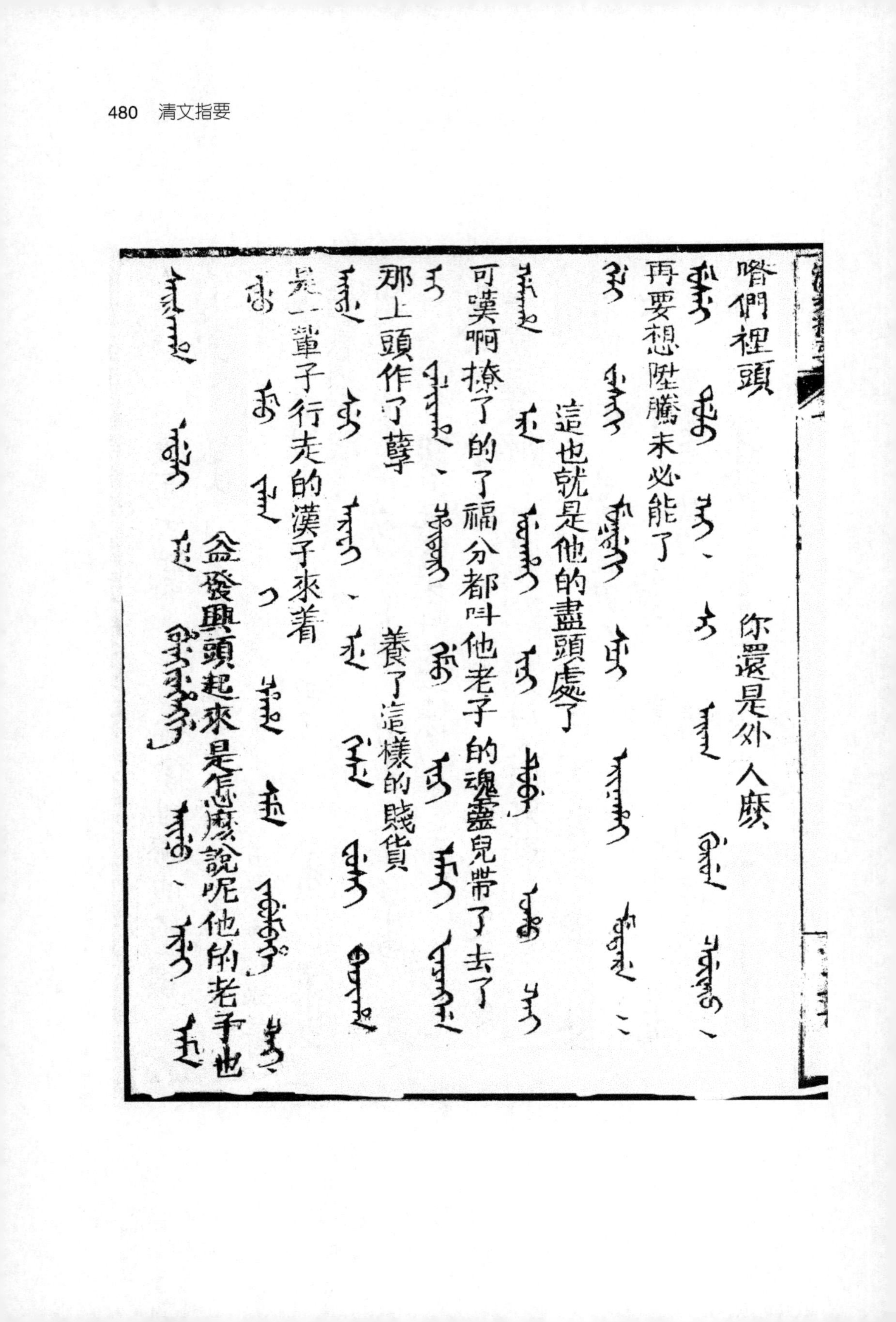

咱們裡頭　你還是外人麼

再要想陞騰未必能了

這也就是他的盡頭處了

可嘆啊撩了的了福分都叫他老子的魂靈兒帶了去了

那上頭作了孽　養了這樣的賤貨

是一輩子行走的漢子來着

益發興頭起來是怎麼說呢他的老子也

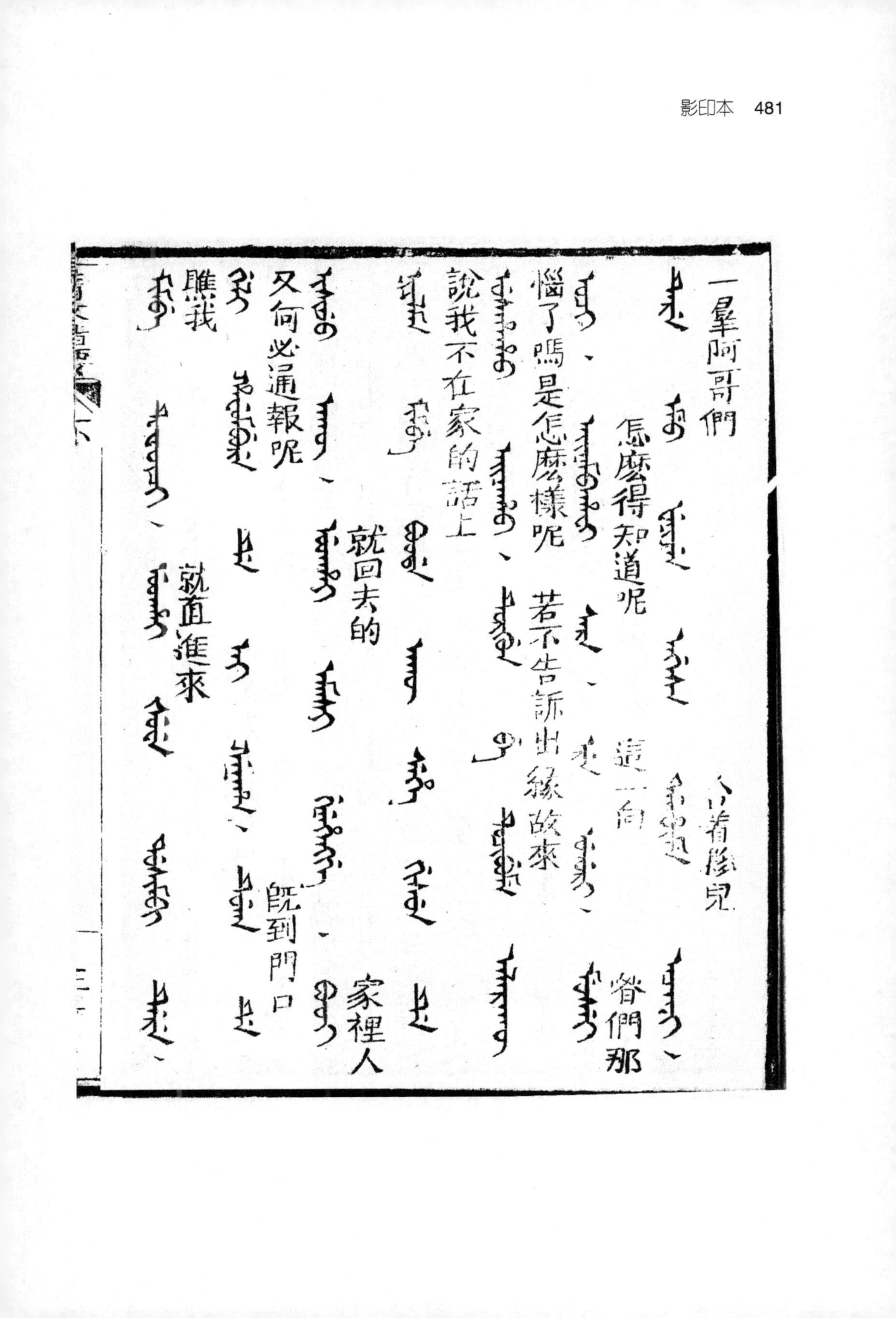

一羣阿哥們 合着膀兒

怎麼得知道呢 這一向 咱們那

惱了嗎是怎麼樣呢 若不告訴出緣故來

說我不在家的話上

就回去的 家裡人

又何必通報呢 既到門口

瞧我 就直進來

因此惱就憑他惱去罷　我

事　把臉放在那裡呢

再王法很緊　偶然出來一件

一會一會兒的有差事　如何定得呢

不知道我不得空兒

願的　也必定叫我去　你豈

開了要錢場兒了　方纔來　起誓發

樣的了

上

我心裡着實失望

不知要怎麼

所以我急着差人去提

說沒提

樣的答應

打發去了

纔進來告訴了我

不想你來了

懵懂奴才們

也照

誰來我我

答應不在家

到底沒去

說給家裡人們

不拘

又歌了一夜　今日東方明兒

直到晚上纔到去了　昨日供了飯

頂着城門就起了身

在那裡歇了兩夜　頭一日

因爲當日不能打來回

怎麽今日纔來　相隔的很遠

你前日往園裡上墳去來着嗎　是

總沒地方了
着風水的

候上墳啊
可怎麼樣呢
舊園子

要是子孫沒力量
難挨着時

的地方葬埋
雖是好事

趕上城門了
阿哥在遠些

也總沒歇息
剛剛的

就起身回來了
路上除了打尖

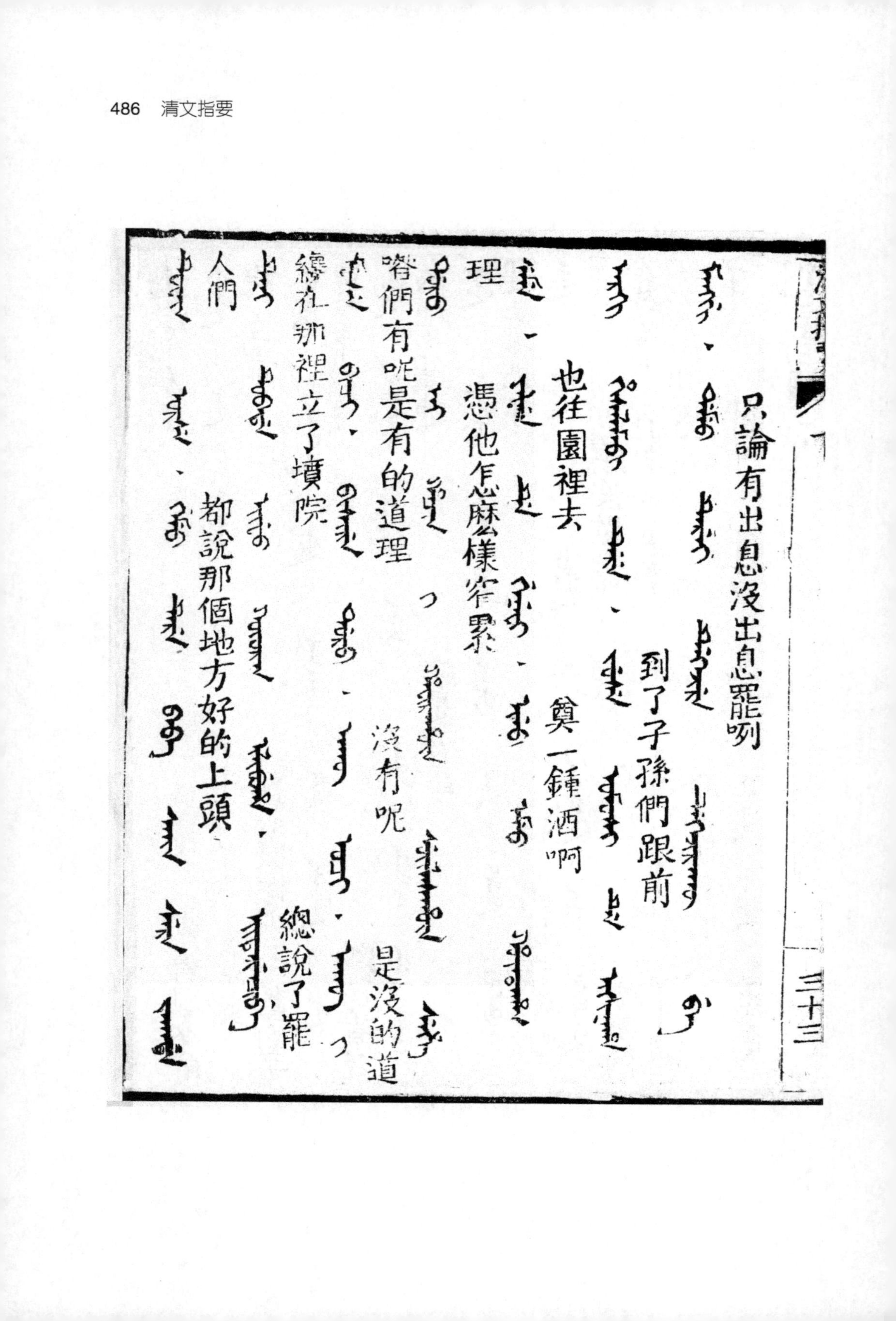

只論有出息沒出息罷咧

到了子孫們跟前

也往園裡去

奠一鍾酒啊

理

憑他怎麼樣窘累

咱們有呢是有的道理

沒有呢

是沒的道

纔在那裡立了墳院

總說了罷

人們

都說那個地方好的上頭

送了殯來了
今日早晨天陰陰的雖有下雨的光
快進去
我的一個朋友不在了
哎呀
這樣大雨
往那裡去來着
還未必燒一張紙錢呢啊
他的身子就住在園裡
要是養了那樣不長進的兒子

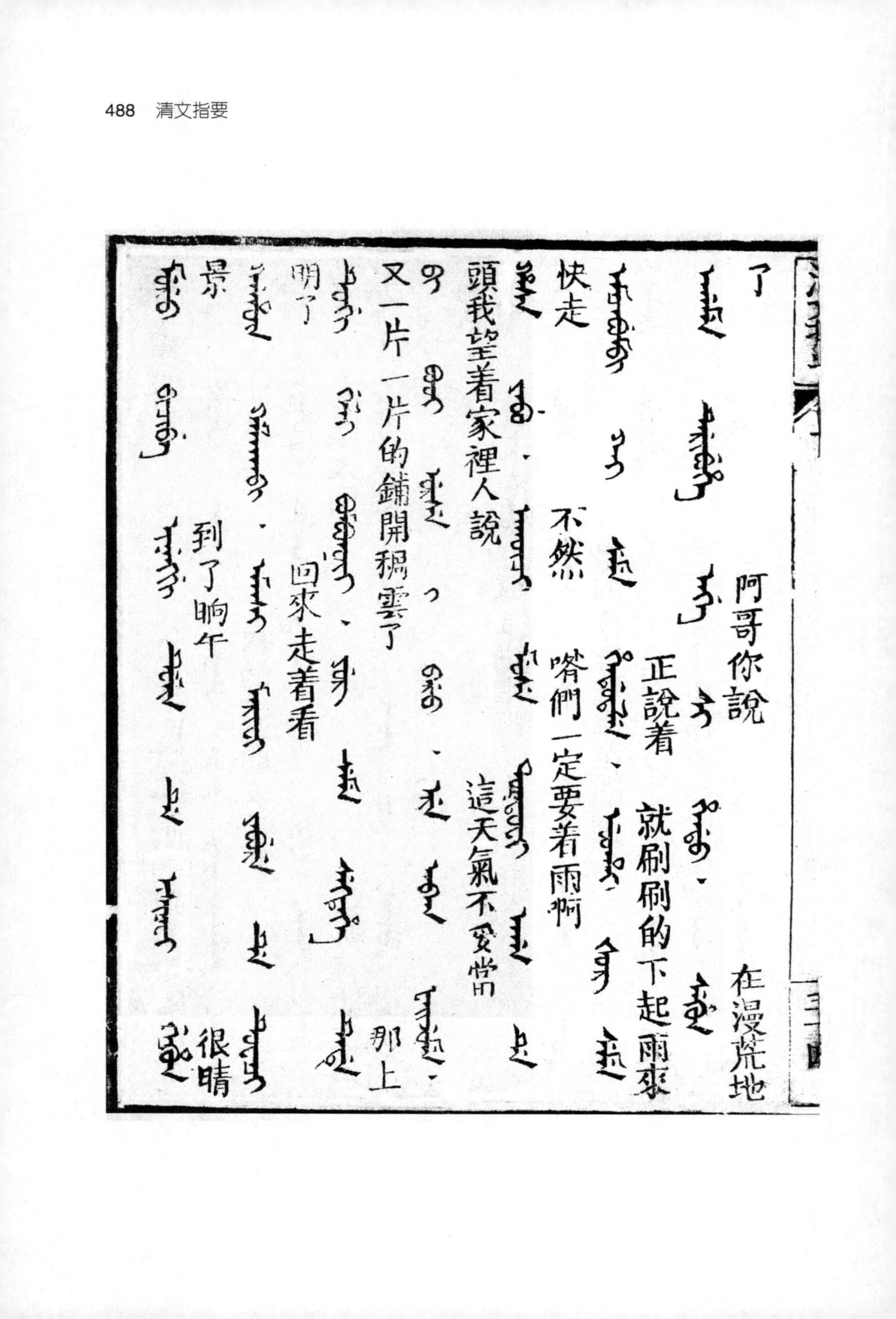

了
阿哥你說
在漫荒地
正說着
就刷刷的下起雨來
快走
不然
喒們一定要着雨啊
頭我望着家裡人說
這天氣不妥當
又一片一片的鋪開稠雲了
明了
回來走着看
那上
景
到了晌午
很晴

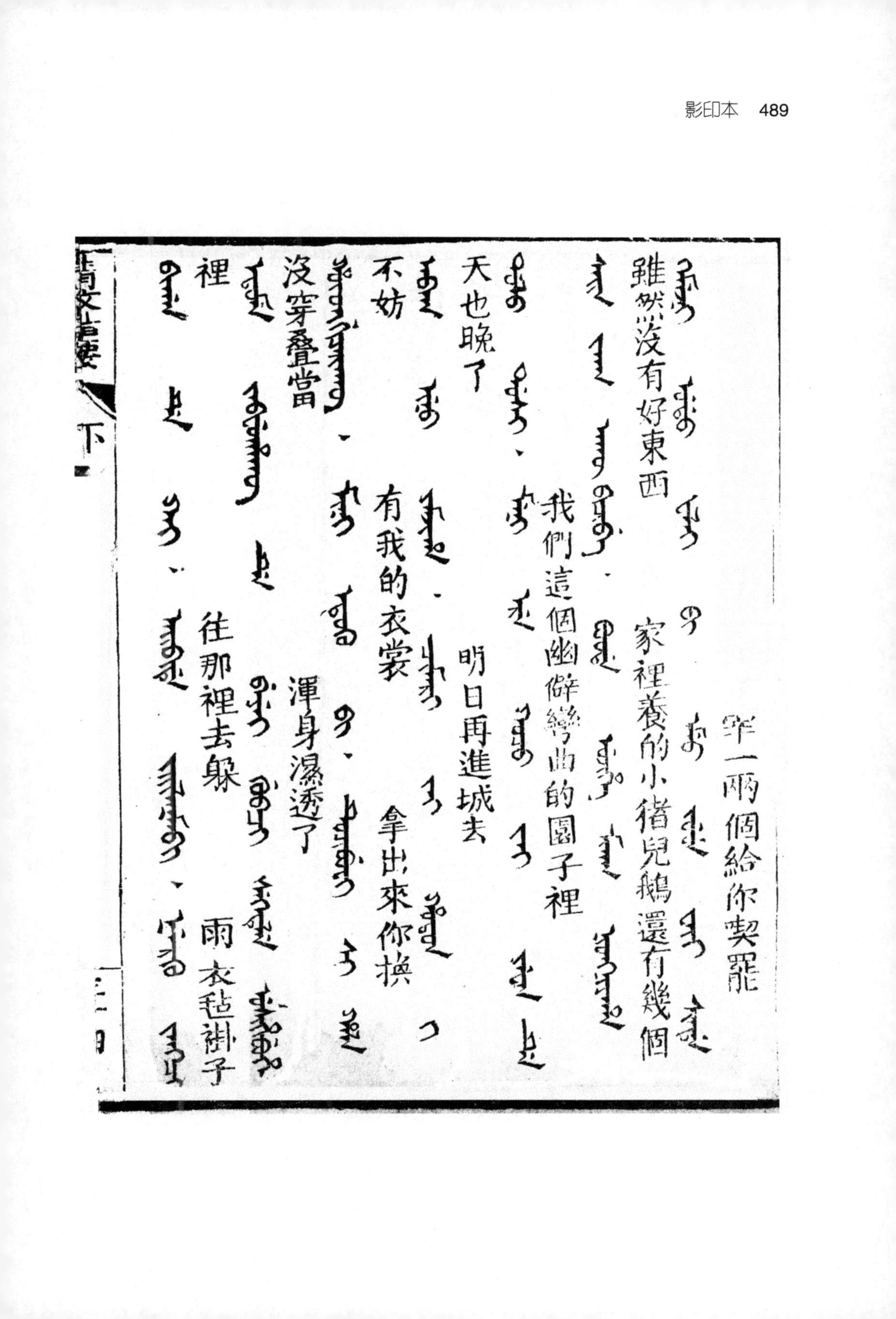

拏一兩個給你喫罷

雖然沒有好東西　家裡養的小猪兒鵝還有幾個

我們這個幽僻彎曲的園子裡

天也晚了　明日再進城去

不妨　有我的衣裳　拿出來你換

沒穿疊當　渾身濕透了

裡　往那裡去躲　雨衣毡褂子

法兒嗎

不然 不冐着雨走 還有

方棲身子 就是便宜了

別說是喫 但得這樣的好地

"早期北京話珍本典籍校釋與研究"叢書總目録

早期北京話珍稀文獻集成

（一）日本北京話教科書匯編

《燕京婦語》等八種
華語跬步
亞細亞言語集
北京風土編·北京事情·北京風俗問答
伊蘇普喻言·今古奇觀·搜奇新編
四聲聯珠
官話指南·改訂官話指南
京華事略·北京紀聞

（二）朝鮮日據時期漢語會話書匯編

改正增補漢語獨學
高等官話華語精選
速修漢語自通
速修漢語大成
中語大全
修正獨習漢語指南
官話華語教範
無先生速修中國語自通
官話標準：短期速修中國語自通
"内鮮滿"最速成中國語自通

（三）西人北京話教科書匯編

尋津録
語言自邇集
官話類編
華語入門
漢英北京官話詞彙
漢語口語初級讀本·北京兒歌
北京話語音讀本
語言自邇集（第二版）
言語聲片
華英文義津逮
北京官話初階

（四）清代滿漢合璧文獻萃編

清文啓蒙
清話問答四十條
一百條·清語易言
清文指要
續編兼漢清文指要
庸言知旨
滿漢成語對待
清文接字·字法舉一歌
重刻清文虛字指南編

（五）清代官話正音文獻

正音撮要
正音咀華

（六）十全福

（七）清末民初京味兒小説書系

新鮮滋味
過新年
小額
北京
春阿氏
花鞋成老
評講聊齋
講演聊齋

（八）清末民初京味兒時評書系

益世餘譚——民國初年北京生活百態
益世餘墨——民國初年北京生活百態

早期北京話研究書系

早期北京話語法演變專題研究
早期北京話語氣詞研究
晚清民國時期南北官話語法差異研究
基於清後期至民國初期北京話文獻語料的個案研究
高本漢《北京話語音讀本》整理與研究
北京話語音演變研究
文化語言學視域下的北京地名研究
語言自邇集——19世紀中期的北京話（第二版）
清末民初北京話語詞彙釋